尼山世界儒学中心
中国孔子基金会
丛书

陈来 王志民 主编

四书解读

孟子解读（上）

齐鲁书社
济南

图书在版编目（CIP）数据

四书解读 / 陈来，王志民主编. -- 济南：齐鲁书社，2022.9
ISBN 978-7-5333-4608-9

Ⅰ．①四… Ⅱ．①陈… ②王… Ⅲ．①儒家②四书-研究 Ⅳ．① B222.15

中国版本图书馆 CIP 数据核字（2022）第 145095 号

责任编辑：向　群
装帧设计：赵萌萌
责任校对：赵自环　王其宝

四书解读
SISHU JIEDU

陈　来　王志民　主编

主管单位	山东出版传媒股份有限公司
出版发行	齊魯書社
社　　址	济南市市中区舜耕路 517 号
邮　　编	250003
网　　址	www.qlss.com.cn
电子邮箱	qilupress@126.com
营销中心	（0531）82098521　82098519　82098517
印　　刷	山东临沂新华印刷物流集团有限责任公司
开　　本	880mm×1230mm　1/32
印　　张	76.25
插　　页	26
字　　数	1586千
版　　次	2022年9月第1版
印　　次	2022年9月第1次印刷
印　　数	1-8000
标准书号	ISBN 978-7-5333-4608-9
定　　价	450.00元（全六册）

《四书解读》编委会

主　编　陈　来　王志民

编　委（按姓氏笔画排序）

　　　　王中江　王汉东　王志民　毛景卫
　　　　孔德立　刘瑾辉　安乐哲　李存山
　　　　杨海文　杨朝明　肖永明　陈　来
　　　　陈晓霞　赵　龙　赵永和　袁汝旭
　　　　梁　涛　翟奎凤　颜炳罡

陈　来

清华大学国学研究院院长，清华大学校学术委员会副主任，清华大学哲学系教授，尼山世界儒学中心学术委员会主任，尼山世界儒学中心孟子研究院特聘儒学大家、学术委员会主任。兼任全国中国哲学史学会会长，中央文史馆馆员，教育部社会科学委员会委员，中华朱子学会会长，国际儒学联合会副理事长，复旦大学上海儒学院院长等。学术领域为中国哲学史，主要研究方向为儒家哲学、宋元明清理学、现代儒家哲学。

王志民

　　山东省政协原副主席,山东师范大学特聘资深教授、博士生导师、原副校长,尼山世界儒学中心孟子研究院原特聘院长。兼任教育部人文社科重点研究基地齐鲁文化研究院名誉院长、首席专家,国家文化公园建设专家委员会委员,山东省齐文化传承与示范区建设协同创新中心主任、首席专家。长期致力于齐鲁文化与中华文明、儒学与诸子百家、先秦文学等方面研究。

安乐哲（Roger T. Ames）

　　美国夏威夷大学哲学系教授，尼山世界儒学中心孔子研究院特聘儒学大家。兼任世界儒学文化研究联合会会长。学术研究领域主要集中在中西比较哲学，是中西方思想文化结构性比较阐释方法的创立者，学术贡献主要包括中国哲学经典的翻译和中西比较哲学研究两大部分。

李存山

  中国社会科学院哲学研究所研究员、博士生导师,尼山世界儒学中心孟子研究院特聘副院长,郑州大学哲学学院特聘首席教授。兼任中华孔子学会副会长,《中国哲学史》杂志主编,国际儒学联合会副会长并学术委员会主任。1986年被国家人事部授予"中青年有突出贡献专家"称号,1992年起享受国务院颁发的政府特殊津贴。著有《中国气论探源与发微》《中华文化通志·哲学志》等,发表学术论文二百余篇。

王中江

　　北京大学哲学系教授、博士生导师，尼山世界儒学中心孟子研究院特聘专家，教育部"长江学者"特聘教授，山东省"泰山学者"特聘教授。兼任北京大学高等人文研究院执行院长，郑州大学哲学学院院长，中华孔子学会会长，老子学研究会会长，张岱年研究会会长。致力于中国哲学特别是先秦哲学、出土文献和近现代哲学研究。

梁　涛

中国人民大学国学院副院长、教授、博士生导师，尼山世界儒学中心孟子研究院秘书长，教育部"长江学者"特聘教授，山东省"泰山学者"特聘教授，中国孟子学会副会长兼秘书长。主要研究领域有中国哲学史、儒学思想史、经学思想史、出土简帛等。

杨海文

中山大学哲学系教授、博士生导师，尼山世界儒学中心孟子研究院特聘专家，山东省"泰山学者"特聘教授。兼任中国哲学史学会理事，中国现代哲学史研究会常务理事，中国孟子学会副会长，中华孔子学会常务理事，中国曾子研究会常务理事，广东儒学研究会副会长。主要从事中国哲学研究，侧重孟子思想及孟学史研究。

孔德立

首都师范大学哲学系教授，尼山世界儒学中心孟子研究院特聘专家，山东省"泰山学者"特聘教授。兼任中华孔子学会副秘书长，国际儒学联合会会员联络委员会副主任，中国高等教育学会大学素质教育研究分会常务理事。主要从事孔子、儒学与中国传统文化的教学与研究。

刘瑾辉

扬州大学文学院教授、博士生导师，尼山世界儒学中心孟子研究院特聘专家，中国孟子学会副会长。主要从事中国古代学术与文化研究，特别倾力于孟学研究。出版《孟学研究》《孟子智慧》《清代〈孟子〉学研究》等孟学专著。在《北京大学学报》《孔子研究》《中山大学学报》《求是学刊》等刊物发表孟学研究论文三十余篇。

颜炳罡

山东大学教授、博士生导师，曲阜师范大学特聘教授，山东省文史馆馆员。长期致力于中国古代学术与文化研究，尤其在儒学研究领域建树颇丰，主持、参与、完成多项国家级、省部级课题。先后出版有《当代新儒学引论》《整合与重铸：牟宗三哲学思想研究》《生命的底色》《中国儒学的现代转化》等多部专著。

杨朝明

尼山世界儒学中心研究员，国际儒学联合会副理事长，中华孔子学会副会长等。历任《齐鲁学刊》编辑，曲阜师范大学孔子研究所所长、孔子文化学院院长、历史文化学院院长，尼山世界儒学中心副主任、孔子研究院院长。主要从事中国古代文明和传统文化研究，学术重心在孔子儒学与中国早期文献研究。

肖永明

　　湖南大学岳麓书院院长、教授、博士生导师。教育部"长江学者"特聘教授,"万人计划"哲学社会科学领军人才。兼任教育部高等学校历史学类专业教学指导委员会委员,中华朱子学会副会长。主要从事宋明思想学术史研究,主持国家社科基金重大项目"中国四书学史"。

翟奎凤

　　山东大学哲学与社会发展学院教授、博士生导师。教育部"青年长江学者",山东大学"杰出青年学者"。在先秦哲学、宋明理学、近现代儒学领域有较深入研究。有专著《以易测天——黄道周易学思想研究》,古籍整理、编著多部,发表各类文章百余篇。

前　言

《四书解读》即将由齐鲁书社结集出版,该书的最终成形,经历了一个较为漫长的过程,把解读活动、文稿转化和编纂的相关情况作一个简要说明,相信对读者更好地理解和阅读该书一定有很大的帮助。

一、"四书"包括《论语》《大学》《中庸》《孟子》,是全面阐释儒家核心思想的经典

宋代以后的千余年间,"四书"与"五经"一起受到历代统治者和社会各阶层的广泛推崇和重视,被列为历代官学和童蒙教材;科举选仕,学者治学,书院讲习,家学传承,"四书"都是儒家经典之要籍。其对历代中国人产生的重要深远影响,是任何其他文献古籍都无法比拟的。时至今日,"四书"所阐释的核心理念、文化精神、道德规范、处世之道及其哲学思想对弘扬、传承中华优秀传统文化,坚定文化自信,建设面向未来的新文化仍具有重要

价值和深远影响。组织专家学者深入挖掘"四书"的丰富思想内涵,以通俗易懂的语言解读"四书"文本,让经典走向民间,是广大人民群众的迫切需要,也是实现优秀传统文化创造性转化和创新性发展的重要途径,意义重大。

2016年6月,在济宁市和邹城市的积极筹备、推动下,经省政府批准,在孟子故里邹城成立了孟子研究院,并完善机构设置:济宁市市政府出面,聘请王志民担任特聘院长,陈来担任学术委员会主任,李存山担任特聘副院长,梁涛兼任秘书长;另外,王中江、梁涛、杨海文、孔德立、刘瑾辉等一批山东省泰山学者、济宁市尼山学者被聘为孟子研究院特聘专家。济宁市任命赵永和同志任党委书记,先后任命袁汝旭、赵龙为副院长。在省、市相关领导和广大群众的支持与期望中,这个由兼职专家和专任领导班子为主体组成的新设科研机构,如何在有限时间内,尽快发挥学术优势,推动儒学和孟子研究上一个新台阶,为儒学优秀传统文化在新时期的创造性转化和创新性发展做贡献,成为大家共同思考的问题。院领导班子与特聘专家经过多次研讨、统一认识后,决定将面向大众开展"四书解读"作为建院后的第一个五年工作规划之一。

2016年9月,经过充分准备,以孟子研究院特聘学者为主体,"《孟子》七篇解读"正式启动。讲堂设在邹城市电视台演播大厅,全程录制,并向社会转播;时间定在周六、周日的上午,隔周一次,历时四个月,于2017年1月完成。这次"解读"活动,取得圆满成功:学者们深入浅出、逐篇逐句的文本解读广受欢迎;演播厅里坐满了求知若渴的济宁市、邹城市干部群众,还有外地的儒学爱好者慕名而来；每篇讲解后布置的思考专题,让听讲者进一步将思考研讨重点延续到生活工作实际中；一时间,在社会上掀起了读《孟子》、学孟子的热潮,孟子的思想精华和美德传统,点点滴滴滋润着孔孟故里的当代人。2017年参照《孟子》解读模式,面向当地领导干部穿插举办了十五讲"孟子思想与干部政德修养"。然后,我们按照同样的安排方式,于2018年5月至7月完成了"《中庸》解读",2019年4月至6月完成了"《大学》解读",2020年11月至2021年4月完成了"《论语》解读"。这项学术工程历时五年,胜利告竣。其间,根据解读需要,还特别邀请了美国夏威夷大学的安乐哲、中国孔子研究院的杨朝明、湖南大学的肖永明、山东大学的颜炳罡和翟奎凤等专家学者参与了不同书目解读。整个"解读"活动受到新闻媒体的高度关注：央视新闻联播、山东新闻联播、人民网、光明网、新华网、腾讯网等数十家电视、网络媒体予以广泛报道,山东教育电视台在《孔子大学堂》专设栏目,连续数月全部播出了"《孟子》七篇解读"和后续部分解读,在海内外及社会各界引起广泛关注,产生了很好的反响。

二、回望"四书解读"系列工程的整个过程,我们有如下几点感受,提出来与读者分享

其一,"四书解读"活动有利于社会各界学习经典文本。习近平总书记视察曲阜讲话特别强调,要善于继承、善于弘扬传统文化。继承和弘扬的前提应该是学习和理解。要让世界更好地认识中国、了解中国,就包括了解中国文化,而了解中国文化最重要的是对中国文化的基本经典进行学习和理解。此次解读所强调的就是对经典文本的学习,就是要帮助社会各界学习儒家文化的经典文本。

其二,参讲学者们严谨的治学精神和扎实认真的工作态度令人敬佩。以孟子研究院特聘专家为主体的参讲学者,为"解读"活动付出了艰辛努力,精神可嘉,值得赞扬。在工作中,大家以高度负责的精神和严谨认真的态度,对待"解读"活动的每一个环节。每"书"开讲前的备课研讨会上,大家踊跃接受任务,各抒己见、认真研讨、深入交流、相互借鉴;备课阶段,各自对经典文本逐句精钻细研,深入探析;讲解时,则力求有高度、有水平,又深入浅出、通俗易懂。每个人在这些方面都尽了最大努力,专家解读,广受好评,原因盖出于此。而在每种著作出版之前,大家又都在讲稿基础上,反复修改整理,保证了出版质量。回忆整个"解读"过程,参讲学者凝心聚力、相互学习、共同切磋、团结和谐、其乐融融,令人难忘。

其三,孔孟故乡人崇儒好学的精神值得发扬。此次"解读"活动,是一次学者面向大众、学术走进民间较为成功的尝试,也是经典文本如何在当代实现创造性转化的一次具体的探索实践。其之所以取得较好成效,与当地广大干部群众的支持和热情参与分不开。孔孟故乡人对传承中华优秀传统文化的历史责任感和使命感,对先贤圣哲的崇敬和好学上进的良好风气,使我们深受感染,也深受鼓舞。这份热情拉近了学者和普通民众的距离,使得学者与听众在课堂内外交流沟通频繁,既提升了社会道德风尚,也促进了基层精神文明建设。

三、《四书解读》有三个创新性特点值得总结

（一）创新解读方式。以往学习或解读儒家经典文本，基本有两种形式：一种是从汉代一直到近代出现的对经典的注释，但它们往往是选择性的注释；另一种是五四运动之后现代中国文化当中的今注今译，但它们更关注文字的疏通，而不是特别注重思想和义理。跟这两种形式相比，我们把"四书解读"的方式叫作讲读。讲读的特点，一是注重全面性而不是选择性；二是着重于义理的提炼和思想的解说，而不局限于表面文字的梳理；三是结合当今社会文化的现实和需求，实现挖掘经典精华、阐发儒家思想、弘扬传统美德的有机结合。

（二）创新解读内容。这次"解读"，集众多学者解读于一体，风格多样。在内容的讲解上，我们都经过了认真准备与思考，讲出来的东西不仅有我们多年研究的积淀，而且反映了一些新的研究思考；有些内容已经写了、讲了不少次，但在这次讲解中，都有一些新的认识。这保证了讲读内容在研究方面能提供一些学术性的新见解。同时，我们在讲读中注重内容深入浅出，语言通俗易懂，以普通民众能够听得清、看得懂的方式来解读文本，有利于学术走向大众、经典贴近群众，为广大读者汲取儒家文化精华，构建社会主义核心价值观，提供了精神食粮和丰富滋养。

（三）创新传播的方式。这次"解读"，在受众效果上是多维的、立体的。山东教育电视台对"解读"的播出，使观众可以看到我们的图像，听到我们的声音，由此使"解读"获得更加鲜活的生

命力。此次"解读"深入人心的深度和广度也是以前的形式所不能相比的。"四书解读"的音频,还入选了全国政协委员读书活动,在更高的层次上产生了更大的影响,可以说,这不仅在"四书"的讲解上,在中国传统文化的讲解上,也开创了一个新的传播先例。

"四书解读"工作的圆满完成和图书的顺利出版,是与多方面的支持帮助分不开的。济宁市委、市政府及有关部门给予了诸多关心和支持;2020年,孟子研究院整建制划入尼山世界儒学中心,儒学中心领导在多方面给予了热切关心和坚定支持;邹城市自2016年以来的几任市委书记和市长都非常关心孟子研究院的建设发展,给予了多方面的关心与支持;孟子研究院的领导班子和全体工作人员做了大量细致、周到的组织、协调、服务工作;齐鲁书社的领导和有关编校人员展现了高度负责的态度和认真专业的水准;各新闻单位的大力宣传,济宁市、邹城市社会各界和广大干部群众的积极参与和支持,都让我们深受感动!在此,一并致以诚挚的感谢!该套《解读》的出版,历时较长,又出于多人之手,错误、不足之处在所难免,希望广大读者多予批判指正。

时至孟子研究院乔迁恢宏壮观、气势磅礴的新址,我们衷心祝愿孟子研究院在尼山世界儒学中心的领导下,再上新的台阶。

陈 来 王志民

2022年5月16日

总　目

前　言　/1

孟子解读　/1

中庸解读　/969

大学解读　/1273

论语解读　/1505

孟子解读

目 录

孟子学说及其思想的现代价值和意义　　（陈来）／5

梁惠王上　　　　　　　　　　（陈来 解读）／28

梁惠王下　　　　　　　　　　（陈来 解读）／90

公孙丑上　　　　　　　　　　（王志民 解读）／146

公孙丑下　　　　　　　　　　（王志民 解读）／213

滕文公上　　　　　　　　　　（杨海文 解读）／271

滕文公下　　　　　　　　　　（杨海文 解读）／350

离娄上　　　　　　　　　　　（王中江 解读）／431

离娄下　　　　　　　　　　　（王中江 解读）／513

万章上　　　　　　　　　　　（梁涛 解读）／582

万章下　　　　　　　　　　　（梁涛 解读）／667

告子上　　　　　　　　（孔德立 解读）／747

告子下　　　　　　　　（孔德立 解读）／795

尽心上　　　　　　　　（李存山 解读）／847

尽心下　　　　　　　　（李存山 解读）／921

孟子学说及其思想的现代价值和意义

陈来

引 论

孔子是儒家学派的创始人,后世对发扬孔子之道贡献最大、影响最大的非孟子莫属。孟子以雄辩著称,在当时就很有影响,他以辟杨墨、弘扬孔子之道自任,有很强的道统意识。虽然,其后荀子学派对孟子有比较激烈的批判,但进入汉代,陆贾、贾谊、韩婴、董仲舒、司马迁、刘向、扬雄等一流思想家都不同程度地对孟子表示肯定,或受到孟子思想的一定影响。汉代开始就有学者给《孟子》作注,我们现在能看到的最早注本是东汉赵岐的《孟子章句》,也是他最早把孟子尊为"亚圣"。

叙述儒学的发展,一般多认为"孔孟"并称是在宋代"四书"观念兴起之时,实际上并非如此,"孔孟"并称出现得比较早。东汉马融在其《长笛赋》中就说"温直扰毅,孔孟之方也",东晋葛洪在《抱朴子》中说"子以天不能使孔孟有度世之祚,益知所禀之有自然,非天地所剖分也",南朝宋时期的何承天在《上邪篇》中说"承平贵孔孟,政弊侯申商",《南齐书·王融列传》载王融上疏称自己熟悉"战阵攻守之术,农桑牧艺之书,申商韩墨之权,伊周孔孟之道",等等,一直到隋唐时期也不断有学者(如王通、权德舆等)并提"孔孟"。

唐代韩愈极力推崇孟子,拉开了唐宋时期孟子大幅度升格运动的序幕。隋唐时期,总体上来说,儒门淡薄,佛老兴盛。为了对抗佛教,振兴儒学,韩愈想了很多办法,其中一个很重要的方面就是他构造了儒家的道统说,认为从尧、舜、禹、汤到文、武、周、孔,再到孟子,儒家之道依次传承,孟子为儒学道统的嫡传,他去世后,这个道统就断掉了。这就把孟子的地位抬得很高。随后,李翱、皮日休等人也都大力推尊孟子。与唐宋古文复兴运动相呼应的,是一场声势浩大的儒学振兴运动。在这场运动中,孟子的地位也越来越高,经过孙复、范仲淹、王安石、二程、朱熹、陆九渊等人的不断颂扬,孟子的亚圣地位最终得以确定,得到公认。宋明理学各大派系,无论是程朱还是陆王,尽管有各种分歧,但在推崇孟子方面是一致的。孟子思想深刻影响到中国哲学特别是宋明理学的形成与发展。

为什么孟子在唐宋时期不断升格?这有多方面原因,最重要的可能是其以性善论为主导的心性修养论契合了时代思潮和社会人心。魏晋唐宋时期,人们普遍对性命之道感兴趣,这是佛老兴盛的重要背景。儒学本来也有这方面的资源,但在汉代没有很好地发扬出来。为了对抗佛老,儒学在唐宋时期就开始发掘心性方面的资源,重构自己的内圣外王之道。孟子性善论与中国佛教特别是禅宗宣扬的佛性人人内在本有的思想,确实也有遥相契合的一面。这是佛教特别是禅宗流行中国后,孟子大盛的重要原因。

孟子性善论认为仁义礼智皆内在根植于人心,这四方面的德性为人所本有。在汉代,四德又加上"信"成为五常之德,为儒家道德价值的基本观念,在历史上影响甚大,一直到今天,五常作为儒家的核心价值仍然在社会大众层面流传甚广,深入人心。在伦理层面,孟子提出"父子有亲,君臣有义,夫妇有别,长幼有叙,朋友有信",这种富有温情的人伦学也明显优于后来董仲舒、《白虎通》提出的"三纲"之说。孟子的柔性五伦说,其伦理精神和指导原则在今天仍有一定价值。

在君子人格修养和人生哲学信念方面,有很多出于《孟子》的名言警句,其影响范围之广之深,可以说仅次于孔子。如"浩然之气""良知良能""舍生取义""与人为善""万物皆备于我""上下与天地同流""天时地利人和""生于忧患,死于安乐""不孝有三,无后为大""不以规矩,无以成方圆""得道者多助,失道者寡助""穷则独善其身,达则兼善天下""若夫豪杰之士,虽无文王犹兴""登泰山而小天下,观于海者难为水""故天将降大任于斯人也,必先苦其心志,劳其筋骨,饿其体肤,空乏其身,行拂乱其所为,所以动心忍性,增益其所不能",这些震烁千古的名言警句,至今熠熠生辉,为中国人所乐道。孟子个性鲜明,有英气、豪气、浩然刚大之气,他的很多话特别能鼓舞振奋人心、激发砥砺士气。孟子还强调,"居天下之广居,立天下之正位,行天下之大道""富贵不能淫,贫贱不能移,威武不能屈"。这"三天下"和"三不能",集中体现了士君子刚大、弘毅的境界。"三天下"可见其胸怀广阔,"三不能"可见其士君子所代表的凛然正气。这个正气就是我们今天讲的社会正能量。

习近平总书记在中共中央政治局第十三次集体学习时强调,要认真汲取中华优秀传统文化的思想精华和道德精髓,大力弘扬以爱国主义为核心的民族精神和以改革创新为核心的时代精神,深入挖掘和阐发中华优秀传统文化讲仁爱、重民本、守诚信、崇正义、尚和合、求大同的时代价值,使中华优秀传统文化成为涵养社会主义核心价值观的重要源泉。而在中华优秀传统文化的时代价值中,第一条是讲仁爱,第二条是重民本,这两条恰恰与孟子思想有着特别直接的关系。孟子思想能够对我们涵养社会主义核心价值观提供两个最直接的、最重要的基础,即"讲仁爱"和"重民本"。孟子讲仁爱的重点已经不是放在个人的道德修身层面,而是将其扩大到一个社会的价值层面。"以民为本"是孟子全部政治思想的核心和基点,它本身就是目的,而非手段,对民众的同情也就成了最基本和最重要的道德价值。

孟子不但深刻影响到中国的历史文化,对韩国、日本等东亚国家也有广泛影响。近现代以来,很多学者结合西方的人文社会科学对孟子思想作了新的发挥与诠释,使得孟子学走向世界,得到了新的发展。

下面主要从政治思想的角度谈谈孟子学说的现代价值和意义。

一、辨义利

据《孟子》开篇《梁惠王上》载,孟子见梁惠王,梁惠王跟孟子说,老先生,你不远千里而来,给我们带来什么利益?孟子说:"王!何必曰利?亦有仁义而已矣。"孟子认为,如果一个国家的各级领导人都只是追求怎么对自己有利,如果一个社会是"上下交征利",那么这个国家、这个社会就非常危险。孟子最后得出的结论是"苟为后义而先利,不夺不餍",就是说一个国家或者一个社会,它不能够先利而后义,如果是先利后义,只能导致这个社会的利害争夺。所以从价值观来讲,必须要提倡、倡导先义而后利,这个国家才能够有序生存。这就是义利之辨,要辨别义利、辨明义利,把义和利的关系搞清楚。

党的十八大以来,我们看这个问题更清楚了,辨义利的问题,就是价值观的问题。在古代,我们很早就碰到价值观建设的问题。在当时社会比较流行的主张,就是后义而先利。孟子跟流俗的主张不同,坚持一定要先义而后利。这个问题涉及一个社会的价值观如何确立的问题。一个社会,每个人当然可以有他自己的价值观,可是从治国理政的角度,一个社会、一个国家主流的价值观和基本的价值观,必须正确确立。所以每个人可能奉行他自己的价值观,但是一个国家、一个社会一定要确定一个主流的价值观,而这个主流价值观的核心就是辨明义利,要对义和利的关系有一个明确的认识。孟子的思想是很明确的,就是一个人也好,一个国家也好,必须反对唯利是图,在义和利之间发生冲突的时候,必须要坚持以义为先,以义为上。孔子已经讲了,"君子义以为上"(《论语·阳货》)。"义以为上"就是在一切事情上,当义和利发生冲突的时候,坚持道义优先原则。当然在孔子那里,义与利的紧张关系并不突显,还多是就个人修养而言,未彰显其对文明社会、对国家的意义。孟子则突出强调了"仁义"优先原则对君主修养、文明国家价值观建设的重要性。

孟子强烈反对后义而先利,强调先义而后利。与此类似,荀子也明确讲"先义而后利者荣"(《荀子·荣辱》)。荀子的这个主张可以看作是对孟子义利之辨的一种继承,也是对孟子另一句话的发展,即孟子讲过"仁则荣,不仁则辱"(《孟子·公孙丑上》)。荣辱观也就是价值观,我们十几年前也进行过荣辱观的教育。特别是21世纪初,我们讲"八荣八耻"。荣辱观也好、"八荣八耻"也好,都是价值观的问题。今天我们特别强调社会主义核心价值观,强调社会主义核心价值观的建立要以中华优秀传统文化价值观作为基础和源泉。从这一点来看,今天重新温习孟子的思想有非常重要的意义。

在《孟子·告子下》中,孟子在与宋䥖的谈话里面又一次申明了这个道理。宋䥖想以"利"来劝说秦、楚之王罢三军之师,以避免战争,消弭战争。孟子认为,想劝说他们消弭战争、罢战,但是用"利"去说服他们,就会导致一种情况,即"为人臣者怀利以事其君,为人子者怀利以事其父,为人弟者怀利以事其兄"。这样,君臣、父子、兄弟之间"终去仁义",没有仁义之道,都是"怀利以相接"。孟子认为,一切以利为出发点和着眼点,最终都会失败。这个想法,与《梁惠王上》中的例子是一致的,但是有点区别。《梁惠王上》讲义利关系,主要讲各级领导,比如说国王下面是大夫,大夫下面是士,士下面是庶人,侧重在掌握各级权力的这些人的上下级的关系,不能后义而先利。但是在《告子下》,虽然也举了人臣和君主的关系,但是孟子也举了父子、兄弟,然后结论是"怀利以相接,然而不亡者,未之有也",这个"相接"超出了政治上的上下级关系,变成更普遍的一种社会交往、社会关系。这样一来,义和利就不仅仅是上下级的政治关系要处理的价值观,它广泛包括了人与人之间的普遍相接,这个相接就是相处、打交道。所以义利关系不仅是政治秩序要处理的问题,也是所有人与人相处、打交道的基本原则。人与人相处、打交道、相接不能够唯利是图,只是以自己的利益为出发点,而应该"怀仁义以相接"。

《孟子·梁惠王上》更注重从治国理政,从政治关系来强调义利关系正确解决的重要性。《告子下》把义利问题进一步社会化、普遍化,成为人与人相处的普遍原则,强调要正确处理义利关系,先义后利,不能够后义先利。因此,孟子的义利之辨有多个层次:第一个层次,体现在《梁惠王上》里,它是属于治国理政的层次;第二个层次,体现在《告子下》中,属于社会文化的层次。除此之外,还有第三个层次。

第三个层次就是个人层次。孟子讲人生在道德选择的紧要关头,怎么样处理义利的问题?他说:"鱼,我所欲也,熊掌亦我所欲也;二者不可得兼,舍鱼而取熊掌者也。生亦我所欲也,义亦我所欲也;二者不可得兼,舍生而取义者也。"(《孟子·告子上》)这里,孟子讲的就是个人人生的道德选择。孟子所讲的这个义利的价值观,它包括一个很重要的意义,就是中国古代价值观体系,它的核心是义利之辨,是辨别义利。中国古代有完整的价值观体系,有一套核心价值。这个价值观的体系,其核心要素从孔子时代就开始了,孟子就把它确立为义利之辨。这个义利价值观,强调先义而后利。这个义利观作为价值观,贯通在国家、社会和个人三个层次。我们今天讲的社会主义核心价值观是分为三个层次,可这三个层次不相贯通。而古代的这个价值观,它的核心很清楚,强调义利问题;且这个义利观作为价值观,它既是治国理政的价值观,又是社会关系的价值观,也是人生道德选择的价值观。从这方面来看,中国古代文化对价值观的处理,于我们今天来讲,还有重要的参考价值。

选择先义后利,是在二者不可得兼的情况下,我们必须要做的一种选择。不论是个人道德,还是社会文化价值,还是国家的层面,义和利二者不能得兼的时候,我们必须要舍利取义,先义后利。但是孟子并没有排除二者可以得兼的情况。在我们人生里面,在社会交往里面,在国家治理上,如果二者能够得兼,就不必片面地把两者对立起来。孟子虽然讲了先义后利的价值观,但是更多的是在义利尖锐冲突的时候,将我们应有的价值选择,给我们呈现出来。但是他没有排除在我们的人生、社会和国家治理的领域存在二者得兼、共赢的可能性,我们应该努力开创并争取这种共赢得兼的局面。

二、重民本

孟子讲的"民事不可缓也"(《孟子·滕文公上》),这个民事就是指民生大事,民生大事是最急切的大事,缓不得的。孟子把民生看作治国理政的头等大事。从今天来看,孟子对治国理政,对民生大事的关切,有一条是值得注意的,就是他是最早提出把温饱作为治国目标的人。孟子反复讲,"黎民不饥不寒,然而不王者,未之有也"(《孟子·梁惠王上》),王是王天下,不饥不寒就是温饱,对我们今天来讲也就是小康。可以说,从孟子以来,千百年来,中国的当政者就把人民生活以温饱为内容的小康,作为自己治国理政的一个奋斗目标,或者作为自己治国思想的一个重要目标。孟子把温饱的问题看作王政的根本,也是仁政的根本。

孟子说仁政的最先步骤就是"省刑罚,薄税敛"(《孟子·梁惠王上》),关注弱势群体。这个"省刑罚,薄税敛",今天我们也在做。关注弱势群体,在孟子以前,应该说儒家思想已经包含了这一点,所以孟子把这个思想追溯到西周。"省刑罚,薄税敛",关注弱势群体,同时强调保障人民的养生送死的基本需要。保障人民养生送死的生活需要,就是保障人民的基本生活需求。孟子还强调,为了保障人民生活的基本需要,最重要的是"制民之产",就是保障人民的产业生计,作为人民求得温饱的基础。所以孟子不仅有温饱的概念,还有"省刑罚,薄税敛"、关注弱势群体的层面,尤其是他还有"制民之产"的理念。

孟子的这些关怀民生、求得温饱,里面其实包含一个富民的观念。孟子讲"民可使富也"(《孟子·尽心上》),应该说孟子思想里面有富民的思想。从消极的角度讲是保障人民温饱,使他们能避免饿死、流转在沟壑里面;从积极的角度来讲就是富民。"制民之产","省刑罚,薄税敛",把它们做好了,就可以使人民向富裕发展,从小康进一步向富民来发展。这个重民本的思想,从今天来讲,与我们的小康社会建设,应该说在理念上是相通的。所以我们如果从这点来看社会主义核心价值观的基础源泉,确实完全是相通的。

孟子另外一个值得注意的思想,就是他特别强调管理者和领导者的"行政"观念。孟子认为,对于领导者、管理者而言,行政就是为民父母。孟子讲"行政,不免于率兽而食人,恶在其为民父母也?"(《孟子·梁惠王上》)这里明确提出了"行政"的概念,其行政的基本理念就是"为民父母"。"为民父母"这个观念很早就产生了,西周文化如《诗经》里面就已经有"民之父母"(《小雅·南山有台》)的讲法。对于孟子来讲,这是一个基本的行政理念。他还将其看作一种行政责任,行政责任是要问责的。孟子所讲的为民父母的责任,主要是民生的温饱,这个范围是有限的。但是他把行政的理念归结为为民父母。如果我们用浅白的话来表述,他就是讲的做官。什么是做官?做官就是为民父母。有很多人愿意做官,但是你要知道什么叫做官。在孟子思想里面,做官这个概念就等同于"为民父母"。所以你如果不为民父母,那你就在本质上违背了做官的这个责任。孟子这个行政的理念,包含有问责的理念。据《孟子·梁惠王下》所载,孟子对齐宣王说:"王之臣有托其妻子于其友而之楚游者,比其反也,则冻馁其妻子,则如之何?"王曰:"弃之。"孟子曰:"士师不能治士,则如之何?"王曰:"已之。"孟子又曰:"四境之内不治,则如之何?"结果"王顾左右而言他"。不能让老百姓过上好日子,社会混乱,按孟子的逻辑追问,结果是要罢免君王,梁惠王觉得很尴尬,无以对答。

"为民父母",不仅揭示了孟子所理解的行政理念、行政责任、责任伦理,同时也带有很强的批判性。这个批判性就是把责任伦理放大,坚决批判和反对"以政杀人"。孟子说"以刃与政,有以异乎?"(《孟子·梁惠王上》)你用刀刃杀人还是用政治来杀人,有差别吗?没有差别。孟子坚决反对、警惕、杜绝以政杀人。这表达了孟子很强的一种责任意识,在政治方面的一种责任观念。对于一个政治过程、一个行政过程,我们不能够只讲领导者的动机是什么,还要看他的行政后果。从后果讲,以刃杀人和以政杀人没有区别。因此,孟子从正面强调政治和行政的责任是保民,从反面则坚决反对以政杀人。这与孔子所痛斥的"苛政猛于虎也"（《礼记·檀弓下》）的立场是一致的，都带有批判性。所以政治领导者，按照孟子的思想来讲，必须要有责任意识，人民如果饥饿而死，主政者是直接的责任人，与杀人同罪同责。这样一种对政治责任伦理的最高重视包含了对治国者的问责，不仅仅要从动机上来看，而且要注意政治施行的后果，这个理念有其现代意义。

孟子政治思想里面确实有一些很先进的理念，甚至包含了治民者的权力来源这样的思想。治民者的权力，表面上是来源于上天，但实际上是来源于人民的委托，其中包含了契约论的思想。在《孟子·梁惠王下》中孟子对齐宣王讲了这样一个故事：一个人要到楚国去，他把妻子儿女托付给一个朋友来照顾，结果回来一看，妻子儿女冻的冻、饿的饿，过得很不好。孟子正是用这种受托的关系，来隐喻权力来源的本质。这些思想对于我们正确理解权力是有益的。各级领导干部所掌握的权力，来源于人民的委托，是人民所赋予的，这些思想在《孟子》里面已经有了一些类似的表述。

关于执政者和管理者，孟子的理念中还有一些也是值得提出来的，在今天来讲还是有意义的。除了具体的"制民之产"、关照弱势群体之类，孟子还有一个深入人心而且传之久远的思想，就是"老吾老，以及人之老；幼吾幼，以及人之幼"（《孟子·梁惠王上》）。这个固然可以放在孟子关照弱势群体里面来理解，但实际上我们看中国历史上，这句话甚至可以说对20世纪早期中国人接受社会主义、共产主义思想都有帮助。这句话已经超出了具体的治国理政的方法范畴,变成了一种社会的价值理想。也就是说,孟子思想对近代中国人接受社会主义的价值观念有帮助。

孟子的"乐民之乐者,民亦乐其乐;忧民之忧者,民亦忧其忧。乐以天下,忧以天下,然而不王者,未之有也"(《孟子·梁惠王下》)同时也是儒家一贯的思想。与民同乐、与民同忧,对孟子来讲,是一个理想的领导者的规范,也是一个理想的领导者的德行。我们的干部,从最高的领导者到最普通的领导者,他们的政治规范和德行,如果从重民本这一条来讲,就是与民同乐、与民同忧。我们比较注重讲"与民同乐",不太强调"与民同忧"。其实"与民同忧"也同样重要。孟子把"重民本"的思想贯彻到基础政治管理的理念,提出的"与民同乐、与民同忧",在今天,从干部政德教育这个角度来讲,还是非常重要的。

孟子"重民本"的思想,"为民父母",在今天看来,似乎有一个上对下的问题,好像不是平等的,自上俯视下。从当代的意义来讲,可以与一些思想来对比,比如说"为人民服务",这是当代的观念。"为民父母"的思想,其实也可以说包含了管理者为人民服务的思想。你看父母对孩子的关照,岂止是服务,那真是全心全意为孩子服务。所以在"为民父母"里面,也包含了管理者为人民服务的思想。当然,也有一个区别,就是我们半个世纪以前,普遍流行的为人民服务的思想,它更多是把为人民服务作为个人的道德、个人的工作态度;更多地强调,在每一个行业里工作的人,你要为人民服务,所以"为人民服务",更多是作为个人的道德、个人的工作态度,或者叫工作伦理。但是孟子的民本思想,它有一个特点,就是我们今天来看它的意义,虽然它包含了"为人民服务"的意思在里面,但是相对来讲,它更突出的是把"为人民服务"作为制度和政策的意义,不只是讲个人工作,而是讲制定政策、制度的时候,怎么"为人民服务"。孟子讲了很多关于政策方面的设计,关于仁政具体措施的设计,其中就体现了这一点。孟子很重视什么样的制度和政策能够真正为老百姓服务,他重视制度、政策的价值方向。我们今天重新看孟子的民本思想,这可以说也是一个特点。

孟子的这些思想,也可以说今天我们党中央所强调的,对各级领导所强调的,叫作"以人民为中心"。"以人民为中心",它已经不仅是以前讲的"为人民服务"。今天我们讲"以人民为中心",在中央的文件中,是把它作为发展理念来讲的。我觉得孟子也是"以人民为中心",不仅仅是作为一个方面的发展理念,更是作为全部行政的根本出发点、落脚点。这一点应该说在孟子的思想里面提得更高——他的民本思想也是以人民为中心,也强调一切以人民为中心。所以,人民主体地位,人民至上,为了人民,依靠人民,这些都是我们今天政治文化里常讲的理念,它的思想源头,可以追溯到孟子。作为一个传统,孟子思想已经成为我们文化的基因,它会在无形之中支配、引导我们的思想。我们今天弘扬孟子的思想,可以帮助我们更深刻地理解今天有关人民的各种各样的提法。

对于民本思想的价值及其现代意义,近代以来我们有一个偏向,就是比较侧重在处理民本和民主的关系时,强调民本思想是现代社会民主的一种基础。民本当然不等于民主,但是从价值观来讲,它是民主思想的一种价值观的基础。我们以前更多的是把民本思想与民主制度作为理解孟子思想现代意义的一个切入点。这一点当然也不错。但是今天,我们应该开发另外一面,就是更加重视民本思想对现代国家治国理政的意义。民主制度的问题属于政道问题,而治国理政属于治道问题。政道就是一个国家的基本政治制度,治道就是治国理政的各种政策、方法。今天来看,治道可能比政道更有意义,更重要。即使是一种民主的制度,如果没有善政,没有好的治道,也会一团糟、一塌糊涂,国家和社会都不能得到很好的治理,这在当代历史上可以看到很多例子,国外也有很多的例子。民主制度本身就是多种多样的形态,并非只要是民主制度就自然能带来善政,带来良好的治理。所以今天来讲,我们应该更多关注治道。孟子的民本思想,更多的关注是在政策和方法方面,都是讲在"治道"意义上怎么把国家治理好。这个问题在今天来讲,是有意义的。以前我们过多关注在政道上的启发,而忽略了孟子思想对我们今天制定治国理政的各种政策的启示意义。

孟子"民贵君轻"的思想体现了"人民至上"的理念,这可谓是最早的"人民至上"论。在孟子时代,提出这样的思想很了不起。在儒家思想内部来讲,它具有的意义也是不寻常的。不是所有的儒家大思想家都能够达到孟子的这种价值观水平,能赋予人民最高的价值地位。一个典型的例子就是汉代的董仲舒。董仲舒不是一个绝对的君主崇拜者,他强调对君主要进行限制,对君权、皇权进行限制。董仲舒在《春秋繁露·玉杯》中主张"屈君而伸天",认为要限制君权,来伸张上天的权威和作用;但他又主张"屈民而伸君",这跟孟子思想就差太远了。孟子恰恰相反,主张伸民以屈君,而不是屈民以伸君,由此可以看到孟子思想在儒家思想内部的先进性。当然,不同的时代,它的社会条件、政治条件有所变化,但是无论如何,"民贵君轻"与"屈民伸君",完全是两个层次的价值理想。

三、申教化

孟子所讲的温饱,所理解的小康,是跟教育、教化联系在一起的。如果说孟子有一个发展理念的话,那么他的发展理念就是温饱有教,这个思想在孟子那里是一贯的。孟子非常重视民众的温饱,他同时也注重民众的教化、教育。比如他提出"人之有道也,饱食、暖衣、逸居而无教,则近于禽兽"(《孟子·滕文公上》)。孟子很严厉地认为,如果吃穿住行都很好,很舒服,可是没有教养,那就是近于禽兽。他说:"圣人有忧之,使契为司徒,教以人伦:父子有亲,君臣有义,夫妇有别,长幼有叙,朋友有信。"(《孟子·滕文公上》)如果有温饱无教育,这个社会就不是一个人道的社会,而是近于禽兽。这个社会要有人道,必须教以人伦、伦常、伦理,其中有政治关系的伦理,更多的是家庭关系的伦理、社会关系的伦理。政治关系、家庭关系、社会关系的伦常是一个文明社会、人道最根本的东西。现在考古学讲文明社会,最重要的是有文字,有城墙。对孟子来讲,什么是文明社会?文明社会就是要有人伦,没有人伦就没有文明。这里面包含了孟子的文明观念,与禽兽相对的就是文明。文明社会如果沉沦,就沉沦为禽兽的世界,那就不是文明社会了。之所以是文明社会,那些技术的因素应该还不是最重要的,有没有文字出现,有没有城池出现,金属冶炼到达哪一步,从孟子的角度、儒家的角度来看,都不是最重要的,最重要的是你有没有建立起一套人伦关系、伦常法则。

这个教育,我们历史上叫作教化。在古代来讲,教化是一种自上而下的教育,甚至是由国家、王朝来负责。孟子说"圣人有忧之,使契为司徒",圣人指舜,他让契当司徒来主掌教育工作,教以人伦。教就是教化、教育。这个人伦,也就是五伦。五伦这个人伦之道,后世也统称为礼义,孟子有时候又把它叫作仁义。仁义也好,礼义也好,核心的部分就是人伦。

礼义之教很重要,但是礼义之教首先要有物质基础,就是制民之产。可是只有制民之产本身还不够,有了制民之产,并不等于理想社会、小康的社会已经达到,还必须有教育,在制民之产的同时要加以教化。所以孟子讲了制民之产,马上就说要"谨庠序之教,申之以孝悌之义"(《孟子·梁惠王上》)。孟子认为,"夏曰校,殷曰序,周曰庠,学则三代共之,皆所以明人伦也"(《孟子·滕文公上》)。这种人伦的教化,孟子是非常重视的。首先要满足人民的欲望和生活基本需求,这是人民利益的主体。可是在使人民温饱的同时,一定要让他们能够"暇日修其孝悌忠信"(《孟子·梁惠王上》)。后世讲的孝悌忠信就是从这儿来的。"暇日修其孝悌忠信",就是农事不忙的时候,有时间学习和实践孝悌忠信,一定要保证这种教育和实践。从今天来看,孟子对小康社会的理解,不是仅仅限于温饱,还有对人民的教化。这是他始终强调的。孟子讲"民事不可缓也""民为贵",但孟子不是民粹主义者,而是民本主义者,他始终坚持人民需要教化,坚持认为对人民的伦理道德的教化非常重要,这是使一个社会成为人道社会、文明社会的最基本条件之一。

今天我们国家大部分地区人民的生活已经是温饱无忧。建设小康社会包括扶贫,我们也应该以孟子的深刻观察为借鉴,就是把教育、教化看成是全面建成小康社会的必要方面。当然,教育、教化有很多的形式,也有很多方面。今天社会的教育、教化,远远超过孟子那个时代的需要。所以说,孟子重民本,其中不仅包含了他的民生论,也包含了他的教育论,这是孟子思想的辩证态度。不能把孟子思想的重民本、民本主义变成一种民粹主义,也要看到孟子对教育问题的重视。1949年6月,毛泽东在《论人民民主专政》中说"严重的问题是教育农民",这个思想可能也受到孟子一些影响,因为他对"四书"非常熟悉。所以,民生论和教民论是我们了解孟子民本思想互补的两个方面。这是孟子对整个社会的一个设计,与孔子在《论语》里面表达的对个人教育的重视不太一样。孟子认为一个人道的社会、理想的社会、小康的社会,它应该包含对人民的教化。只有这样的人民,他们所生存的这样的社会,才是人道的、理想的社会。

四、倡王道

王道思想观念早在西周时期就提出来了,但孟子关于王道的思想,在今天有特别的意义。面对第二次世界大战以后,包括"冷战"以后的当今世界,怎么构建合理的世界秩序,怎么彻底改变一两百年以来帝国主义、殖民主义和霸权主义的影响和残余,在今天的现实生活中还是很突出的。整体的帝国主义、殖民主义是没有了,特别是经过20世纪五六十年代的民族解放运动,殖民地国家基本独立解放。但是霸权主义仍然是现实生活的一部分,帝国主义、殖民主义的残余也还在,这些都是对我们构建合理世界秩序的威胁。所以,弘扬人类的共同价值成为当今世界的一个重要课题。我们国家随着国力的增长,越来越积极地参与全球的事务,推动全球治理体系建设。人类共同价值中,能够推动全球治理的也是最重要的,就是要探索在国际事务中如何能够贯穿民主和平等的原则。民主就是有事大家商量;平等就是反对大国欺负小国,反对富国、强国欺负贫国、弱国。如果说在这方面我们有什么历史文化资源的话,那应该就是王道思想,特别是由孟子阐发的王道思想。

最近十几年,已经有很多人开始重视这一点,即王道思想的当代价值和意义。孟子提出过王霸之辩,"以力假仁者霸,霸必有大国;以德行仁者王,王不待大",然后说"以力服人者,非心服也,力不赡也;以德服人者,中心悦而诚服也"(《孟子·公孙丑上》)。孟子这个思想是针对当时社会的,因为春秋五霸到战国七雄,这种崇尚霸权、霸道的思想非常流行。孟子的这个论述已经上升到哲学的高度,就是行事诉诸武力,同时假借道德的名义,这就是霸道。因为称霸要靠武力,所以称霸者必定是大国,这个容易理解。行事不诉诸武力,而诉诸道德,这就是王道。这是儒家所倡言的。王者不依赖于武力,而依赖于道德的感染力。因此孟子就揭示了二者的区别,说王的特点是以德服人,而霸的本质是以力服人,这也可以代表一种价值观。因为价值观支配人的行为,一个人所有的行事都是以力服人,就体现了他的价值观对力量的崇拜,对实力的一种强烈崇拜。孟子从儒家的角度对此加以否定。他从"服"这个角度来讲,服是秩序的一种体现,他说只有以德服人,才能够使人心悦诚服。所以孟子所追求的理想的那个"服",不是被强力所压服,而是心悦诚服的一种境界。

在孟子的叙述里,霸者也不是傻子,霸者不是赤裸裸只讲强力主义,霸者行事是相信实力主义的,但是整体来讲,霸者的说辞不是诉诸赤裸裸的暴力,往往要假借道德的名义。这不仅揭示了霸者霸道那种行为的逻辑和形态,应该说也很早就说明了霸者有他自己的一套话语体系,为他服务的一套话语。构建人类共同价值,推动全球治理体系,一方面涉及价值观的问题，另一方面涉及话语体系的问题。西方国家有一套话语体系，作为他们霸权主义行为的支撑。长期以来，这个世界受到种种大国霸权主义的主导，弱小的国家，或者跟他们价值观不同的国家，往往受到他们的武力欺压与胁迫，但是他们都打着传播民主、自由的旗号。所以，必须在本质上对这种两面性加以揭露，要真正认清楚它奉行的是以力服人的根本价值观，来破除帝国主义这种虚假的面貌，打断帝国主义对道德的假借，才能够掌握国际事务中能代表大多数国家利益的话语权。

一方面霸必大国，因为霸是靠强力；另一方面，大国不必霸，这就是今天中国所奉行的政策。中国从20世纪70年代就开始讲不称霸，毛泽东的时代讲不称霸，邓小平的时代讲不称霸，今天中国崛起，我们还是不称霸。为什么我们不称霸？应该说就是因为我们有王道的理想作为基础，有王道这种价值观。"一带一路"的共赢就是一种典型的现象，如果从王道的角度来讲，"一带一路"应该说就是我们王道思想的一种新的体现。因为这个"一带一路"的设计理念是反对以力服人，是王道，也就是孟子所讲的"得道者多助，失道者寡助"(《孟子·公孙丑下》)。有少部分西方国家不赞成我们的"一带一路"，不参与我们的工作，但是最近都在不断转变，开始对"一带一路"做正面的评价，这说明王道的力量自在人心。全世界大多数人民都肯定"一带一路"，肯定这种王道共赢的模式，在这种价值压力下，那些持否定态度的少数西方国家，也不得不正视"得道者多助"的现象和压力。"得道者多助",因为得道,它有价值的正确性;得道就是得民,得民就是得民心。

从另一个角度来讲,王道也就是仁政,或者仁政的进一步扩大。孟子对仁的讲法,跟孔子有所不同。孔子主要是把它作为个人道德,个人最高的或者最完满的道德来强调。但是孟子是要把它贯彻在政治和行政这个领域里,称为仁政,注重"发政施仁",把仁的精神施发到政治实践里面。同时,孟子讲的仁不只是"发政施仁",还有"以善养人"的观点。"以善养人,然后能服天下"(《孟子·离娄下》),意思是"善"一定要落实为、体现为实际利益的惠予和推广。"以善养人",不是仅仅讲一套好听的话,从理论上讲很多善的东西。真正的以善服人,它能够"以善养人","养"就表示要把善落实为、体现为一种实际利益的惠予,所以这个"养"字不一般。因此,孟子所理解的仁政包含着"养","养"才能真正地服人。"一带一路"倡议的规划,是给"一带一路"沿线的国家人民带来实际的发展效益。这就是一种"以善养人",所以它能够得民心,它是王道的一种体现。孟子的思想包含很多近代的色彩和价值。坚持人民主体地位,以人民为中心,满足人民的愿望和期待,让人民群众真正得到改革开放的实惠,党要保持对人民的赤子之心,这一切可以说就是施仁政于民。

19世纪以来,我们在西方帝国主义、殖民主义的对外活动中,处处可以看到马基雅维利的影子——只追求本国利益目标,全然不顾国际正义,蔑视世界秩序;在国与国的关系中,抛弃政治美德,奉行强力霸权。如果这是现代性的一种内涵,那么必须发扬古典的政治美德,坚决否弃这种政治恶德,对现代性深加反思,人类命运共同体的理想才有可能实现。

梁惠王上

陈来 解读

《孟子》共七篇，第一篇是《梁惠王》。从汉代以来，《孟子》的文本每一篇又被分为上下两部分，所以我跟大家一起学习的是《梁惠王》的上和下。

在进入文本的学习以前，我们先对孟子其人其书做一个简单的介绍。

有关孟子事迹的介绍，最重要的也是最早的，应该是见于司马迁的《史记》。《史记》的《孟子荀卿列传》（下文简称《列传》）对孟子的事迹做了简单的介绍：

> 孟轲，邹人也。受业子思之门人。

"孟轲"，轲是孟子的名字。"邹人"，是介绍他出生和活动的所在地。比较重要的是这句话，"受业子思之门人"，是说他跟子思的门人学习过。以前对这句话也有一些不同的解释，有人认为"受业子思之门人"的"人"字可能多了，原文应该是"受业子思之门"。这个变动就比较大了,孟子学术的直接来源就变成子思本人,直接跟子思来学习了。如果是"受业子思之门人"呢,孟子就没有直接跟子思学习过,而是跟子思的门人学习过。这一点在历史上有很多的讨论,但是最近几十年来由于一些出土文献的发表,大家越来越肯定孟子跟子思的关系应该是"受业子思之门人",因为孟子的时代跟子思的时代相隔还是远了一点。

道既通,游事齐宣王,宣王不能用。

"道既通","道"在古代就是指道术,道术是指一套思想、理论、观点、主张。这里的"道"当然不是一般所讲的道,不是一般意义上讲的一种理论、一种思想、一种方法,应该是特指儒道。即这个道如果是道术的话,应该是指儒术之道,我们的根据稍后再讲。"通"就是通晓,对这套理论思想观点的体系有一个基本的把握,这就是通。"道既通"表示他对儒道、儒者之道已经有了基本的把握。

"游事齐宣王",战国时代士的阶层非常活跃,他们采取游学、游说的形式到各个国家去推展自己的抱负。"宣王不能用",齐宣王当时不能施行孟子的思想主张。

适梁,梁惠王不果所言,则见以为迂远而阔于事情。

"适"就是到,"适梁"就是到了大梁这个地方。大梁这时候是魏国的中心,当时主政的是魏惠王,也叫梁惠王。"梁惠王不果所言",就是不能施行孟子的主张。梁惠王认为孟子讲的这套不符合实际,没有采用。

> 当是之时,秦用商君,富国强兵;楚、魏用吴起,战胜弱敌;齐威王、宣王用孙子、田忌之徒,而诸侯东面朝齐。

当时,秦国是用商鞅主政,楚、魏都是用了吴起,齐国是用孙子、田忌来主政。

> 天下方务于合从连衡,以攻伐为贤,而孟轲乃述唐、虞、三代之德,是以所如者不合。

这个时代的特点就是,大家追求合纵连衡,以攻伐为贤。"合从连衡",在当时就是一种追求战争取胜的谋略;"以攻伐为贤",以善于攻伐者为上贤,谁善于攻伐就把谁推为上贤。但是孟轲讲的不是合纵连衡的这一套,他也不主张攻伐,他讲的是"唐、虞、三代之德"。唐、虞就是尧、舜,三代就是夏、商、周,即禹、汤、文王、武王,他们的德就是道德。"是以所如者不合","如"就是孟子到的地方,他所主张的思想与这些地方当政的君王思想不能相合。

> 退而与万章之徒序《诗》《书》,述仲尼之意,作《孟子》七篇。

他就从这种游学、游说的活动中回到他的家乡,跟他的学生著书立说。"万章之徒"表示是好几个人。"序"就是叙述,这个"序"其实和叙述的"叙"是相通的。这句话一方面说明我们今天传下来的《孟子》七篇是孟子和他的学生万章这些人共同的作品;另外说明他的书的宗旨是"序《诗》《书》,述仲尼之意",主要是传承发扬孔子的思想,特别是发扬《诗经》和《尚书》的一些重要的思想。

这是我们看到现在流传下来的《史记·孟子荀卿列传》里面对孟子思想的记述。关于《列传》的理解,我们还可以参考另外一种文献,就是《孟子题辞》。孟子的书到汉代就有了注释,东汉的赵岐作《孟子注》,《孟子注》前面有一篇《孟子题辞》,这篇题辞相当于《孟子注》的序。

《孟子题辞》中有一些重要的讲法,我们须把它跟《列传》对照起来加以理解。

关于孟子的"子",《题辞》说:"子者,男子之通称也。"这个讲法还是一般了一些,应该说"子者,男子之尊称也"。不是每个人都可以称子的,我们也不是对任何一个男子都可以称他为子,所以这个"通称"换成"尊称"更恰当。

接着讲孟子,"邹人也,名轲";下面讲"长师孔子之孙子思,治儒术之道,通'五经',尤长于《诗》《书》"。刚才我们讲《列传》里面说"道既通",这个道是什么道?这里给我们做了一个说明,做了一个补充——"治儒术之道",可见这个道就是儒术之道。在《列传》里面讲"序《诗》《书》",在《题辞》里面也有一个补充,说孟子所通晓的儒家的学问不仅仅是《诗》

《书》,而是通"五经",对"五经"都有全盘的了解,尤其专长于《诗》《书》的理解。《列传》里面讲"游事齐宣王",但是"宣王不能用",这在《题辞》里面也有一个补充说明。

《题辞》里说:"当世取士,务先权谋,以为上贤。"《列传》里面讲"以攻伐为贤",这个"以为上贤"就是对"以攻伐为贤"的一种补充说明。所谓"权谋",是前面讲的有关战争、战略的权谋之学,就是"合从连衡"。当时各个国家的君主如何"取士"?"务先权谋,以为上贤。"我们可以说,这是对《列传》中的讲法的一个补充说明。

《题辞》里面还讲了,"于是则慕仲尼周流忧世,遂以儒道游于诸侯,思济斯民"。前面我们说,孟子"道既通",就用他所学游事齐宣王,那他是用什么思想来游事齐宣王的?在《题辞》里面也做了补充说明——"以儒道游于诸侯",这既对"道既通"的"道"做了详细说明,也说明了孟子游事齐宣王的确是用的"儒道"。

《题辞》里面讲"退自齐、梁,述尧、舜之道而著作焉"。"述尧、舜之道"是对《列传》里面"述唐、虞、三代之德"一个更明确的说明。

从以上几点来看,《孟子题辞》和《列传》里面很多讲法有一种呼应的关系,我们在了解孟子其人其书的时候需要注意。

在分析完《史记·孟子荀卿列传》和《孟子题辞》之后,我们接下来看看孟子和孔子的关系。

《列传》里面讲到他和孔门的关系,说"受业子思之门人",《孟子题辞》里面也讲到,"长师孔子之孙子思",所以,孟子跟孔门有密切的传承关系。孔子讲过很多话,其中有很多重要的思想都是在孟子时代发扬起来的。在《孟子》里,孟子曾自述他和孔子的关系,讲过这么几句话:

第一句话,他在《孟子·离娄下》中讲,"予未得为孔子徒也",说他没有做过孔子的学生;"予私淑诸人也",这里没有明确说明他"私淑"的是谁,但是我想,这个"私淑诸人"的"诸人"一定是一位孔门的后学,除了是子思的门人,还可能是孔门后学中的其他学者。这是在《孟子·离娄下》里面谈到的他和孔门的关系。

第二句话,他在《孟子·公孙丑上》中讲到,伯夷、伊尹"皆古圣人也","乃所愿,则学孔子也",自古以来圣人很多,比如说伯夷、伊尹都是古圣人,但他真正的愿望是学习孔子。当然,他讲这个话的时候做了对比,虽然伯夷、伊尹、孔子都是圣贤,但各有特点,而他真正的心愿是学习孔子。这是他有志于学习孔子思想的第二个自述。

第三句话,《孟子·万章下》里面说"孔子之谓集大成",揭示了孔子和古代文化的关系。在孔子之前,中国文化至少已有一千五百年以上的发展。一千五百年是指从夏代开始到孔子,孔子生活在公元前6世纪至公元前5世纪,夏代如果从公元前21世纪算起,到孔子生活的年代至少也有一千五百年。在孟子看来,孔子的集大成,不仅是对同时代比较近的周文化的集大成,也是对整个中国上古文化的集大成。

第四句话,也是在《孟子·公孙丑上》里讲的,"自生民以来,未有盛于孔子也"。"盛",伟大的意思。其实在孔门有过类似表述,"生民以来未有孔子",但是孟子加了"盛"字,突出孔子的伟大。

从这几点我们看,孟子有自觉学习、传承、发扬孔子思想和学术的志愿,这是我们讲孟子其人其书须交代的。

总的来说,我们对《孟子》的讲解是要回归《孟子》文本的讲读和解析,是顺着文本逐章讲析,这是我们的特点。但逐章讲读和解析的重点不是在生僻字词,虽然古书里面有很多生僻字,今天的人不会念,不认识,也不了解它们的意思,讲读应该包含这一方面的内容。我们的重点在于思想的提炼和义理的贯通。文本本身有很多的方面,除了生僻字,还有与今人大不相同的写作风格。今天我们写文章都讲究语言逻辑严密,古人的文章不是,用我们今人的眼光来看,有时候好像有点前言不搭后语,逻辑上有点错位。关于这些现象,古人有很多种解释,使文本读起来能够更通畅,但这都不是我们的重点,我们的重点是透过文本掌握他的思想,掌握他的义理。

从东汉的赵岐给《孟子》作注以来,《孟子》七篇的每一篇都已被分为上下两部分,如《梁惠王章句上》《梁惠王章句下》。汉人所谓"章句"是把一篇文章分成不同的章,以便理解。古人的书不像我们今天的书,篇、章、节和段落分得清清楚楚;古人的文章是密密麻麻的,不分段,不分章,也没有标点。后世在讲解文章的时候,第一条就是要讲究章句,把章分出来。比如,我们说《梁惠王上》有七章,就要把这七章分出来。所以古代的经师很看重章句。

我们今天通行的《孟子》文本采用了阿拉伯数字标序,使用起来更方便,尤其是便于这些文本的翻译。比如说1·1,前面的1代表《孟子》第一篇《梁惠王上》,后面的1就代表《梁惠王上》的第一章。这一章在孟子研究里面历来都被认为有非常重要的意义,是带有纲领性的。

1·1 孟子见梁惠王。王曰:"叟!不远千里而来,亦将有以利吾国乎?"

孟子对曰:"王!何必曰利?亦有仁义而已矣。王曰,'何以利吾国?'大夫曰,'何以利吾家?'士庶人曰,'何以利吾身?'上下交征利而国危矣。万乘之国,弑其君者,必千乘之家;千乘之国,弑其君者,必百乘之家。万取千焉,千取百焉,不为不多矣。苟为后义而先利,不夺不餍。未有仁而遗其亲者也,未有义而后其君者也。王亦曰仁义而已矣,何必曰利?"

孟子从山东到河南,来见梁惠王。大梁在开封这一带。梁惠王说:"叟!不远千里而来,亦将有以利吾国乎?""叟"代表老人家,指上了年纪的男子。这句话的意思是:老先生,您不远千里而来,为我的国家带来了什么有利的东西?这是梁惠王发问的话,孟子的话则是针对问话做的回答。是不是这段对话就是孟子跟梁惠王所有的对话呢?当然不是。我们后面还可以看到他和梁惠王有很多的对话。梁惠王一上来就问了这句话,应该说符合我们前面在《列传》里面看到的时代的风气。他讲的"利吾国",对我们国家有利的地方,其实是个特指,"以攻伐为贤""富国强兵""合纵连衡"都是当时比较风行的,所以他讲的这个"利"实际上针对的应该是上面那些方面。那么,他其实在问孟子,在那些方面你能够给我的国家带来什么有利的见解?但是孟子没有具体说他是如何反对征伐,如何反对合纵连衡,而是一般性地讨论"义利"的关系。

"利"有一个对立面,在孟子看来是仁义,所以他回答说:"王!何必曰利?"干吗一上来就说利呢?这个利就是功利。"亦有仁义而已矣","亦"是只的意思,这句话的意思是,我们只要讲仁义就够了。孟子是给梁惠王所讲的功利问题中的利设置了一个对立面,就是仁义;用仁义和利这种矛盾、冲突和紧张来彰显他自己的主张。

> 王曰,"何以利吾国?"大夫曰,"何以利吾家?"士庶人曰,"何以利吾身?"上下交征利而国危矣。

君王讲求怎么对自己的国有利,大夫讲求如何对自己的家有利。古代大夫的家不是我们今天的小家庭,是封建结构的一级,一般是指卿大夫(封邑)的家。"士庶人",士是贵族里面最低的一层,庶人就是平民,他们也讲求怎样对他们自身有利。如果都是这样的话,这个国家就危险了。所谓"上下交征利则国危矣","上",就是君、大夫;"下",就是士、庶人等;"征",汉人已经有了解释,司马迁在《史记·魏世家》里面解释这段话的时候,直接把"征"字解释为争夺、争取的"争",作"上下争利,国则危矣",我想司马迁的解释是对孟子思想的正确理解。如果大家都是把争取自己的利益放在第一位，那这个国家就危险了。下面孟子就举例子说：

> 万乘之国，弑其君者，必千乘之家；千乘之国，弑其君者，必百乘之家。万取千焉，千取百焉，不为不多矣。苟为后义而先利，不夺不餍。

"乘"，一辆兵车称为一乘。有万乘兵车的国家就是一个大国。如果上下都争夺利益的话，一个拥有雄厚兵力的万乘之国，杀害国君的人一定出自千乘之家，即国君的下级；而千乘之国里杀害国君的人，必出自百乘之家。上下的秩序被完全破坏了，君主都被他的下级所弑，社会的政治和伦理秩序也随之完全受到破坏。这是孟子举的例子。我们如果把这个道理推向整个社会、整个国家的历史来看，一定也是这样的。

"万取千焉，千取百焉，不为不多矣"，一个大国有一万辆兵车，君主的下一级就是卿大夫，一个卿大夫家有一千辆兵车，应该说不少了。千乘之国和百乘之家的关系也是这样，虽然你的财富在这个国家看起来是很多的，但如果你是后义而先利，把利益放在最优先的地方，把道义、伦理放在次要的地方，你就不会满足于你自己现有的财富，而会采取争夺的办法，最终走向弑君夺权这样的道路。孟子举了这个例子来申明争利的后果，最后的结论是："何必曰利？亦有仁义而已矣。"

如果讲仁义，其功效是什么呢？"未有仁而遗其亲者也，未有义而后其君者也",以"仁"为先的人不会遗弃他的父母,重"义"讲道德的人不会把他的君主置之于后而不顾。所以他做了个总结,"王亦曰仁义而已矣,何必曰利?"我们只谈仁义就可以了,不必再讲什么利。

以上是 1·1 文本本身的内容。

我们刚才讲《史记·孟子荀卿列传》是司马迁作的简单的传记,但司马迁不仅作了传记,他还讲过一段话,对孟子的思想提出了他自己的感想,这就是孟子对司马迁的深刻影响:

> 余读孟子书,至梁惠王问"何以利吾国",未尝不废书而叹也。曰:嗟乎,利诚乱之始也!夫子罕言利者,常防其原也。故曰"放于利而行,多怨"。自天子至于庶人,好利之弊何以异哉!

这段话的大致意思是:我读孟子的书,每读到梁惠王问"何以利吾国"的时候,我就忍不住把书放到一边感叹,利这个东西就是乱的根源。国家乱的根源在哪儿?根源在大家都求利,以利为先。为什么孔子很少讲利?他是在源头上就提防它。孔子讲,如果你说话都是以利为出发点的话,就会跟人家结怨,关系搞不好。从上到下,从君主到庶人,如果都一心好利,追求利,那么这个弊病应该说是非常大,为害不浅。

太史公司马迁对《孟子·梁惠王上》的解读与感悟非常重要。因为司马迁并不是一个真正的儒家,他的父亲是治黄老为主的,他作为一个史学家,研究历史上的治乱,不仅仅是记述历史现象,还要总结历史的规律和经验,成败治乱的经验尤其重要。他通过读《孟子》,再结合自己的历史知识,得出"利诚乱之始也"的结论,认为孟子讲的确实是对的,治国理政不能以利字当头。以司马迁这样一个大历史学家对历史的了解,应该说他对《孟子·梁惠王上》的思想做了一个有力的见证,这是很了不起的。

接下来我们对这一章的思想做一个简要分析:

第一点,如果我们要提炼这一章的思想,关键点应在于"苟为后义而先利,不夺不餍"。这是对后义而先利的一种批评和否定。由此我们也可以得出这样的结论:孟子支持的是先义而后利。虽然这一章没有正面提出先义后利,但可以说其中确实包含了这样的思想。后来《荀子》里面把这个话公开讲了出来:"先义而后利者荣。"

我们仔细分析一下这个"先义后利",其实它讲的是价值观的问题,义和利的先后问题是一个基本的价值观问题。一个国家、一个社会,都有其价值观。当然,每个人都可以有自己的价值观,但是一个国家、一个社会必须有一个主流的基本的价值观。这个价值观在孟子看来不能是任意的,应该是对义、利有一个明确的认识,不能够后义而先利,应该是先义而后利。我们今天都讲价值观的重要性,古代也是这样,《孟子》一开篇就讲价值观问题。为什么我们说这一章在整个孟子思想里面有纲领性的作用?所谓纲领,意思是一开始就把基本价值观的问题提出来了。这是我们从思想上要讲的第一点。

第二点，在这样一个价值观的表达中，其实孟子并不是否定利。在《孟子序说》里，有后代儒家思想家对《孟子》的解释，其中就包括理学家二程的解释。理学虽然产生于宋代，但理学家是特别重视《孟子》的，也特别重视《梁惠王上》所讲的义、利问题。程子说"君子未尝不欲利"，君子并不是对利益的欲求完全否定，"但专以利为心则有害"，你若把所有的心思都集中在利上，这是有害的。二程把孟子那个时代人一般的心态概括为"惟利是求"，孟子所讲的价值观并不是对利的完全否定，而是对"惟利是求"的明确否定。

二程讲，当时"天下之人惟利是求，而不复知有仁义"，根本就不知道仁义了，对道义、道德完全不了解。所以二程解释说，为什么孟子要强调仁义而不言利？孟子不是完全否定利，而是要"拔本塞源而救其弊"，他针对的是完全讲利、一心讲利、唯利是求的流弊。我们从后代人的解释，包括理学家的解释中也可以看出，儒家不是完全否定对利的追求，但是坚决反对唯利是图、唯利是求、唯利是需。这是我们讲的第二点。

第三点，义和利，利就是功利，是自我的利益；义代表道德的原则。后人在讲功利和道义冲突的时候有一个说法，这在理学家那里是很常见的，他们说义利就是公私，义与利的关系其实就是公与私的关系。要把义、利即伦理学上道义和功利的争论问题具体化，让我们更深切地感受这一问题与我们生活的相关性，可以用公私来说明义利关系。这个解释当然是基于理学家的思考，其实也应该是合乎孟子的思想的。孟子虽然讲义、利，没讲公、私，但是《孟子》的文本里面讲"何以利吾国""何以利吾家""何以利吾身",强调的都是"吾",那个"吾"代表的就是私。所以宋明理学里把它归结到公与私,这从《孟子》的文本来讲也是有根据的。

由此,孟子所讲的利还不是一般意义上讲的功利,这个利直接指向私利,如以"吾"字开头的吾国之利、吾家之利、吾身之利,应该说都是一种私利。孟子认为这种对私利的追求就是社会动乱的根源。跟私利相对的,就是"为公"。因此,我们仔细分析,利其实有不同的利,这里面有公利与私利之分,孟子着重讲的是完全以私利为自己行动和行为的第一指导原则的人。

如果将坚持为公、为民作为"义",这个义就是我们一般讲的道义,是道德的原则。道德的原则如果跟私利相对来讲,当然就是要为公;如果从孟子的思想本身来讲,还应该包括为民。追求为公之利,追求为民之利,这是孟子赞成的。孟子限于对话的语境,在这里没有明确地把他所有的思想,特别是为民的思想完全表达出来,但是他在后面都表达出来了。

这一点从中国思想来讲是有一贯性的。《尚书》开始讲公私的对比,从为公来强调公私的对立,这是对社会公职人员特别强调的一种价值观。在古代社会,一个普通的农民,一亩三分地,播种、浇水、收获,一年交一次皇粮,他在生活中碰不到什么公私问题。可是一个担任社会公职的人,每天都会碰到公私问题,因为他担任的是提供公共服务的职务,这就有为公和为私的问题。从这一点来讲,孟子的义利观里面包含着古代价值观、道德观里所讲的公私问题。

孟子特别强调义对于利的优先性、重要性,还有具体的时代背景。就是我们刚才讲的,当时社会流行的就是那样一个思潮,每个君王为了自己的私利,不惜采取战争手段,给人民带来了很多的灾难。

最后一点,义和利的选择是一个道德的选择。当然,并不是每一个人每天都会碰到关于义利选择的问题,除了公务人员职责所在,碰到的频率会高一些,一个普通的商贩、一个普通的农民不见得每天都碰到这样的问题。但人生之中,我们总会面临一些道德选择。我们经常听到新闻里曝光这样那样的社会上的问题,比如说问题奶粉,奶农每天养牛、挤奶、卖奶,不涉及义利的冲突,但不良商家往奶粉里面加三聚氰胺,这就有义、利的问题了。

因此,孟子虽然把这个问题提得很高很重要,但对于普通人而言,并不是每个人都会频繁碰到这个问题。那么,当我们在生活中偶尔碰到道德选择的问题时应该怎么做?这时候就要求我们先义后利,不能先利后义。

记得有一个流行歌手叫李宗盛,有一天,偶然在电视上听到他的一首歌,叫《凡人歌》,歌词里说,"你我皆凡人,生在人世间,终日奔波苦,一刻不得闲",这是我们的现状;又说,"既然不是仙,难免有杂念",这里的"仙"是为了词语上的押韵,其实是圣贤,既然不是圣贤就难免有杂念;"道义放两旁,利字摆中间",这就切合我们的问题了,说把道义放在两边先不用管,还是要利字当先、利字当头。

对这首歌我们也不能上纲上线,创作者可能只是描述了我们普通人的状态，普通人的生活、普通人的思想就是这么一个状态。但另一方面，我们也不能说就宣传这种价值观，将道义放两旁，利字摆中间。这首歌里所刻画的凡人的状态是孟子要求改变的状态，我们不能把"道义放两旁，利字摆中间"变成我们的基本价值观，当生活中碰到义、利冲突的时候，谁摆在先，谁摆在后，这是不能含糊的。从这么一个小小的例子我们也可以看出来，孟子的思想在我们今天的生活里面还是有其针对性，有价值和意义的。

1·2 孟子见梁惠王。王立于沼上，顾鸿雁麋鹿，曰："贤者亦乐此乎？"

孟子对曰："贤者而后乐此，不贤者虽有此，不乐也。《诗》云：'经始灵台，经之营之，庶民攻之，不日成之。经始勿亟，庶民子来。王在灵囿，麀鹿攸伏，麀鹿濯濯，白鸟鹤鹤。王在灵沼，於牣鱼跃。'文王以民力为台为沼，而民欢乐之，谓其台曰灵台，谓其沼曰灵沼，乐其有麋鹿鱼鳖。古之人与民偕乐，故能乐也。《汤誓》曰：'时日害丧，予及女偕亡。'民欲与之偕亡，虽有台池鸟兽，岂能独乐哉？"

1·2 的主要内容还是孟子见梁惠王。

"王立于沼上，顾鸿雁麋鹿，曰：'贤者亦乐此乎？'"沼是一种池塘，这里没有具体说明这个沼的名字，应该是梁惠王修建了这样一个池塘，用来养鸿雁、麋鹿这些动物。梁惠王在池塘边上看这些禽兽活动，他为什么会问，"贤者亦乐此乎？"我自己的解读是这样的：

可能孟子见到梁惠王的时候，并不是愁眉苦脸的；如果孟子愁眉苦脸，气势汹汹，一脸很不高兴的表情，可能梁惠王也不会开这样的玩笑。大概孟子笑眯眯地看着他，所以他问，"贤者亦乐此乎？"这里有一个背景须介绍，据《战国策》记载，梁惠王很喜欢建高台，挖深池。池是沼的一种。当时楚国人就批评梁惠王，说这种喜好至少是不务正业，并且引了楚王的故事来说明坏处。

楚王曾经也建过高台。楚王上了高台以后非常快乐，乐不思政，于是开始自我反省，说这个高台虽然是修了，但不能登；因为登高台、临深泽、立于沼上，你的心思完全转移到这种享乐上去了，就不理朝政了。因此，楚王当时下了一个结论，说"后世必有以高台陂池亡其国者"。建高台、池沼享乐，这是亡国之道，这个批评是很严厉的。这是《战国策》里面所记载的楚国人对梁惠王的批评，可见梁惠王是有这个喜好的。

孟子采取什么办法来劝导梁惠王？他没有一脸愤怒、义正词严地用亡国之道来吓唬梁惠王，而是平心静气地说："贤者而后乐此，不贤者虽有此，不乐也。"

梁惠王问孟子是不是有贤能、贤德的人也享受这种快乐，也觉得这是一种快乐呢？孟子说：如果是真正的贤者，他是可以以此为乐的；但如果是不贤的人，即便他拥有这些享乐的场所，也不会快乐，也不能真正享受这种快乐。接下来，孟子引用了《诗经》里的句子：

> 经始灵台,经之营之,庶民攻之,不日成之。经始勿亟,庶民子来。王在灵囿,麀鹿攸伏,麀鹿濯濯,白鸟鹤鹤。王在灵沼,於牣鱼跃。

杨伯峻先生的《孟子译注》里面对《诗经》中的这首诗有现代翻译:

> 开始筑灵台,经营复经营,大家齐努力,很快便落成。王说不要急,百姓更卖力。王到鹿苑中,母鹿正安逸,母鹿光且肥,白鸟羽毛洁。王到灵沼上,满池鱼跳跃。

杨先生的这段翻译很有意思。《孟子译注》这本书非常流行,我们在学习的过程中可以参考其中的一些解释。比方说关于孟子的生平,孟子的生卒年其实在历史上有不同的讲法,我们现在的学者也有不同的结论。杨先生给了一个讲法,认为孟子的生卒年是公元前385年至公元前304年前后。我们讲孟子的生卒年也可以参考杨先生的讲法。引了《诗经》之后,孟子接着说:

> 文王以民力为台为沼,而民欢乐之,谓其台曰灵台,谓其沼曰灵沼,乐其有麋鹿鱼鳖。

文王建这些高台、池沼也是依靠民力,可是人民没有不高兴,反而很欢乐,还把他的台叫作灵台,沼叫作灵沼。灵,就是好的意思,是人民对这些台和沼的赞美。这是孟子对《诗经》的引用和解释。这个例子里,文王虽然是以民力来筑台挖沼,可人民还是很欢乐的。所以,孟子总结说:

> 古之人与民偕乐,故能乐也。

《诗经》上所讲的经始灵台的例子就是与民偕乐的例子,这样的人就是贤者,贤者就能乐此。刚才讲"贤者而后乐此,不贤者虽有此,不乐也",这是讲的古之人,但不是一般的古人,他用的是《诗经》的例子,用文王筑灵台的例子来说明"贤者而后乐此"的结论。接下来他就讲:

> 《汤誓》曰:"时日害丧?予及女偕亡。"民欲与之偕亡,虽有台池鸟兽,岂能独乐哉?

《汤誓》是一篇文献。这里是说,我跟你,咱们一块儿死了吧。时日,指的是今天这个太阳。害丧,就是说为什么还不灭亡?《汤誓》里的这句话表达的感情跟上面所引《诗经》里的情感是不一样的。《诗经》里表达的是君王与民偕乐,所以他也就能乐,而《汤誓》讲的这句话不是与民偕乐的状态,是民与之偕亡的一种心声。人民已经过不下去了,对君主说,我要跟你同归于尽。人民都巴不得跟君主一起走向灭亡,在这样一种状态里,就算是拥有了台池鸟兽,你能独自享乐吗?

这是文本 1·2 的内容。这一章关键的语句和重要的思想是"与民偕乐"。前面一章讲"后义而先利"是从反面讲,孟子思想正面表达的价值观是先义而后利。这一章里正面表达的是"与民偕乐",在后面几章里面也叫作"与民同乐","与民同乐"跟"与民偕乐"是一样的,偕,就是聚、一起。

我们如果细致分析起来,就会发现里面包含的意思不是那么简单、那么浅显。表面上看,文王建灵台、灵沼,老百姓都很高兴,但我们不能理解为老百姓把灵台、灵沼看作是公园,能跟君王一起在台上、在沼池里面享乐。这个沼应该不是一个公园,它主要还是供文王来享乐的。但是,文王在别的地方能够做到"与民偕乐",所以文王独自享乐的地方也能够得到人民的宽容、允许、认同。

什么是人民的乐?这里面包括一个问题,"与民偕乐"这个乐的内涵。我相信这个乐之所在不是周文王和老百姓一起在灵沼里面看鸿雁、麋鹿,而是周文王的"以民为心""以保民为心",他能够以百姓之乐为乐,能够考虑到老百姓的需求,满足老百姓的需求,这样才是真正的"与民偕乐"。如果我们对照孟子的民本思想,"与民偕乐"应该包含更深的含义:不是老百姓以君王的乐为乐,而是君王要以百姓之乐为乐。这个乐是双向的,君王应当充分考虑到老百姓的需求。

这个思想从中国古代来讲就是民本思想,是很古老的。《尚书》里面已经讲"天视自我民视,天听自我民听",老百姓的视听里面应该也包含了乐的这一面。所以虽然《尚书》没讲天乐自我民乐,但是那个思想应该包含在里面。前面我们讲孟子"序《诗》《书》"特别发挥《诗经》和《尚书》的思想,因为《尚书》里面尤其强调保民这一点,所以我们想孟子这种"与民偕乐",以民之乐为乐的思想也是承继、发扬了《尚书》的思想。

关于引《汤誓》里面的那句话,在古代也有一些补充的说明。因为夏桀曾经讲过这样的话,我就好像太阳,太阳存在我就存在,太阳消亡的时候我才会灭亡。意思是老百姓不要妄想推翻我,我跟太阳一样,命是长久的。所以当时的人民就借着这个话来感叹,"时日害丧",这个太阳什么时候才能灭亡!因为太阳灭亡了,夏桀也就灭亡了。老百姓宁愿跟着太阳和君王一起灭亡,表达了他们对夏桀虐政的愤恨。

1·3 梁惠王曰:"寡人之于国也,尽心焉耳矣。河内凶,则移其民于河东,移其粟于河内。河东凶亦然。察邻国之政,无如寡人之用心者。邻国之民不加少,寡人之民不加多,何也?"

孟子对曰:"王好战,请以战喻。填然鼓之,兵刃既接,弃甲曳兵而走。或百步而后止,或五十步而后止。以五十步笑百步,则何如?"

曰:"不可;直不百步耳,是亦走也。"

曰:"王如知此,则无望民之多于邻国也。

"不违农时,谷不可胜食也;数罟不入洿池,鱼鳖不可胜食也;斧斤以时入山林,材木不可胜用也。谷与鱼鳖不可胜食,材木不可胜用,是使民养生丧死无憾也。养生丧死无憾,王道之始也。

"五亩之宅,树之以桑,五十者可以衣帛矣。鸡豚狗彘之畜,无失其时,七十者可以食肉矣。百亩之田,勿夺其时,数口之家可以无饥矣。谨庠序之教,申之以孝悌之义,颁白者不负戴于道路矣。七十者衣帛食肉,黎民不饥不寒,然而不王者,未之有也。

"狗彘食人食而不知检,涂有饿莩而不知发;人死,则曰,'非我也,岁也'。是何异于刺人而杀之,曰,'非我也,兵也'。王无罪岁,斯天下之民至焉。"

1·3 没有用孟子见梁惠王开头,但还是梁惠王和孟子的对话。

"梁惠王曰:'寡人之于国也,尽心焉耳矣。'"就是说,我对国家应该算是费尽了心力了。"寡人"是君王的自称。

"河内凶,则移其民于河东,移其粟于河内。河东凶亦然。"因为当时魏国分成河内和河东两个区域,河内这个地方碰到凶年收成不好,就把河内的人民迁移到河东去住,河东的收成好,把河东的粮食运一部分到河内来救灾。若是碰到河东这个地方年成不好、闹饥荒的时候也是采取这样的办法。梁惠王是想以此来体现自己的尽心。

"察邻国之政,无如寡人之用心者。邻国之民不加少,寡人之民不加多,何也?"意思是,我看邻国的政治,没有像我这么用心的,可是邻国的人民也没有减少,我的人民也没有增多,这是为什么? 他是想,我的国家治理得好,邻国的人民就会跑到我的国家来,我的国家人口就会增多了。古代追求广

土众民,一是追求领土疆域的扩大,一是追求人民的增多。可是事与愿违,这是为什么?孟子这样回应:

"王好战,请以战喻",好战就是喜欢征伐、战争,王喜欢战争,请允许我用战争做比喻。"填然鼓之","填然"是鼓声。"兵刃既接,弃甲曳兵而走",交战双方敲响战鼓,然后兵刃交接,随之丢盔卸甲、拖着兵器逃走这样的状况在战场上也出现了。在逃走的人里面有的逃了百步停下来了,有的逃了五十步也停下来了。"以五十步笑百步",指逃了五十步的人笑话逃了百步的人是逃兵。孟子说,大王你觉得怎么样?这是要让梁惠王发表评论。

"曰:不可;直不百步耳",梁惠王说,不行,只是没有达到一百步而已,但是逃跑是一样的。"是亦走也","走"是逃跑的意思。

然后孟子说:"王如知此,则无望民之多于邻国也。"梁惠王本来期望自己国家的人口能增多,但是孟子说,你如果了解五十步笑百步的道理,那你国家的老百姓没有增多,也应该是可以理解的。

这是梁惠王和孟子的对话,梁惠王提出了问题,孟子用一个比喻作答。下面是孟子对于梁惠王的问题做的正面解答。梁惠王提出的问题,实际上是治国理政的根本问题,到底什么是治国理政的根本和要法?那个根本在哪儿?治国理政是有本有末的,要辨明本末,要抓住根本。关于这个根本,孟子讲了下面几条:

"不违农时,谷不可胜食也"。"谷"代表粮食,是粮食的总称。只要你不违背农时,粮食是吃不完的。

"数罟不入洿池,鱼鳖不可胜食也"。"数",是比较细。"罟",是一种网。如果不用比较细密的渔网去池子里面捞鱼,那么鱼鳖是吃不完的。

"斧斤以时入山林,材木不可胜用也。"农有农时,山林也有山林的时。砍伐树木掌握一定的时间,而不是滥伐,那么木材的使用也是无尽的。

"谷与鱼鳖不可胜食,材木不可胜用,是使民养生丧死无憾也。"粮食、鱼鳖都吃不完,木材都用不完,这样人民生养死葬就没有什么不满的了。这样的情况,孟子认为是"王道之始也"。

这段话的重点讲的是什么呢?是"王道之始",治国理政的根本在孟子来讲就是王道。王道首先表现在上面讲的这几句话,这里我们看到更多的是强调"不违农时""数罟不入洿池""斧斤以时入山林",其中所表达的是一种农林之政,很类似于我们今天在保持生态和可持续发展方面的一些思路和做法。农林之政,重在掌握农时、掌握季节,把这些作为王道的开始,而不是王道的全部。

孟子认为这些农林之政作为王道的开始,已经起了一种保障的作用。保障什么呢?使民养生丧死没有什么遗憾。养生,就是人民日常的生活。丧死,有人可以给他送葬,也出得起丧葬的费用。这些基本的生活用度都有了保障,百姓也就没什么遗憾,这是王道的开始。接下来孟子讲:

五亩之宅,树之以桑,五十者可以衣帛矣。鸡豚狗彘之畜,无失其时,七十者可以食肉矣。百亩之田,勿夺其时,数口之家可以无饥矣。谨庠序之教,申之以孝悌之义,颁白者不负戴于道路矣。七十者衣帛食肉,黎民不饥不寒,然而不王者,未之有也。

　　这一段孟子讲的仍然是王道,前面讲了王道之始,这里讲的是王道之本。这段话也见于1·7。1·7特别强调制民之产的概念,应该说已经超越农林之政的层面,进入了王道的基础性制度建设层面。首先,要保证人民有五亩之宅,有鸡豚狗彘之畜,有百亩之田,也就是要有产业基础,即后面讲的制民之产。有了这些,百姓才能够达到温饱的状态,在我们今天讲就是小康。对于孟子而言,能使所有的人民不饥不寒,达到温饱,这就是一个理想的社会了。

　　孟子讲有恒产者有恒心,五亩之宅、鸡豚狗彘之畜、百亩之田就是人民恒产的基本建设。除了这些恒产的保障,他也谈到了一些属于农林之政的层面,比如说"百亩之田,勿夺其时",要能够按照天时去耕种,不能干扰,鸡豚狗彘之畜也是要"无失其时",都很强调"时"的概念。"树之以桑"则是具体的指导,你如果有五亩之宅,就可以种植桑树了,这样五十岁以上的人就可以穿帛了。

　　这是王道基础的建设,但还不是王道的全部,王道的全部还要加上一条,"谨庠序之教,申之以孝悌之义",即要有教化,庠序是古代的学校。学校里讲什么呢?这些学校都是地方上的,像我们今天的社区学校,主要是讲孝悌之义,以孝顺父母、敬爱兄长等家族伦理道德为主要内容来教育家族的成员,特别是家族的子弟。教导好了,孟子认为就不会有头发花白的人头顶、背负着重物在路上奔波了。

"然而不王者,未之有也。"孟子认为,前面这几条都做到了,王道就完整了,即使这个人原来不是王,他也可以完成一个王的事业。

最后孟子说:

> 狗彘食人食而不知检,涂有饿莩而不知发;人死,则曰,"非我也,岁也"。是何异于刺人而杀之,曰,"非我也,兵也"。王无罪岁,斯天下之民至焉。

"狗彘",就是猪狗。"检",这里可以作禁止来理解。猪狗吃人的粮食,你不禁止,路上有饿死之人的尸体,你还不知道把仓库打开放粮;老百姓死了,你说这个不怪我,这得怪老天爷年成不好。这就好像你杀了人,却说人不是你杀的,是兵器杀的。君王如果不把这些政治上没有做好的事情归罪给年成不好,也就不用担心自己国家的人民不加多,因为天下的百姓都来归附于你了。但如果你不自己承担自己的责任和罪过,而把责任推给上天,这就和杀人的人说是兵器杀人一样。

反过来我们也可以推测,梁惠王在跟孟子的谈话中,有的时候可能表达了这种立场——自己做得很好,不好的事情都是老天爷不好造成的。对此,孟子给予了非常尖锐的批评。

1·3 的重点是在后面所讲王道的内容。"养生丧死无憾，王道之始也"这句话则是这一章的关键性、提示性语句。这提示我们，这一段表达孟子关于王道的思想，对什么是王道之始，什么是整个的王道，至少表达了三个层次。最后讲，这几条如果都做到了，"然而不王者，未之有也"。可以说，孟子是想用这样的王道思想来替代当时流行的合纵连衡、以杀伐为上的道。法家认为富国强兵才是王道，只有合纵连衡才能王天下。但是孟子在这里提出了一套自己的王道主张，虽然他没有表明这就是尧舜的讲法，但这应该符合他关于唐虞尧舜的理想。使民养生丧死无憾，使黎民不饥不寒，使颁白者不负戴于道路，能够达到这个程度，应该说已经接近了他对尧舜的理想。

从 1·3 我们可以看出来，孟子在治国理政方面有他自己的理想、方法，他希望用他所理解的王道，后面又叫王政，也可以叫仁政，来说服当时的统治者，实现他关于社会的理想。

1·4 梁惠王曰："寡人愿安承教。"

孟子对曰："杀人以梃与刃，有以异乎？"

曰："无以异也。"

"以刃与政，有以异乎？"

曰："无以异也。"

曰："庖有肥肉，厩有肥马，民有饥色，野有饿莩，此率兽而食人也。兽相食，且人恶之；为民父母，行政，不免于率兽而食人，恶在其为民父母也？仲尼曰：'始作俑者，其无后乎！'

为其象人而用之也。如之何其使斯民饥而死也？"

"梁惠王曰：'寡人愿安承教。'""承教"，就是领教。"安"，就是乐于。我很乐意听老先生的指教。

"孟子对曰：'杀人以梃与刃，有以异乎？'""梃"，就是木棍子。"刃"，就是刀。孟子先提了一个问题，用木棍打死人和用刀杀死人这两者有没有什么不同？

梁惠王说："无以异也。"那没有什么不同。

孟子又问："以刃与政，有以异乎？"用刀杀人和用苛政害死人有没有什么不同？

梁惠王回答："无以异也。"没有什么不同。

孟子很会引导，先设定一个逻辑，如果你承认这个逻辑，你就要接受这个逻辑合理的推论。从这一点看，孟子应该是一个辩论的高手，也是一个说服人的高手。下面孟子讲了一大段话，就是第四章的重点所在。

曰："庖有肥肉，厩有肥马，民有饥色，野有饿莩，此率兽而食人也。兽相食，且人恶之；为民父母，行政，不免于率兽而食人，恶在其为民父母也？仲尼曰：'始作俑者，其无后乎！'为其象人而用之也。如之何其使斯民饥而死也？"

"庖"，就是厨房。厨房里面有很多肥肉。"厩"，是马厩。马厩里面有很多的肥马。可是"民有饥色，野有饿莩"，老百姓面带饥色,野外躺着饿死的人。这种政治的结果孟子叫作"率兽而食人也",就好像领着野兽来吃人,这是对以政杀人的一种控诉。刚才讲杀人,"以刃与政,有以异乎?"用刀子杀人和用政治杀人有没有不同?梁惠王说没有什么不同,结果都是一样的,人都被杀死了。一方面"庖有肥肉,厩有肥马",可是另一方面"民有饥色,野有饿莩",孟子用强烈的对比来控诉这种"率兽而食人"的政治。应该说这个批评是非常尖锐的。

"兽相食,且人恶之"。这句的意思是,野兽之间的自相残杀、争相食肉,人类尚且厌恶。

"为民父母,行政,不免于率兽而食人,恶在其为民父母也?"上到一国的君主,下到基层的官员,都有照顾人民的责任。官员应该像父母那样对待老百姓,为老百姓办事,可是你履行政治的结果是"率兽而食人",严重背离了自己的职责。

孔子说:"始作俑者,其无后乎!""俑",就是一种木偶、土偶,是用来殉葬的。因为上古是用活人来殉葬的,随着社会的进步,就不再用活人殉葬,而改用刻画成人形的木偶、土偶来殉葬。即使这样,孔子还是给予严厉的批评:最先用这种木偶或者土偶来殉葬的,应该不会再有后代了吧!无后就是绝后。孔子为何如此生气?孟子解释说:"为其象人而用之也。"不仅活人不能用来殉葬,用像人的木偶、土偶殉葬也是不对的。"如之何其使斯民饥而死也?"又怎么能够让我们的老百姓活生生被饿死呢?

这一章的关键语是"为民父母"。其实"为民父母"的说法不是孟子的独创,在《尚书》和《诗经》里面都已经有为民父母的思想,比如,《诗经·大雅·泂酌》有"恺悌君子,民之父母",《尚书·洪范》有"天子作民父母,以为天下王"。可以说君主和官员的责任是为民父母,这个政治意识是上古历史上久已形成的传统,也可以说是古代政治思想的一个基本理念。今天我们民间还是流传这样的话,老百姓称官员为父母官;父母官其实并不是对官员的一种尊称,而是点明官员的责任,为官一方就要为一方老百姓负责。现代政治中不再采用这样的表述,但历史的传统突显、强调君主和官员对老百姓承担的责任,这一点在今天还是有借鉴的价值和意义。你要真正像父母对待子女一样去照顾人民,爱护人民,关心人民,去替人民做事,这是不容易的。孟子继承了西周保民思想的传统,特别强调为民的思想,所以他以"为民父母"的观念直接对质梁惠王,强调这是做君主的最基本的规范、最基本的理念,实际上就是在问:你有没有按照这个来做?

虽然第四章里面孟子没有明确表示他所描述的就是魏国的现实,但是,他既然跟梁惠王讲这些,一定是在现实生活中发生了这样的事情。这是我们看到的第一点,孟子对"为民父母"观念的强调。

第二点,孟子引用了孔子的话,"始作俑者,其无后乎!"一般来讲,有一件事是最先做的,就用这件事情来表达其普遍意义。孔子在讲这句话时,赋有很深的以人为本的含义,因为他是直接批评人殉的制度和人殉制度的残余。用活人来殉葬,这是人殉;不用真人,用假人,这是人殉的残余。而人殉制度及其残余都是不尊重人,不是以人为本。

从孔子到孟子,主张以人为本,但是这个人不是抽象的人。孟子特别强调以人为本就是以民为本,人的具体内涵是人民大众,所以引用了孔子的话以后说,"如之何其使斯民饥而死也?"孔子对人这么尊重,这么重视,怎么就能使我们的人民饿死了呢?从这里可以看出,早期儒家思想里面以人为本的观念已经是根深蒂固的,不仅如此,还把这个思想直接运用到了"为民父母"这样的观念里面。后来孟子讲以民为贵,虽然没有明确表达出以人为本,但意思是相通的。

以人为本的思想,在孔子以前就已经出现了。"天地之生人为贵",天地万物里面人是最宝贵的,怎么能够用活人殉葬呢?所以孔子以人为本的思想就是早期的以人为贵的思想。直到今天,这个思想在我们的生活中也还是有影响的。五十年前,流行读《毛主席语录》的时候,我记得其中很重要的一条,就是毛主席讲"世间一切事物中,人是第一个可宝贵的"。人为贵的思想和民为贵的思想结合起来,就是孔子的继承人孟子在这里表达出来的思想。后来他讲"民为贵,社稷次之,君为轻",不是偶然的,而是他的思想贯通一致的表现。孟子继承了古代和孔子以人为本的思想,而且把它具体化为以民为贵的思想,不仅仅是指明了当时统治者的责任,也以此为捍卫老百姓的利益、进行政治批评的有力的武器。

1·5 梁惠王曰:"晋国,天下莫强焉,叟之所知也。及寡人之身,东败于齐,长子死焉;西丧地于秦七百里;南辱于楚。寡人耻之,愿比死者壹洒之,如之何则可?"

孟子对曰:"地方百里而可以王。王如施仁政于民,省刑罚,薄税敛,深耕易耨;壮者以暇日修其孝悌忠信,入以事其父兄,出以事其长上,可使制梃以挞秦楚之坚甲利兵矣。

"彼夺其民时,使不得耕耨以养其父母。父母冻饿,兄弟妻子离散。彼陷溺其民,王往而征之,夫谁与王敌?故曰:'仁者无敌。'王请勿疑!"

1·5章,还是梁惠王和孟子之间的问答。

梁惠王说:"晋国,天下莫强焉,叟之所知也。及寡人之身,东败于齐,长子死焉;西丧地于秦七百里;南辱于楚。寡人耻之,愿比死者壹洒之,如之何则可?"这次梁惠王问得比较具体。在1·4章开头,梁惠王说,我愿意也乐意听你的指教,但是没有指明具体的问题。在1·1章,一开始他也问,你不远千里而来,对我国有什么有利的地方?也讲得很笼统。孟子当时说,只要讲仁义就可以了。这次,梁惠王把问题提得更具体了。上来就说"晋国,天下莫强焉",晋国是指他自己,因为韩、赵、魏三家分晋,魏国本来就是从晋分出来的,所以他自称为晋。这个时候魏国是三家里面最强大的,甚至不仅是三家之中,当时在其他各家里面也是非常强大的。梁惠王说,晋国本来是天下最强的,没有国家能比得上。

"叟之所知也",先生也知道的。可是到了我这一代,我在魏国主政,情况却不一样了:

"东败于齐",跟齐威王打仗,齐威王派了田忌、孙膑,在马陵把魏军打败了。在战争中"长子死焉",梁惠王付出了很大的代价,大儿子也牺牲了。

西边"丧地于秦七百里",跟秦国打仗,秦国派了公孙鞅,结果魏国割让了河西郡的全部,还有上郡的十五个县,一共有七百里。

"南辱于楚","辱"就是耻辱。南边又跟楚国打仗,楚魏襄陵之战魏军被昭阳率领的楚军所败,被迫割让了大片的土地。

"寡人耻之",这几件事都是我莫大的耻辱。"愿比死者壹洒之","比"就是为了。我愿意为死者一洗冤仇。"壹洒之",就是洗血的意思。"如之何则可?"我怎么样才能做到,你能不能告诉我?这就是梁惠王向孟子提出的具体问题。其实质还是富国强兵的问题。前面我们讲《史记·孟子荀卿列传》里面提到,当时天下流行的思想是富国强兵的思想。所以梁惠王想让孟子教他一个具体的富国强兵之道,让他能够一洗旧耻和旧仇。孟子是怎么回答的呢?"地方百里而可以王。"

怎样在一个天下大乱,以征伐为上的时代做到统一天下、战胜其他各个国家?孟子给出的答案就是王道。"地方百里而可以王",孟子说,有百里地就可以实现王道,就可以完成王业。王业是和霸业相对的,霸业成就霸主,王业则成就一统天下的王者。虽然"地方百里"所要求的硬件条件并不是很高,但还需要主观条件——政策。什么样的政策呢?下面说"王如施仁政于民"等,意思是施仁政于民就可以实现王道了。这里第一次出现了仁政的概念。

我们知道,孔子讲的是仁的观念,没有讲仁政。什么叫仁政呢?后面1·7章可以看到,仁政就是发政施仁,你在施政的时候是以仁的政策、仁的观念来贯穿始终,这就叫"施仁政"。"施仁政于民",就是说这个仁政的施行对象是人民。下面他就讲了"施仁政于民"的一些具体做法:

> 省刑罚,薄税敛,深耕易耨;壮者以暇日修其孝悌忠信,入以事其父兄,出以事其长上,可使制梃以挞秦楚之坚甲利兵矣。

最后这句话就说明了,我教给你这些办法,就可以对付秦国和楚国了。这里面分了几个层次。"省刑罚,薄税敛,深耕易耨",这是一个层次,也就是我们前面讲的在教化以前的层次。"省刑罚",是要少用刑罚。"薄税敛",就是要减轻人民的税赋。刑罚赋税是针对人民的,减轻对人民的刑罚,少征收对人民的赋敛,这就是施仁政于民。让老百姓能够深耕细作,及时除草。易,应该是及时的意思。

第二个层次,仁政要让老百姓里面的壮者"以暇日修其孝悌忠信"。壮者就是成人,也就是说,这里面讲的教育主要是指成人教育,要让青壮年有闲暇的时间能够去学习、修德。"孝悌忠信",孝悌,就是家族内的伦理道德;忠信,就是走出家族,到社会上做事应该有的道德;忠,是处理上下级关系的德行;信,是跟朋友平辈之间相处的德行。要让人民中的壮者有闲暇来接受教化,能够培养自己的德行。培养了这些德行以后怎么办呢?他就可以"入以事其父兄",在家用孝悌侍奉父母兄弟;"出以事其长上",离开家族出去做事,用忠信侍奉上级。这是第二个层次。

这两个层次,一个属于基本生活保障,另一个属于教化。如果这两点你做到了,"可使制梃以挞秦楚之坚甲利兵",你的老百姓就是用自己制作的木棍子也能够打败秦楚的坚甲利兵,因为他们是真正发自内心地愿意为你出力。这是孟子在这一章中给梁惠王提供的办法,不是合纵连衡、征伐这样的办法,而是王道,即从两个层次施仁政于民。

最后孟子这样说:

> 彼夺其民时,使不得耕耨以养其父母。父母冻饿,兄弟妻子离散。彼陷溺其民,王往而征之,夫谁与王敌?故曰:"仁者无敌。"王请勿疑!

"彼",是指那些不行王道、不行仁政的国家。那样的国家"夺其民时",经常侵占老百姓的生产时间,征用老百姓服劳役,使老百姓不能够按照正常的节令从事农业生产。在前面三章我们也经常看到孟子强调这一点,比如说"无失其时""勿夺其时"。那"夺"的主体是谁呢?当然是当时的国君,统治者。老百姓自己不会无故违背农时,使田地荒芜。统治者侵夺了人民正常的农业劳动时间,使他们不能按照节令来耕地除草,也就无法获得收成,来养他们的父母,致使"父母冻饿"。"冻饿"这个词是孟子常用的词,它所对应的就是温饱。今天我们要全面建成小康社会,小康社会最基本的标准就是温饱。应该说,这是从孟子的时代以来大家就盼望实现的理想,是最低阶段的理想。

除了"父母冻饿",这里还提到"兄弟妻子离散"。我想父母因为年纪大了,走不动了,所以他不说父母离散,而是冻饿。但是兄弟妻子找别的地方去生活,就离散了,家庭也就解体了。他说这是"陷溺其民",使人民陷于痛苦之中,陷于生活的困境之中。这样的国家,如果梁惠王"往而征之",去跟这个国家打仗,"夫谁与王敌?"谁能够跟你来对抗呢?因为人民冻饿的冻饿,离散的离散,哪有心情为国家打仗!

"王往而征之",读到这里,大家可能会提出一个问题,孟子那个时代以征伐为上,但孟子不是反对征伐的吗?看来孟子对于战争也不是持绝对的否定态度,他不赞成个别国家仅仅为了扩大自己的利益而发动的战争,但是他赞成统一。统一有时须通过一定的战争形式,对这种统一的战争,孟子是不否定的。所以,这种"往而征之"是一种王天下的过程。

孟子的结论是:"仁者无敌。"这个仁者就是推行王道、施仁政的人。仁者无敌,仁者是无敌于天下的。"王请勿疑!"大王请你不用怀疑。这一段是孟子第一次明确提出来仁政这个观念。

这一章关键性的语句,第一句就是"施仁政于民"。这个语句是这一章最重要的精神,其他都是对仁政的描述。"地方百里而可以王",就可以王天下了。王天下靠什么呢?就是仁政。把仁的观念在你的施政措施中完全贯彻体现,这就是仁政。这一章的中心思想里面包含一个很重要的认识,即民生与教化。

怎么保障民生?"省刑罚,薄税敛,深耕易耨",这都是民生保障层次的。同时还有另一个层次,就是教化的层次。所以我们今天讲小康,如果说用孟子的思想来讲,应该是包括温饱、有教,不能仅仅是温饱。前面1·3章"五亩之宅"后面讲"谨庠序之教,申之以孝悌之义",与孟子强调温饱有教的思想是一贯的。后面我们还要讲这两者的关系。仁政里面包含了民生的保障和民众的教化,可能有的同志会问,小孩子不用教吗?老人不用教吗?这里面没有具体讲。孟子所描述的教育主要的对象是成年人,老人经历社会的时间比较长,很多观念已经有了,而且,我想孟子之所以提壮者的教育,是为了对应后面的内容。真正可以出来拿着木棍子跟秦楚坚甲利兵打仗的是壮者,而不是小孩子,也不是老人。这些壮者享受到了"省刑罚,薄税敛"的好处,又受到了"孝悌忠信"的教育,入可以侍父兄,出可以侍长上,他们就可以拿木棍子出去战斗了。所以,"施仁政于民"是这一章最重要的语句。

第二个重要的语句是"仁者无敌"。这个命题非常重要,以前有的学者解释说"仁者无敌"这四个字可能前人已经提出过了,孟子只是对它做一个新的论证。以前有没有人讲过,这没有关系。但从我们现在掌握的古书来看,应该以前没有人这么讲过。"仁者无敌"应该还是孟子自己得出的结论。"仁者无敌"是把王道和仁政的思想又做了一个申发和总结,这是点明王道和仁政实行的主体是仁者。这就给推行者、施行者提出了人格上的要求。作为一个国家的领导者,要自己争取成为仁者,这样他的国家、他的人民才能够无敌。所以,"仁者无敌"是这一章里面第二重要的命题。

1·6 孟子见梁襄王,出,语人曰:"望之不似人君,就之而不见所畏焉。卒然问曰:'天下恶乎定?'

"吾对曰:'定于一。'

"'孰能一之?'

"对曰:'不嗜杀人者能一之。'

"'孰能与之?'

"对曰:'天下莫不与也。王知夫苗乎?七八月之间旱,则苗槁矣。天油然作云,沛然下雨,则苗浡然兴之矣。其如是,孰能御之?今夫天下之人牧,未有不嗜杀人者也。如有不嗜杀人者,则天下之民皆引领而望之矣。诚如是也,民归之,由水之就下,沛然谁能御之?'"

《梁惠王上》一共有七章,这七章里面前五章是孟子和梁惠王的对话,到第六章有了变化。虽然我们在总题目上还是叫《梁惠王》,但是1·6中孟子的谈话对象由梁惠王变成了梁惠王的儿子梁襄王,当时梁惠王已经死了。既然是梁惠王的儿子,那梁襄王应该是久闻孟子的大名,甚至说不定他父亲跟孟子对话的时候他在旁边也听过一两句,这都是有可能的。因此他要向孟子请教,这是顺理成章的事情。于是孟子就见梁襄王。

"孟子见梁襄王,出,语人曰:'望之不似人君,就之而不见所畏焉。'"这是一个动作的场景,孟子去见梁襄王,他见完了出来,出来了就对人说:梁襄王跟他父亲不一样。看来孟子对梁襄王父亲的形象还是肯定的,他没说梁惠王不像个国君。他说梁襄王"望之不似人君",望是远距离看,远看没有一个国君的样子。"就之",就是接近他,近看;"而不见所畏焉",看不出有个威严的样子。这应当是孟子把梁襄王和他父亲做对比得出的结论。

孟子是不是非常提倡威严呢?也不一定。我想梁襄王不仅是没有威严,看起来或许还是比较窝囊的样子。作为一国之君,不一定要多么严肃,多么厉害,但也不能是个窝窝囊囊的样子。孟子对梁襄王的形象不是很满意,由此可能对他的政治抱负和政治施展也没有信心,一个真正能够甩开膀子大干的君主应该不是这个样子。孟子期待的是有所作为的君主,没想到一见面是这个样子,孟子没有掩饰他的失望。

这时候梁襄王突然问:"天下恶乎定?""卒然",即猝然、突然的意思。突然间就问孟子:天下怎么才能安定?"恶",是怎么样的意思。虽然孟子从形象上好像没看好梁襄王,可是梁襄王提的问题还是不错的。他没有问在哪里建个高台,在哪里挖个大沼,有什么可以享乐,他问的是国家大事、天下大事。说明他也看到了当时的天下,大家都在谋求统一,但是最后会是什么人通过什么样的方式才能统一天下,使天下归于安定?梁襄王并不糊涂,他没有把眼睛仅仅盯在魏国,说明他的见识不像他的外表其貌不扬的样子。

对于梁襄王的问题,孟子这样回答:"定于一。"天下怎么能够安定?只有统一才能安定。孟子这个讲法具体表达了统一的观点。前面他讲"王天下",这里就用了"定于一","定于一"就凸现了统一的观点。

然后他就被问:"孰能一之?"谁能统一天下呢?是当时秦国的国王,或楚国的国王,还是齐国的国王呢?我想这里问的不是具体哪一个人能统一天下,而是什么样的君主、什么样的人能够统一天下。

孟子回答说:"不嗜杀人者能一之。"不喜欢杀人,不爱杀人的人才能统一天下。我们前面讲,当时是以征伐为上,征伐就是要杀人,但是孟子到了各个国家不讲这个,他讲唐、虞三代之道,那是以德服人的,不是以杀人服人的。并不是杀人者能统一天下。这个回答针对的是当时频繁的战争,国与国的征伐,以征伐为上的状态。"不嗜杀人"也就是不嗜攻伐,不爱打仗。如果用墨子的话讲,就是"非攻",非就是反对、否定,攻是攻占、攻伐。不喜欢攻占、战争,因为攻占就要杀人。孟子的讲法我觉得还是有他的特色,和墨子有点不同。墨子当然是和平主义,主张反对战争的"非攻"。但是主张和平、反对战争可以有不同的理由,有的人可以说因为战争对社会生产力破坏太大,这也是一种理由。战争一定会带来破坏,尤其现代战争更不用说,一座城市很容易就会被夷为平地,我想古人也会这样看。战争会给一部分人带来财富,但同时也会对生产力造成广泛的破坏。

反对战争、反对征伐,他的理由是"不嗜杀人"。前面我们讲了他是以人为本,以人为贵,他是人本主义,也是民本主义。从以人为贵、以民为贵来讲"不嗜杀人",这是他的理由,因为人是最可宝贵的。他从这个角度来讲他反对战争的思想,应该跟上一章所讲仁者这个观念是一致的,突出了仁者反对战争的立场。仁者反对战争不是因为战争破坏生产力,而是因为战争杀了人。因为仁者爱人,仁代表对人的爱,所以仁者最反对的就是杀人。孟子的回答一方面对应了当时的形势,与很多像墨家一样反对战争的人有一致性,另一方面也突出了儒家的仁者之学,其反对战争的理由就是以杀人为大罪,反对"嗜杀"。

那么,梁襄王又问:"孰能与之?""与",就是归从的意思,跟从他,归附他,都跟着他走的意思。王说他不爱杀人,那谁会去归顺他,归附他,跟从他?实际上就是问,他不杀人怎么能带来天下安定的结果呢?具体的机制是怎么体现的呢?

孟子这样回答:"天下莫不与也。"天下的人民没有不愿意跟从他的。为什么?孟子说,我举个例子,你就会了解为什么天下的人民都愿意跟从他,归附他。

"王知夫苗乎?""苗",就是我们田里面种的禾苗。看来当时的君王对农业也还是了解一点,要不然跟他举这个例子也是对牛弹琴。孟子说,你了解禾苗吗?

> 七八月之间旱,则苗槁矣。天油然作云,沛然下雨,则苗浡然兴之矣。其如是,孰能御之?

这里的七八月是周历,不是夏历的七八月,在我们今天讲就是五六月。五六月这个苗正长出来,这时候发生旱情,那苗就枯槁了。"天油然作云",这时候天上突然乌云出现了;"沛然下雨",雨就下来了,势不可当的样子;于是"苗浡然兴之矣",兴就是又生长起来了,浡然就是蓬蓬勃勃地又生长起来了。这种情况下禾苗的蓬勃生长谁能阻挡?谁也挡不住。孟子用这个例子来作比喻。

"今夫天下之人牧","人牧"就是君主,就是治理人民的国君。"牧",就是放牧,牧牛、牧羊的牧。古代把君主看作牧人的人牧,这是类比。"天下之人牧"也就是天下的君王。

"未有不嗜杀人者也",各个国家的君主,全是以征伐为上,爱好战争,爱好杀人。在这样的情况下,突然出现一个不嗜杀人、不爱战争、不爱征伐的君王,那会是什么结果呢?

"如有不嗜杀人者,则天下之民皆引领而望之矣。""引领",就是伸着脖子。如果天下有这样的君王,那天下的人民都会伸长了脖子期盼他能来到自己的国家,人民自己当然也可以去归附他。

"诚如是也,民归之,由水之就下,沛然谁能御之?"如果真是这样的话,老百姓来归附他,跟从他,那就跟水往下流一样,浩浩荡荡,谁又能阻挡得了呢!

这一章体现其核心观念的关键语句,第一个,我认为就是天下"定于一",明确推崇统一的观念。这个观念不仅在这里比较突出,对于整个中国历史来讲,应该说也有一定的代表性。没有统一就没有人民的安定。当然,历史是辩证的,统一本身也会带来一些具体的问题,统一也有统一的困难。但是统一有一个很重要的功能在这里面表达出来了,没有统一就没有真正的安定。一个鸡犬之声相闻,民至老死不相往来的寡民小国,能不能生存呢?这样的国家自己能生存,但是大的国家一巴掌就能将其打掉。若干个不同的国家相互对立,结果一定出现战争。中国历史就像《三国演义》里面讲的,合久必分、分久必合,有分有合,但总体来讲,统治者和人民在价值观上都是推崇统一,人民希望由统一达到安定的生活状态。这里孟子的回答突出了统一和安定的关系,还是值得重视的。

第二个,"不嗜杀人者能一之",实际上表达的思想就是仁者能一之。前面讲"仁者无敌",是就他对抗的对象来讲的。如果从统一的角度,谁最有推进统一、实现统一的能力?仁者。

当然,这是就价值观来讲,历史事实不一定都是这样的。比如说秦始皇也统一了天下,秦始皇是不是仁者呢?应该不是。但是,孟子的思想给我们提供的很多价值观念在后世的中国历史发展中,应该说都发挥了它的作用。

以三国的历史为例,魏、蜀、吴,虽然最后三家归晋,谁也没有实现统一,但是《三国演义》里面有一个民心所向,也就是一个基本的价值观,人们总认为刘备应该统一,因为在他们的理念里,刘备是个仁者,仁者应该能统一天下,他们的价值观念就是这样。从孟子以来,中国历史文化里面很多价值观的形成、发生作用,从中都能看到孔子、孟子思想的影响。价值观念和社会现实、历史现实不是完全一致的,它是对现实的一种规范性的文化。当然,虽然是规范,是理想,但也有历史的根据。秦始皇统一了天下,但是不以仁者来施行仁政,最后"二世而亡"。汉代以后,中国历史上就把秦始皇代表的政治形态判了死刑。这当然是由于他实践的失败,但把这个实践的失败跟孟子的价值信念相对比,汉代以后对孟子所讲的这些思想就越发肯定了。

《孟子》一书很多章是互相联系的,前面讲"仁者无敌",这里讲"不嗜杀人者能一之",都是对应的。所以我们在讲解的时候虽是一章一章地讲,但大家学习的时候还是要互相对照来看,来把握。

《梁惠王上》前面六章都在大梁,第七章转移到了齐国,记述的是孟子和齐宣王之间的对话。《梁惠王下》大部分内容也是与齐宣王有关,而1·7是孟子和齐宣王对话里面比较重要的一章。

1·7 齐宣王问曰:"齐桓、晋文之事可得闻乎?"

孟子对曰:"仲尼之徒无道桓、文之事者,是以后世无传焉,臣未之闻也。无以,则王乎?"

曰:"德何如则可以王矣?"

曰:"保民而王,莫之能御也。"

曰:"若寡人者,可以保民乎哉?"

曰:"可。"

曰:"何由知吾可也?"

曰:"臣闻之胡龁曰,王坐于堂上,有牵牛而过堂下者,王见之,曰:'牛何之?'对曰:'将以衅钟。'王曰:'舍之!吾不忍其觳觫,若无罪而就死地。'对曰:'然则废衅钟与?'曰:'何可废也?以羊易之!'——不识有诸?"

曰:"有之。"

曰:"是心足以王矣。百姓皆以王为爱也,臣固知王之不忍也。"

王曰:"然;诚有百姓者。齐国虽褊小,吾何爱一牛?即不忍其觳觫,若无罪而就死地,故以羊易之也。"

曰:"王无异于百姓之以王为爱也。以小易大,彼恶知之?王若隐其无罪而就死地,则牛羊何择焉?"

王笑曰:"是诚何心哉?我非爱其财而易之以羊也。宜乎百姓之谓我爱也。"

曰:"无伤也,是乃仁术也,见牛未见羊也。君子之于禽兽也,见其生,不忍见其死;闻其声,不忍食其肉。是以君子远庖厨也。"

王说曰:"《诗》云,'他人有心,予忖度之'。夫子之谓也。夫我乃行之,反而求之,不得吾心。夫子言之,于我心有戚戚焉。此心之所以合于王者,何也?"

曰:"有复于王者曰,'吾力足以举百钧,而不足以举一羽;明足以察秋毫之末,而不见舆薪',则王许之乎?"

曰:"否。"

"今恩足以及禽兽,而功不至于百姓者,独何与?然则一羽之不举,为不用力焉;舆薪之不见,为不用明焉;百姓之不见保,为不用恩焉。故王之不王,不为也,非不能也。"

曰:"不为者与不能者之形何以异?"

曰:"挟太山以超北海,语人曰,'我不能',是诚不能也。为长者折枝,语人曰,'我不能',是不为也,非不能也。故王之不王,非挟太山以超北海之类也;王之不王,是折枝之类也。

"老吾老,以及人之老;幼吾幼,以及人之幼。天下可运于掌。《诗》云,'刑于寡妻,至于兄弟,以御于家邦'。言举斯心加诸彼而已。故推恩足以保四海,不推恩无以保妻子。古之人所以大过人者,无他焉,善推其所为而已矣。今恩足以及禽兽,而功不至于百姓者,独何与?

"权,然后知轻重;度,然后知长短。物皆然,心为甚。王请度之!

"抑王兴甲兵,危士臣,构怨于诸侯,然后快于心与?"

王曰:"否;吾何快于是?将以求吾所大欲也。"

曰:"王之所大欲可得闻与?"

王笑而不言。

曰:"为肥甘不足于口与?轻暖不足于体与?抑为采色不足视于目与?声音不足听于耳与?便嬖不足使令于前与?王之诸臣皆足以供之,而王岂为是哉?"

曰:"否;吾不为是也。"

曰:"然则王之所大欲可知已,欲辟土地,朝秦楚,莅中国而抚四夷也。以若所为求若所欲,犹缘木而求鱼也。"

王曰:"若是其甚与?"

曰:"殆有甚焉。缘木求鱼,虽不得鱼,无后灾。以若所为求若所欲,尽心力而为之,后必有灾。"

曰:"可得闻与?"

曰:"邹人与楚人战,则王以为孰胜?"

曰:"楚人胜。"

曰:"然则小固不可以敌大,寡固不可以敌众,弱固不可以敌强。海内之地方千里者九,齐集有其一。以一服八,何以异于邹敌楚哉?盖亦反其本矣。

"今王发政施仁,使天下仕者皆欲立于王之朝,耕者皆欲耕于王之野,商贾皆欲藏于王之市,行旅皆欲出于王之涂,天下之欲疾其君者皆欲赴诉于王。其若是,孰能御之?"

王曰:"吾惛,不能进于是矣。愿夫子辅吾志,明以教我。我虽不敏,请尝试之。"

曰:"无恒产而有恒心者,惟士为能。若民,则无恒产,因无恒心。苟无恒心,放辟邪侈,无不为已。及陷于罪,然后从而刑之,是罔民也。焉有仁人在位罔民而可为也?是故明君制民之产,必使仰足以事父母,俯足以畜妻子,乐岁终身饱,凶年免于死亡;然后驱而之善,故民之从之也轻。

"今也制民之产,仰不足以事父母,俯不足以畜妻子;乐岁终身苦,凶年不免于死亡。此惟救死而恐不赡,奚暇治礼义哉?

"王欲行之,则盍反其本矣:五亩之宅,树之以桑,五十者可以衣帛矣。鸡豚狗彘之畜,无失其时,七十者可以食肉矣。百亩之田,勿夺其时,八口之家可以无饥矣。谨庠序之教,申之以孝悌之义,颁白者不负戴于道路矣。老者衣帛食肉,黎民不饥不寒,然而不王者,未之有也。"

齐宣王问孟子："齐桓、晋文之事可得闻乎？"您能不能讲讲关于齐桓公、晋文公的事？"闻"，就是听。按理说，齐桓公是齐宣王的祖先，晋文公也是有名的人，关于他们的事，齐宣王应该知道才对。我想齐宣王问这个问题是表达了他的一个导向：齐桓公、晋文公是春秋五霸中前面的两个，他感兴趣的是霸的问题；对照后面来讲，他关心的是霸道，不是王道。齐宣王一开始就引导孟子，咱们来谈谈霸道和霸业的事。

孟子很平静地回答："仲尼之徒无道桓、文之事者，是以后世无传焉，臣未之闻也。"孔子的学生没有谈论齐桓公、晋文公的事的，所以后来在孔门里面就没有流传。这里的"后世无传"不是说当时所有地方都没有流传，而是说孔门里没有流传下来。孟子自列于孔门，因为他从学于子思的门人，是在孔门的学术传统里面。实际上他是说，在儒家的传承里面是不讲这个的，"后世无传焉"，"臣未之闻也"，所以我也没听说过。"无以，则王乎？"如果实在没办法，不得已的话，咱们就谈谈王道的事吧。"王"就是跟齐桓、晋文的"霸道"不同的"王道"。可见，孟子每次谈话的立场是很鲜明的，突出他自己要讲的东西。

那么，齐宣王就问："德何如则可以王矣？"他不是问有多少兵，有多少粮食，有多少人民可以王，而是先问"德何如则可以王矣？"德就是德行，有怎样的德行才能够王天下？这个可以"王"，就是成为"王天下"的王。

孟子回答："保民而王，莫之能御也。""保民而王"，保民的人才能够王天下，而且"莫之能御也"。我们前面也讲了，

"沛然谁能御之?"没人能够阻挡。"保民"在《尚书》里面是很重要的观念,周公很重视保民的思想。因此我们说孟子"序《诗》《书》",序是叙述的意思,包括传承、传述周公的思想,而保民就是周公的思想。后世的学者经常要解释一下"保"字,说保就是安。这个其实可有可无。就继承周公来讲,就是"保民",可以不解释;解释成"安"字我觉得也可以补充我们对这个字的了解。因为"保民"的"保"字比较容易被理解为我们上一章所讲的"定",说天下"恶乎定""定于一",所以保民的观念往往跟国家安定不受侵略、不受颠覆的观念比较接近。用"安"字解释有一个好处,"安民"不仅仅是社会的安定,还包括民生的安定。所以"保民"不注释也可以,孟子是继承了周公的思想;若解释为"安"字我觉得也能体现孟子的思想,因为孟子非常强调民生的保障,这个"保障"的"保"字通过"安"字来表达更好。

既然孟子说保民最重要,那么齐宣王就问:"若寡人者,可以保民乎哉?"寡人是君主的自称。像我这样的君主可以保民吗?

孟子回答说可以。齐宣王继续追问:"何由知吾可也?"您怎么知道我可以呢?接下来孟子就讲了一段有名的故事。

> 臣闻之胡龁曰,王坐于堂上,有牵牛而过堂下者,王见之,曰:"牛何之?"对曰:"将以衅钟。"王曰:"舍之!吾不忍其觳觫,若无罪而就死地。"对曰:"然则废衅钟与?"

曰:"何可废也?以羊易之!"——不识有诸?

胡龁是齐国的大臣。孟子说:我听胡龁讲了这么一个故事,说王在堂上坐着,有人牵着牛从堂下走过,王看见了就问:这牛要牵到哪里去?对方说要去衅钟。衅钟,就是把牛杀了,用牛的血涂在钟上,是古代一种祭祀礼仪。王说"舍之",把牛放了吧,我不忍看到它在那儿发抖。觳觫就是哆嗦、颤抖。"若无罪而就死地",就好像它没有罪过,可是要把它带到处死的地方。牵牛的人就问:是不是要把衅钟的祭祀礼仪废除了?王说:这怎么能废呢?把牛换成羊吧。孟子讲了这个故事以后就问:"不识有诸?"有诸,就是有之乎,不知道有没有这件事情呢?不知道大家有没有经验,将牛捆起来要杀它的时候,它会不会觳觫,但我听说是会流泪。发抖的牛引发了齐宣王的不忍之心,他不忍其觳觫,就说把它放了吧。放了怎么办呢?牛大,羊小,换只羊吧。这样不忍的感觉也能减轻一点。

齐宣王回答:"有之。"

孟子就说:"是心足以王矣。"刚才不是问什么人可以王?你有这个心,就足以称王天下了。"百姓皆以王为爱也"。这个故事传到老百姓的耳朵里,老百姓的解读就是你舍不得牛,这个爱有舍不得的意思。

"臣固知王之不忍也。"孟子说,我知道你是出于不忍之心,不忍之心就是恻隐之心。《公孙丑上》里面讲,"恻隐之心,仁之端也""以不忍人之心,行不忍人之政",有了不忍人之心才能发出仁政,仁政就是不忍人之政。孟子是启发式的教学。他之所以认为齐宣王是可以保民而王的,是因为他知道齐宣王有不忍之心,这个不忍之心就是王道仁政的根据。

王说:"然;诚有百姓者。"是这样,还真是有这样的百姓,以为我只是舍不得,好像很吝啬的样子。"齐国虽褊小,吾何爱一牛?"齐国虽然地方不大,我难道就舍不得一头牛吗?"即不忍其觳觫,若无罪而就死地,故以羊易之也。"我其实还是不忍看它发抖,好像没有什么罪过就要被处死,我心中不忍,所以就用羊换它。

孟子说:"王无异于百姓之以王为爱也。"这个"异"就是惊异。你不要奇怪,不要惊异老百姓以为你舍不得这头牛。孟子为什么让齐宣王不要惊异?

"以小易大,彼恶知之?"你用小的羊换大的牛,那些老百姓怎么知道你内心的想法呢?"彼恶知之",指的是你心里的想法他们不知道。

"王若隐其无罪而就死地,则牛羊何择焉?"这个"隐"在这里是可怜的意思。你是可怜这头牛,它本来没有罪过却要被拉去宰杀。可是照你的说法,那牛和羊有什么区别?羊不也是没有什么罪就要被拉到宰杀的地方?所以老百姓不接受这个解释,认为你是舍不得大的东西。

这时候齐宣王就笑了,说:"是诚何心哉?我非爱其财而易之以羊也。宜乎百姓之谓我爱也。"这算是什么想法?我并不是因为牛大值钱,羊小不值钱,而以羊换牛。但听您一说,也难怪老百姓会这么理解。

接下来孟子却说:"无伤也。""无伤",就是没关系。老百姓不能真正了解你齐宣王的不忍之心,只是从钱财的角度来看你,以为你是舍不得钱财,这没关系。

孟子说这个例子"是乃仁术也"。"仁术",就是仁的具体表现。我们如果用《孟子》后面的话讲就是仁心,仁者之心的表现就是仁术。

"见牛未见羊也。"你的仁心集中表现在对牛的可怜上,而没有表现在羊的身上,这叫"见牛未见羊也"。在孟子看来,生活中其实这样的例子很多,如:

> 君子之于禽兽也,见其生,不忍见其死;闻其声,不忍食其肉。是以君子远庖厨也。

君子对于禽兽,看到它们的生命活动很平常,但是不忍心看到它们死去。"闻其声,不忍食其肉",这跟"见其生,不忍见其死"是对着的。"生"是生命活动,"声"是声音,君子可以见其生,可以闻其声,但是不忍见其死,不忍食其肉。"是以君子远庖厨也",所以君子离厨房总是远远的。这也可以看出一个新的表达,虽然最后那肉还是吃了,但他确实有不忍的心,他不忍心看到它被宰杀,不忍心听到那个声音。虽然像齐宣王不忍的结果是用一只羊代替一头牛,君子远庖厨的最后还是要吃一些肉,但是这两者并不是不相融的。因为在生活里面、从经验中我们确确实实可以感受到人的不忍之心。这

样解释了以后,王高兴地说:

"《诗》云,'他人有心,予忖度之'。夫子之谓也。"《诗经》说:他人的内心,我能够揣摩到。孟子您就是这样的人。

"夫我乃行之,反而求之,不得吾心。"我这么做了,可是我反过来问自己,我自己也说不清楚。

"夫子言之,于我心有戚戚焉。"现在您把它讲了出来,我深感触动,也深有同感。

"此心之所以合于王者,何也?"我的心理你都讲对了,但这个心怎么合于可以王天下的事业?道理在什么地方?

至此,牵牛过堂的故事就结束了,核心是讲不忍之心。最后,齐宣王抛出此心何以"合于王者"的问题,再次将话题转到王者之道上。

对此,孟子又举了个例子:

有复于王者曰,"吾力足以举百钧,而不足以举一羽;明足以察秋毫之末,而不见舆薪",则王许之乎?

有人报告大王:我的力量足以举几百斤(古代应该是1钧等于30斤),可是我举不起一根羽毛;我的眼睛可以看清楚秋天鸟的细毛,可是我看不见一大车的柴火。大王你会相信他的话吗?

大王的回答是"否",我不会相信。

"否"的后面从"今恩"开始应该是孟子的话,但现在的文本少了一个曰,应该在"今恩"前面加个"曰"字。

曰:"今恩足以及禽兽,而功不至于百姓者,独何与?"大王你的恩惠现在已经可以施给这些禽兽,你以不忍之心,用羊换了牛,表示出你对牛的恩惠,可是,你的恩惠和功德却达不到百姓那里。这是为什么呢?

"然则一羽之不举,为不用力焉;舆薪之不见,为不用明焉;百姓之不见保,为不用恩焉。"你能够有举起百钧东西的力量,却说自己连一片羽毛都举不起来。这不是你举不起来,是你不用力。这一大车柴火你说你看不见,那是你没有用你的眼睛去看它。百姓没有得到保民的恩惠,不是你没有这个能力,而是你不肯把这个恩泽施发给老百姓。所以孟子的结论是:

故王之不王,不为也,非不能也。

齐宣王用羊换牛,对牛施了恩惠,这就是仁心,可以看出他有保民的能力。所以,保民的恩惠大王不是不能施,而是不施。这里把"不能"和"不为"区别开来,对分析问题是有意义的。

齐宣王说:"不为者与不能者之形何以异?""不为",是不去做、不愿意做;"不能",是做不到。不去做和做不到,到底有什么不一样?对此,孟子又讲了一段话:

挟太山以超北海,语人曰,"我不能",是诚不能也。为长者折枝,语人曰,"我不能",是不为也,非不能也。

> 故王之不王,非挟太山以超北海之类也;王之不王,是折枝之类也。

把太山夹在自己的胳膊下面,越过北海,那人说这个我做不到,这是真做不到。替年老的人折一根树枝,却对人说做不到,这是你不愿意做,并不是你真做不到。大王现在之所以没有推行王道,并不是因为推行王道像"挟太山以超北海"那么困难,做不到;而是"为长者折枝"之类也,本来可以做到,但是大王没有去做或者不愿意做。

这一段是从牛羊的故事到真正进入对仁政的论述中间经过的一个转折。这个转折在一开始就讲了一个重要的概念,"百姓之不见保,为不用恩焉",老百姓没有看到大王有保民的措施,是因为大王没有施加恩泽给老百姓。这个思想在下面一段话里得到了系统的表现,通过"推恩"的概念表达出来:

> 老吾老,以及人之老;幼吾幼,以及人之幼。天下可运于掌。《诗》云,"刑于寡妻,至于兄弟,以御于家邦"。言举斯心加诸彼而已。故推恩足以保四海,不推恩无以保妻子。古之人所以大过人者,无他焉,善推其所为而已矣。今恩足以及禽兽,而功不至于百姓者,独何与?

回到刚才的问题,大王恩足以及禽兽,而功不至于百姓,为什么？在这里给了一个说明。

"老吾老,以及人之老。"第一个"老"是尊敬,尊老敬老,尊敬自己的长辈,进而尊敬别人的长辈。"幼吾幼,以及人之幼。"第一个"幼"是爱护,爱护自己的孩子,进而爱护别人的孩子。如果能做到这一点,"天下可运于掌"。"运于掌",好像一个球在掌心里转一样,意思是,这是很容易的事。你能够做到"老吾老,以及人之老;幼吾幼,以及人之幼",天下就在你手上了。

《诗经》里面讲"刑于寡妻,至于兄弟,以御于家邦",这就是一个例子。"刑于寡妻",就是说给自己的妻子做个榜样,"刑"是典范、榜样的意思。然后把这个榜样推到兄弟,再进一步推到家邦。《诗经》里面这个故事表达了从这里推广到那里的过程,所以引用它。孟子总结说:"言举斯心加诸彼而已。"讲的就是把自己的心推广到别人的身上。"彼",是别人、他人。因此他下结论说:

"故推恩足以保四海,不推恩无以保妻子。""推恩",就是把爱心和恩惠从自己推广到他人,再从他人推到更广的地方,这样的人足以保四海。刚才讲了保民,从保民的观念讲到保四海,就是说推恩不仅可以保民,还可以保四海,保天下。但是如果不推恩,连自己的妻子、儿女都不能保,还谈什么保民?

"古之人所以大过人者,无他焉,善推其所为而已矣。"古之人,这是讲的古代的圣人,他们之所以能够远远超过我们今天的人,没有别的原因,就是因为他们善于把自己的爱心、恩惠推及更广的范围。

"今恩足以及禽兽,而功不至于百姓者,独何与?"现在你的恩泽已经给了牛这样的禽兽,老百姓却还没享到,到底是为什么?这里又重复了前面提出的问题,可以看出推恩的观点是非常重要的。

接下来一部分是讨论王的欲望问题,这里从"邹人与楚人战"讲起。

孟子问齐宣王:邹人与楚人战,大王觉得哪一方会取胜?

齐宣王回答:楚人会取胜。

齐宣王认为楚人会胜,因为当时楚是大国,邹是小国。然后孟子说了下面一段话:

> 然则小固不可以敌大,寡固不可以敌众,弱固不可以敌强。海内之地方千里者九,齐集有其一。以一服八,何以异于邹敌楚哉?盖亦反其本矣。

小国肯定是不能够和大国抗衡的,弱国也不能跟强国抗衡。全中国纵横有一千里的地块可能有九块,齐国只占了其中的一块。现在你以一对八,力量悬殊,那就好像邹国和强国楚国的关系一样,是不可能取胜的。怎么办呢?"盖亦反其本矣",这个"盖"字,可以解释成曷,意思就是,你何不反本呢?你现在讲的这些都还没有抓到根本。我们要抓住根本。什么是根本?

> 今王发政施仁。

"发政施仁",是仁政的概念。施仁政于民,就要把仁的观念施发在政治实践里面,这就是"发政施仁"。"发政施仁"是目标,具体来说就是:

> 使天下仕者皆欲立于王之朝,耕者皆欲耕于王之野,商贾皆欲藏于王之市,行旅皆欲出于王之涂,天下之欲疾其君者皆欲赴诉于王。其若是,孰能御之?

这里讲的就是"发政施仁"的目标。使天下要出仕的人都想到大王的朝廷里来任职,天下耕田的人都想到大王的土地上来耕作,天下做生意的人都希望到大王地面上的市场来交易,旅行的人都想到大王的道路上来行走(涂,就是路),天下那些痛恨他们君主的人都希望到大王这里来向你控诉。欲疾,就是痛恨。"其若是,孰能御之?"如果像这样,谁能阻挡得了呢?这就是仁政要达到的目标。

齐宣王听了之后说:"吾惛,不能进于是矣。愿夫子辅吾志,明以教我。我虽不敏,请尝试之。"意思是,我头脑发昏,不能深刻领会,请夫子您开导我,我虽不太聪明,但还是可以试一试的。

接下来就是孟子在这一篇所讲的结论,也是发政施仁的具体措施。

> 无恒产而有恒心者,惟士为能。若民,则无恒产,因无恒心。苟无恒心,放辟邪侈,无不为已。及陷于罪,然后从而刑之,是罔民也。焉有仁人在位罔民而可为也?

这段其实讲的是恒产的重要性,有恒产才有恒心。普通人没有固定的产业,他就没有恒心。恒心是一套稳定的价值观念,没有恒产作为基础就没有一套稳定的价值观念。当然有些人不一样,士是可以的,没有固定的产业,但是他能坚守自己的理想、价值观。就普通老百姓来讲,一定要有恒产,没有恒产他的心就不稳定,心不稳定就胡作非为了。"放辟邪侈,无不为已",什么邪门歪道的事他都可能做了。等到他犯了罪,你给他判刑,这实际上是陷害百姓。因为一方面你没有给他产业,另一方面你没教育他,结果导致他犯罪,你还要罚他,这不是陷害百姓是什么?仁者当政,怎么能够做陷害百姓的事情呢?这是孟子从道理上讲恒产的重要性。

> 是故明君制民之产,必使仰足以事父母,俯足以畜妻子,乐岁终身饱,凶年免于死亡;然后驱而之善,故民之从之也轻。

一个贤明的君主,最重要的一件事,先要"制民之产"。"制民之产"就是要规划、保障人民的产业,使产业对人民来讲使他能够奉养他的父母,能够养活妻子、儿女。"乐岁",就是丰年、好年景。"乐岁终身饱",一年到头都能吃饱。"凶年",就是荒年、收成不好。"凶年免于死亡",荒年也不至于饿死。然后再促导、推动他们向善,这就是教育。前面讲了"谨庠序之教",教化壮者学习孝悌忠信;这里讲"驱而之善",引导人民向善。"故民之从之也轻","从"就是接受、听从,那老百姓听从国君的领导就比较容易了,也乐意了。

但现实情况如何呢?"今也制民之产"。这个"制"和制度有关。比如说你制订的井田制是一百亩一家,那就是制度;如果别的国家是十亩一家,那又是另一种制度。孟子描述了当时制度下人民的产业状况:

> 仰不足以事父母,俯不足以畜妻子;乐岁终身苦,凶年不免于死亡。此惟救死而恐不赡,奚暇治礼义哉?

现在人民的产业,上养活不了父母,下养活不了妻子、儿女;年成好也终身劳苦,到了凶年则难免死亡。这样的一个产业状况,救死还来不及,哪有时间去学习礼义呢?

下面回过来再讲一讲这一章的要点。

第一点就是"保民而王",保的概念里面包含了安,只有保民才能够王天下,这是一个重要的观念。

第二点,不忍之心足以王。在这一章虽然只用了"不忍",但与后面《公孙丑上》里面明确提出的"不忍之心"是一致的,所以这个思想应该是讲不忍之心足以王。不忍之心就是仁心,所以,不忍之心足以王实际上说的是仁者可以为王。

它与前面的"仁者无敌"、仁者"能一之"是一以贯之的。

这里要特别强调仁者之心表达为不忍,这是孟子在这一章表达的最重要的思想。孔子讲仁者爱人,讲得比较具象。孟子举的例子则更抽象,更具普遍性,是人的心理活动中常见的一种状况,这就是不忍之心,后来又把它概括为恻隐之心。孟子认为这是非常重要的一个仁心的表达,仁义的仁心。

第三点,也是很重要的一点,叫"举斯心加诸彼",就是将我自己的心加到别人身上,讲的是推己及人。通过推己及人强调推恩及人的概念,这就是孔子所讲的恕道,忠恕之道就是要推己及人。推己及人得出的结论是要推恩及人,不仅要知道人家怎么样,还要把自己的爱心、恩惠推广到他人身上。这足以保四海,这就是仁政。所以仁政是以不忍之心为根据,通过推己及人、推恩及人的过程来实现。这是这一章里面非常强调的思想,这个思想跟孔子的忠恕思想、忠恕之道联系紧密。

第四点,孟子讲"发政施仁"、以"反其本",认为把仁作为行政的概念加以推广实践是"反其本"。他两次讲"反其本",就是认为"发政施仁"是王道的根本。

最后一点,"制民之产"。为民制产是一个根本,礼义教化是在这个根本的基础上才得以施行,这是孟子所强调的。如果你为民制产的根本都没有做好,人民哪里有时间去治礼义呢?这个思想也是非常重要的,教化和精神文明的建设需要经济基础。如果没有民生的基本保障,那么教育的贯彻施行、精神文明的建设很可能就会变成空话了。孟子虽然是一个一上来就讲义利之辨的人，可是在这个地方他非常实际，落到了实处。治礼义要以为民制产、保障民生为前提。孟子的思想对我们今天不管是全面建成小康社会，还是正确处理民生保障和教育教化的关系问题都有借鉴意义。

梁惠王下

陈来 解读

2·1 庄暴见孟子,曰:"暴见于王,王语暴以好乐,暴未有以对也。"曰:"好乐何如?"

孟子曰:"王之好乐甚,则齐国其庶几乎!"

他日,见于王曰:"王尝语庄子以好乐,有诸?"

王变乎色,曰:"寡人非能好先王之乐也,直好世俗之乐耳。"

曰:"王之好乐甚,则齐其庶几乎!今之乐由古之乐也。"

曰:"可得闻与?"

曰:"独乐乐,与人乐乐,孰乐?"

曰:"不若与人。"

曰:"与少乐乐,与众乐乐,孰乐?"

曰:"不若与众。"

"臣请为王言乐。今王鼓乐于此,百姓闻王钟鼓之声,管籥之音,举疾首蹙頞而相告曰:'吾王之好鼓乐,夫何使我至于此极也?父子不相见,兄弟妻子离散。'今王田猎于此,百姓闻王车马之音,见羽旄之美,举疾首蹙頞而相告曰:'吾王之好田猎,夫何使我至于此极也?父子不相见,兄弟妻子离散。'此无他,不与民同乐也。

"今王鼓乐于此,百姓闻王钟鼓之声,管籥之音,举欣欣然有喜色而相告曰:'吾王庶几无疾病与,何以能鼓乐也?'今王田猎于此,百姓闻王车马之音,见羽旄之美,举欣欣然有喜色而相告曰:'吾王庶几无疾病与,何以能田猎也?'此无他,与民同乐也。今王与百姓同乐,则王矣。"

"庄暴见孟子",庄暴是当时齐国的一个大臣。他见到孟子,说:"暴见于王,王语暴以好乐,暴未有以对也。"意思是,我见到了齐王,齐王跟我说,他喜好音乐。我当时不知道怎么回答。然后问孟子:"好乐何如?"好乐怎么样呢?这个"王"在文本中没有指明是哪个王,但是历来注家解释者都认为这个王是齐宣王。因为《梁惠王上》的最后一章,讲的就是齐宣王的故事,2·1以后讲的也是齐宣王的故事,所以这里的王指齐宣王应该是没有争议的。齐宣王跟庄暴说,他很喜欢音乐。"乐"就是音乐。当时庄暴不知道怎么回答,所以他就回来跟孟子报告。

孟子回答说:"王之好乐甚,则齐国其庶几乎!""甚",就是非常。"庶几",是差不多的意思。说齐王非常喜欢音乐,那么齐国就差不多可以治理好了。

然后过了一段时间,孟子见到齐宣王,就说:"王尝语庄子以好乐,有诸?"大王你曾经跟庄暴讲你是好乐的,有这回事吗?"王变乎色",齐宣王马上脸色就变了,他有点不好意思,就说:"寡人非能好先王之乐也,直好世俗之乐耳。"我并不是喜好先王的古乐,我只是喜好世俗的音乐。然后孟子说:"王之好乐甚,则齐其庶几乎!"就是前面他跟庄暴讲的这句话,他又重复了一遍。说大王你非常喜欢音乐,那齐国就差不多可以治理好了。然后又说:"今之乐由古之乐也。"这个"由"是犹如的意思。齐宣王因为自己好的不是先王的雅乐,只是一些世俗的流行音乐而感到不好意思。孟子说这没有关系,我们今天流行的音乐跟古代的音乐也没有很大的差别。

那齐宣王就好奇了,问:这个道理在什么地方呢?能讲给我听听吗?孟子说:"独乐乐,与人乐乐,孰乐?"这头一个"乐"是喜好,第二个"乐"是音乐。意思是,一个人独自享受音乐,还有与别人一起享受音乐,哪一个更快乐?王说"不若与人",那还是跟别人一起更快乐。

然后孟子又问:"与少乐乐,与众乐乐,孰乐?"与少数人在一起快乐地享受音乐,和与更多的人一起快乐地享受音乐,哪一种更快乐?王说"不若与众",那还是跟很多的人一起享受更快乐。

下面,孟子就说了一大段话,跟大王谈这个音乐:

> 今王鼓乐于此,百姓闻王钟鼓之声,管籥之音,举疾首蹙頞而相告曰:"吾王之好鼓乐,夫何使我至于此极也?父子不相见,兄弟妻子离散。"

大王现在在这里鸣鼓鸣钟、吹奏笛子和箫之类的乐器,百姓听到以后都愁眉苦脸的。举,就是皆的意思。疾首蹙頞,就是愁眉苦脸的意思。他们互相这样说:我们大王这么好鼓乐,可是为什么使我们落到这样的地步呢?这个极,就是穷极。什么样的地步呢?就是父子不能相见,兄弟、妻子、儿女东逃西散。

然后又说:

> 今王田猎于此,百姓闻王车马之音,见羽旄之美,举疾首蹙頞而相告曰:"吾王之好田猎,夫何使我至于此极也?父子不相见,兄弟妻子离散。"

前面是说大王在这里奏乐,现在说大王在这里打猎。老百姓听到大王的车马之声,看到这些仪仗之华丽。"羽旄"就是旗子,代指出行的仪仗。看到这些,老百姓都愁眉苦脸地相互议论,说:我们大王这么喜欢打猎,却为何使我们穷极到这个地步呢?什么地步呢?还是父子不能相见,兄弟、妻子、儿女离散。就是说,大王享乐于音乐、享乐于田猎,老百姓却都是痛心疾首、愁眉苦脸的,这原因在什么地方呢?孟子的结论是:"此无他,不与民同乐也。"这没有别的原因,就是大王没有与民同乐。

> 今王鼓乐于此,百姓闻王钟鼓之声,管籥之音,举欣欣然有喜色而相告曰:"吾王庶几无疾病与,何以能鼓乐

也?"今王田猎于此,百姓闻王车马之音,见羽旄之美,举欣欣然有喜色而相告曰:"吾王庶几无疾病与,何以能田猎也?"

假若现在大王在这里鼓乐,老百姓听到钟鼓管籥声,都很高兴,眉开眼笑地议论,大王大概没有疾病吧,不然怎么能在这里奏乐呢?或者,大王现在在这里打猎,老百姓听到大王的车马之音,看到大王的旗帜美妙,都很高兴,辗转相告,眉开眼笑地说,大王没有疾病吧,不然怎么能够来打猎呢?如果是这样的状况,不会有其他原因,必然是大王能够与民同乐。

所以,孟子最终得出这样的结论:"今王与百姓同乐,则王矣。"

下面我们讲讲这一章的思想义理。这一章是围绕着好乐来展开的。孟子并不是绝对反对好乐,说你怎么不读圣贤书,每天就是沉迷于音乐啊。他认为这个问题的关键倒不在于所好何乐,而在于如何好乐。就是说,你好古乐还是今乐,那没有问题;问题是如何好乐,和谁一起好乐。

孟子的观点很鲜明,就像《梁惠王上》第二章讲的,要"与民偕乐"。在这里他也认为,享乐本身不见得就是坏事,关键是怎么样享乐,能不能做到与民同乐。在这一点上,孟子跟早期儒家像孔子和其他的一些儒家学者的立场有一点区别。孟子不是从纯文化的立场来看待乐和好乐问题,他是从政治的角度来看这个问题。比方说在孔子的时代,一般的儒家学者都推崇古乐,是为了纠正当时礼崩乐坏的情形。他们关注的是所好何乐,是不是正当的合乎礼制的音乐。但是孟子这个时代,情况已经变化了,这时候早已经礼崩乐坏了,更突出的问题是政治的改善,所以孟子通过音乐的问题引导齐宣王来改善政治,向着他所主张的那种民本主义的政治去发展。

所以,孟子最后讲:"今王与百姓同乐,则王矣。"就不仅解决了能不能好乐的问题,怎样好乐的问题,而且解决了王天下的问题——如果按照他这种与民同乐的思想施政,齐宣王就可以王天下。

这一章与前面讲的 1·2 章有很多的联系,我们学习的时候可以把它们结合起来。

2·2 齐宣王问曰:"文王之囿方七十里,有诸?"
孟子对曰:"于传有之。"
曰:"若是其大乎?"
曰:"民犹以为小也。"
曰:"寡人之囿方四十里,民犹以为大,何也?"
曰:"文王之囿方七十里,刍荛者往焉,雉兔者往焉,与民同之。民以为小,不亦宜乎?臣始至于境,问国之大禁,然后敢入。臣闻郊关之内有囿方四十里,杀其麋鹿者如杀人之罪,则是方四十里为阱于国中。民以为大,不亦宜乎?"

齐宣王问:"文王之囿方七十里,有诸?""囿"是园林,园林一般是用来打猎的。听说文王的园林方圆七十里,有这么大吗?

孟子回答说:"于传有之。""传"是流传下来的古书的统称。根据古书上的记载,文王的园林确实方圆七十里。

齐宣王说:"若是其大乎?"竟然有这么大吗?孟子说:"民犹以为小也。"人民还觉得这小呢。

齐宣王就说,我的园林只有方圆四十里,百姓还觉得它大,为什么呢?对于齐宣王的疑惑,孟子这样解释:

> 文王之囿方七十里,刍荛者往焉,雉兔者往焉,与民同之。民以为小,不亦宜乎?

文王的园林是方圆七十里,但老百姓都可以进到这个园林里边去割草砍柴(荛是一种柴草,刍荛就是割草打柴)、打猎捕鸟。这个园子是文王与百姓共同享用的,这叫"与民同之"。所以百姓认为这园子很小,那不是很合理的吗?

然后下面说,我最初到达齐的边境,"问国之大禁",首先就问齐国最重要的禁令是什么,然后我才敢进入这个国家。

> 臣闻郊关之内有囿方四十里,杀其麋鹿者如杀人之罪,则是方四十里为阱于国中。民以为大,不亦宜乎?

听说齐国国都的郊外,有一个方圆四十里的园林,但是如果有人进去杀了里面的麋鹿,这个罪过就相当于杀人。这样看来,这方圆四十里就像是一个陷阱。方圆四十里的陷阱,那当然就很大了,老百姓认为它很大,那不也是很合理的吗?

这个故事跟我们前面所看到的一些故事应该意思是一致的。1·2里边也讲到囿的问题，引《诗经》"王在灵囿"讲文王与民偕乐的状况。齐宣王这次主动问到了文王之囿，所以孟子就按照他一贯的思想，还是用这个与民共享、与民同乐的思想来解释。

如果将在园林里享有的这种快乐称为"囿乐"，那么，用孟子的话来讲，文王的囿乐就是"与民同之"，和人民一起来享乐。所以他认为老百姓拥护文王，不仅不指责文王建立这样的园林，还认为这园林太小，都是很自然的。

2·3 齐宣王问曰："交邻国有道乎？"

孟子对曰："有。惟仁者为能以大事小，是故汤事葛，文王事昆夷。惟智者为能以小事大，故太王事獯鬻，勾践事吴。以大事小者，乐天者也；以小事大者，畏天者也。乐天者保天下，畏天者保其国。《诗》云：'畏天之威，于时保之。'"

王曰："大哉言矣！寡人有疾，寡人好勇。"

对曰："王请无好小勇。夫抚剑疾视曰，'彼恶敢当我哉！'此匹夫之勇，敌一人者也。王请大之！

"《诗》云：'王赫斯怒，爰整其旅，以遏徂莒，以笃周祜，以对于天下。'此文王之勇也。文王一怒而安天下之民。

"《书》曰：'天降下民，作之君，作之师，惟曰其助上帝宠之。四方有罪无罪惟我在，天下曷敢有越厥志？'一人衡行于天下，武王耻之。此武王之勇也。而武王亦一怒而安天下之民。今王亦一怒而安天下之民，民惟恐王之不好勇也。"

齐宣王问："交邻国有道乎？""交邻国"，就是跟邻国打交道。与邻国打交道有没有正确的方法？孟子回答说有。跟邻国打交道要讲究方法：

> 惟仁者为能以大事小，是故汤事葛，文王事昆夷。惟智者为能以小事大，故太王事獯鬻，勾践事吴。

首先，跟邻国打交道，有大小国的分别。一种是大国跟小国的打交道，一种是小国跟大国的打交道。照孟子这个讲法，大国跟小国打交道，要用仁者的胸怀、仁者的态度。小国跟大国打交道，要用智者的态度、智者的方法。这两种是不同的。大国跟小国打交道，他用了汤事葛、文王事昆夷的例子。这种范例，他叫作"以大事小"，这里面的"事"字就是服侍的意思，不是欺负人家，甚至也不是完全平等的，而是尊侍之。汤跟葛打交道、文王跟西戎的昆夷打交道的时候能做到这一点，因为汤和文王已经到了仁者的境界，所以他们能用尊侍的态度跟小国打交道。

然后小国跟大国打交道，他举的例子是太王事獯鬻，太王就是周文王的祖父古公亶父；还有勾践事吴，勾践事吴大家都了解。这两个例子是讲小国尊侍大国。孟子认为这一定要有智者的态度，才能正确处理小国和大国的关系。

> 以大事小者，乐天者也；以小事大者，畏天者也。乐天者保天下，畏天者保其国。

这里孟子将交邻国有道无道的问题一下子上升到保天下、保住其国的问题。他说以大事小是仁者的境界,因为以大事小是宽怀大量的一种体现,他又称之为乐天。乐天就是乐于接受天命的安排。然后说以小事大者是智者,因为国力和实力悬殊,以小事大的时候要有一种小心谨慎的态度,他又将这种态度称为畏天。畏天就是敬畏天命。他认为这两者的意义,不限于一般的跟邻国打交道,在当时那个时代,它还有一个特殊的意义:能够达到乐天的仁者境界,就能够保天下。保天下就是王天下。

我们前面也讲了,与百姓同乐,则王矣。因为齐宣王有在这个时代做出一番事业、称王称霸的胸怀与志向,所以孟子就顺着他的愿望,讲到底什么是王天下之道。王天下之道就是一定要成为仁者,仁者好人,仁者乐天,乐天者保天下。这样的人,他才能够王天下。畏天者保其国,畏天者虽然不能够王天下,但因为他是一个智者,能够审时度势,能够正确地处理国家的利益,保护国家的利益,所以他能够保其国。最后孟子引了《诗经》里面的话:"畏天之威,于时保之。"敬畏天的威严,因此得到保佑。这里正好照应"畏天者保其国"。但是更高的境界应该还是"乐天者保天下"。从这里来看,孟子对《诗经》的思想有所发展,他不仅讲畏天,还讲乐天。

齐宣王说,"大哉言矣",你讲得太好了。这个"大",表示称赞、好的意思。"寡人有疾,寡人好勇",但是我有毛病,这个毛病就是好勇。前面孟子给他的指示是好仁好智,他就说,我有毛病,恐怕做不到好仁好智。为什么做不到呢? 因为我习惯于好勇。

孟子就说,"王请无好小勇"。意思是,好勇不是错,关键看你好的是什么勇。希望大王不要好小勇,而要好大勇。

什么是小勇呢?"夫抚剑疾视曰,'彼恶敢当我哉!'此匹夫之勇,敌一人者也。王请大之!"按着剑睁大了眼睛说,那个人怎么敢阻挡我!这样的态度,就是匹夫之勇。这种匹夫之勇只能对付一个人。孟子希望齐宣王能把这样的小勇扩大。那什么是大勇呢?孟子接下来就引《诗经》和《尚书》中的例子进行说明:

《诗》云:"王赫斯怒,爰整其旅,以遏徂莒,以笃周祜,以对于天下。"

《诗经》说,文王发怒,整顿派遣军队,阻击侵犯莒国的敌人,增加了中国的威福,报答天下的期望。这是《诗经》里边讲的文王的勇,不是小勇。因为"文王一怒而安天下之民",他一发怒,使天下的百姓得到安定,这样表达出来的勇是大勇。

《尚书》里面是讲武王的勇:

《书》曰:"天降下民,作之君,作之师,惟曰其助上帝宠之。四方有罪无罪惟我在,天下曷敢有越厥志?"

《尚书》说,上天降生百姓,又为他们设立了君主,也为他们设立了师长,要让这些君主协助上天来爱护百姓。天下有罪的没有罪的,都由我来负责,天底下谁敢有那种非分之想呢?这段话是讲武王的发怒。照孟子解释,武王发怒是有针对性的。"一人衡行于天下,武王耻之。此武王之勇也。"这个"衡行"就是"横行"的意思。一人横行于天下,这个"一人"就是指当时的纣王。殷纣王横行天下,四方的百姓都因此而受苦,武王觉得这是耻辱。所以他"一怒而安天下之民",这就是武王伐纣。武王一怒而伐纣,使天下的百姓得到了安宁,这也是大勇。

孟子最后总结说:"今王亦一怒而安天下之民,民惟恐王之不好勇也。"前面我们讲,好勇并不是坏事,关键看你怎么样好勇,好什么样的勇。所以,如果你能够一怒而安天下之民,像文王、武王一样,那么,老百姓将唯恐你不好勇,这样的好勇是大家都期盼的。

在这一章里,孟子提出了很多概念,这些概念都是有意义的。归结起来,有"好仁""好智""好勇",当然,他没有明确使用"好仁""好智"这两个词语,但是他后面用了"好勇",目的是与前面形成对比。所以,前面用"好仁""好智"来概括应该也是恰当的。

仁者宽宏大量,所以能够优礼尊侍小国。智者审时度势,能够正确地判断力量的对比,形势的高下。这是仁和智。至于好勇,孟子也没有否定,只是用小勇和大勇做对比。这是在用"好仁""好智"跟"好勇"做对比下面的又一层对比。同样,文本中没有明确提出"大勇"这个词,但实际上指出了小勇和大勇的区别。小勇就是匹夫之勇,只能对付一个人的;大勇则是指文王、武王这样的君王,他们能够以勇武之力来安定天下,使天下的人民都有安定的生活。由此,孟子就把君王的德行仁智勇与安天下之民结合了起来,继续发挥他的民本思想。

再一点就是孟子提出了乐天和畏天的概念。畏天比较容易理解,就是一种敬畏天命的态度。自西周以来,一直到春秋时期,都有这样一种概念,所以《诗经》中说"畏天之威,于时保之",你只要敬畏天命,就能够得到保佑。应该说在孟子那个时代,畏天也还是有意义的。因为经过春秋时代的礼崩乐坏,一定程度上出现了忽视天命、不再敬畏天命的人生态度和政治态度。孟子主张,人对于天命还是要有敬畏的态度。但同时,孟子还提出了一个更高的概念,就是乐天。乐天相对于畏天来讲,是一个更高的人生态度、对待世界万物的态度。乐天就是你乐于接受天命的安排,这样的概念,应该说在《诗经》《尚书》里边都没有出现,在孟子之前,其他的儒者也都没有提到,但是孟子提出了这样一个概念。这个概念实际上是对仁者的一个新解释。什么是仁者?孔子讲了许多,但是孟子讲,仁者还有一个很重要的特点,就是乐天的人生态度。应该说这个思想包含的意义是比较深刻的。它不仅仅是我们讲的一般的对事物的乐观,还包含了对整个世界的乐观。这里面讲了天,天是这个世界最高的主宰。孟子相信这个世界的存在、发展,是有一个天命安排的,他认为在这个安排下,总的发展应该是乐观的。这使他乐于接受天命的安排。所以,我们在解读孟子思想的时候,要看到他对孔子仁的思想的新发展。

这一章的后半部分都是围绕勇做解说,在后面其他篇章里面,也有谈到勇的问题。由此表明,在孟子所处的时代,怎么理解勇,确实是一个很突出的问题。总的看来,孟子是把好仁、好智、好勇跟安天下之民结合起来,把他的民本的思想贯彻到他的德行论的主张当中。智仁勇是三达德,是最高的德行,而这最高的德行一定要贯彻安天下之民的思想。

2·4 齐宣王见孟子于雪宫。王曰:"贤者亦有此乐乎?"

孟子对曰:"有。人不得,则非其上矣。不得而非其上者,非也;为民上而不与民同乐者,亦非也。乐民之乐者,民亦乐其乐;忧民之忧者,民亦忧其忧。乐以天下,忧以天下,然而不王者,未之有也。

"昔者齐景公问于晏子曰:'吾欲观于转附朝儛,遵海而南,放于琅邪,吾何修而可以比于先王观也?'

"晏子对曰:'善哉问也!天子适诸侯曰巡狩。巡狩者,巡所守也。诸侯朝于天子曰述职。述职者,述所职也。无非事者。春省耕而补不足,秋省敛而助不给。夏谚曰:"吾王不游,吾何以休?吾王不豫,吾何以助?一游一豫,为诸侯度。"今也不然:师行而粮食,饥者弗食,劳者弗息。睊睊胥谗,民乃作慝。方命虐民,饮食若流。流连荒亡,为诸侯忧。从流下而忘反谓之流,从流上而忘反谓之连,从兽无厌谓之荒,乐酒无厌谓之亡。先王无流连之乐,荒亡之行。惟君所行也。'

"景公悦,大戒于国,出舍于郊。于是始兴发补不足。召大师曰:'为我作君臣相说之乐!'盖《徵招》《角招》是也。其诗曰,'畜君何尤?'畜君者,好君也。"

2·4 这个故事跟我们在《梁惠王上》第二章看到的故事很相近。

故事是这样说的,齐宣王在雪宫见孟子,雪宫是齐宣王的一座离宫。王说:"贤者亦有此乐乎?"我们记得在1·2,王立于沼上,也是问:"贤者亦乐此乎?"故事的情节发展类似。这个雪宫可能和那沼、台、囿一样,都是王游乐的场所。

可能还和1·2一样,孟子来了以后,并不是愁眉苦脸,或者大义凛然,让这个齐宣王一看就觉得不对劲。孟子总是用和气的态度来表达他的思想。所以,齐宣王说:"贤者亦有此乐乎?"像您这样贤明的人,也会有这样的快乐吗?从这里也可以看出,孟子应该是非常讲究游说的方式的。

对于齐宣王的问题,孟子回答说有。贤明的人,像我这样的人,也有这样的快乐,也会享受这样的快乐。然后他说"人不得,则非其上矣。不得而非其上者,非也",这个"人"是指一般的人。人都想享受这种快乐,如果有的人得不到这种快乐,就会抱怨、批评他的国君。"非",就是抱怨、批评的意思。"上",就是他的国君。自己得不到这种快乐,就批评、抱怨他的国君,这当然不对,但是另一面,"为民上而不与民同乐者,亦非也"。"民上"就是国君。作为老百姓的国君,而不与民同乐,也是不对的。

这些故事共同贯穿着孟子与民同乐的思想:

乐民之乐者,民亦乐其乐;忧民之忧者,民亦忧其忧。

文王的灵台、灵沼、七十里囿,民是乐其乐的。但是民为什么乐其乐呢?因为文王能乐民之乐。先有了文王的乐民之乐,人民才能够乐王之乐。所以孟子指出"乐民之乐者,民亦乐其乐;忧民之忧者,民亦忧其忧"的政治关系。如果君主能够与百姓同乐,以百姓的快乐为快乐,那百姓也会以他的快乐为快乐;一个君主能以百姓的忧愁为忧愁,老百姓也能以君主的忧愁为忧愁。这是一个相互的关系。

下面他说"乐以天下,忧以天下,然而不王者,未之有也",这是对着齐宣王讲的。如果君主能与天下一同乐,能与天下一同忧,就能够称王天下;如果做到这样还不能称王,那是不可能的。

关于这里讲的"乐以天下,忧以天下",我们做个补充。顺着孟子前面讲的与民同乐,乐民之乐,忧民之忧,这个"乐以天下,忧以天下"应该是乐以天下之民,忧以天下之民。这个"天下"应该理解为天下之民。所以他的乐是跟天下的人民一起乐,以人民的乐为乐;忧是和天下的人民一起忧,以人民的忧为忧。这样理解的"乐以天下,忧以天下",才符合孟子前面的思想。我们后世讲"乐以天下,忧以天下",往往不是突出天下之民的意义,而是突出天下大事。比如后世讲先天下之忧而忧,后天下之乐而乐,这也是一种很高的境界,但是与孟子表达的还是有所不同。

应该说,这一章最重要的就是"与民同乐"这四个字。

1·2里面讲与民偕乐,与民偕乐也就是与民同乐。在后世的发展中,"与民同乐"这四个字运用更普遍,也更流行。"与民同乐",和在与民同乐的意义上讲的"乐以天下,忧以天下",作为这一章的精髓,显示出孟子思想广阔的民本视野。

接下来,孟子举出了几个历史故事。这些历史故事涉及很多具体的文字解释,这里略过,不作细讲。

2·5 齐宣王问曰:"人皆谓我毁明堂,毁诸?已乎?"

孟子对曰:"夫明堂者,王者之堂也。王欲行王政,则勿毁之矣。"

王曰:"王政可得闻与?"

对曰:"昔者文王之治岐也,耕者九一,仕者世禄,关市讥而不征,泽梁无禁,罪人不孥。老而无妻曰鳏,老而无夫曰寡,老而无子曰独,幼而无父曰孤。此四者,天下之穷民而无告者。文王发政施仁,必先斯四者。《诗》云:'哿矣富人,哀此茕独。'"

王曰:"善哉言乎!"

曰:"王如善之,则何为不行?"

王曰:"寡人有疾,寡人好货。"

对曰:"昔者公刘好货,《诗》云:'乃积乃仓,乃裹糇粮,于橐于囊。思戢用光。弓矢斯张,干戈戚扬,爰方启行。'故居者有积仓,行者有裹囊也,然后可以爰方启行。王如好货,与百姓同之,于王何有?"

王曰:"寡人有疾,寡人好色。"

对曰:"昔者太王好色,爱厥妃。《诗》云:'古公亶父,来朝走马,率西水浒,至于岐下,爰及姜女,聿来胥宇。'当是时也,内无怨女,外无旷夫。王如好色,与百姓同之,于王何有?"

2·5 还是齐宣王的故事。齐宣王问孟子:"人皆谓我毁明堂,毁诸?已乎?""谓",就是告诉、建议的意思,建议我把这个明堂毁了。因为从礼制上来讲,明堂本来应该是帝王如周天子他们盟会、朝会的地方。齐国境内就有一处明堂,这个明堂当初可能是准备周天子来巡狩的时候用的。但是,这个明堂因为周天子长期不用,齐宣王有的时候也使用这个地方,这样就逾越了规制。所以当时就有人劝齐宣王,应该把这个明堂毁掉。齐宣王就问孟子,是毁掉它呢,还是不毁呢?"已",是停止的意思,就是不要去毁它,保存现状。

孟子回答:"夫明堂者,王者之堂也。王欲行王政,则勿毁之矣。"

孟子总是善于把问题转到王道王政上,然后阐明他对王道王政的一种理解。于是他说,明堂是王者之堂,的确不是一般的诸侯所用的。但是"王欲行王政",宣王你要行王政,要准备王天下,那你就不用毁明堂了。

宣王就说:"王政可得闻与?"王政的内容能不能讲给我听听?

这是齐宣王跟孟子在 2·5 章一开始的问答。如果是一般的儒者,肯定会主张毁明堂,因为这不符合礼制。就好像那个好乐的问题,王好流行音乐,一般的儒者肯定会批评他没有喜好先王的雅乐。但孟子不是这样,孟子就善于利用当时的情势来引导王:明堂的确是王者之堂,但是如果你能够真正推行王政,要王天下,也不必毁它。

什么是王政呢?孟子说:"昔者文王之治岐也,耕者九一,仕者世禄,关市讥而不征,泽梁无禁,罪人不孥。"这是他讲的第一段。说从前文王治理岐(岐是周族的发祥之地),推行了一系列政策。这些政策可以看出来,就是文王所推行的王政。"耕者九一",耕田者缴纳九分之一的田税。"仕者世禄",凡是做官的人,就让你世代做官,世代享受这份做官的俸禄。"关市讥而不征",这个"讥"是稽查,有稽查但是不征税。"泽梁无禁","泽梁"一般是在河里捕鱼用的一种坝。实际上意思就是,他不禁止在湖河中捕鱼。"罪人不孥","孥"的意思本来是妻子、儿女。"不孥",就是说如果犯罪,不牵连妻子、儿女。这是文王所推行王政的第一部分,共五条。

下面说"老而无妻曰鳏,老而无夫曰寡,老而无子曰独,幼而无父曰孤。此四者,天下之穷民而无告者。文王发政施仁,必先斯四者"。老年无妻叫作"鳏",就是鳏夫。年老没有丈夫叫作"寡",就是寡妇。年老无子叫作"独"。年幼无父叫作"孤",就是孤儿。这四种人就是鳏寡独孤,是天下最贫穷最没有依靠的人,"天下之穷民而无告者",告就是没有地方去诉说。文王实行他的王政,这个王政就是发政施仁,一定是最先照顾这四种人。这四种人,在今天来讲,也属于弱势群体。这里明确地说,发政施仁就是一种王政,而王政一定是发政施仁。因此,王政跟仁政,就一致起来了。施行仁政一定要首先照顾这四种人。这是文王推行王政的第二部分重要内容。孟子引用了《诗经》"哿矣富人,哀此茕独",富人的生活还是过得去的,最可怜的就是孤独的人,以此来总结他关于王政的这一段讨论。

接下来,王就说:"善哉言乎!"与2·3的"大哉言矣"一样,都是赞美,意思是说得真好。然后,孟子说:"王如善之,则何为不行?"你既然说好,为什么不去施行?王回答说:"寡人有疾,寡人好货。""好货",就是喜欢财物。意思是,我有个毛病,我喜欢财物。

对此,孟子先引用《诗经》里的话,说从前公刘也喜欢钱财。《诗经》里面说,粮食积满仓,准备好干粮,装进小袋和大囊,和睦团结真荣光。箭上弦弓开张,干戈斧钺拿手上,于是启程奔前方。引用《诗经》后说,留守的人储满谷仓,出征的人准备好干粮,然后才能够启程奔前方。所以,"王如好货,与百姓同之,于王何有?"如果王喜欢钱财,同时也让老百姓能拥有钱财,那么称王天下有什么困难呢?这个"何有"就是何难之有的意思。

王接着说:"寡人有疾,寡人好色。"我还有个毛病,我喜好女色。孟子说,从前太王也喜好女色,宠爱他的妃子。"爱厥妃"的"厥"就是其的意思。然后又引用了《诗经》里面的话,说太王清早骑马奔驰,沿着西边的水滨,来到岐山脚下,带着宠妃姜女,视察居处,以便安家。孟子说,那个时候,"内无怨女,外无旷夫",宫里面没有无夫的怨女,宫外也没有无妻子的旷夫。大王如果喜好女色，"与百姓同之"，使老百姓都能有妻子，有丈夫，那么称王天下有什么困难呢？

这一章通过孟子与齐宣王的问答表达了孟子的王政思想。其中孟子叙述的是文王时代的制度，这个制度到战国时已经发生了变化。孟子的思想，在有的方面比较激进，但有的方面还是提倡或者肯定古代的制度的。比方说他把"仕者世禄"作为王政的一项内容。这个"仕者世禄"就是世代来承袭官职和俸禄。比如有一个官职，任职的人姓田，就让你田家一直做，父亲做完了儿子做，儿子做完了孙子做。这是世袭担任这个官职，当然也就世袭地享受这个官职规定的俸禄。所以这个仕者世禄，实际上是世官世禄的制度。这个制度其实在孟子的时代已经有了很大的变化，后面他还会讨论到这个问题。在孟子的政治思想里，有些是非常激进的，特别是涉及老百姓的方面，但是有的方面对旧有的制度也有肯定。这个我们后面再讲。

《梁惠王下》里面有很多章节都是围绕着与民同乐的思想讲的。比如，2·1里面讲"与民同乐"；2·2讲"与民同之"，专门讲囿乐，也是与民同乐；2·4明确提出"与民同乐""乐以天下，忧以天下"；2·5讲好乐"与百姓同之"。这些都是一致的，贯通的。

2·6 孟子谓齐宣王曰："王之臣有托其妻子于其友而之楚游者，比其反也，则冻馁其妻子，则如之何？"

王曰："弃之。"

曰:"士师不能治士,则如之何?"
王曰:"已之。"
曰:"四境之内不治,则如之何?"
王顾左右而言他。

前面的大部分章节都是齐宣王为首发问者。见到孟子,齐宣王主动问问题,孟子回答。这次不同,是孟子主动提问,他按照自己的逻辑来提问,最后引导到他需要的那个结论。这是个非常精彩的例子。

孟子提的第一个问题:

王之臣有托其妻子于其友而之楚游者,比其反也,则冻馁其妻子,则如之何?

大王,你有一个大臣,他要去楚国旅行,于是把他的妻子托给他的朋友来照顾。等到他返回的时候,发现这个朋友根本没有好好照顾他的妻子、儿女,致使他的妻子、儿女受冻挨饿。如果你碰到这样的人、这样的事,怎么办呢?这时王回答说:"弃之。"意思就是跟他绝交。

接下来,孟子提出了第二个问题:

士师不能治士,则如之何?

管理士的这个官员,如果他不能管理好士,应该怎么办?

齐宣王说:"已之。"就是停职,撤他的职。

最后,孟子说:

> 四境之内不治,则如之何?

"四境",代指国家。一个国家的内部事务没有处理好,这个国家没有治理好,怎么办?这时候,"王顾左右而言他"。

这三个问题,其实针对的思想就是义务、职责和受托。你到楚国去旅行,把妻子、儿女托付给朋友照顾,这是一个受托的关系,受托人有照顾好委托人的妻子、儿女的义务。同样,长官有管理好下属的职责。应该说这个对话是逐层递进的。孟子最终是要引导到国家治理的问题,就是作为一个君主,如果他的国家治理不好,应该怎么办?谁来承担这个责任?应该怎么对待、处理这个君主?

从这里的逻辑关系来看,其实孟子的思想里面也包含了这样一种理解:一个君主对于国家治理所负的责任和义务,是他应该完成的。同时也可以理解为,君主和他的国家之间也是一种受托的关系。受谁之托呢?在孟子的那个时代,应该是受上天之托。前面举《诗经》的例子,上天立了君主,是让他来爱护人民的,其中就用了个"宠"字。如果你没有做到,那就没有实现上天对你的托付或者嘱托。这里边所包含的意思是很丰富的,也就是说,一个君主与他的国家之间并不是所有者与财产的关系,君主更像是一个经营者,所有权和经营权是不一样的。孟子在这里面强调的,不是国君对这个国家的所有权,而是他的受托责任,他的管理的义务。这样一种政治思想,应该说在当时是很先进的。

第二个例子讲士师不能治士。士师是管理士的官员,如果士没有管理好,士师的责任没有尽到,那就要撤职。所以按照这个例子来讲,一个君主不能履行好他的职责,也是应该撤职的,王位并不是永久的。如果按照我们习惯的那套政治思想,认为君主跟他的国家没有受托的关系,而是所有的关系,那就不存在君主被撤职的问题。但是按照孟子这种思想,国君没有完成上天对他的托付,上天就应该弃之,已之,结束他的任职。

如果将这种受托思想再跟孟子的民本思想结合起来,我们也可以做一个诠释。就是说,受托,不是像孟子那个时代普遍认为的,是上天托付给君主这个国家,而是人民托付君主他这份管理的责任,这样受托的主体就改变了,关系也改变了。人民把这个国家的管理责任托付给你,你若不能完成,人民对你可以弃之,也可以已之。

所以,孟子的思想可以很顺当地按照他自己那个民本思想的逻辑,转变成一种近代的政治思想。

2·7 孟子见齐宣王,曰:"所谓故国者,非谓有乔木之谓也,有世臣之谓也。王无亲臣矣,昔者所进,今日不知其亡也。"

王曰:"吾何以识其不才而舍之?"

曰:"国君进贤,如不得已,将使卑逾尊,疏逾戚,可不慎与?左右皆曰贤,未可也;诸大夫皆曰贤,未可也;国人皆曰贤,然后察之;见贤焉,然后用之。左右皆曰不可,勿听;诸大夫皆曰不可,勿听;国人皆曰不可,然后察之;见不可焉,然后去之。左右皆曰可杀,勿听;诸大夫皆曰可杀,勿听;国人皆曰可杀,然后察之;见可杀焉,然后杀之。故曰,国人杀之也。如此,然后可以为民父母。"

这又是一个孟子主动发问的故事。"所谓故国者,非谓有乔木之谓也,有世臣之谓也。"清华大学老校长梅贻琦先生曾套用这个话,说:"所谓大学者,非谓有大楼之谓也,有大师之谓也。"

孟子讲,所谓历史悠久的国家("故"就是历史悠久的意思),并不是宗庙里的树有多么古老,而是有世代承袭官职和俸禄的人。因为每个臣子负担的官职是不一样的。每个官职都是世袭的,这叫世臣。最高的官职是卿,那叫世卿。古代把这个制度叫世卿世禄,就是前面所讲的"仕者世禄"。孟子讲,故国的本质就是它有世臣、世卿。

"王无亲臣矣,昔者所进,今日不知其亡也。"意思是,大王你现在的状况不太理想,为什么呢?你没有亲近的臣下;从前你提拔任用的人,现在都不知道到哪里去了。这是孟子对当时齐国政治的一种观察,他认为齐王手下没有了世代承袭官职的大臣。很显然,齐宣王没有按照原来那个世官制度来任用大臣,而是提拔任用了很多新人。这些新人的家里原来不是世代做官的,当然,这些人被提拔是有理由的,可是不久以后，他们又都不知去处了。可能是他们自己离开了，走掉了，也可能是大王不再任用他们。孟子不太满意这样的制度。

前面我们讲了，孟子还是肯定过去的世官制度的。他觉得世官制度的人事比较稳定。一个君主，他总要有能够为这个国家服务、负责的大臣。因为世官是世代为这个国家服务的，他们形成了这样的传统，有这样的意识。所以孟子觉得这样的制度是比较理想的。所以在2·5里面，"仕者世禄"被作为王政的一个重要内容。而他看到当时的齐国，世卿、世禄、世官的制度应该说都已经被破除得差不多了，宣王任用提拔的大多数臣下都不是出自世代为国家服务的大臣之家，所以孟子首先表明了自己的这个态度。

齐宣王问："吾何以识其不才而舍之？"我怎么能够识别这个人没有能力而不任用他？我想，宣王的意思应该也包括任用有才者。完整地讲，应该是我怎么才能够识别这个人有没有才能，以便任用他或不任用他。下面孟子就讲了一大段话回答这个问题。这一大段话，应该说是非常有意义的。

他说："国君进贤，如不得已，将使卑逾尊，疏逾戚，可不慎与？"国君要识别人才，首先要慎重。"进贤"，就是任用和提拔人才的意思。因为在当时，世官制度已经被破坏了。原本是世代承袭的官位，现在要用一个新人，这新人的父辈祖辈不是做官的，那他就是卑。从卑上升为尊，从等级制度来讲，这叫作尊卑的变化，就是"卑逾尊"。春秋时代，这些世卿世官大部分都是国君的亲戚。比方说，国君是长子，他继承了诸侯的大位，他的兄弟们就去任卿、大夫，甚至士。所以，从根源上来讲,这些世代做官的卿大夫他们都是亲戚。这就是宗法社会下的宗法政治。宗法社会有其共同的利益,所以君主和臣下,和国家之间,有一个凝聚力。但是,如果有一个人打仗立了功,这个人原来只是个士兵,别的什么都不是,因为立了战功,就这样被提拔上来了,比如担任了大夫,这时候就是"疏逾戚"。因为他跟国君没有血缘上的亲戚关系,但是他担任的职务超越了跟国君有血缘关系的一些人。孟子看到,春秋战国之交以来整个社会政治发生了变化,出现了很多卑逾尊、疏逾戚的现象,这是必然的。因为国家的进步富强须不断任用有用的人才,不能够局限在那个世卿世禄的框架里头。但同时他又觉得,这个一定要小心。从国家的人事制度来讲,孟子的思想应该说还是有保守的一面。

孟子虽然对国家的人事制度持谨慎态度,但就选拔任用贤能的方法来讲,孟子有非常先进的理念:

> 左右皆曰贤,未可也;诸大夫皆曰贤,未可也;国人皆曰贤,然后察之;见贤焉,然后用之。

你亲近的那些臣子都说这个人很贤能,你还不能马上听从这些人的意见;各位大夫也说这个人很贤能,你也不能马上就决定任用这个人;国中普通的老百姓都说这个人是贤能的,在这种情况下,你还要去考察他;如果确实是这样,然后再任用他。"国人皆曰贤",也就是民主推荐的情况下还要考察,这个理念非常先进。

左右皆曰不可,勿听;诸大夫皆曰不可,勿听;国人皆曰不可,然后察之;见不可焉,然后去之。

你左右的亲近臣下都说这个人不行,你不能贸然听信;各个主要的大臣都说这个人不行,你也不要马上下决断;普通百姓都说这个人不行,没有能力,或者不够贤明,那你就要去考察;如果确实是这样,你再免他的职。

左右皆曰可杀,勿听;诸大夫皆曰可杀,勿听;国人皆曰可杀,然后察之;见可杀焉,然后杀之。故曰,国人杀之也。

你左右最亲近的臣下都说这个人罪大恶极,可以杀,你不能听信;各位大夫都说这个人是可杀的,你也不要贸然听信;老百姓都说这个人可杀,你就要去考察;发现这个人确实罪大恶极,可杀,然后你才去杀。所以,杀一个人,要听取国人的意见,君主不能偏听偏信,要大家共同来参与意见。

"如此,然后可以为民父母。"这是孟子的结论。

这一章的主题是讲选用贤才和罢免不贤不能之人。这跟当时的环境应该说有密切的关系。在春秋中期以前,大部分都是世官世禄,选用贤才和罢免人才的问题并不突出,很少出现。但是战国时代,这个问题越来越突出了。世官世禄的制度已经被破坏得很多了,更多的是选用贤才、罢免不贤之人。那么,用什么样的标准,用什么样的方法,经过什么程序?孟子在这里提的观念应该说是很先进的。

归根结底,孟子最重视民意在各种决策里面所发挥的作用,并且是决定性作用。从一般的任用罢免到刑杀,他都重视民意。所以,他的这一套方法理念,归根到底,民意是最重要的一个基础。当然,征求意见的范围也非常大,左右近臣和诸大夫的意见都在征求之列,但最根本的那个层次还是民意。就孟子的民本思想来讲,这一章的重视民意比前面讲的,应该说是一个进步。前面孟子所讲的民本思想,更多地体现在保民、安民上,在经济政策上保障民生,如"五亩之宅,树之以桑,五十者可以衣帛",保障人民生活的温饱。

但是我们从这一章可以看出,孟子的民本思想是全方位的,除了经济的层面,它还包括政治的层面。2·6里面就已经涉及君主本身的去留问题,这是政治的层面。一国之君的去留,要根据他能不能履行自己的责任与义务。而这个义务的根本,根本的义务,就是爱护人民。这在2·5里面也有提及。在2·7里,从人事任用到生杀予夺的决定,都要以民意为根本依据。这样的一种思想,是孟子前期重视经济层面的民本思想,进一步发展到同时重视政治层面的民本思想,所以是很有意义的。最后他说"可以为民父母"。在1·4里面孟子已经提出"为民父母"的思想。中国古代《诗经》和《尚书》里边也常见这一思想。但是在1·4里面,是用这一思想来作政治批评,批评那些"为民父母",却率领野兽来吃人的行政者。

从《梁惠王上》1·1开始,我们看到孟子的思想在不断深化。从经济层面的"为民父母",到贯穿整个政治、管理层面,这就赋予了他的"为民父母"思想一个新的内涵,政治民主的内涵。应该说这些思想里面,从2·6中关于受托的思想,到2·7重视民意的思想,都包含了民主思想的因素萌芽。

当然,其中也涉及孔子的思想。"左右皆曰贤,未可也;诸大夫皆曰贤,未可也;国人皆曰贤,然后察之"。《论语·卫灵公》里面说:"众恶之,必察焉;众好之,必察焉。"就是大家都很厌恶这个人,我要再去考察考察;大家都很喜欢这个人,我也要再去考察考察。从表面上看,这跟孟子的思想有相通的地方,但还是不一样。因为孔子思想更强调的是不要随顺大流,大家说怎么样就跟着怎么样,而要有自己独立的见解。但是孟子强调的是决策一定要尊重民意。不管是任用人才,还是法律的生杀,都要尊重民意,尊重"国人皆曰"的意见。当然,"国人皆曰"以后,还是要考察。

2·8 齐宣王问曰:"汤放桀,武王伐纣,有诸?"
孟子对曰:"于传有之。"
曰:"臣弑其君,可乎?"
曰:"贼仁者谓之'贼',贼义者谓之'残'。残贼之人谓之'一夫'。闻诛一夫纣矣,未闻弑君也。"

前面的2·6、2·7与这里的2·8,应该说都表达了孟子思想中先进的因素。并且,这一部分内容在古代也是非常有名的。

这一次由齐宣王先提问:"汤放桀,武王伐纣,有诸?""放",就是流放。"伐",就是征伐、讨伐。传说汤灭了夏以后，把桀流放到南巢。武王伐纣，他不仅讨伐了商朝，而且逼迫纣王自焚而死。齐宣王就问，是不是有这些事呢？孟子回答说："于传有之。"前面对文王之囿他也说"于传有之"，意思是，古书上是这样记载的。

这时候齐宣王问了个关键性的问题："臣弑其君，可乎？"难道臣可以不道德地杀掉他的君主吗？"弑"是杀的意思。凡是臣下杀了君主，不用"杀"，用"弑"。"弑"带有道德谴责的贬义。臣弑君可以吗？这不是造反吗？孟子回答：

> 贼仁者谓之"贼"，贼义者谓之"残"。残贼之人谓之"一夫"。闻诛一夫纣矣，未闻弑君也。

孟子说他只听说周武王诛杀了独夫纣，没有听说他弑君。当然，"未闻弑君"也可以有两种解释，狭义地讲，我没有听说汤对桀是弑君，我也没有听说过武王对纣是弑君。也就是他们两个人的作为，都不能用弑来说，不能说他们是弑君。是不是广义上就不应该有这个弑君的概念呢？孟子没有说。显然，他对弑君这个概念是有保留的，认为弑君不是一个绝对的伦理的概念。

这里涉及所谓汤武革命。《周易》里边讲，汤武革命顺乎天应乎人。在中国历史上，包括孟子，应该说都是肯定汤武革命的。孟子更明确地表达了这一点，认为汤对于桀，武王对于纣，并不是弑君，这只是杀掉了一个独夫。一夫也就是独夫。独夫这个概念，是荀子开始使用的。独夫就是孤家寡人。

在古代，弑君是一个政治伦理的罪名。孟子通过对汤武的肯定，把这个罪名否定了，同时，就肯定了汤武的典范。虽然他没有用"顺乎天应乎人"这样的话，但是他定义了桀和纣行为的特性，就是这两个人属于残贼之人。"贼仁者谓之'贼'"，就是残害、迫害了仁的人叫作贼。"贼义者谓之'残'"，残害、破坏了义的人叫作残。破坏、残害了仁义的人，叫作残贼之人。杀掉这样的人，只是杀掉了一个独夫。所以，汤和武，他们的行为是对残贼之人的一种革命，一种诛杀。这在伦理上对汤、武他们的行为做了肯定。孟子由此颠覆了绝对君权的概念。所以，孟子的这种思想，在中国封建时代，就已经包含了破除封建的萌芽。并不是每一个封建社会都能出现达到孟子这种高度的思想。

有一个典型的例子就是日本。日本的天皇是万世都不能更改的，天皇不能推翻，当然更不能诛杀了。所以，日本的儒学和儒者是反对孟子这一条的。在日本的儒学里有对孟子思想很强烈的批评，这就表示在日本的封建制度里边还没有产生这种反封建、含有民主因素的先进的政治思想，而且拒绝接受孟子比较先进的民本的政治思想。

但是在孟子的时代，应该说两千三百多年以前，孟子就已经认为君主是可诛的，因为这是合乎他的思想逻辑的，君主若违反了上天的托付，就应该撤他的职，应该结束他的职务，其中最极端的就是可以诛杀。这间接地回应了 2·6 谈的那个问题，"四境之内不治，则如之何？"虽然他上面举的那两个例子，一个是弃之，一个是已之，绝交或者罢免，都没有达到诛杀的程度,但是如果你的行为已经达到了残贼之人这样作恶的程度,按照这个逻辑来讲,就应该被诛杀,而且是全民共诛之,全民共讨之。

2·9 孟子见齐宣王,曰:"为巨室,则必使工师求大木。工师得大木,则王喜,以为能胜其任也。匠人斫而小之,则王怒,以为不胜其任矣。夫人幼而学之,壮而欲行之,王曰'姑舍女所学而从我',则何如?今有璞玉于此,虽万镒,必使玉人雕琢之。至于治国家,则曰'姑舍女所学而从我',则何以异于教玉人雕琢玉哉?"

这一章不是直接接着前面的政治思想讲,但是跟治国理政也有关系。这个故事是说孟子见到齐宣王,说建造大的房子一定要让工师来寻找大木料。找到了大木料,大王会很高兴,认为工师很称职,能够胜任自己的工作。木匠如果把木料砍小了,大王就会发怒,认为他不称职,不能担负他的责任。人从小学会一种本领,长大了就要运用它。但是大王说,你暂且舍弃你学的东西,来听我的,如果是这样的话,行吗?就好像现在这里有一块璞玉,它有万镒重,我们一定会让专业的玉匠来雕琢它。但是治理国家,如果大王说,你舍弃你所学习的治国理政的这些知识,就听我的,这不就像您要去教那个玉匠怎么去雕玉吗?

这个故事跟我们前面讲的政治思想没有直接的关系,但是它有一种我们今天所说的要依靠专家治国的倾向。就是君主不能任意任性，治国理政不能任性，要尊重专家治国的知识和经验。所以，工师得大木也好，得到璞玉使玉人雕琢也好，这些例子都是崇尚专业技能，认为应该由拥有专业技能的人来承担相应的工作。至于治国理政，也有拥有这种专门技能的人。王不能让治国理政的人，比如大夫、卿，不运用他们自己的技能，而只听王自己的主观的决断。作为一个君主，他要尊重有治国理政经验和知识的人。虽然这里没有直接提到前面讲的那种民主的因素，但是也包含了反对君主个人主观决断，要求尊重有知识有经验的治国理政人才的思想。从这方面来讲，应该说这一章也包含了一些民主的因素。

2·10 齐人伐燕，胜之。宣王问曰："或谓寡人勿取，或谓寡人取之。以万乘之国伐万乘之国，五旬而举之，人力不至于此。不取，必有天殃。取之，何如？"

孟子对曰："取之而燕民悦，则取之。古之人有行之者，武王是也。取之而燕民不悦，则勿取。古之人有行之者，文王是也。以万乘之国伐万乘之国，箪食壶浆以迎王师，岂有他哉？避水火也。如水益深，如火益热，亦运而已矣。"

"齐人伐燕，胜之。"这是讲宣王时代齐国伐燕取得胜利。

齐国取胜以后，齐宣王就请教孟子："或谓寡人勿取"，有的人劝我不要吞并燕国。"取"，就是吞并的意思。因为战争结束之后，就有一个战胜国怎么处理战败国的问题。"或谓寡人取之"，也有人劝我吞并燕国。然后齐宣王就讲他自己的想法,说:"以万乘之国伐万乘之国,五旬而举之,人力不至于此。"一个拥有万辆兵车的大国去讨伐另一个拥有万辆兵车的大国,五十天就拿下了。这个如果仅仅靠人力,恐怕是做不到的。如果不是人力造成了这样的结果,那一定就是天意了。因此,如果不取,恐怕会有"天殃",就是天要给你降下灾祸。还是取了吧,你看怎么样?

这是齐宣王的意思,他显然是想"取之"。孟子的回答是这样:"取之而燕民悦",如果你吞并了燕国,燕国的老百姓都很高兴,那就取之。周武王就是这样。武王伐殷就是取代了殷商的统治。"取之而燕民不悦",如果你想吞并它,可是燕国的老百姓都不高兴,则勿取。周文王便是这样。文王在三分天下有其二的时候,他仍然服事商纣王。然后孟子就解释,一个大国攻打另一个大国,为什么会"五旬而举之"。他说你看战场的情况,以万乘之国伐万乘之国,人民"箪食壶浆以迎王师"。"箪"是一种竹筐,"壶"是一种瓦壶、陶壶。老百姓用竹筐装着饭食,用壶装着酒水来迎接大王的军队,哪有什么其他的原因呢?只是"避水火",要逃避这种水深火热的生活。如果取之的结果是水益深、火益热,老百姓得到的是更加水深火热的生活,那燕国的老百姓"亦运而已矣","运"就是躲避而转移,他们就要转到其他的地方去了。

这一章就齐国伐燕的事,齐宣王与孟子都发表了看法。关于"万乘之国伐万乘之国,五旬而举之"到底怎么解释,齐宣王是诉诸天意,认为这是上天的旨意,但是孟子采取了相反的立场,孟子是诉诸民意。孟子说:"岂有他哉?"其中就包括了对齐宣王天意说的否定。哪有什么天意呀,就是老百姓水深火热的生活过不下去了。人民的意愿就是要逃避这种水深火热的虐政。

应该说,齐宣王这种诉诸天意的解释,在当时还是一个普遍的情况。战国时代的很多故事里边,很多人,包括帝王、智者,都用天意来解释战争的胜负。《国语·越语》里就有这样的话:"天予不取,反为之灾。"天予,就是上天给予。天给予你,你如果不取,那就要受到灾祸。所以,对齐宣王来讲,取或者不取,就是天给你的你到底要还是不要。某种程度上,这种思维方式也反映了当时人们信仰的一种状态,就是将一些大事都归结为天意。

我们知道,孟子其实并没有完全否定天这个概念,但是在取与不取的问题上,他的立场是非常鲜明的,他完全摒弃这种天予的思想,认为取还是不取一定要根据民意。就是说,胜负的结果不是天意,也不是军力的差异造成的,而是老百姓的心愿造成的。再看历史上齐国对燕国的这场战争,士兵根本不愿参加战斗,城门都打开,这就表示了人民对战争的态度。所以,孟子的讲法确实也是有根据的。

2·11 齐人伐燕,取之。诸侯将谋救燕。宣王曰:"诸侯多谋伐寡人者,何以待之?"

孟子对曰:"臣闻七十里为政于天下者,汤是也。未闻以千里畏人者也。《书》曰:'汤一征,自葛始。'天下信之,东面而征,西夷怨;南面而征,北狄怨,曰:'奚为后我?'民望之,若大旱之望云霓也。归市者不止,耕者不变,诛其君而吊其民,若时雨降。民大悦。《书》曰:'徯我后,后来其苏。'今燕虐其民,王往而征之,民以为将拯己于水火之中也,箪食壶浆以迎王师。若杀其父兄,系累其子弟,毁其宗庙,迁其重器,如之何其可也?天下固畏齐之强也,今又倍地而不行仁政,是动天下之兵也。王速出令,反其旄倪,止其重器,谋于燕众,置君而后去之,则犹可及止也。"

这一章是接续上面那章讲齐人伐燕,最后齐宣王决定取之,取之就是要吞并它。齐国这一举动破坏了当时的周天子下诸侯国之间的关系和秩序。因此,诸侯就谋划着要来救燕国。宣王感到很紧张,说:"诸侯多谋伐寡人者,何以待之?"他们都在谋划,准备来讨伐我,我应该怎么办呢?

孟子对曰:

> 臣闻七十里为政于天下者,汤是也。未闻以千里畏人者也。《书》曰:"汤一征,自葛始。"天下信之,东面而征,西夷怨;南面而征,北狄怨,曰:"奚为后我?"民望之,若大旱之望云霓也。归市者不止,耕者不变,诛其君而吊其民,若时雨降。民大悦。《书》曰:"徯我后,后来其苏。"

孟子说:我听说,有方圆七十里的土地,就可以以此为依据推行王政,而统一天下。我没有听说"以千里畏人者"。齐国的土地就有方圆千里。有方圆千里的土地,还惧怕别人,这我没听过。然后他就引了《尚书》,说汤开始在周边进行征伐活动的时候,天下都对他非常信任,各个地方的人民都盼望他来。他向东面去征伐,西面的夷人就抱怨;他向南面去征伐,北边的狄人就抱怨;都说为什么把我们放在后面,不先来征讨我们这块地方?这种对汤的征伐的盼望,"若大旱之望云霓也",就像大旱时节盼望着乌云、虹霓来到一样。各地的老百姓都是这样盼望。

汤所到之处,"归市者不止,耕者不变",就是赶集的照样赶集,种地的照样种地。汤每到一个地方,就"诛其君而吊其民",把那里的暴君杀掉,抚慰那里的民众("吊"是慰问的意思)。老百姓都非常高兴。

《尚书》里面也说:"徯我后,后来其苏。""徯",是等待的意思。"苏",就是复苏。表达了那时候人民的一种心态,就是等待着我们的君王,君王来了能够获得新生。

孟子就用这样的话来回答宣王的顾虑,然后说:

> 今燕虐其民,王往而征之,民以为将拯己于水火之中也,箪食壶浆以迎王师。若杀其父兄,系累其子弟,毁其宗庙,迁其重器,如之何其可也?天下固畏齐之强也,今又倍地而不行仁政,是动天下之兵也。王速出令,反其旄倪,止其重器,谋于燕众,置君而后去之,则犹可及止也。

前面讲了汤救人民于水火,受到各地民众欢迎的例子,然后孟子就比照这个例子说,现在燕国也是同样的情况。燕国的君王虐待他的人民,大王您前去讨伐,燕国的人民以为您像当时汤征伐一样,是拯救他们于水火的,所以他们就用竹筐子盛着粮食,用壶盛着酒来欢迎大王的拯救之师。但是齐国的所作所为跟汤不一样,战争胜利以后,齐国军队"杀其父兄,系累其子弟,毁其宗庙,迁其重器",就是杀害了他们的父兄,囚禁了他们的子弟,毁坏了他们的宗庙祠堂,还搬走了他们国家的宝物重器。这怎么能行呢?人民怎么能够欢迎你?天下本来就对齐国的强盛心怀畏惧,你现在"倍地而不行仁政",通过战争增加了土地(倍地,是说增加了一倍的土地),却没有行仁政。你的所作所为,促使了各国再出兵来讨伐你。现在您应该赶快下令,把燕国的老人孩子都放回去,要停止迁走他们的那些宝器,然后跟燕国的民众商量,给他们选一个新的国君,再离开。如果把这些事都做到,诸侯国出兵讨伐的局面还是来得及阻止的。

这一章,孟子用汤的征伐得到各地人民的欢迎这个故事,来肯定汤的这种征伐的正义性。这个故事和孟子对它的态度,表达了古代儒家对于战争的一些看法。当时的国家跟今天的国家还是不一样的。我们现代是民族国家为本,当时则是周天子所领导的一种近似于联邦的形态。对诸侯国之间的兼并战争,孟子是持反对态度的。他反对一个国家通过战争征伐来扩大自己的利益,在这点上,他跟墨子的立场应该说是一致的。

但是,孟子的思想跟墨子又有所不同。墨子讲非攻,非攻就是一种反战的口号。但是孟子不一样,从他所讲的故事和他对齐伐燕的态度来看,他并不是一般的非攻,一般的反战。他对于救民于水火的征伐之战,还是给予肯定的。用我们今天的话来讲,孟子肯定的是有正义性的战争。从孟子的角度来看,这场战争正义与否,标准就在于民,就在于这场战争的目标是不是救民,它的结果是不是民悦,老百姓是不是欢迎,是不是高兴。所以,比起绝对的反战、绝对的非攻,孟子的反战具有一种分析的特点。

孟子对战争肯定的条件,除了上面讲的,它的目标应该是救民,战争的胜利得到了人民的拥护,使人民喜悦,还有第三点,就是战争如果胜利,统治者采取了"取之"的政策,并且得到了人民的肯定,那么在"取之"以后,一定要行仁政。孟子说,"倍地而不行仁政,是动天下之兵也",增加了自己的土地却不行仁政,还是会招来灾祸的。

所以,综合而言,孟子这种对战争的态度,一方面符合他自己一贯的以民为本的立场,任何事情都是以人民的意愿为基础,为转移,为标准;另一方面,在战争结果的处理上,特别强调仁政。救民、民悦、仁政,无论在哪一方面,与前面所讲孟子的思想都是一致的。

如果从我们今天讲的历史唯物主义的立场分析,孟子的态度也可算是一种历史唯物主义的萌芽。一方面,在当时面临统一和王天下的大环境下,他没有对战争不加区分地予以否定;另一方面,他坚持以民本主义的立场来对待战争和战争的结果。所以这个故事应该说还是很不错的。在这个故事里面,孟子留下了一些很好的语句。比如说"箪食壶浆以迎王师",这句话在后来的历史中,经常用来形容得到人民拥护的战争。凡是能够得到人民箪食壶浆以迎之的王师,就是正义之师,一定能够取得战争胜利的结果。另外,把救民于水火这样的举动,包括征伐,看作"若时雨降",好像及时雨一样,这样一种比喻,在后来也是常见的。所以说,这一章也为后世留下了很好的语文资源。

2·12 邹与鲁哄。穆公问曰:"吾有司死者三十三人,而民莫之死也。诛之,则不可胜诛;不诛,则疾视其长上之死而不救,如之何则可也?"

孟子对曰:"凶年饥岁,君之民老弱转乎沟壑,壮者散而之四方者,几千人矣;而君之仓廪实,府库充,有司莫以告,是上慢而残下也。曾子曰:'戒之戒之!出乎尔者,反乎尔者也。'夫民今而后得反之也。君无尤焉!君行仁政,斯民亲其上,死其长矣。"

2·12 是讲邹与鲁发生了小规模的军事冲突。这时邹穆公就问孟子:

> 吾有司死者三十三人,而民莫之死也。诛之,则不可胜诛;不诛,则疾视其长上之死而不救,如之何则可也?

邹国跟鲁国的军事冲突里边,我的官员死了三十三个人,可是人民一个也没有死。首先,这个"民"可能不是指一般的人民,很大一部分应该是当时的士卒。"有司"是率领士卒的长官,士卒"莫之死也",可以说是莫为之死也,没有为自己的长官去死、去卖命。其次,这个"民"也包括普通的百姓。怎么处理这件事呢?如果你杀了这些人吧,人数太多,多到不可胜杀;可是不杀,这些人又非常可恨,他们眼睁睁看着自己的长官死了,也不去救。这该怎么办?

穆公讲的这个事件涉及官民关系,即官员跟老百姓的关系。孟子这样回答:

> 凶年饥岁,君之民老弱转乎沟壑,壮者散而之四方者,几千人矣;而君之仓廪实,府库充,有司莫以告,是上慢而残下也。曾子曰:"戒之戒之!出乎尔者,反乎尔者也。"夫民今而后得反之也。君无尤焉!君行仁政,斯民亲其上,死其长矣。

孟子说,年景不好的时候,饥荒严重,你的人民,年老体弱的尸体就都散在山沟里和山坡上面,壮年的就逃散到四方去讨生活。这样的人几乎达到千人之多。而大王的仓库里边堆满了粮食,库房里面装满了财物,官员也没有一个向您报告老百姓的灾情。这就是这些有司渎职怠慢、残害老百姓的表现。

在孟子看来,这场冲突并不是偶然出现的,它是有来历的,它的根源就在于官民关系的恶化。一方面是君民生活形成强烈的对比,朱门酒肉臭,路有冻死骨,老百姓荒年中饿死的饿死,逃散的逃散,可是君主的仓库里面装满了财物。另一方面,这些官员平时"上慢而残下","上慢"就是不向上报告,怠慢自己的职责;同时又"残下",不仅不上告并救助百姓的困苦,反而残害百姓。这样,就造成了官民关系的紧张。这种官民关系,你还能希望在与别国发生军事冲突的时候,百姓会对官员有救助的行为吗?

"君无尤焉",你也不要怪罪这些人民,"尤"就是怪罪的意思。"君行仁政,斯民亲其上,死其长矣。"只要君主您(这里指的是邹穆公)能够行仁政,那么人民自然就会亲近君上,也能够为君上的长官去卖命。

这一章涉及君民关系,孟子并不是就事论事,不是仅就鲁国和邹国这场边境军事冲突中那种君民关系作讨论,而是把它放在当时整个邹国的君民关系状况里边来看。因此,他的这个讲法,邹穆公应该是肯定的。特别是他引用了曾子的话,"戒之戒之!出乎尔者,反乎尔者也"。我们今天经常用"出尔反尔"这个词,但就曾子的原话来说,出尔反尔,就是从你身上出去的,还要还回到你身上来的意思;具体到这里讲,还要还回来的,那就是报应和报复。"夫民今而后得反之也。"你的君民关系已经坏到这样了,今天人民给你报复,还给你了。所以,君主不要归罪人民,应该反省你自己的政治,反省你治国理政的这些政策推行,反省你治下的君民关系。

当然,很多古书上的话后来都变成成语,成语在引用的时候往往脱离了它原来的具体的意思,被抽象化、一般化。但是,我们一定要具体地了解曾子这句话在这里的意思。另外,孟子所讲的"凶年饥岁""老弱转乎沟壑",在《孟子》全书里边是经常用到的,是描述当时社会状况的语句。在这一章里,他特别以此跟当时的君上和长上的生活做强烈的对比,应该说说服力还是比较强的。

2·13 滕文公问曰:"滕,小国也,间于齐、楚。事齐乎?事楚乎?"

孟子对曰:"是谋非吾所能及也。无已,则有一焉:凿斯池也,筑斯城也,与民守之,效死而民弗去,则是可为也。"

第十三章到了滕国。滕国的国君这时候是滕文公。滕文公应该说跟孟子的关系还是不错的。他还没有继位的时候曾经拜访过孟子,也受到孟子思想的影响。他继位以后,又派人把孟子请到滕国,希望能够在孟子的帮助下来推行仁政。这一章就记载了孟子在滕国的一些活动。

就这里边记载的故事来讲,它并没有直接记述当时孟子推仁政的那些方面,而关注的是国家与国家的关系,特别是小国跟大国的关系,这在当时应该说也是比较普遍的。我们前面也碰到过关于这个问题的讨论。如以大事小和以小事大的问题,也就是当时如何结交邻国的问题,不论大国小国都会碰到。所以,国与国的关系怎么处理,是当时一个很重要的问题。

孟子所处的时代是合纵连横的时代。合纵连横就可以看作是一种外交活动。在当时征伐四起的环境下,每个国家都要尽量联合能够联合的力量来保卫自己,扩大自己的实力,减少自己的损失。

对于小国家而言,这个问题更突出。滕文公就问:"滕,小国也,间于齐、楚。事齐乎?事楚乎?"滕是个小国,处于齐楚之间。那我今天是要侍奉齐国,还是要侍奉楚国呢?这里的"事"就是以小事大。

孟子回答说:"是谋非吾所能及也。"这个问题不能简单地做回答,只有对各个方面的情况都有非常周详的了解后才能做出具体的回答。所以孟子采取了回避的态度,说具体办法不是我能想出来的。因为孟子刚刚到滕国,对滕国的情况,齐国、楚国的情况,很多具体的情况都不是非常了解,所以只能从原则上来回答,不能那么具体地回答。

"无已,则有一焉"。从字句上说,这句话的意思是你一定要让我说,那我没办法,我有一条。但这一条其实不是一个谋,而是一个大原则,一个道,交邻国有道的那个道。这道是什么呢,"凿斯池也",就是你要深挖那护城河、城池;"筑斯城也",要把城墙筑牢;"与民守之",和老百姓一起来守卫。如果你能达到这样的状况,则"效死而民弗去",老百姓即使献出生命,也不会离开你。这样,你虽然是个小国,也是有可为的。当然,有可为,并不是说你就一定能够去征伐齐国和楚国,但至少你可以保卫自己的国家,在这方面有所为。

"效死",我们一般把它解释为献身至死。人民可以为你献身,到死都不离开你,如果人民能够跟你同心同德到这种状况,那这个国家就是有希望的。所以孟子这个回答,其实还是贯彻了他民本的思想。就是在大的原则上,国家一定要和人民同心同力,人民愿意献身国家,能够死都不离开,达到这样,这个国家才是有希望的。所以,一个国家的根本希望,是能够跟民心结合在一起。"与民守之""效死而民弗去",就描写了这样一种状态,这跟孟子一贯的思想是一致的。

2·14 滕文公问曰:"齐人将筑薛,吾甚恐,如之何则可?"
孟子对曰:"昔者大王居邠,狄人侵之,去之岐山之下居焉。非择而取之,不得已也。苟为善,后世子孙必有王者矣。君子创业垂统,为可继也。若夫成功,则天也。君如彼何哉?强为善而已矣。"

第十四章是讲滕国跟齐国的关系。滕文公问:齐国将在薛这个地方筑城,我很害怕,怎么办才好呢?筑城其实可以看作是一种战争的准备。因为这个薛国临近滕国的东南,已经为齐国所占,所以齐在这个地方筑城引起了滕文公的恐慌。

孟子这样回答:

> 昔者大王居邠,狄人侵之,去之岐山之下居焉。非择而取之,不得已也。苟为善,后世子孙必有王者矣。君子创业垂统,为可继也。若夫成功,则天也。君如彼何哉?强为善而已矣。

孟子举了个历史上的例子,说周的祖先太王曾居住在邠

（今属陕西）这个地方，当时北方的狄人侵犯邠这个地方，太王就离开邠，到岐山这个地方居住。岐山还是在陕西。虽然岐山这个地方才是周真正壮大起来的地方，但"非择而取之，不得已也"，因为敌人来侵犯，不得已才离开了邠。定居岐山并不是太王自己主动的选择，是没有办法，不得已。

然后说，"苟为善，后世子孙必有王者矣"。就是说，在哪个地方也许不是最重要的，如果我们能为善，后世的子孙一定能够王天下，这就是周族能够发展壮大、取得天下的原因。所以在哪个地方并不重要，关键是你采取的政治政策和措施是什么。这个"为善"，我们应该理解为善政。前面孟子也讲过善政。"苟为善"，就是如果推行善政，即使我们到了岐山之下，我们的子孙仍然能够发展壮大，能够取得天下。这是孟子所表达的一个思想。

接着说，"君子创业垂统，为可继也。若夫成功，则天也"。当然，太王离开邠这个地方，到岐山之下去住的时候，他说"后世子孙必有王者矣"。这个"必有"是他的一个信念。但是，他不能百分之百地保证后世必有王者，他真正能做的就是"创业垂统"，使后世的人可以继承他。把制度建设好，把民心畅通好，各种的农政都打理好，把基业奠立好，使后世的人在这个基础上去传承发展。至于是不是能够成功，是否会出现王者，还要看一个重要的条件——"天也"，那还要由天来决定。

2·10讲"齐人伐燕，胜之"，齐宣王认为是天意，但是孟子坚决用民意来解释，拒绝用天意来解释，因为那是一个现实。

现实的胜负是可以解释的,他坚持用民意来解释。而这里是对未来的一种展望。孟子在那个时代,跟孔子一样,还是保留了一份对天的信仰。但这个天也不完全是一种神意,它包含着一种历史的选择、历史的规律,它在历史里发生作用。

所以,孟子在这里应该说并没有给滕文公提出具体的对待齐国的办法。就好像2·13中,对滕在齐楚之间怎么相处,他都没有讲具体的办法。所以孟子还是很实事求是的,对具体情况没有那么了解,自然也不能贸然提出具体的措施,而是从一般的政治原则或历史原则来讲。所以,我们看孟子的这些话,它不是一些具体的现实的对策,这些原则本身都含有历史哲学的含义。前面讲的与民守之,与民同心,民死而不离去,是他所理想的一种政治状态,他认为这个状态才是能够保卫一个国家的根本。

孟子以周人为例,讲一个族群的发展壮大,最重要的不是在哪一个地理位置,而是推行什么样的政治,能不能推行善政。所以他最后讲,"君如彼何哉?强为善而已矣"。这个"彼"就是齐国,你能拿齐国怎么办呢?归根结底还是要"强为善",就是要努力推行善政。推行善政才能够得到民心,才能够凝聚力量。这是孟子的思想。这一章跟2·13应该是一致的,虽然没有出现民本这样的概念,但如果跟前面的几章相比,他的民本的思想,其实是换了一种形式来表达;因为孟子所讲的"善政",其中一个很重要的部分就是仁政,而仁政的根本点还是民本,是民本的思想。

第十三、十四章表达了一些新的观念,主要有两点:

第一点，就是强调"为善"。前面讲"苟为善"，最后说"强为善"，"为善"这个观念在这里特别突出。一个国家的治理，它的团结，最重要的就是为善。关于什么是为善，在这里孟子并没有具体展开。我们的理解，为善就是孟子后来所讲的为善政，而善政从根本上来讲，还是仁政、王政。但在这里，他是用了为善这个概念，这是它的意义。

第二点，"若夫成功，则天也。君如彼何哉？强为善而已矣"，这句话也表达了儒家的一个一贯的思想，就是要尽人事而听天命。人事就是人力，尽人事即尽人力。具体到这里，就是要尽为善之力，要强为善，这就是尽人事。听天命就是"若夫成功，则天也"。因为一个历史事业，或者一个历史事件的成功，它有很多的因素，有天时，有地利，有人和，这些因素的总体就叫作"天"。比如说战争，战争跟天时有关系，跟地利也有关系，并不是说仅仅有人和就一定能取胜的。比如你本来要用火攻，结果风向不对，火全向你自己这方烧来了，这就是天时不利。所以我们的理解，"若夫成功，则天也"的"天"是各种条件的综合。虽然在当时它带有古代思想的特点，但是孟子主要讲的不是作为神、拥有神秘意志的天。孟子思想里的"天"，应该说是天时、地利、人和，是历史规律、历史总体的一个综合。所以，尽人事而听天命，尽人事就是要强为善，但是这个事业终究能不能成功，依赖于各种因素的综合，不是我们一时一世就能够预料的，因此说"则天也"。这是一个历史哲学的命题。

2·15 滕文公问曰:"滕,小国也;竭力以事大国,则不得免焉,如之何则可?"

孟子对曰:"昔者大王居邠,狄人侵之。事之以皮币,不得免焉;事之以犬马,不得免焉;事之以珠玉,不得免焉。乃属其耆老而告之曰:'狄人之所欲者,吾土地也。吾闻之也:君子不以其所以养人者害人。二三子何患乎无君?我将去之。'去邠,逾梁山,邑于岐山之下居焉。邠人曰:'仁人也,不可失也。'从之者如归市。

"或曰:'世守也,非身之所能为也。效死勿去。'

"君请择于斯二者。"

这一章跟前两章的关系应该还是很密切的,问题是一致的。问题跟2·13那个问题是一样的,回答跟2·14是一致的。

滕文公问孟子,滕国是个小国,我们竭尽了全力去侍奉大国,但还是不能免除大国的威胁,怎么办才好呢?

跟前面讲的一样,孟子不是用具体的战术、具体的策略、具体的做法来回答。他这样说:从前周的祖先太王居住在邠,狄人侵犯他们。于是,太王就派人"事之以皮币",拿着皮毛丝绸这些东西献给他们,请他们退兵。但是狄人不退,还是经常侵犯他们。然后太王又让人带着好马良狗,也去献给狄人,希望他们能够退兵,还是没能免于侵犯。然后就"事之以珠玉",拿珠宝玉器献给狄人,希望他们能够退兵,不再侵犯,最后还是没能避免被侵犯。"乃属其耆老而告之","属"在这里就是聚。把六十岁以上的老年人集聚起来(古人认为老年人是有智慧的），跟他们讲："狄人之所欲者，吾土地也。"所以给他们皮币，给他们犬马，给他们珠玉，他们都不能满足，继续来犯，因为他们真正要的是土地。

"吾闻之也：君子不以其所以养人者害人。"土地是养民的，我们不能用养民的土地去害民。现在为了这块地的归属，反而把人民害了，君子不做这样的事。"二三子何患乎无君？我将去之。"我现在是君，我准备离开这里，放弃这块土地的所有权，而你们可以再找一个君主。于是太王就离开了邠这个地方，越过梁山，到岐山下重新建一座城邑居住。太王在这里表明了自己的态度：我不能因为这块土地本来是我的，现在狄人想要，我为了保有我这块土地，让人民都受害；我现在放弃这块土地，不做这个君主了，也使人民免于受害。

于是在邠居住的人说："仁人也，不可失也。"说这个太王真是个仁人，我们不能失去他，不能失去这个领导。"从之者如归市"，于是邠地的百姓就像赶集一样，一起跟着太王到岐山去了。

2·14里面也讲了太王迁居岐山这个例子。那个故事里面没有讲人民的态度，只是讲大王自己的决策。它强调的是，一个族群的发展，地理因素并不是最重要的，领导人决策的时候，不应该受制于此，换个地方，仍然可以发展。

从2·15里面可以看到当时邠地人民的态度，就是认定太王是个仁人，"仁人也，不可失也"，所以所有的人就跟着他到了岐山。当然，从历史角度讲，本来这个太王就是周族的首领，作为这个氏族的百姓，当然是要跟着他走的。但是孟子回顾这个故事的时候,又增加了邠人作为人民的态度,就是对太王作为仁人的肯定,也是对一个君主作为仁人的肯定。

从孟子这个角度来看,孟子所处的时代已经不是氏族社会了,一个君主要得到民心,不是靠他作为宗族首领的力量,而是要靠他作为仁人的力量。他是仁人,老百姓才会跟从他。所以,孟子突出仁人,应该说他更强调在他那个时代,作为一个领导,作为一个君主,不应该仅仅依靠宗族宗法的力量,而是要依靠他作为仁人的力量。

讲完太王去邠的故事,孟子在最后的回答里面又多讲了一点:

或曰:"世守也,非身之所能为也。效死勿去。"
君请择于斯二者。

孟子在这里加了一个选择,就是有的人说,自己世代守护居住的地方,自己不能擅自处理,到死也不能离开。我们发现这里有个非常有意思的地方,这条附加的选择在 2·13 里面也有类似的表述。2·15 前半部分讲的例子是 2·14 选择的一个方案,后面的"或曰"讲的方案则在 2·13 出现过。2·13 讲与民同心,效死而不离开这个地方。2·14 的方案是说,即使离开这个地方,只要你能够推行善政,还是可以创业垂统,谋得将来的发展,还能王天下。孟子现在将两种方案一并放在 2·15 中供滕文公选择,就是说,孟子对这两种选择都是认可的。

所以,真正来讲,2·15 的内容没有超过前面两章。它的中心就两点：

第一点是"君子不以其所以养人者害人"。这是君子行为的一个标准。在这里具体是讲的土地，但是它可以作为一个原则，适用于其他具体情况。

第二点就是"仁人也，不可失也"，提出了"仁人"的概念。前面都是讲的仁政，没有讲仁人。但是仁政要有人推行，什么人推行呢？归根结底还要由仁人来推行。由仁人来推行仁政，在这个地方孟子虽然没有这么强调，但其中包含了这个意思。当然，他当时也希望能成功劝说梁惠王、齐宣王这些人推行仁政，但真正就理想来讲，仁人一定能够矢志不渝地推行仁政。

所以这两点，一个讲君子，一个讲仁人，是这一章比前两章多出来的一些新的思想。

2·16 鲁平公将出，嬖人臧仓者请曰："他日君出，则必命有司所之。今乘舆已驾矣，有司未知所之，敢请。"

公曰："将见孟子。"

曰："何哉，君所为轻身以先于匹夫者？以为贤乎？礼义由贤者出；而孟子之后丧逾前丧。君无见焉！"

公曰："诺。"

乐正子入见，曰："君奚为不见孟轲也？"

曰："或告寡人曰，'孟子之后丧逾前丧'，是以不往见也。"

曰："何哉，君所谓逾者？前以士，后以大夫；前以三鼎，而后以五鼎与?"

曰:"否;谓棺椁衣衾之美也。"

曰:"非所谓逾也,贫富不同也。"

乐正子见孟子,曰:"克告于君,君为来见也。嬖人有臧仓者沮君,君是以不果来也。"

曰:"行,或使之;止,或尼之。行止,非人所能也。吾之不遇鲁侯,天也。臧氏之子焉能使予不遇哉?"

前面讲了邹国、滕国,这一章讲鲁国了。

这里讲了一个故事,我们首先简单叙述一下这个故事。鲁平公准备外出,服侍他的一个叫臧仓的宠臣就跟他请示说,以前您外出,一定会告诉那个管事的人您要去的地方;现在这个马车都准备好了,管事的还不知道您要到哪里去,我特来请问您到什么地方去。鲁平公说,我要去见孟子。

从这里可以看出,鲁平公对孟子还是比较尊重的,他不是派人去召见孟子,而是亲自去见孟子。这也反映了孟子在当时的地位。

臧仓说,您不顾自己的身份,去拜访一个普通人(孟子没有为官的身份),这是为什么呢?因为他是一个贤士吗?但"礼义由贤者出",贤者是讲究礼义,而且是做礼义的表率的人。可是孟子在操办他母亲丧事的时候,采用的礼节超过了先前给他父亲办丧事的礼节,他没有在礼义的实践上率先垂范,您还是别见他吧。鲁平公听了这番话,说:好吧。

乐正子是孟子的弟子,他去见鲁国的国君,说:您为什么不见孟子呢？国君说:有人告诉我,孟子操办母亲的丧事所用的礼节超过了先前给他父亲办丧事的礼节,所以我就不去了。乐正子就说:您讲的超过是什么意思的超过？是说他父亲的丧礼用士礼,母亲的丧礼用了大夫礼吗？是说他父亲的丧礼用了三个鼎,而母亲的丧礼用了五个鼎吗？国君说不是,主要是指棺椁和衣物的华美。乐正子说:这不叫超过,只是他前后生活的贫富状况不同罢了。然后乐正子就去劝孟子,说:我跟国君讲了,国君将要来见您,但是有一个叫臧仓的宠臣,他阻止了国君来,所以国君最后没能来。

孟子最后讲了一段话,这段话是这整个故事的结尾。有点意思的是这句话:"行,或使之;止,或尼之。""行",是说君王来看孟子;"或使之",就是有某个人或某种力量促使他。"止",没来成;"或尼之",是某种力量阻止了他。然后说,"行止,非人所能也",他来或不来,并不是人力所能决定的。我没有遇到鲁公,没有跟鲁公相见,这是天意。姓臧的这个小子,他怎么能够使我不与鲁君相见呢？这是孟子的结论。

这个结论,历来的解释都是不一样的。一般的解释认为,"行止,非人所能也",是指鲁君来看孟子,但是没看成。但也有人认为,这个"行止"是包含更普遍的一种讲法,是指人的行为,甚至道的推行,这些都不是人力所能,是天所决定的。我想应该这样说,就他的直接回答,这个"行止",是就鲁平公的行止而言的;但是它所反映的信念,不止于此,也包括了孟子对其他一切行止的信念。就是一个人的行为,或者一件大事的行止,或者道的推行的行止,最终都不是人所能够百分之百完全决定的,都有天的因素。这个就跟2·14里面的"若夫成功,则天也"有一致之处。这个"天"就是天时、地利、人和各种条件的综合,并不是神秘的天意。

孟子这段话,可以从两方面来认识:一方面,可以看到孟子碰到这件事情的时候表现出一种历史的达观,他不是斤斤计较、咬牙切齿、恨臧仓式的人,他看得很开,他的视野更广。他将这件事放在一个大的历史景观里边去把握,因为从历史上来看,每一件事成或不成,因素很多,这就是"天也"。人有这样一种认识,也就会表现出一种达观的胸怀。另一方面,虽然任何一件事情成与不成,不是人完全能够决定的,但这并不能抹杀人的积极主动性。结合2·14所讲的,就是要"强为善"。我们说这件事不是人完全能掌握的,还有天的因素,并不是让你躺倒不干,人还是要"强为善"。所以,我们读《孟子》的时候,必须把相关内容结合起来,才能准确把握孟子的立场,真正全面地把握孟子看待事物、处理事物的立场。

公孙丑上

王志民 解读

3·1 公孙丑问曰:"夫子当路于齐,管仲、晏子之功,可复许乎?"

孟子曰:"子诚齐人也,知管仲、晏子而已矣。或问乎曾西曰:'吾子与子路孰贤?'曾西蹴然曰:'吾先子之所畏也。'曰:'然则吾子与管仲孰贤?'曾西艴然不悦,曰:'尔何曾比予于管仲?管仲得君如彼其专也,行乎国政如彼其久也,功烈如彼其卑也;尔何曾比予于是?'"曰:"管仲,曾西之所不为也,而子为我愿之乎?"

曰:"管仲以其君霸,晏子以其君显。管仲、晏子犹不足为与?"

曰:"以齐王,由反手也。"

曰:"若是,则弟子之惑滋甚。且以文王之德,百年而后崩,犹未洽于天下;武王、周公继之,然后大行。今言王若易然,则文王不足法与?"

曰:"文王何可当也?由汤至于武丁,贤圣之君六七作,天下归殷久矣,久则难变也。武丁朝诸侯,有天下,犹运之掌也。纣之去武丁未久也,其故家遗俗,流风善政,犹有存者;又有微子、微仲、王子比干、箕子、胶鬲——皆贤人也——相与辅相之,故久而后失之也。尺地,莫非其有也;一民,莫非其臣也;然而文王犹方百里起,是以难也。齐人有言曰:'虽有智慧,不如乘势;虽有镃基,不如待时。'今时则易然也:夏后、殷、周之盛,地未有过千里者也,而齐有其地矣;鸡鸣狗吠相闻,而达乎四境,而齐有其民矣。地不改辟矣,民不改聚矣,行仁政而王,莫之能御也。且王者之不作,未有疏于此时者也;民之憔悴于虐政,未有甚于此时者也。饥者易为食,渴者易为饮。孔子曰:'德之流行,速于置邮而传命。'当今之时,万乘之国行仁政,民之悦之,犹解倒悬也。故事半古之人,功必倍之,惟此时为然。"

为了更好地理解《公孙丑》篇里面的一些文化背景,我们在讲《公孙丑》篇之前,先来讲以下两个方面的问题。

一、简析一下朱熹《四书章句集注》中《孟子序说》里面的几段话。

朱熹撰《四书章句集注》,于《孟子集注》前,专录一篇《孟子序说》。但该《序说》与众不同,他不讲自己对孟子的评说,只是引用几位大儒先贤的话。现选录其中几段,借以加深对孟子地位、贡献与思想内涵的理解。

其一,

> 韩子曰:"尧以是传之舜,舜以是传之禹,禹以是传之汤,汤以是传之文、武、周公,文、武、周公传之孔子,孔子传之孟轲。轲之死不得其传焉。"

这里引用的是韩愈《原道》中的一段话,阐述的是儒家之道的传承谱系。韩愈对"道"的解释是,"博爱之谓仁,行而宜之之谓义,由是而之焉之谓道",即仁义道德之道。这既是儒家的核心理念,也是中华民族传统道德的核心内涵。韩愈讲道统是从尧开始。尧把道传到舜,舜传到夏禹,夏禹传到商汤,商汤传到周文王、武王、周公。文、武、周公传到孔子,孔子传到孟子。孟子死后,道统传承中断。这是唐代大儒、大文学家韩愈的道统论。在韩愈看来,中华民族核心道德理念的传承,孟子是与尧、舜、禹、汤、文、武、周公直到孔子这些先王、先圣的地位和贡献同样高的,孟轲死后就不得其传了,所谓:前有古人,后无来者。当然,在韩愈看来,他是千余年后直接上承孟子的传承者。朱熹自己的看法没有讲,实际上,宋儒推尊孟子,阐扬孟学,程朱理学贡献尤为卓著。朱熹在这儿没有写他自己的看法,意在通过韩子之言,突出孟子的地位,是不写之写,不著一字,尽得其要。我们通过学习这段话,可以进一步加深对孟子地位的理解,有利于深入、准确理解《公孙丑》篇所涉孟子思想的内涵。

其二,

> 又曰:"孔子之道大而能博,门弟子不能遍观而尽识

也,故学焉而皆得其性之所近。其后离散,分处诸侯之国,又各以其所能授弟子,源远而末益分。惟孟轲师子思,而子思之学出于曾子。自孔子没,独孟轲氏之传得其宗。故求观圣人之道者,必自孟子始。"

这是韩愈在纵论孟子历史地位的基础上,进一步聚焦孟子和孔子的关系,强调孟子在儒学传承中的地位之论。孟子为什么称为亚圣?我们从这里会得到更深入的理解。就是说,孔子之道,博大精深,他的数千弟子乃至七十二圣贤,都不能全面地学习、认识和完全地领会、贯通孔子学说的思想精髓。他们向孔子学习,所得到的是近于孔子之道,与孔子思想相通、相近的学说,但都学焉不精,难得真传。孔子死后,弟子都各奔东西,散居各诸侯之国,然后以他们对孔子思想的理解传播给他们各自的弟子。从弟子再到弟子的弟子,这么传播下来,源远而流长,越来越分散,对孔子学说精神实质的理解也越来越零散,而不得要领了。

唯有孟子以孔子之孙子思为师,而子思之学又出于曾子。因而,自孔子去世以后,唯有孟子能够真正理解孔子思想的主旨,传承了孔子思想的真髓。换言之,孔子死后,传播孔子学说者众多,唯有孟子为其真传。因此,后人要真正探求孔子思想的本质与精华,必须先从学习孟子学说开始;学孔子之道,先学孟子之道。

在这里,韩愈将孟子与直接受业于孔子的弟子们相比较,来凸显孟子传承孔子之道、发展儒学的独特贡献。由此,我们会进一步明白后世称原始儒学为"孔孟之道",称孟子为"亚圣"的历史缘由;也能够明白我们今天重点学习《孟子》七篇意义之所在,从孔、孟思想的结合上,更准确地把握《公孙丑》乃至全书各篇对孟子思想的阐发。

其三,

> 又曰:"……夫杨墨行,正道废。孟子虽贤圣,不得位。空言无施,虽切何补。然赖其言,而今之学者尚知宗孔氏,崇仁义,贵王贱霸而已。"

这段话,语虽简约,内涵颇丰。一是,在战国诸子百家蜂起之时,儒学遭遇危机,进入低潮。《史记·儒林列传》:"天下并争于战国,儒术既绌焉。"《文心雕龙·时序》描述:"春秋以后,角战英雄;六经泥蟠,百家飙骇。"都是说的这种情况。二是,与儒家学说被废置相反,当时道家的杨朱学派和墨家学派,学说风行,盛极一时。在《孟子·滕文公下》中有"杨朱、墨翟之言盈天下。天下之言不归杨,则归墨",即极言杨朱和墨子学说之盛。三是,孟子洞见到儒学的险恶处境,奋起捍卫、弘扬儒学。孟子曾说,"杨墨之道不息,孔子之道不著",如果不把杨、墨学说的声势打下去,孔子之道就不会发扬光大。孟子高扬儒学大旗,勇敢担负起捍卫、传承、复兴儒学的重任。四是,孟子弘扬儒学的道路是艰难曲折的。正如上文所言:他虽是圣贤,却得不到当权者的重用,没有高的地位可以借助,所以只能用辩论的方式去宣传而无法真正实施。这虽然切合孔子学说的主旨精神,却对社会难有补益。五是,肯定孟子历史地位之高。当今的人们能了解、传承孔子的学说,去崇尚仁义,高扬王道,批判霸道,这都有赖于孟子的学说。

其四,学习《孟子序说》所引程颐的三段话:

> 程子又曰:"孟子有功于圣门,不可胜言。仲尼只说一个仁字,孟子开口便说仁义。仲尼只说一个志,孟子便说许多养气出来。只此二字,其功甚多。"
> 又曰:"孟子有大功于世,以其言性善也。"
> 又曰:"孟子性善、养气之论,皆前圣所未发。"

如果说,韩愈的三段话是从孟子其人在中华传统、儒学发展和时代贡献上论其地位"功不在禹下"的话,那么,程颐的三段话则是从孟子思想之传承、创新、突破上论述其功甚伟。

综合分析三段来看,先概括论定,说孟子对儒家学派即"圣门"的贡献是无与伦比、难以用语言说尽的;再以画龙点睛之语,分三个方面简括:

一是孟子对孔子思想核心仁、志的创新发展。将孔子之仁学发展为仁义之学;将"仁者,爱人"的心性之学发展到"义者,路也"的实践理性之学,其中包括孟子极力推行的仁政学说,仁、义相融,修身与齐家、治国统一,其创新发展,确实难以用几句话就表述出来。孔子重志,认为人之有志,和三军有帅并重。孟子则将"志"创新出志为"气之帅","持其志勿暴其气",要"善养吾浩然之气"的一个系统的养气理论出来。

仅此二字，说其功甚伟，实不为过。学了《公孙丑》篇，即对其创新有更深入理解。

二是说孟子创性善论，是"有大功于世"。为什么？这固然可以从多个方面进行深入论析，但最基本的理解是：孟子言性善，是说人的本性是善良的。只要你能够保住你这个与生俱来的善性，你就可以是圣贤，你也可以做圣人。这是对孔子之道一个非常大的发展和提升。人皆可以为圣贤，这就将孔子学说里的仁义、礼、智、信的核心理念和伦理道德准则，推展为每一个人的行为指南，激活每一个人的向善修为。正如毛主席的诗词所言，"春风杨柳万千条，六亿神州尽舜尧"，当向善的春风吹遍，普天之下，人人都具有尧舜之德了。这对整个社会，对整个民族的文化，影响至深至远，说"有大功于世"，实得其所。

三是点出了孟子的性善论、养气说，是在理论体系上对前代圣贤的创新。这个前圣，既指尧、舜、禹、汤、文、武、周公，也指孔子及其弟子和子思等前代圣贤。就程颐所论而言，这既是点睛之笔，也是对上面两条的总结。

韩愈、程颐对孟子和孟子思想的评说，对我们理解孟子思想和《孟子》一书的内涵，尤其对《公孙丑》篇丰富内容的落地理解，帮助极大。随着对该篇各章的解读，我们会越来越体会到这一点。

二、孟子与齐国的关系。

《公孙丑》篇，包括前面我们学的《梁惠王》篇，都牵扯到孟子跟齐宣王的对话。而在整个《孟子》七篇里面，该篇是记载孟子在齐国活动最多、和齐人对话最多的。而孟子一生的活动中,特别是周游列国,推行自己的政治主张,齐国也是他寄望最大、着力最多的国家。在这里讲一下齐国的历史文化,主要是讲跟孟子有关系的齐国史实,对我们理解《公孙丑》篇的背景,会有较大帮助。

第一,齐为春秋霸业大国。齐国在春秋时期,基本上是一个独霸东方的强国、大国、霸业之国。历史上有"春秋五霸"之说,即齐桓公、晋文公、宋襄公、楚庄王、秦穆公,号称五霸。孟子说:"五霸,桓公为盛。"齐桓公既是首霸,是第一个霸主,也是最强的霸主,司马迁曾称赞其"九合诸侯,一匡天下"的业绩;齐桓公又是称霸时间最长的霸主,曾称霸四十三年,将近半个世纪。还可以说,齐桓公是春秋史上影响最大的霸主。当时的霸业形式主要是会盟诸侯,"尊王攘夷"。根据《左传》记载,齐桓公会盟诸侯,主要的就有二十多次。所以从齐桓公称霸开始,就奠定了齐国的霸业大国地位。其实齐国还不仅仅是齐桓称霸,在齐桓之前就已经有"庄、僖小霸";桓公之后百年,到了春秋后期,又有景公复霸。齐景公做国君半个多世纪,在这五十多年当中,齐国又复兴了齐桓公的霸业。而在桓公和景公之间,齐国的有为君主也是小霸。齐国在春秋时期,可说霸业连称,所以说它是霸业大国。

第二,管仲、晏婴为辅霸名相。《史记》中,特将二人合传为《管晏列传》。二人是中国历史上的名相典范。管仲辅佐齐桓公称霸四十多年。管仲死后两年,齐桓公去世,五子争位,爆发内乱,霸业就结束了。孔子评价齐桓公霸业时说,

"桓公九合诸侯,不以兵车,管仲之力也。如其仁!如其仁!"就是说,所谓齐桓称霸,实得管仲之力,无管仲则无齐桓霸业之辉煌,所以管仲是一位伟大的政治家。

齐景公执政五十余年,晏婴始终是宰相。景公复霸也可以说是晏婴之力。所以这两个人,在齐国人看来,是最值得骄傲的两大名相。事实上,管、晏不但是齐人的骄傲和榜样,也是备受后代中国人推崇的名相典范。从业绩看,齐桓公是个有为的君主,管仲辅佐他成就了一番霸业;齐景公是个追求享乐、比较昏庸的君主,但因为有晏婴的匡正和辅佐,也复兴了霸业,名显诸侯。管、晏在春秋齐国不同的时期,与不同的君主成就了同样显赫的功业,并得到孔子的高度赞扬。管仲在《论语》里面出现了四次,三次是孔子赞扬管仲的。孔子在《论语·公冶长》里说"晏平仲善与人交,久而敬之",在《孔子家语》中也说"晏子于君为忠臣,而行为恭敏,故吾皆以兄事之"。这样的两个人物,既是中国名相的典范,当然也是齐人的骄傲。在这样的背景下,来理解《孟子·公孙丑》中对于管、晏功业的论辩,就会更深入一些了。

第三,孟子时代为战国之齐的盛世。在春秋、战国之交,齐国经历了易姓而王的巨变。田氏本是陈国宗室,因内乱于齐桓称霸时期逃到齐国。因受封于田邑,也称田氏。春秋后期,田氏利用姜齐政权的逐步衰败和分崩离析,苦心经营一百余年,终于夺取政权。田氏靠励精图治夺权,也靠励精图治振兴齐国,复兴霸业,并志在统一天下。孟子生活的时代,正当齐威王(在位三十六年)、齐宣王(在位十九年)和齐湣王(在位十八年)当政的七十余年间。这个时期,齐国在政治、经济、军事上都达到了鼎盛,与秦、楚鼎立争雄,是最有能力统一中国的大国之一。所以,孟子见齐宣王,毫不隐讳地说出了宣王的"大欲"——"辟土地,朝秦楚,莅中国而抚四夷"。可见以当时国力看,齐国雄心勃勃,统一天下,是连秦、楚大国也不在话下的。

第四,孟子与齐国的关系。《孟子》七篇里面,诸多精彩的篇章,孟子主要政治理想、抱负的阐发,是跟齐宣王、齐人的对话。孟子对齐国最重视,齐国也是他在周游列国中,待的时间最长的国家。孟子想实践自己的仁政主张,实现"保民而王"、统一天下的抱负,他最寄予厚望的也是齐国。厘清孟子与齐国的关系,是理解孟子生平、思想的一个重要问题。

一是,孟子何时到齐国?共有几次到齐?待了多久?因为历史记载比较简略,学术界向有争议。许多学者说孟子两次到齐国,这个问题值得认真考究。钱穆《先秦诸子系年》中,考定孟子在齐威王二十四年以前曾游齐,齐威王三十三年以后离开。该文引证资料丰富,结论可信。这应是孟子第一次游齐。孟子在齐国的活动主要在齐宣王时期,这在《孟子》一书中一目了然。杨伯峻《孟子译注》等认为,齐宣王二年孟子就到了齐国。诸多学者都有论证。但根据《孟子·公孙丑》篇的记载,"孟子自齐葬于鲁,反于齐",说明他曾奉母在齐,母丧后,归葬于鲁,又返回了齐国。说明仅在宣王之世,孟子就至少两次到齐国。如果将孟子在威、宣时期三次到齐国的时间总合计算,至少在二十年以上。孟子周游列国二十余年,大部分时间是在齐国。这与《孟子》书中记载的他的活动情况以及对齐之国情与历史文化的深入了解是非常吻合的。齐宣王时期也是稷下学宫最兴盛的时期,根据近些年学者的研究,孟子应该是稷下学宫极盛时期的领袖人物。

　　孟子在齐国得到很高的礼遇,先为宾师,后封为卿,地位很高。但他以仁政为核心的王道主张得不到齐王的重用和实施,他的政治抱负在齐国无法实现,最后,只好无奈地离开了齐国。这一些情景,在我们接下来要解读的《公孙丑》篇中,都会得到更具体的了解。

　　本篇之所以叫《公孙丑》,因为本篇开篇就是公孙丑之问。公孙丑是孟子的弟子,齐国人。这个人实际上是个有抱负、有才能的人,自然很崇拜管仲、晏婴。本篇就是围绕孟子与公孙丑师徒二人的问答、辩论展开的。为了能够更好地理解内涵,现将全章分四段依次解读。

　　　　公孙丑问曰:"夫子当路于齐,管仲、晏子之功,可复许乎?"

　　　　孟子曰:"子诚齐人也,知管仲、晏子而已矣。或问乎曾西曰:'吾子与子路孰贤?'曾西蹴然曰:'吾先子之所畏也。'曰:'然则吾子与管仲孰贤?'曾西艴然不悦,曰:'尔何曾比予于管仲?管仲得君如彼其专也,行乎国政如彼其久也,功烈如彼其卑也;尔何曾比予于是?'"曰:"管仲,曾西之所不为也,而子为我愿之乎?"

第一段文字中的"夫子"是学生公孙丑对老师的尊称。"当路",朱熹《集注》解释为"仕路,据要地也",即今天所谓当政、当权。曾西,是孔子弟子曾参的儿子。"蹴(cù)然",不安貌。"艴(fú)然",恼怒貌。

公孙丑问孟子:如果先生您在齐国掌了大权,那么管仲和晏婴那样的功业,您能够再次实现吗?

孟子说:你真是个齐人,仅知道管仲、晏子的事情罢了。曾经有人问曾西说:你和子路谁更有贤德?曾西就很不自在地说:子路是我父亲很敬畏的人,我怎么敢跟子路来比呢?又问他:那么,你跟管仲比,谁更有贤德呢?曾西非常生气地说:你怎么能拿我跟管仲相比呢?管仲得到国君的信任是那样的专一,执掌大权是那样的长久,但他建立的功业是那样的卑微;你怎么能拿我跟管仲比呢?

孟子随即跟公孙丑说:管仲是连曾西都不屑于与他做比较的人,你认为我愿意跟他比吗?

我们先简析这一段。如前所述,管仲、晏婴是齐国历史上最受推崇的功业显赫的辅佐霸业的名相,作为齐人的公孙丑之问,既在情理之中,也表现出弟子对孟子的尊崇及对其建功立业才能的坚信。然而,孟子却巧转话题,"或问乎曾西曰",借曾西的一番话,出乎意料地批驳了公孙丑,提出了与之相反的功业观:贵王贱霸。

在曾西的话语中,用了两个鲜明的对比,彰显主旨:一是对子路的敬畏("吾先子之所畏也")与对管仲的鄙视("尔何曾比予于管仲?")形成鲜明对照;二是管仲成就事业的条件之优("管仲得君如彼其专也,行乎国政如彼其久也")与对其功业评价之低("功烈如彼其卑也")形成巨大落差。管仲曾被齐桓公尊为"仲父",被任为相直到去世,达四十余年,得到国君信任专一而长久。但由于管仲未行王道而辅霸政,所以儒家之徒曾西对他鄙视,评价甚低。从历史上看,子路是孔子的著名弟子之一,但孔子评价他的政治才能是"千乘之国,可使治其赋也",也就是在一个有千辆兵车的小国,可以做管理赋税的事情;这与管仲辅佐齐桓公称霸诸侯,名闻天下,成就大事业相比,差距不言自明。可是,曾西如此尊崇子路,却羞与管仲相比,称管仲的功业是那样的卑微,凸显了孟子贵王贱霸的功业观。

而孟子对公孙丑的反问,"管仲,曾西之所不为也,而子为我愿之乎?"以言外之意,进一步叠加彰显他对管仲功业的评价——卑微,从而突出贵王贱霸的主旨。

曰:"管仲以其君霸,晏子以其君显。管仲、晏子犹不足为与?"

曰:"以齐王,由反手也。"

曰:"若是,则弟子之惑滋甚。且以文王之德,百年而后崩,犹未洽于天下;武王、周公继之,然后大行。今言王若易然,则文王不足法与?"

这是第二段,紧接上面而言。公孙丑感到非常困惑:在他看来,管仲、晏婴是两个伟大的历史人物,建立了不朽的功业,而在老师孟子这里，却遭到如此的贬斥，让人很不理解。公孙丑因而反问："管仲以其君霸，晏子以其君显。管仲、晏子犹不足为与？"就是说，管仲使他的国君成为霸主，晏子使他的国君名扬诸侯；难道说管仲、晏婴还不值得来效法学习吗？

孟子没有正面回答公孙丑之问，而是说："以齐王，由反手也。""由"，同"犹"。"反"，同"翻"。意思就是，按齐国的实力，如用王道来统一天下，就好像是翻动手掌那么容易啊。一下把话题转到由齐国来实行王道上面了，因为他要说的是王道问题。这是孟子辩论的特点，时时掌控着对话的方向。

公孙丑说："若是，则弟子之惑滋甚。""惑"，疑惑，不理解。"滋"，益，更加。如果这样说的话，那么弟子就感到更加疑惑了。"且以文王之德，百年而后崩，犹未洽于天下"，以周文王这样一种德行，而且他活了将近一百岁，百岁才去世，但他还是没有统一天下。"武王、周公继之，然后大行"，直到后来，周武王克商，周公摄政辅佐成王，制礼作乐，才大行王道，真正统一了天下。"今言王若易然，则文王不足法与？"现在您说齐国以王道统一天下像反手这样容易，难道连周文王也不值得效法吗？

在这一段里，孟子就齐人说齐国事，一下将话题转到齐国如行王道，易如反掌上来了。这是孟子论辩的特点之一：紧紧把控对话方向，适时转向自己思想的主旨——推行仁政，宣扬王道。而在公孙丑，因孟子说像反手一样容易，却又引出了新的更大的疑惑——由管、晏评价之惑转向"反手"之惑，以强化不解，推进主旨论题的阐发、表达。以文王之德，尚需三代努力,方能统一天下,齐国怎能易如反掌?从文气看,孟子转得很突兀,公孙丑问得有道理。这叫旧题未解,新惑又出,跌宕起伏,引人入胜,从而吸引你紧寻答案,接读下文。

  曰:"文王何可当也?由汤至于武丁,贤圣之君六七作,天下归殷久矣,久则难变也。武丁朝诸侯,有天下,犹运之掌也。纣之去武丁未久也,其故家遗俗,流风善政,犹有存者;又有微子、微仲、王子比干、箕子、胶鬲——皆贤人也——相与辅相之,故久而后失之也。尺地,莫非其有也;一民,莫非其臣也;然而文王犹方百里起,是以难也。"

这一段,集中回答了文王为什么活了一百年,将近一百岁还没统一天下。

"文王何可当也?""当",抵挡。文王怎么能轻易敌得过殷商呢?

"由汤至于武丁,贤圣之君六七作,天下归殷久矣,久则难变也。""作",量词,起。据《史记》记载,商代从成汤经历太甲、太戊、祖乙、盘庚到武丁,共六代,都是贤圣之君。所以孟子说:商人从成汤创业立国到武丁时期的六七代之间,都是英明的君主来当政治理,天下民心归殷已经很久了,长久形成的牢固基业当然很难改变了。

"武丁朝诸侯,有天下,犹运之掌也。""朝",使动词,使……朝拜。武丁治天下的时候,四方诸侯都来朝拜,统一天下,就好像拿东西在手掌里玩一样容易。

"纣之去武丁未久也,其故家遗俗,流风善政,犹有存者;又有微子、微仲、王子比干、箕子、胶鬲——皆贤人也——相与辅相之,故久而后失之也。""故家",指旧臣。至于亡国之君纣王,他离武丁当政的盛世并不久远(据史载,从武丁到纣王,经历七个帝王,但在位时间都不长),那些贤圣老臣治国理政时期遗留下来的好风俗、好传统、好政策,到纣王时,影响仍然存在;而且纣王又有微子、微仲、王子比干、箕子、胶鬲等优秀的贤人来共同辅佐,因此周文王、周武王用了很长时间才把他给推翻了。

"尺地,莫非其有也;一民,莫非其臣也;然而文王犹方百里起,是以难也。"就当时来看,没有一尺土地不是纣王拥有的;没有一个老百姓不是纣王的臣民。而周文王只是在一个纵横百里的小诸侯国发展起来的,所以他推翻纣王是很难的。

就上文看,如果说公孙丑问得很尖锐,那么,孟子这段讲述则很透彻精辟。孟子以其对殷商统治历史过程的深入剖析,既解答了公孙丑的迷惑,又未损伤对文王的崇敬,讲得简洁而精彩,令人信服。

齐人有言曰:"虽有智慧,不如乘势;虽有镃基,不如待时。"今时则易然也:夏后、殷、周之盛,地未有过千里者也,而齐有其地矣;鸡鸣狗吠相闻,而达乎四境,而齐有其民矣。地不改辟矣,民不改聚矣,行仁政而王,莫之能御也。且王者之不作,未有疏于此时者也;民之憔悴于虐政,未有甚于此时者也。饥者易为食,渴者易为饮。孔子曰:"德之流行,速于置邮而传命。"当今之时,万乘之国行仁政,民之悦之,犹解倒悬也。故事半古之人,功必倍之,惟此时为然。

这是本章最后一段。孟子采用以齐人之语服齐人之心的方式,引了齐人的俗语来做点睛之论。

"'虽有智慧,不如乘势;虽有镃基,不如待时。'今时则易然也。""镃基",就是锄头。齐国有俗话说:纵然是有智慧,不如善抓机遇;即使有好锄头,也要等待农时。抓住现在这个时机来推行仁政就很容易了。

"夏后、殷、周之盛,地未有过千里者也,而齐有其地矣;鸡鸣狗吠相闻,而达乎四境,而齐有其民矣。地不改辟矣,民不改聚矣,行仁政而王,莫之能御也。"夏、商、周三代即使最兴盛的时候,占有的土地纵横也不超过一千里,而现在齐国拥有的广阔土地已超过了三代最盛之时;三代盛世,社会太平,人口众多,鸡鸣狗叫之声,从国都到四面的边境,一路都能听得见,现在的齐国就拥有那样众多的人力资源。土地不需要再开拓,老百姓也不需要再聚集了,齐国只要实行仁政来统一天下,就无人能阻挡得了。

"且王者之不作,未有疏于此时者也;民之憔悴于虐政,未有甚于此时者也。""疏",稀少。"憔悴",被摧残、折磨的样子。况且,列国忙于战争,实行仁政治国的贤君,从来没有像现在这样长久时间未曾出现;老百姓被残暴统治折磨得饥寒交迫,没有比现在更严重的了。

"饥者易为食,渴者易为饮。"饥饿的人,不会挑拣食物;干渴的人,不会苛求饮料。现在的老百姓就像饥渴者盼望食物与水一样企盼行仁政之君了。

"孔子曰:'德之流行,速于置邮而传命。'""置邮",古代设置的传达政令的驿站。孔子曾经说过:德政的推广实施,因为受到百姓的欢迎拥戴,比驿站传递命令还要快。

"当今之时,万乘之国行仁政,民之悦之,犹解倒悬也。故事半古之人,功必倍之,惟此时为然。"当今这个时代,像齐国这样拥有万辆兵车的强国来实行仁政统一天下,老百姓欢迎的程度,就像是解救一个被倒挂的危急之人一样热切。这时候只要做到古代圣君贤相们一半的功夫,就会取得成倍的功效。也只有现在这个时候,才能达到这个效果。

这最后一段,三说齐国行王道统一天下之"易",呼应"反手"。主要分三层:一说实力之易——地广人众。在列国争雄、战争频发的战国时期,土地和人是保证兵精粮足,乃至成败存亡的决定因素。孟子以夏、商、周三代的盛世地盘不过千里做比较,强调齐国完全具备实现三代盛世统一的地利条件。纵横家苏秦曾游说齐宣王说:"齐地方二千里……粟如丘山。"说明那个时期,齐国的确地广粮多。用四境之内鸡犬之声相闻,形象说明人口之多、资源之丰富,也暗喻社会稳定,具备行仁政统一天下的人力优势和人心向善的社会基础。只要肯行仁政,就会无可抵挡。二说时势之易——民望所归。行仁政者,很长时间没有出现,人民盼望已久;百姓处于饥寒交迫的水深火热之中,就像倒挂危困之人一样,人民急切盼望被解救。三说德行本易——引用孔子的话说明为政以德,快如驿站传命,极言行仁政之易。三层归一,以"事半功倍"作结,突出齐国行仁政统一天下之易,达到明辨的目的。

通览本章,这是一篇精彩的论辩文。它突显了"夫子好辩"的特点;展现了战国百家争鸣时代,师生之间思想争鸣的情状;也是孟子教育学生方法的一篇范式文——问答式、讨论式、辩难式。该文充分利用公孙丑与孟子在王、霸及对管、晏认识上的巨大反差,展开论辩,生动形象,雄辩有力。

从论辩讲,本文精彩处在于:首先,以公孙丑请教式的合情合理之问,提出问题;孟子避实就虚,文气一转,引入前人曾西之语,借人答疑,引入思想主旨——贵王贱霸。其次,适时掌控论辩方向,避而不答,扭转话题,并以"由反手"故作夸张,引起更大疑惑,转入齐国,直达论辩目的。最后,解疑释惑,突出主旨,劝齐速行王道,时势俱备,恰逢其时,易如反掌。全文话题,始终围绕主旨,既转折跌宕,又一气呵成,论述精当,雄辩有力。

从内容看,本文是阐发孟子仁政主张的重要篇章之一,核心论点是贵王贱霸。管仲、晏婴功业显赫,举世公认,孟子却借曾西之口说他们功烈如此之卑也。这大大出乎公孙丑之意料。公孙丑发出疑问:"管仲以其君霸,晏子以其君显。管仲、晏子犹不足为与?"犹如今天说,难道这样的两个人还不值得学习?表示很不理解。而且,这种评价与孔子对管仲、晏子的评价相抵牾。孔子在《论语》中,一批管仲奢侈而不节俭,却三赞管仲之功业,说:"桓公九合诸侯,不以兵车,管仲之力也。如其仁！如其仁！"评晏子也说："晏平仲善与人交,久而敬之。"那么,以孔子继承人自居的孟子,如此评价这二人,为什么？

分析其中原因,大致可从三个方面来看。

其一,春秋、战国霸业有别。战国霸业是春秋霸业的发展,所以战国的霸主往往崇尚春秋五霸,但二者霸业有巨大差别。春秋称霸,周王室尚在,周王仍为名义上的天子。诸侯争霸,常常以尊王为号召,以会盟为主体,率诸侯以尊天子,以维护一统之局面。战国之霸业,以战争为主体,以兼并、灭国为手段,以统一天下为目标。

其二,管仲辅佐齐桓公称霸,尊王攘夷,会盟诸侯,平息内乱,遏阻四夷,对制止分裂、维护统一起了积极作用,因而,孔子给予赞赏;战国之霸,以杀伐为主,人民陷于水深火热之中,反霸即保民。孔子赞赏的是春秋之霸,孟子抨击的是战国之霸,态度相反,实质一样。

其三,在孟子看来,春秋、战国霸业虽有区别,但战国霸业是春秋之霸的发展和延续,战国霸主也常常以春秋霸主为榜样。在力主仁政统一天下的孟子看来,二者都崇尚以实力、武力统一天下,本质是一样的。所以,孟子贵王贱霸,必贬管、晏。

如果说在《梁惠王》篇,孟子跟梁惠王、齐宣王之辩,主要是劝其施仁政,行王道,那么,该章则是借用曾西对子路、管仲功业的评价对比,突出了儒家对功业评价的价值判断标准:贵王贱霸、尊王卑霸,力主行王止霸。

在对这部分内容的理解中,还应注意一个问题:孟子在本章语境中对管仲、晏婴的贬斥和他对这两个伟大历史人物的真实评价是不同的,应该注意区分。深入分析本章,孟子贬管仲、晏婴,不是自己直讲,而是巧借曾西之语,回答得比较委婉;而当公孙丑又问,管仲以其君霸,晏子以其君显,难道说他们不值得效法吗?孟子却避而不答,岔开话题,转到"以齐王,由反手"上来了。这里面透露出一个问题:孟子在本章宣扬贵王贱霸而贬管、晏,实际是有保留的。他对于管仲和晏婴这两个名相的历史功绩,并没有持完全否定的态度,甚至在其他的语境中,还是赞扬和肯定的。在《孟子·梁惠王下》中,孟子劝齐宣王要乐民之乐、忧民之忧,就是完全以颂扬的态度,讲述晏婴劝齐景公与民同乐的故事。在《孟子·告子下》中,孟子讲到齐桓公在葵丘会盟诸侯时,录其所定五条盟约内容,如:诛不孝,尊贤育才,敬老慈幼等,大致是合乎王道义理的。这实际上是说,管仲佐齐桓公称霸,并非单靠武力,九合诸侯,会盟定约,是主要手段之一,以此达到尊王攘夷,匡定天下的目的。而且据《管子》记载,管仲提出"礼义廉耻,国之四维;四维不张,国乃灭亡"。将礼义廉耻,提到攸关国家兴亡的四大纲要的高度,可见,管仲治国,王霸杂用。孔子曾赞管仲,"桓公九合诸侯,不以兵车,管仲之力也。如其仁!如其仁!"也曾赞晏婴,"晏平仲善与人交,久而敬之"。而孟子对管、晏的历史评价,与孔子是基本一致的。本章所评,重在崇王贬霸,对其贬管仲和晏婴,应历史地、全面地、辩证地理解。这是我们在学习本章时,应该认真辨析把握的。

后半部分紧紧围绕"以齐王,由反手",这是本章孟子论辩的核心和落脚点。以公孙丑之惑为导引,展开论说。以文王之德,百年而难得天下,与齐行仁政,则易如反掌,展开精辟分析论说。一是有德者,得天下。文王起于百里之地,无时势凭借,虽经百年之难,终能兴周倾商而有天下。二是有德、有势者,易得天下。齐国与夏、商、周盛世相比,齐有其地,土地广阔;齐有其民,人口众多;乘势而行王道,因而易得天下。三是有德、有势、有时者,则易如反掌。当时之世,百姓处于虐政折磨,如饥似渴;民心切盼解倒悬之危,又有时机之易。齐国行仁政,既得时势之易,又有德行之速,因而统一天下,易如反掌,所以"惟此时为然"。

从孟子散文的论辩性看,本章也是孟子之好辩的代表作之一。文中用了大量的文学手法,使人物形象跃然于辩论之中,突出展现孟子的论辩艺术。在本章中,很突出地表现在"比"的手法的运用:

其一,对比说理。一是主题对比,即王霸之比。二是认识对比,孟子和公孙丑的认识对比。公孙丑认为是了不起的功业,孟子却借曾西之语认为很卑微。三是古今对比,以夏、商、周三代与当时齐国比。以对比凸显反差之大,以对比出人意料,以对比鲜明形象,令人信服。从中不但能读出孟子的思想,还看出了孟子论辩的这种技巧,例如:公孙丑的疑问,是齐人之问,也是大众之问,很有道理,可是孟子的回答更是句句在理,无可辩驳的。

其二,比喻说理。文中用了大量的比喻。"由反手也"就是个鲜明精彩的比喻,易如反掌,尤为形象。又如"虽有镃基,不如待时",以饥者、渴者比喻百姓在虐政的水深火热之中的危困处境,"德之流行,速于置邮","民之悦之,犹解倒悬"等,共用了六个比喻,五大对比,这的确是一篇用"比"的典范之文。

3·2 公孙丑问曰:"夫子加齐之卿相,得行道焉,虽由此霸王,不异矣。如此,则动心否乎?"

孟子曰:"否;我四十不动心。"

曰:"若是,则夫子过孟贲远矣。"

曰:"是不难,告子先我不动心。"

曰:"不动心有道乎?"

曰:"有。北宫黝之养勇也:不肤挠,不目逃,思以一豪挫于人,若挞之于市朝;不受于褐宽博,亦不受于万乘之君;视刺万乘之君,若刺褐夫;无严诸侯,恶声至,必反之。孟施舍之所养勇也,曰:'视不胜犹胜也;量敌而后进,虑胜而后会,是畏三军者也。舍岂能为必胜哉?能无惧而已矣。'孟施舍似曾子,北宫黝似子夏。夫二子之勇,未知其孰贤,然而孟施舍守约也。昔者曾子谓子襄曰:'子好勇乎?吾尝闻大勇于夫子矣:自反而不缩,虽褐宽博,吾不惴焉;自反而缩,虽千万人,吾往矣。'孟施舍之守气,又不如曾子之守约也。"

曰:"敢问夫子之不动心与告子之不动心,可得闻与?"

"告子曰:'不得于言,勿求于心;不得于心,勿求于气。'不得于心,勿求于气,可;不得于言,勿求于心,不可。夫志,气之帅也；气，体之充也。夫志至焉，气次焉；故曰：'持其志，无暴其气。'"

"既曰'志至焉，气次焉'，又曰'持其志，无暴其气'者，何也？"

曰："志壹则动气，气壹则动志也。今夫蹶者趋者，是气也，而反动其心。"

"敢问夫子恶乎长？"

曰："我知言，我善养吾浩然之气。"

"敢问何谓浩然之气？"

曰："难言也。其为气也，至大至刚，以直养而无害，则塞于天地之间。其为气也，配义与道；无是，馁也。是集义所生者，非义袭而取之也。行有不慊于心，则馁矣。我故曰，告子未尝知义，以其外之也。必有事焉，而勿正，心勿忘，勿助长也。无若宋人然：宋人有闵其苗之不长而揠之者，芒芒然归，谓其人曰：'今日病矣！予助苗长矣！'其子趋而往视之，苗则槁矣。天下之不助苗长者寡矣。以为无益而舍之者，不耘苗者也；助之长者，揠苗者也——非徒无益，而又害之。"

"何谓知言？"

曰："诐辞知其所蔽，淫辞知其所陷，邪辞知其所离，遁辞知其所穷。——生于其心，害于其政；发于其政，害于其事。圣人复起，必从吾言矣。"

"宰我、子贡善为说辞；冉牛、闵子、颜渊善言德行。孔子兼之，曰：'我于辞命，则不能也。'然则夫子既圣矣乎？"

曰："恶！是何言也？昔者子贡问于孔子曰：'夫子圣矣

乎？'孔子曰：'圣则吾不能，我学不厌而教不倦也。'子贡曰：'学不厌，智也；教不倦，仁也。仁且智，夫子既圣矣。'夫圣，孔子不居——是何言也？"

"昔者窃闻之：子夏、子游、子张皆有圣人之一体，冉牛、闵子、颜渊则具体而微，敢问所安。"

曰："姑舍是。"

曰："伯夷、伊尹何如？"

曰："不同道。非其君不事，非其民不使；治则进，乱则退，伯夷也。何事非君，何使非民；治亦进，乱亦进，伊尹也。可以仕则仕，可以止则止，可以久则久，可以速则速，孔子也。皆古圣人也，吾未能有行焉；乃所愿，则学孔子也。"

"伯夷、伊尹于孔子，若是班乎？"

曰："否；自有生民以来，未有孔子也。"

曰："然则有同与？"

曰："有。得百里之地而君之，皆能以朝诸侯，有天下；行一不义，杀一不辜，而得天下，皆不为也。是则同。"

曰："敢问其所以异。"

曰："宰我、子贡、有若，智足以知圣人，污不至阿其所好。宰我曰：'以予观于夫子，贤于尧、舜远矣。'子贡曰：'见其礼而知其政，闻其乐而知其德，由百世之后，等百世之王，莫之能违也。自生民以来，未有夫子也。'有若曰：'岂惟民哉？麒麟之于走兽，凤凰之于飞鸟，太山之于丘垤，河海之于行潦，类也。圣人之于民，亦类也。出于其类，拔乎其萃，自生民以来，未有盛于孔子也。'"

3·2是在整个《孟子》七篇里边最难讲的一章,也是内容最不好理解的一章。儒学大师、国学大师冯友兰先生在他的《中国哲学史》著作里面就说过,"孟子浩然之气章,前人亦多不得其解"。这一章的一些内容,在理解上要做到真正把握孟子的本意是一件比较困难的事。

为什么难读呢?我觉得可能有以下几个原因:

第一个是转折多。从说成就霸王之业,话题转到"动心"来了;问"不动心有道乎",马上转到"养勇"来了;从"勇"又转到"志"和"气";从"志"和"气"又转到"养气""浩然之气";从"浩然之气"又转到"知言";"知言"以后又转到讲孔子了。所涉内容很多,比较杂,转来转去,这是难读的一点。

第二个是新概念多。不动心、养勇、养气、浩然之气、知言等,都是在以前的篇章当中,包括《论语》在内的前代圣贤的著作当中不曾出现的一些概念。新概念多,自然就比较难理解。

第三个是牵扯历史人物多。我简单数了一下,这一篇文章提到了二十二个历史人物,用历史人物说话。提到了这么多历史人物,甚至有的一段文字提好几个,到底这些人是些什么样的人?怎么理解他们的话?这也比较难理解。

第四个是语意艰涩,后代学者解读歧异多。不同的见解,争议的问题比较多,所以号称难读。

在讲这篇之前,我们先有这么一个思想准备,一起努力思考、攻克、解读。首先我们来看文本。

公孙丑问曰:"夫子加齐之卿相,得行道焉,虽由此霸王,不异矣。如此,则动心否乎?"

孟子曰:"否;我四十不动心。"

曰:"若是,则夫子过孟贲远矣。"

曰:"是不难,告子先我不动心。"

"加",是占据的意思。"霸王",这里指霸业与王业。

公孙丑之问,是承接上一章3·1而来,又设问孟子:先生如果官居齐国卿相之位,而且能实现自己的政治抱负,以您的能力成就一番霸业或王业,也是不足为怪的。如果干这样大的事业,担当如此的重任,您是否会有恐惧或疑惑的感觉而动心呢?

孟子说:不会的,我从四十岁就能够不动心了。

公孙丑说:如果您这样说的话,那您比勇士孟贲还要强太多了。孟贲是古代齐国著名的勇士。公孙丑是齐人,应当知道很多孟贲刚勇之事,他以孟贲之勇与孟子做比较,借以赞扬孟子不动心之难。

孟子说:其实,做到不动心并不难,告子比我不动心还早呢。

我们看,这里已经提出了"不动心"的问题。从能不能成就霸业、王业,已经转到了对"不动心"的讨论。

曰:"不动心有道乎?"

曰:"有。北宫黝之养勇也:不肤挠,不目逃,思以一豪挫于人,若挞之于市朝;不受于褐宽博,亦不受于万乘之君;视刺万乘之君,若刺褐夫;无严诸侯,恶声至,必反之。"

此言北宫黝之勇。这一段由不动心转向对北宫黝之勇的描述,从语言上较难理解。北宫黝,事迹不详,杨伯峻《孟子译注》引证文献考为齐人。

公孙丑说:你能不动心到这样的程度,有道理和方法吗?

孟子回答:有的。

北宫黝这样来培养自己的勇气:

"不肤挠,不目逃"。"肤",皮肤。"挠",退缩。"逃",转睛、躲避。这句话的意思是,皮肤被刺而不退缩,眼睛被戳而不转睛躲避。

"思以一豪挫于人,若挞之于市朝"。"一豪",指微小。"挫",指受欺侮。"挞",是鞭打。意思是,受别人一点点侮辱或挫折,就好像是在集市上被人用鞭子抽打一样。也就是说,把受一点侮辱都看成是件大事情,他会小题大做。

"不受于褐宽博,亦不受于万乘之君;视刺万乘之君,若刺褐夫"。"褐",指粗布衣服。"宽博",指衣服宽大。孟子时代,凡是普通的老百姓都穿粗布衣,而且比较宽大,所以常用"褐宽博""褐夫"来指普通人、底层人。这句话是说,他不忍受低贱的人对他的欺侮,也不忍受大国之君对他的侮辱。他把刺杀万乘之君看作和刺杀下等人一样。

"无严诸侯,恶声至,必反之。""严",是畏惧的意思。他不畏惧国君诸侯的权威,倘若恶毒的骂声传到他的耳朵里,那他必定要进行反击。北宫黝就培养了这么一种勇气。这种勇气可以说是血气之勇,或者说刺客之勇;是那种匹夫见辱,拔剑而起,挺身而斗的大老粗之勇。朱熹说:"黝盖刺客之流,以必胜为主,而不动心者也。"

孟子接着说:

> 孟施舍之所养勇也,曰:"视不胜犹胜也;量敌而后进,虑胜而后会,是畏三军者也。舍岂能为必胜哉?能无惧而已矣。"

此言孟施舍之勇。孟施舍也是古代的一个勇士。他所培养的勇气就是"视不胜犹胜也",看待不能战胜的敌人和能够战胜的敌人一样;就是不管我能不能打胜,我都要去,敢于去跟他战斗。

"量敌而后进,虑胜而后会,是畏三军者也。"在孟施舍看来,如果先估量敌人的力量,然后去进攻,那就是畏惧敌人有三军之众的强大了。

"舍岂能为必胜哉?能无惧而已矣。"我孟施舍怎么能够认定必胜敌人才去战斗呢?不过是无所畏惧罢了。孟施舍又是另一种"勇":能战胜和不能战胜,我把它看得一样。如果我先估量一下能不能战胜对方,然后去和他打的话,那是畏惧强大的敌人,那不是我。我是不管胜与不胜,都无所畏惧,只要是敌人,我就勇往直前。打个比方说,即便是鸡蛋碰石头,我也要敢于碰。这是孟施舍之勇。朱熹说:"舍盖力战之士,以无惧为主,而不动心者也。"

> 孟施舍似曾子,北宫黝似子夏。夫二子之勇,未知其孰贤,然而孟施舍守约也。

这是孟子对以上二人之勇的评价。这里又提到了两个人物:曾子和子夏。两个贤人,都是孔子的著名弟子。句意是,孟施舍的养勇就像曾子,北宫黝的养勇就像子夏。这是什么意思?

先说北宫黝似子夏。子夏对待孔子的学说主要是笃信,就是完全忠于老师的理论。老师怎么说,我就怎么来传播,完全接受对方的。说北宫黝这样一种勇气,对待外力,就像子夏对待老师一样,就是看对方,不管对方对我什么样,我都要接受,勇敢面对。

再说孟施舍似曾子。曾子对待孔子的学说,是属于能举一反三,理解师说的。所以曾子在《论语》中有一句话叫"吾日三省吾身"。曾子善于以孔子学说反省自己,消化师说为自己的内心。大家注意:曾子传业给子思,子思传业给孟子,孟子创新发展了孔子、子思以来的儒家学说,提出人性论、仁政、浩然之气等思想,这一些创新性发展,实际上与曾子对待老师的学说的态度是一脉相承的。那么为什么说孟施舍似曾子,北宫黝似子夏? 就是因为孟施舍是内心强大、无所畏惧,而北宫黝是属于看对方,所以说孟施舍似曾子,北宫黝似子夏。

"夫二子之勇,未知其孰贤,然而孟施舍守约也。""守约",有不同的解释:一说简约;一说约,要也,守约即把握住了要领。今取后者。这句话的意思是,北宫黝、孟施舍这两个人的勇气,我不知道谁更优秀,但是孟施舍抓住了养勇的要领,也就是抓住了养勇的关键。这是孟子对这两个勇士的评价。

孟子又说:

> 昔者曾子谓子襄曰:"子好勇乎?吾尝闻大勇于夫子矣:自反而不缩,虽褐宽博,吾不惴焉;自反而缩,虽千万人,吾往矣。"孟施舍之守气,又不如曾子之守约也。

此言曾子之勇。"反",反思。"缩",直,曲直之"直"。"惴",恐吓。从前曾子对他的学生子襄说:你喜欢勇敢的人吗?我曾经从孔夫子那里听到关于大勇的解说:大勇就是在遇到事情的时候要自己反复思量一下,如果我不在正直、正义的一面,即使是对着穿粗布衣服的最下层人,我也不去恃强凌弱;如果我自己反思一下,正义在我这一方,即使是千万人,我也要勇往直前去斗争。曾子就是这样做的。由此看来,孟施舍之勇只是保持一身之勇气,不如曾子所保持的勇气更得要领。曾子说的这种勇气,是以理的曲直做判断,加了一种道德和理性的评判。这种勇气来自哪里?来自正义。如果自己有错,不正义,即使是对很容易战胜的人,我也不去逞"勇";如果发现正义在我,千万人当前,我也要去勇敢斗争。这和北宫黝、孟施舍的一身之勇就完全不一样了。曾子的确是孔子之徒,的确是儒家的圣贤。

孟子在这里说,孟施舍虽然像曾子,但是他所守的只是他一身之勇气,是个人无所畏惧的那样一种勇气。他又不如曾子能够反身循理:理屈,我不去斗;理直,千军万马我也要勇敢前进。所以说孟施舍只是保持一种无所畏惧之气,又不如曾子之守约,是坚守一种原则。

曰:"敢问夫子之不动心与告子之不动心,可得闻与?"

"告子曰:'不得于言,勿求于心;不得于心,勿求于气。'不得于心,勿求于气,可;不得于言,勿求于心,不可。夫志,气之帅也;气,体之充也。夫志至焉,气次焉;故曰:'持其志,无暴其气。'"

"既曰'志至焉,气次焉',又曰'持其志,无暴其气'者,何也?"

曰:"志壹则动气,气壹则动志也。今夫蹶者趋者,是气也,而反动其心。"

此章是众所周知的难读、难懂,这一段就是一个难读和难懂的地方。我们先来贯通一下这一段的大义。公孙丑说:那我大胆地问一下先生,您说的不动心和告子说的不动心有什么不一样,可以说给我听一听吗?孟子的回答转述了告子的话,同时加进了自己的意见。"不得于言,勿求于心;不得于心,勿求于气。"这是转述告子的话。这里的"言",应理解成表达思想的话语。孟子说:告子曾说过,如果不能够通达领会说话的含义,就不必再探求内心的思想了;而如果不了解内心的思想,就不必再去求助于意气了。

"不得于心,勿求于气,可;不得于言,勿求于心,不可。"孟子认为:告子的话,也可,也不可。不了解内心的思想,就不必再去求助于意气,是可以的;不能领会说话的含义,就不必再探求内心的思想,则是不可的。

"夫志,气之帅也;气,体之充也。夫志至焉,气次焉;故曰:'持其志,无暴其气。'"意思是,意志是气的主帅、主导;气是随志而生,充满全身的。你虽然看不见,摸不着,但就是有那股劲。我们常说"人要鼓着一口气",就是这个气。你为什么鼓着一口气?志在前面。志就是你这股气的主帅,是这股气的主导。你有了这个志向,那么你这股气也就来了。这里面志和气的关系,我觉得并不是很难理解。"夫志至焉,气次焉",只要是志达到的地方,气也随着来了。我们有了这个志向,有了这个劲头,那股气也就来了。当领导干部的,干事业的,就是要有志,还要有一股气,才能取得成就。既要坚守志向,又要养气。所以在这里,志和气不是合一的,它们俩的关系是主和从的关系:既要坚守志,又要保养气,主次结合,交相培养。所以,在中国传统文化中,常常把志、气连用,说人生要有"志气",这是孟子对我们中国文化的巨大贡献。"持其志,无暴其气。""暴",发的意思。就是说,你一定要坚守你的志向,但不要乱发你的感情意气。

"既曰'志至焉，气次焉'，又曰'持其志，无暴其气'者，何也？"公孙丑就不理解了，说：你既然说志到了，气就随之到了；又说要坚守住这种志，不要让这个气乱发出来；这是为什么？这不是自相矛盾吗？

"曰：'志壹则动气，气壹则动志也。今夫蹶者趋者，是气也，而反动其心。'""壹"，专一。"蹶"，跌倒。"趋"，奔跑。孟子说：如果志向专注在某个方面了，气就会随之移动；而气如果专注了，也能影响志向。就像现在一个跌倒了爬起来继续奔跑的人，就是有一股气；而这股气反过来又影响他内心的这种志向。如果我们从比较通俗的方面来理解的话，这个志和气实际上是相互影响的，它们之间有一种互动。志是气的统领，但是气也能影响你的志向。你有了这个志向，能有实现这个志向的劲头；反过来，有了这股劲头，也能促动你这个志向进一步实现和发展。

我们再来看下面。

"敢问夫子恶乎长？"

曰："我知言，我善养吾浩然之气。"

"敢问何谓浩然之气？"

曰："难言也。其为气也，至大至刚，以直养而无害，则塞于天地之间。其为气也，配义与道；无是，馁也。是集义所生者，非义袭而取之也。行有不慊于心，则馁矣。我故曰，告子未尝知义，以其外之也。必有事焉，而勿正，心勿忘，勿助长也。"

公孙丑说：我大胆问一下先生，您有什么擅长的？这一问，还是针对"不动心"来的。在不动心这方面，您讲了告子，您讲了您对告子的态度，也就是讲了他的不动心，那么您在不动心这个方面有什么长处呢？

孟子说：我的长处就是"知言"，也就是说，我善于分析、理解、评判别人的言论、别人的学说。"我善养吾浩然之气"，"浩然"是指水盛大流行之貌，那种浩浩荡荡的样子，但这里是用来形容一种气；我善于培养我的浩然之气。

公孙丑又问："敢问何谓浩然之气？"那什么是浩然之气？然后下面是孟子对浩然之气的解说。这是孟子思想的核心。

关于浩然之气说，这一段是最经典的解释。他说：浩然之气很难用语言来表达，它作为一种气，是"至大至刚"的。"至大"，就是无限量，可以充满天地宇宙。"至刚"，就是最坚强，我们叫作阳刚之气。那是不可屈挠，任何力量也不能使它弯曲之气，后人称之为天地之正气；即大自然所本有的那一种正气，是不可违的自然规律，顺之者昌，逆之者亡，所以称"至大至刚"。"以直养而无害"，"直"是正义、正直的意思。这种天地的正气，你以一种正义、正直的心及情感来培养它，而且不去伤害它，那么就会充满整个天地之间，这是一个方面的至大至刚。第二个方面，是"其为气也，配义与道"，这个解释非常重要，如果说至大至刚指的是天地赋予的那种正气的话，这里就是指增加、助长这个气的是一种义和道。这个"义"就是后面仁义礼智信的义，就是那样一种正路、正道。孟子后面有解释："义，人之正路也。"即必须配上一种正义的情感。道，这里指的是天理自然。也就是说,人要能养成这种气,那必须合乎道义。有了这种义和道,你这个人才具有了这样一种浩然之气。如果没有这种义和道的话,就"馁也"。"馁",就是饥饿的肚子,用今天的话说就是疲软了,浩然之气就不是充塞着天地,而是消沉、疲软了。

"是集义所生者,非义袭而取之也。行有不慊于心,则馁矣。"意思是,只有靠一点一点来积累正义、正气,才能够产生出浩然之气来。"非义袭","这个"袭"是袭击、突然的意思。养浩然之气是一个不断的漫长的积累和培养的过程,不是你偶尔、突然做一件好事就可以有浩然之气的。就像我们今天说:你做一件好事不难,做一辈子好事你才能养浩然之气。所以修身是一生的事情。"行有不慊于心","慊"作畅快讲。如果你的内心因你的行为而产生愧疚,那么你这种气自然就不充盈了,就会疲软了。这句话也就是说,你的行为有不合乎义的时候,你自己反思一下,这件事情不正当,你心里那个气也就不充盈了。

"我故曰,告子未尝知义,以其外之也。"我因此说,告子他不理解这个"义"的真髓,认为这个"义"是一种外在的表现。我认为这个"义"实际上是一种内心的,与生俱来的,先天就有的正气。我们后面讲3·6的时候会讲到。孟子认为仁和义是不能分的,二者都是内心的。"恻隐之心,仁之端也;羞恶之心,义之端也。"所以他说,"告子未尝知义"。"必有事焉,而勿正","正"是停止之义。就是说,必须有事情去做,做一件一件的事情来培养这样一种浩然之气而不停止。"心勿忘,勿助长也。"要内心时刻记住,不忘,每天每时都去做,而不能勉强想着,幻想外来的力量助长培养起来。这和上面的"集义所生者,非义袭而取之"的意思是基本相同的。

下面是拔苗助长的故事。宋国有人忧虑他的苗不长,而"揠之"。"揠",即拔。拔苗的人"芒芒然归"。这个"芒芒然",有的把它理解成很疲倦的样子,有的把它解释成一种无知之貌,我觉得这里应该理解成无知之貌。用今天的话说就是,傻乎乎地回来了,还觉得自己做了一件好事情。回来后对家人说:"今日病矣!予助苗长矣!"这个"病"是疲倦的样子,意思是:今天可把我累坏了,我帮助庄稼生长了。"其子趋而往视之",这个"趋"就是奔跑。他儿子赶快跑去看了一下,发现苗已经枯槁了,死了。

孟子用很短的话讲了一个很生动的故事,然后说,"天下之不助苗长者寡矣",天下不想着帮助苗成长的人是很少的。"以为无益而舍之者,不耘苗者也",认为去帮助苗成长没有什么用处,而放弃不干的人,就相当于种地不锄草的人。"助之长者,揠苗者也",违背规律像宋人一样去帮助苗成长,那就是拔苗助长的人。"非徒无益,而又害之",这种拔苗的行为不但没有好处,反而会害了苗。

下面又转了话题。因为孟子原来说"我知言,我善养吾浩然之气",公孙丑就问:什么叫知言呢?

> 曰:"诐辞知其所蔽,淫辞知其所陷,邪辞知其所离,遁辞知其所穷。——生于其心,害于其政;发于其政,害

于其事。圣人复起,必从吾言矣。"

孟子说:"诐辞知其所蔽。""诐",就是偏颇的意思。对那些偏颇的话,我能知道它的弊端、缺陷所在。"淫辞知其所陷","淫"是过分的意思,"陷"是指失误。对那些过分夸张的言辞,我知道它失误的地方。"邪辞知其所离",对那些邪谈怪论,我知道它所偏离正道之处。"遁辞知其所穷。"对转来转去、闪烁其词的话,我也知道它理屈词穷、强词夺理在什么地方。这四种言词,只要生在心里,就必然会影响政治;只要用在政治上,必然妨害各种事情的处理。就算是圣人再出现,也一定会相信我说的话。到这里,前面讨论的问题就应该告一段落了。继续往下看。

"宰我、子贡善为说辞;冉牛、闵子、颜渊善言德行。孔子兼之,曰:'我于辞命,则不能也。'然则夫子既圣矣乎?"

曰:"恶!是何言也?昔者子贡问于孔子曰:'夫子圣矣乎?'孔子曰:'圣则吾不能,我学不厌而教不倦也。'子贡曰:'学不厌,智也;教不倦,仁也。仁且智,夫子既圣矣。'夫圣,孔子不居——是何言也?"

公孙丑又说:在孔夫子的这些弟子里面,宰我和子贡都是善于讲话的。用我们今天的话说,就是善于辞令,善于发表演讲。冉牛、闵子、颜渊,这三个弟子是善于阐发道德行为的。

孔子是既会演讲又善于阐发道德行为,却说:我对于辞令之事,是很不擅长的。这是说明孔子的谦虚。"然则夫子既圣矣乎?"这个夫子不是指孔子,而是指孟子,这是公孙丑说的话:但是由我来看,您就应该是圣人了吧。言外之意,您既善于演讲、雄辩,又善于讲德行,我觉得您大概就是圣人了吧。这既是对孟子上面这一些表现的总结,也是对自己的老师心服口服,认为孟子应该就是圣人。当时公孙丑认为:孔子自己谦虚说自己还是有不擅长的地方,可是孟子两者兼具,应该是个圣人了。孟子听了很生气,引出下面这些话。

"恶!是何言也?"哎呀!这是什么话?说这个话就是你太不懂事,太不知天高地厚了。连孔子都说自己不是圣人,你怎么能说我是圣人呢?你看,孔子在公孙丑心中的地位和孔子在孟子心中的地位是不一样的,在孟子弟子和孟子的眼中对孔子的认识也是不一样的。也就是说,公孙丑对孔子的认识,达不到孟子对孔子的认识的高度。孟子说:从前子贡问孔子说,夫子已经是圣人了吗?孔子就说,圣人我做不到,我只是不知道满足地学习,不知道疲倦地教人罢了。孔子是这样谦虚。子贡说:学而不厌,这是智;教人不倦,这是仁;又仁又智,那先生您就已经是圣人了。最后孟子反驳公孙丑说:连孔子都不敢说自己是圣人,你却说我是圣人,这是什么话?这里面引用子贡的话反驳弟子,表现出孟子对孔子的尊崇。

接下来这段对话,是承接上面说的。

"昔者窃闻之:子夏、子游、子张皆有圣人之一体,冉牛、闵子、颜渊则具体而微,敢问所安。"

曰:"姑舍是。"

公孙丑说:从前我私下听说过,子夏、子游、子张都具有孔子那些优良品质中的一部分;冉牛、闵子、颜渊具有孔子多方面的优良品质,但又比较单薄。我大胆问一下,您属于哪一种?孟子说:我们暂且不谈论这个话题吧!这说明这个问题很难回答,同时可以感受到孟子对孔子的崇拜,认为孔子是圣人,我怎么能跟他比?这就为下面对孔子的评价奠定了一个基础。

曰:"伯夷、伊尹何如?"
曰:"不同道。非其君不事,非其民不使;治则进,乱则退,伯夷也。何事非君,何使非民;治亦进,乱亦进,伊尹也。可以仕则仕,可以止则止,可以久则久,可以速则速,孔子也。皆古圣人也,吾未能有行焉;乃所愿,则学孔子也。"

公孙丑又问:伯夷和伊尹这两个古代的圣人,他们怎么样?他们和孔子比较怎么样?孟子说:他们有不同的处事之道。"非其君不事,非其民不使;治则进,乱则退,伯夷也。"不是他理想的君主,他不去为他做事情;不是他理想的老百姓,他不去使唤;也就是说,不出来做官。太平之世就出来做事、创业、发展,乱世就后退隐居起来,这是伯夷的做法。"何事非君,何使非民;治亦进,乱亦进,伊尹也。""何事非君",指不论这个君主做什么事情,也不管他是贤明还是昏庸,我都去做事情。"何使非民",指不论什么老百姓,我都去使唤。太平之世我出来做事,乱世我也出来做事,这是伊尹的做法。"可以仕则仕,可以止则止,可以久则久,可以速则速,孔子也。"可以做官就来做,可以不做就不做,可以做很久就做很久,可以很快结束就很快结束,这是孔子。这三个人都是古代的圣人。"吾未能有行焉",我没有能力做到他们三个人做的事情。如果说我的愿望,那就是学习孔子。

接下来,公孙丑又发问了:

"伯夷、伊尹于孔子,若是班乎?"
曰:"否;自有生民以来,未有孔子也。"
曰:"然则有同与?"
曰:"有。得百里之地而君之,皆能以朝诸侯,有天下;行一不义,杀一不辜,而得天下,皆不为也。是则同。"

公孙丑又说:伯夷、伊尹和孔子,他们是一样的吗?孟子回答:不,自从人类产生以来,没有比得上孔子的。大家注意,"乃所愿,则学孔子也""自有生民以来,未有孔子也",这些话说明:孟子把继承孔子的思想、传播孔子的学说、发展孔子的理论,作为自己终生志愿的一个根基。他对孔子的评价,说自有人类以来没有比得上孔子的,已经提到了至高无上的程度。我们从这里也感到,实际上是亚圣首先把至圣抬到了至圣的最高位置。后代的皇帝封孔子为至圣先师,我觉得也是按照孟子的这种评价来封的。

公孙丑又问:那他们有相同的地方吗?孟子回答:有。如果他们都得到方圆百里的地方,让他们做国君,他们都能够实行王道,实行仁政,都能够让诸侯来朝拜,进而统一天下。如果让他们做一件不道德的事情,杀一个无辜的人,而得天下的话,他们都不会干。这是他们相同的地方。

曰:"敢问其所以异。"

曰:"宰我、子贡、有若,智足以知圣人,污不至阿其所好。宰我曰:'以予观于夫子,贤于尧、舜远矣。'子贡曰:'见其礼而知其政,闻其乐而知其德,由百世之后,等百世之王,莫之能违也。自生民以来,未有夫子也。'有若曰:'岂惟民哉?麒麟之于走兽,凤凰之于飞鸟,太山之于丘垤,河海之于行潦,类也。圣人之于民,亦类也。出于其类,拔乎其萃,自生民以来,未有盛于孔子也。'"

公孙丑说:我大胆问一下,他们有不同的地方吗?孟子说:宰我、子贡、有若他们的智慧,足以理解和了解圣人;如果圣人有"污点",有不足的地方,那这些弟子也不至于偏袒和曲意奉承。就是这三个人对孔子的评价应该是非常客观、非常科学、非常可信的。可是他们怎么说呢?宰我说:让我来看,孔夫子的贤德与尧、舜相比,那就高多了。再看子贡的说法,"见其礼而知其政",看到一个国家的礼俗,就能够知道它的政治。以我们今天的话说就是,看一看老百姓的精神面貌,就知道你这为官一任,到底做到了什么程度。"闻其乐而知其德",听一听它的音乐,就知道这个德行教化怎么样。"由百世之后,等百世之王,莫之能违也。"历史百代之后,排列一下历代贤君,看看他们所做的,没有一个能违背孔子之道的。"自生民以来,未有夫子也。"从有人类以来,没有比孔夫子更有贤德、更优秀的了。有若说:难道仅仅是老百姓吗?仅仅是人类吗?麒麟对于一般的走兽,凤凰对于一般的飞鸟,太山对于那些小山丘,河海对于那些细小的流水来说,都是同类。圣人和一般的老百姓也是同类,但他是从同类当中产生出来,又超出同类的。自有人类以来,没有比孔子更伟大的了。

这里借用最了解孔夫子,其智慧又能够正确、科学地评价孔夫子的三个学生的评论,进一步肯定"自生民以来,未有盛于孔子也"。

讲完这一章,我们再反过来做一下内容分析。这一章内容比较复杂,也比较难分析,可以分成两部分来理解。

第一部分,它的核心是说不动心。怎么做到不动心呢?分四个层次:一是养勇,你有勇气,那你就不会动心了,这是第一层。第二层,勇气怎么来的?勇气来自志和气,来自志气。第三层,气怎样产生?靠养。养什么气?养浩然之气。第四层,怎样做到不动心?要知言,要善于分析和判断正确、错误的东西,能够分析判断对方的四种言词,这样就能做到不动心了。有勇气,有志气,有浩然之气,又能知言,就能做到不动心。所以这一部分主要是围绕着不动心来讲的。

第二部分的核心,是自有人类以来,孔子是最伟大的。这里和上一部分也是有联系的。上一部分讲浩然之气也好,勇气也好,志气也好,知言也好,都是讲人的一些品格。而拥有这些最高尚品格的是孔子。所以这里是对孔子的品评,实际上和上面说的内容也是有联系的。第二部分分三层来讲。

第一层意思,是子贡说的仁且智。弟子只有一部分圣人品质,孔子却拥有全体,相比之下弟子显得单薄而微小。通过对比来说明孔子的伟大,这是第一层意思。第二层意思,将古圣人和孔子做比较,以伯夷、伊尹之道来突出孔子之道。这里提出"乃所愿,则学孔子",就表明孔子超过了古代的一切圣人。第三层意思,是借三个学生对古圣人的评论,得出"自生民以来,未有盛于孔子也"的结论。总而言之,这部分分三层,以弟子比,以伯夷和伊尹比,以三个学生、古代圣人比,来突出自生民以来,没有比孔子更伟大的。

这一章说复杂是复杂,说不复杂也不复杂。这里面有许多新的概念,我们在这里做一重点分析。

第一,养勇。养勇就是培养一种勇的精神。这个勇,是不动心的根源。按人物分的话,它包括三种:一种是北宫黝之勇,一种是孟施舍之勇,一种是曾子之勇。北宫黝之勇,实际上是刺客之勇,是以必胜为主,战胜对方为主,以此达到不动心。孟施舍之勇属于无惧之勇,就是内心不害怕,不管胜与不胜都要去。曾子之勇属于理智之勇,以守义为主,以此达到不动心。实际上这三种勇,孟子肯定的是曾子这一种。

第二,就是我们要正确理解志与气的问题。勇来源于志与气,有气才有勇。从这样一个角度,借用告子的不动心之别,就提出了这个志与气。前面我已经讲了,这个志是气之帅,志达到了,就会同时充满了这样一种气。

第三,实际上也是承接第二点,就是志和气实际上是相互影响的。虽然孟子将志和气分成两个概念讲,但实际上志和气是紧密相连的,所以后来又有了一个常用的复合词"志气"。

最后,我们来分析一下浩然之气。什么是浩然之气?一是至大至刚,二是配义与道。至大至刚,天地所生,充满天地;配义与道,是一种正气。这是浩然之气的精髓。那如何来养浩然之气?集义所生。靠积累一件一件正义的行动,才能培养起这样一种浩然之气,而不能靠外力来助长。

这一章里面的一些名词、一些新的提法,后来都成为传统文化当中一些非常关键的、反映和表述儒家核心内涵和思想特质的概念。这是孟子对中华传统文化的突出贡献之一。

3·3 孟子曰:"以力假仁者霸,霸必有大国;以德行仁者王,王不待大——汤以七十里,文王以百里。以力服人者,非心服也,力不赡也;以德服人者,中心悦而诚服也,如七十子之服孔子也。《诗》云:'自西自东,自南自北,无思不服。'此之谓也。"

这一章的核心内容仍然是讲王霸之辩。我们可以把这一章看作是对3·1的进一步注解。3·1是借公孙丑之问,以对管仲、晏婴的评价之卑微来突出尊王贬霸的主题;本章则是侧重从理论上阐发为什么要尊王贬霸。

"以力假仁者霸,霸必有大国;以德行仁者王,王不待大。""力",指一国实力,如兵力、人力、财力等。"假",借用;"假仁",假借仁义之名,朱熹《集注》:"本无是心而借其事以为功者也。"朱子的解说切中要害:兴霸道者,崇尚武力,本没有行仁之心,只是要借用"仁"的名义来达到霸道成功的目标。孟子说:依靠兵力又假借仁义之名来统一天下的是霸道,而霸道一定是由强大的国家才能做到;依靠道德推行仁政来使天下归服的就是王道,行王道不必要等强大了才实行。

"汤以七十里,文王以百里。"商汤依靠纵横七十里的地盘,文王依靠纵横百十里的地盘,就实现了统一天下。这是以汤与文王为例,对"王不待大"作的注脚。

"以力服人者,非心服也,力不赡也。""赡",充足。靠武力让人服从,人家并不是从内心真正服从,只是因为力量不足以抵挡压力,不得不服。"以德服人者,中心悦而诚服也,如七十子之服孔子也。"以德政让人归服,人家内心才会心悦诚服。这是真正的归服,就好像那七十名弟子归服孔子一样。《诗经》上说,从西从东,从南从北,没有不心悦诚服的,就是说的这个意思。

这一章字数不多,却是《孟子》中诠释王霸的名篇。朱熹《集注》借用他人的话说:"从古以来,论王霸者多矣,未有若此章之深切而著明也。"此章为什么以"深切"而著名?分析内容,我认为有三点值得关注。

第一,本章首先回答了什么是霸道,什么是王道。"以力假仁者霸""以德行仁者王",一语道破本质,既抓住了霸、王的本质区别,又深刻阐发了时代内涵。靠军力、实力,但是还必须假借仁义,这就是霸业。人们会问:为什么不说靠武力为霸,靠德行为王?为什么还要假仁呢?我前面讲到齐桓称霸,于葵丘之会中列了五大条盟约,说的都是王道仁者之言:"诛不孝",要"尊贤",等等。为什么?这就要从历史和时代的发展中去理解孟子时代霸业的内涵。周王朝奉行周公所创制的礼乐德行文化为统治天下之纲,礼乐文明实际上就是王者之业。春秋、战国,尤其是战国时代,虽然礼崩乐坏,各国以征伐而谋求统一,但仁义道德还是公认的治国准则,如果不假借仁义之名,就难以服众,统一天下的霸业就不可能成功。所以,孟子这一阐发,是非常深切的。秦始皇反其道而行,虽靠武力实现了统一,却二世速亡,更证明朱熹对孟子此章评价的正确性。中华民族的核心思想理念就是崇王道的,所以称霸也必须是既靠实力,还要假借仁义之名,管仲、晏婴都是这样。"以德行仁者王",则是靠有德行之君来推行仁政治理天下。

第二就是王霸之辩。它们的本质差别在哪里?还是借用朱熹《集注》所引之言:"以力服人者,有意于服人,而人不敢不服;以德服人者,无意于服人,而人不能不服。"这"不敢不服"与"不能不服",就道出了本质,只有王道才能使人真服。这为孟子在王霸之辩中的立场筑起了坚实的根基,并引申出霸道是靠力,因此只能由大国来实现;王道是靠德,小国、大国都可实践。

第三，在深切阐发的基础上，鲜明地表达出贵王贱霸的主张。以汤和文王为例，以七十子臣服孔子为例，引《诗经》的话，都是为了说明一个问题：德是最伟大的力量，统一天下只能以德行仁政。由上可见，此文虽短，朱熹之赞不虚。

3·4 孟子曰："仁则荣，不仁则辱；今恶辱而居不仁，是犹恶湿而居下也。如恶之，莫如贵德而尊士，贤者在位，能者在职；国家闲暇，及是时，明其政刑。虽大国，必畏之矣。《诗》云：'迨天之未阴雨，彻彼桑土，绸缪牖户。今此下民，或敢侮予？'孔子曰：'为此诗者，其知道乎！能治其国家，谁敢侮之？'今国家闲暇，及是时，般乐怠敖，是自求祸也。祸福无不自己求之者。《诗》云：'永言配命，自求多福。'《太甲》曰：'天作孽，犹可违；自作孽，不可活。'此之谓也。"

本章是从儒家的荣辱观来讲仁政。核心论点是仁与荣辱的关系："仁则荣，不仁则辱。"

孟子说："仁则荣，不仁则辱。"行仁政，就会有荣耀；不行仁政，就会自取其辱。崇荣贱辱，是人之常情。"今恶辱而居不仁，是犹恶湿而居下也。""今"，指现在的当权者。他们厌恶辱，但是又去行不仁之事，这就好比厌恶潮湿的地方，却又偏偏居住在低洼之处。就是说，只是厌恶而不解决受辱之源，还是不免受辱。怎么解决呢？"如恶之，莫如贵德而尊士"，你如果厌恶屈辱的话，不如去崇尚道德而尊重那些有德之人。怎么贵德尊士呢？孟子给出了具体的仁政措施："贤者在位，能者在职","贤者",有德者;"能者",有才者。即对道德高尚的人,给他相应的官位,让有能力的人来担任职务。"国家闲暇,及是时,明其政刑。""闲暇",安定、闲适的意思。当国家稳定、平静,没有内乱之时,则趁机抓紧去修明政策法规。即使是大国,也会畏惧这样的国家。

《诗》云:"迨天之未阴雨,彻彼桑土,绸缪牖户。今此下民,或敢侮予?"孔子曰:"为此诗者,其知道乎!能治其国家,谁敢侮之?"今国家闲暇,及是时,般乐怠敖,是自求祸也。祸福无不自己求之者。《诗》云:"永言配命,自求多福。"《太甲》曰:"天作孽,犹可违;自作孽,不可活。"此之谓也。

整个这一大段,就是引经据典,强化说理,批判当今"不仁"的德行。先引《诗经》"迨天之未阴雨","迨"就是趁着,趁着上天还没有阴天下雨。"彻彼桑土","彻"同"撤"字;"彼",指那个;"土",读 dù,木之根称为土。"彻彼桑土"的意思就是剥取桑树根的皮。树根的皮可以当绳子用。"绸缪牖户","绸缪",缠绕之义;"牖",指窗子;"户",指门。"绸缪牖户"的意思是赶快修补门窗。"今此下民,或敢侮予?"现在下面这些人,还有谁敢来欺负我们吗?这是《诗经·豳风》中《鸱鸮》一篇的诗句。鸱鸮就是猫头鹰,这是一首借禽鸟之语来喻治家之艰与政治环境之恶的寓言诗。本段的意思是:趁着天还没有下雨,赶快去剥取一些桑树根的皮来修补一下门窗,树下面这些人看看谁还能来欺负我们。这是鸟控诉人类对它们的摧残。以鸟之为巢比喻君之治国也应该翔实周密、仁政治国,才能防患未然,长治久安。然后又借孔子来评该诗:"为此诗者,其知道乎!"说作这首诗的人,是很懂得这个道理的:"能治其国家,谁敢侮之?"能够像鸟修补好巢穴一样治理好国家,那谁还敢来欺负你呢? 也就是说,只要实行仁政,搞好内政,你就无敌于天下。

"今国家闲暇,及是时,般乐怠敖,是自求祸也。祸福无不自己求之者。""般",读 pán,乐的意思,做动词用。"般乐",就是追求享乐。"怠",懈怠、怠惰;"敖",遨游玩乐。"般乐怠敖",也就是追求享受、怠惰玩乐的意思。整句话的意思是:现在的治国者,却往往趁着国家安定、太平,没有什么内忧外患之时,去追求享乐,怠惰政事,这就是自己去招祸求辱。"祸福无不自己求之者",总的来看,惹祸取辱,得福求荣,都是自己招致的呀。

"《诗》云:'永言配命,自求多福。'《太甲》曰:'天作孽,犹可违;自作孽,不可活。'此之谓也。"《诗》,具体指《诗经·大雅·文王》篇;"永",长久、永远;"言",念;"命",指天命。《太甲》,指《尚书·太甲》篇;"违",躲避、抵御之义。这段话的意思是:《诗经》上说,我们应该常常想到,做事要合乎天命,靠自己的努力去追求更多的幸福。《尚书·太甲》上说,天降灾难,还可以躲避、抵御;而自己造成的灾祸,那你就活不了。

孟子是相信有天命的,但天命是有权变的,人应该积极主动去顺应、把握天命。他在《梁惠王下》中,就劝滕文公"苟为善,后世子孙必有王者矣",所以他说,我们应该顺应天命,配合天命,那样去自求多福。《尚书·太甲》上说"天作孽,犹可违",说的就是这个意思。

该章是孟子从喜荣恶辱的人之常情来阐述其仁政主张的精彩论辩文。其中值得着重关注者有二:其一,荣、辱与仁有直接关系。很鲜明地阐发了儒家的荣辱观:"仁则荣,不仁则辱。"好荣恶辱,人之常情。就国君来讲,行仁政,则荣;不行仁政,则辱。其二,提出得福求荣的具体措施:"贵德而尊士"。就是让贤者在位,能者在职;尊贤使能,人才是关键;明其政刑,法规制度建设是关键。以我们今天的观点来表述,就是德、法兼治,具有很强的现实意义。其三,引经据典,提出:一要"及是时",即抓住机遇,积极作为,而不要享乐怠惰,此为顺乎天命;二要在国家政局稳定之时,修明法度,此为敬民保民之举。由此总结出古今治乱兴衰之道:顺天保民,自求多福。

3·5 孟子曰:"尊贤使能,俊杰在位,则天下之士皆悦,而愿立于其朝矣;市,廛而不征,法而不廛,则天下之商皆悦,而愿藏于其市矣;关,讥而不征,则天下之旅皆悦,而愿出于其路矣;耕者,助而不税,则天下之农皆悦,而愿耕于其野矣;廛,无夫里之布,则天下之民皆悦,而愿为之氓矣。信能行此五者,则邻国之民仰之若父母矣。率其子弟,攻其父母,自有生民以来未有能济者也。如此,则无敌于天下。无敌于天下者,天吏也。然而不王者,未之有也。"

本章可分为两部分,第一部分列举仁政的五种愿景,第二部分分析五种愿景与"无敌"和"王"的因果关系。

孟子曰:"尊贤使能,俊杰在位,则天下之士皆悦,而愿立于其朝矣。"孟子说:尊重有德之人,任用有才之人,让德才兼备之人在重要职位,那么,天下的人才就会高高兴兴汇聚到他的朝堂之上,为之效力了。

"市,廛而不征,法而不廛,则天下之商皆悦,而愿藏于其市矣。""市",是指市场;"廛",据杨伯峻《孟子译注》引《周礼·廛人》注,"廛谓市中之地未有肆而可居以畜藏货物者也",指在市场中划出的一块可以储存货物的地方。"廛而不征",让你来积存货物而不征税。"法而不廛","不廛",指存在那里销不出去的积压货物。然后依法收购,而不让它滞销。"藏",储存。这句话的意思是:在市场管理上,专门划出一块一块的地方,让商人储存货物而不征税;依法收购那些积压的货物而不让它滞销,那么,天下的商人都会很高兴地把货物储存在他的市场,从而聚集到他这里来做交易了。

"关,讥而不征,则天下之旅皆悦,而愿出于其路矣。""关",指通关,我们今天说检查站。"讥",指稽查。这句话的意思是:路上设的检查站,只是稽查而不征手续费,那么天下的旅客都高高兴兴行走在他那里的道路上。

"耕者,助而不税,则天下之农皆悦,而愿耕于其野矣。"种地的人,只让其帮助耕种公田,而不收其私田之税,那么,天下的农人都会高高兴兴来到他的田野种地了。

"廛,无夫里之布,则天下之民皆悦,而愿为之氓矣。""廛",杨伯峻《孟子译注》引江永《群经补义》云:"此廛谓民居。""夫",一夫。"里",指里居,一里有二十五家。"布",钱。根据《周礼》及相关注释,古时为了促民耕种,规定凡宅不种桑麻者,罚其出一里二十五家的雇佣费;没有正常职业的闲民,罚其出一夫百亩之税。"氓",杨伯峻《孟子译注》引焦循《正义》:"自他归往之民则谓之氓。"这句话的意思是:对民居,不征收额外的雇役钱和税赋,那么,天下的老百姓都高高兴兴移民到他那里居住了。

第二部分精要分析实行仁政五种政策的效果。

> 信能行此五者,则邻国之民仰之若父母矣。率其子弟,攻其父母,自有生民以来未有能济者也。如此,则无敌于天下。无敌于天下者,天吏也。然而不王者,未之有也。

"信",即诚,真实、实在。这段话的意思是:如果国君确实能够施行这五项仁政的措施,那么,邻国的老百姓也会像仰望父母一样仰望他。如果邻国之君率领人民来攻打他的国家,就相当于率领他的子弟来攻打他们的父母。恐怕自从有人类以来,没有这样做能成功的吧。这句话应该暗含着一个意思,就是邻国是绝对不敢来攻打他的。如果这样,那天下就没有谁能抵挡得了他了。无敌于天下的,那就是上天派下来执行任务的。一个国家这样做了,如果还不能统一天下,那是从来不会有的事。

本章与上一章有内在的联系。如果上一章是从荣辱来讲仁政,提出的是政策谋略的话,本章则紧接上一章,提出了实行仁政的五大具体治术。可见,孟子虽然没有身居治国之位,但是他有一整套以仁政王天下的政策谋略和具体措施。

其一,他在本章中将仁政之术列为五大具体措施。一是吸引天下之士——聚集人才;二是吸引天下之商——繁荣市场;三是吸引天下旅客——减免通关之税;四是吸引天下之农——发达农业;五是吸引天下移民——聚集人口。这样做了,国家就会五业兴旺:人才云集,工商繁荣,旅游旺盛,农业发达,移民众多。士、商、旅、农、氓,各类兴国之人齐聚,各安其位,各操其业,奋发有为,这样的一个国家,怎能不无敌于天下?这是从内部治国之术讲。

其二,顺天保民是其仁政的核心内涵。奉行天命,即天吏。本章提到了"无敌于天下者,天吏也",而无敌于天下的原因,就是让五民"皆愿"的保民、惠民、爱民的五项举措。这就充分反映出孟子的天命观——顺天知命,与民心所向是一致的。"天视自我民视,天听自我民听",而"天不言,以行与事示之而已"(《孟子·万章上》)。正如朱熹所说,"此章言能行王政,则寇戎为父子;不行王政,则赤子为仇雠",行王政,才是奉行天命,无敌于天下。

其三,孟子善辩。该章之辩,又有特点:先列五项举措,皆是愿景;后提无敌而王,方是实效。五项举措,皆是内政;邻国之民"仰之若父母",则是对外之实效。愿景生于内,实效显于外;而"无敌于天下"则是内外结合,浑然一体。此又是一种雄辩之法。

3·6 孟子曰:"人皆有不忍人之心。先王有不忍人之心,斯有不忍人之政矣。以不忍人之心,行不忍人之政,治天下可运之掌上。所以谓人皆有不忍人之心者,今人乍见孺子将入于井,皆有怵惕恻隐之心——非所以内交于孺子之父母也,非所以要誉于乡党朋友也,非恶其声而然也。由是观之,无恻隐之心,非人也;无羞恶之心,非人也;无辞让之心,非人也;无是非之心,非人也。恻隐之心,仁之端也;羞恶之心,义之端也;辞让之心,礼之端也;是非之心,智之端也。人之有是四端也,犹其有四体也。有是四端而自谓不能者,自贼者也;谓其君不能者,贼其君者也。凡有四端于我者,知皆扩而充之矣,若火之始然,泉之始达。苟能充之,足以保四海;苟不充之,不足以事父母。"

孟子说:"人皆有不忍人之心。"这里的"不忍人之心"很重要。这一章可以说是孟子性善论的主要理论基础之一。在这里,要对"不忍人之心"有一个比较深刻的理解。不忍人之心,就是不忍看着别人痛苦的同情怜悯之心。我们在《梁惠王上》篇就看到,齐宣王见那头牛的时候说,"吾不忍其觳觫,若无罪而就死地",那就是一种不忍人之心。不但不忍人,也不忍兽畜;看着那个兽畜害怕的样子都感到一种不忍,一种同情怜悯。

"先王有不忍人之心,斯有不忍人之政矣。以不忍人之心,行不忍人之政,治天下可运之掌上。"古代的先王因为有这样一种同情怜悯之心,才有了仁政——"不忍人之政"。不忍人之政就是仁政,以不忍人之心去行仁政,统治天下就像在手掌上玩物一样,这是很容易的。之所以说人都有这种不忍人之心,就像下面说的这种情况:

"今人乍见孺子将入于井,皆有怵惕恻隐之心。""怵",是惊恐、吃惊。"惕",是害怕;不是害怕自己,是害怕小孩子。"恻",是一种哀痛。"隐",是一种怜悯,实际上也就是一种同情怜悯之心。人突然看到小孩子掉到井里,都会产生一种吃惊害怕、同情怜悯之心,就会马上把他救上来。

"非所以内交于孺子之父母也,非所以要誉于乡党朋友也,非恶其声而然也。"这种恻隐之心并不是说和他的父母有什么交情,也不是要在父老乡亲面前追求一种荣誉,也不是厌恶他呼救的声音才去救的。这里提出了三个方面的否定。那是为什么?是一种本性,人之本性让他马上会去救孩子。这样一种不忍人之心是什么心?那就是一种仁心,仁义之心。所以仁义之心是一种善心,这种善心是本性就有的。所以他说:

由是观之,无恻隐之心,非人也;无羞恶之心,非人也;无辞让之心,非人也;无是非之心,非人也。

这几句话,在孟子思想中是很著名的。孟子思想当中有所谓四辨,我们前面讲了王霸之辨。这里实际上是讲的人和非人之辨,即人禽之辨。这种不忍人之心,是人和动物的根本差别。由此看来,没有同情怜悯之心,那简直就不是人了;没有羞耻厌恶之心,那简直就不是人了;没有一种谦辞礼让之心,那就简直不是人了;没有善恶是非之心,也就不是人了。不是人,是什么呢?是禽兽。有没有这"四心",就是人与禽兽的根本区别。这就是人禽之辨。下面,还提到著名的"四端",这四种表现,就是不忍人之心的具体内涵。这样一种与生俱来的不忍人之心,产生了恻隐、羞恶、辞让、是非之心。而这四种心,又是四种道德之源。

"恻隐之心,仁之端也;羞恶之心,义之端也;辞让之心,礼之端也;是非之心,智之端也。人之有是四端也,犹其有四体也。""端",应理解成根基、本端之义。"四体",就是四肢,与生俱来,人之固有,非外所加。有四端,就好比是人身上有四肢一样。这句话非常重要:"人之有是四端也,犹其有四体也。"人一生下来,自然有四肢,没有四肢,就是有缺陷之人了。那这四端,这四种心,四种道德——仁、义、礼、智,也是生下来自然就有的,非外力所加。这是"人之初,性本善"的理论根基,是孟子性善论最主要的一种理论基础。

"有是四端而自谓不能者,自贼者也。""贼",就是残害。有仁、义、礼、智这四种本端,而自己说我不能去做,这就是自己残害自己,把自己的人的本性给割掉了。

"谓其君不能者,贼其君者也。"如果你是一个臣下,说君主不能做到仁、义、礼、智,那你就是残害君主。

"凡有四端于我者,知皆扩而充之矣,若火之始然,泉之始达。苟能充之,足以保四海;苟不充之,不足以事父母。"这四端,人们都有。凡是自己具备这四端,而且能够把四端推广传播到其他人身上,比如作为国君,推广到你统治之国,当今作为领导干部,推广到你的施政措施当中来,这都叫扩而充之。"若火之始然,泉之始达","然",当燃烧讲;就好像火刚刚点燃,就好像泉水刚刚流出。"苟能充之","苟",假若。假若能够将四端推广、扩充,就"足以保四海",完全能够安定天下;如果不扩充,你连奉养父母也做不到。在《梁惠王上》已经有"推恩足以保四海"的话,意思相同。这句话的中心意思是,仁、义、礼、智人人都有,你作为国君,把这一种美德推行到你的政治上去,能使天下人都享受到你的仁政所带来的幸福和美好;可是你作为一个人,如果不去发展、扩充仁、义、礼、智这四端,那么,你连赡养父母也做不到。朱熹《四书章句集注》引程子说:"人皆有是心,惟君子为能扩而充之;不能然者,皆自弃也。然其充与不充,亦在我而已矣。"这篇是孟子性善论主要的论述篇章之一,可以跟《告子上》11·6互相参考。

这一章的核心就是人皆有不忍人之心。所谓不忍人之心,就是善心,就是性善。孟子主要说明以下几点:

第一,人人皆有,与生俱来。善性,是天性禀赋,为人即有;没有者,就不是人。人之初,性本善,在这里说得很清楚。

第二,四德之端,本性向善。不忍人之心是善端,是四德之本端。也就是说,人的本性是以不忍人之心为核心,沿着四端、四根导线向四德发展、延伸。四德就是仁、义、礼、智。所以四德之端,本性向善。

第三,放弃四端,就是自贼。仁、义、礼、智,本来是你内心天生就有的,你不去做,你说你不能,你就是自己残害你自己,把你自己推向了非人,即禽兽。

第四,推恩政治,即仁政。这一章以"人皆有不忍人之心"为论述的核心,落脚点在行仁政,即扩充"保四海"之意,是其主旨。

3·7 孟子曰:"矢人岂不仁于函人哉?矢人唯恐不伤人,函人唯恐伤人。巫匠亦然,故术不可不慎也。孔子曰:'里仁为美。择不处仁,焉得智?'夫仁,天之尊爵也,人之安宅也。莫之御而不仁,是不智也。不仁、不智,无礼、无义,人役也。人役而耻为役,由弓人而耻为弓,矢人而耻为矢也。如耻之,莫如为仁。仁者如射:射者正己而后发;发而不中,不怨胜己者,反求诸己而已矣。"

本章从看似矛盾、对立的两对职业人说起,阐发择仁、处仁、行仁之重要。

"矢人岂不仁于函人哉?矢人唯恐不伤人,函人唯恐伤人。巫匠亦然,故术不可不慎也。""矢",弓箭;"矢人",造弓箭的人。"函人",造盔甲的人。"巫",即巫医,古代治病,祈福与吃药并行,所以巫、医同职。"匠",指木工,此处专指造棺材的人。本段首先摆出两对矛盾:造弓箭的人难道说比造盔甲的人更不仁吗？造弓箭的人唯恐造出来的弓箭不能伤人，弓箭越锋利，杀伤力越大，越说明他干得好；造盔甲的人唯恐造出来的盔甲使人受伤，他造的盔甲越坚实，穿盔甲的人受伤的程度就越轻微。治病的巫医和造棺材的木工也是这个道理：治病的人唯恐治不好病人之病，利人之生；造棺材的工匠则唯恐死的人少，利人之死。所以，对于造箭、造盔甲的人，与为人治病的巫医、替人制作棺材的木工，这个道理是一样的。但恻隐之心，人皆有之，矢人、匠人本非不如函人、巫医之仁，只是由此看来，一个人选择什么样的谋生手段是不能不慎重的呀！

孔子说："里仁为美。择不处仁，焉得智？""里"，是小巷，此为动词，指居住环境。朱熹说："里有仁厚之俗者，犹以为美。"这里孔子讲：里中有仁厚的风俗，那才是最优良的住处。如果选择一个不仁的地方去居住，那怎么能说得上你是聪明呢？

孟子又说："夫仁，天之尊爵也，人之安宅也。"那"仁"是上天给予的最尊贵的爵位，是人最安逸的居处。理解这句话，应该连同3·6章性善论之四德、四端，更深入挖掘其内涵。仁、义、礼、智，皆源四端，与生俱来，为天所与。而仁为四德善性之长，所以称为"尊爵"；与生俱来，为天所与，因称"天之尊爵"。有天理本然，与生而来，人居其里，心处"仁"中，自然最"安"，因而是最安适之居处。

"莫之御而不仁，是不智也。"你只要行仁，没有人能阻挡得了；但是你不行仁，这是很愚蠢的。孟子这句话是说：由孔子所论看,仁为大道,你只要行仁,是没有人能阻挡得了的;你不行仁,那是你自己的事,就是最愚蠢的了。

"不仁、不智,无礼、无义,人役也。人役而耻为役,由弓人而耻为弓,矢人而耻为矢也。""人役",就是奴仆。此句接上文:你既然不行仁,又最愚蠢,自然没有理和义了,那就是别人的奴仆。做别人的奴仆,而又以此为耻辱,就好比造弓的人以造弓为耻,造箭的人以造箭为耻,道理是一样的。道理说得紧凑而雄辩。"如耻之,莫如为仁",如果你以此为耻的话,不如去行仁。

"仁者如射:射者正己而后发。"行仁就好比射箭,射箭的时候,你先端正自己,再发箭。这是用它做比喻:你自己先做一个仁人,做一个善人,再去行善,再去行仁。这就和孔子说的"己欲立而立人,己欲达而达人"是一样的。你要推行仁,你自己先做到,修养自己,修身是第一位的。

"发而不中,不怨胜己者,反求诸己而已矣。"如果射出的箭没有射中,你不要去埋怨、嫉妒那些胜过自己的人,反省自问再去研究就是了。

孟子在这一章中论说的核心是"仁",表达了三层意思:

其一,择仁而居。从矢人与函人、巫与匠之职业说起,提出"术不可不慎",即选择职业不可不慎重;又因孔子之言"里仁为美",强调人要择仁、处仁,要选择仁的职业和有仁厚之俗的地方,择不处仁,是最不明智和愚蠢的。

其二,为仁由己。是不是行仁,关键在你自己。要知仁行仁。要了解:仁,是上天所与的最尊贵的爵位,是人最安适的居处;行仁,是不会遇到阻碍的,做不做,全由你自己,而你不去做,那是最愚蠢的。

其三,行仁先正己。正如射箭,正己而后发。就是你先自己做仁人,再去行仁,叫己仁而后行仁。你做得不好,不要去抱怨和嫉妒那些超过你的人,应该反省自问,在"正己"上找原因,三思而后行。

3·8 孟子曰:"子路,人告之以有过,则喜。禹闻善言,则拜。大舜有大焉,善与人同,舍己从人,乐取于人以为善。自耕稼、陶、渔以至为帝,无非取于人者。取诸人以为善,是与人为善者也。故君子莫大乎与人为善。"

孟子说:"子路,人告之以有过,则喜。禹闻善言,则拜。"子路,作为孔子的大弟子,是一个德行很高的人。其表现之一,就是闻过则喜,极受后人赞许。所以,孟子说:子路这个人,要是有人告诉他,他有错误了,他就非常高兴。因而朱熹曾评价说:子路"喜其得闻而改之,其勇于自修如此"。宋代周敦颐则称赞说:"仲由喜闻过,令名无穷焉。"而程颐则认为:子路的闻过则喜"亦可谓百世之师矣"。而禹不等有过,只要听到好的治国意见和建议,就会屈己下拜,给人家行礼。这实际上是广开言路,受天下之善。

"大舜有大焉,善与人同,舍己从人,乐取于人以为善。"大舜,又有伟大于子路和禹的地方。他有善事,就和天下人共同分享,和其他人一起行善。自己不能尽善时,就舍掉自己的缺点去服从别人的优点,高高兴兴地吸取天下人的优点来做好事。

"自耕稼、陶、渔以至为帝,无非取于人者。"大舜从在历山耕田种地,到在黄河岸边烧窑制陶,再到在雷泽打鱼为生,以至做了帝王,没有一个优点不是从别人那里吸取来的。

"取诸人以为善,是与人为善者也。故君子莫大乎与人为善。"吸取别人的优点来成就自己的善行,看到别人的缺点,就以自己的善行来帮助别人,这就是跟其他人一起来行善了。

"故君子莫大乎与人为善。"所以君子,最高的德行就是协同他人一道去行善。首先是你自己做得好,再带动其他人一起去行善,那天下就都行善了,那这个国家不就成了一个文明之国吗?

这一章的核心内容是讲圣贤乐善。这些圣贤很喜欢、很高兴去行善。这个行善又以三个人物为代表分三个层次:

一是子路。子路是闻过则喜,闻过必改,勇于自我修养。作为一个人来讲,子路可做百世之师。这是第一个层次。

二是禹。禹是闻善则拜。作为天子,听到善言善行就去给人家行礼,不等有过则改,见善而敬,见善而行,广纳天下之善言善行来治国。这是第二个层次。

三是大舜。大舜不但自己行善,还善与人同。与人为善,跟大家一起去行善,这样的话,就能使天下之人都来行善了。

三个不同的层次,第一个是自己做,闻过则喜,做好事;第二个是善于吸取天下人的善去为天下做善事;大舜是最高层次,就是跟他人一起行善,这样的话,天下就都行善了。朱熹认为："此章言圣贤乐善之诚，初无彼此之间。故其在人者有以裕于己，在己者有以及于人。"而最后达到"能使天下之人皆劝于为善"，这是一个最好的总结。

3·9 孟子曰："伯夷，非其君，不事；非其友，不友。不立于恶人之朝，不与恶人言；立于恶人之朝，与恶人言，如以朝衣朝冠坐于涂炭。推恶恶之心，思与乡人立，其冠不正，望望然去之，若将浼焉。是故诸侯虽有善其辞命而至者，不受也。不受也者，是亦不屑就已。柳下惠不羞污君，不卑小官；进不隐贤，必以其道；遗佚而不怨，厄穷而不悯。故曰：'尔为尔，我为我，虽袒裼裸裎于我侧，尔焉能浼我哉？'故由由然与之偕而不自失焉，援而止之而止。援而止之而止者，是亦不屑去已。"孟子曰："伯夷隘，柳下惠不恭。隘与不恭，君子不由也。"

本章可分为两部分：上部分评伯夷之事，下部分评柳下惠之事。最后孟子作以结论性品评，点明本章主旨。先看上部分，述伯夷之事。

孟子曰："伯夷，非其君，不事；非其友，不友。不立于恶人之朝，不与恶人言；立于恶人之朝，与恶人言，如以朝衣朝冠坐于涂炭。"

"涂"，泥泞之路。"炭"，黑色的灰炭。孟子说：伯夷，不是他理想的君主,他不去效力;不是他喜欢的朋友,他不去结交。他不肯在那种恶人的朝里做官,不站在暴君的朝廷上,也不去和坏人交谈。他认为如果站在暴君的朝廷上,如果同坏人去交谈,就好比是穿着官服戴着官帽坐在泥污之路的灰炭之上。

"推恶恶之心,思与乡人立,其冠不正,望望然去之,若将浼焉。"第一个"恶",读wù,作动词,厌恶。"乡人",乡间平常人。"浼",读měi,玷污。"望望然",朱熹称为"去而不顾之貌"。他推想自己厌恶恶人恶朝的心,就好比跟一个乡野村夫站在一起;他的帽子戴得不正,邋邋遢遢,那就毅然决然地离开他;如果不赶快离开,就好像是被玷污了一样。

"是故诸侯虽有善其辞命而至者,不受也。不受也者,是亦不屑就已。"因此,各国的诸侯们即使有善于辞令的来这里聘请他,他也不接受。他之所以不接受邀请,就是因为不屑于去。这是讲的伯夷的情况。在《孟子·万章下》还要讲到伯夷,说伯夷是"圣之清者",太清高了。再看下段,柳下惠的情况。

柳下惠不羞污君,不卑小官;进不隐贤,必以其道;遗佚而不怨,厄穷而不悯。故曰:"尔为尔,我为我,虽袒裼裸裎于我侧,尔焉能浼我哉?"故由由然与之偕而不自失焉,援而止之而止。援而止之而止者,是亦不屑去已。

"遗佚",遗弃、罢免。"厄穷",困厄、穷困。"袒(tǎn)裼

(xī)",内外见而无衣。"裸裎(chéng)",露身。"由由然",愉悦之貌。柳下惠却不是这样,他不以侍奉不好的君主为耻辱,也不以做小官太卑微而不做。用今天的话说,不管是暴君坏君,我都去效力;不管是小官大官,我都去做;虽然去做官,但是不掩盖自己的美德和能力。换句话说,我坚持自我,保持洁身自好,但是我还要去干。"必以其道",这个"道"就是原则。我虽然去做,但是我并不去跟对方同流合污,我坚持我的原则。入流之中,但不随波逐流。遭到了遗弃罢免也不怨恨,到了穷困的境地也不忧伤。就是说,你是你,我是我;即使是袒胸露乳、衣不蔽体的粗野之人,就在我的旁边,你怎么能够玷污我呢?因而也能够做到高高兴兴与其和谐相处,总是不失掉自己的本分。当他要离去的时候,有人要挽留他,他便留下来;而之所以让他留下他便留下,那也是因为他不屑于离开。你看,他和伯夷是完全不一样的。

孟子曰:"伯夷隘,柳下惠不恭。隘与不恭,君子不由也。"

孟子评判说:伯夷狭隘,气量太小,太清高,什么人都容不得;柳下惠不够庄重,与什么人都靠近,和什么人都结交,显得不自重。狭隘和不庄重的事,君子是不去做的。

在这里,孟子是通过伯夷和柳下惠来说明什么问题呢?他提出了在那个时代如何做一个理想君子的问题。在上、下两部分关于伯夷和柳下惠的述说和评析中,孟子认为:伯夷太清高，清高到狭隘了；柳下惠太随和，随和到不庄重了。君子怎么做呢？君子既要清高，也要随和。清高但不要狭隘，随和但不要不庄重。那应该怎么做？应该有中庸之道，就是不要极端。这里有的学者就提出了一个问题，说孟子是不是对伯夷和柳下惠的评价矛盾？在后面的《万章下》里面，孟子评价伯夷是"圣之清者也"，是圣人当中很清高的人；柳下惠是"圣之和者也"，说柳下惠是圣人当中很随和的人。这是说圣人各有特点，一个是清高之人，一个是随和之人，并没有直接去品评。甚至有的人怀疑这一章不是孟子写的，有可能是他的弟子写的。但细加分析，并不矛盾。在本章中，伯夷、柳下惠虽各有不同甚至相反的表现，但都具有圣人的德行——道德高洁、品行廉正，只是其做法都有极端与偏颇而已。这反映出在孟子眼中，他们不是孔子那样的完人。"自有生民以来，未有孔子也"，孔子是圣人当中最完美的人，伯夷、柳下惠虽是圣人，但并不是最完美的。因而，孟子认为伯夷、柳下惠不足以成为君子效法的榜样。这正是孟子一贯遵行的客观态度。

公孙丑下

王志民 解读

4·1 孟子曰:"天时不如地利,地利不如人和。三里之城,七里之郭,环而攻之而不胜。夫环而攻之,必有得天时者矣;然而不胜者,是天时不如地利也。城非不高也,池非不深也,兵革非不坚利也,米粟非不多也;委而去之,是地利不如人和也。故曰:域民不以封疆之界,固国不以山溪之险,威天下不以兵革之利。得道者多助,失道者寡助。寡助之至,亲戚畔之;多助之至,天下顺之。以天下之所顺,攻亲戚之所畔;故君子有不战,战必胜矣。"

本章是孟子散文中的名篇。开首一句即提出核心论点:"天时不如地利,地利不如人和。""天时",天象之助。"地利",城池之固。"人和",得民心之和。开宗明义:用兵打仗,天气、时日等天象条件固然很重要,但是,天时不如地势险阻、易守难攻等地利条件重要,地利又不如民心所向、万众一心、英勇奋战等人的因素关键。为什么会有这样坚定、明确的结论?请看下面的论证。

"三里之城,七里之郭,环而攻之而不胜。夫环而攻之,必有得天时者矣;然而不胜者,是天时不如地利也。""郭",外城。"环",包围。方圆三里的小城,七里的外城,用重兵包围来攻打,却难以取胜。进攻旷日持久,要决心取胜,这必然是天象、时日很有利于攻城的一方;但竟然没有取胜,这就是天时不如地利的明证了。这里很雄辩地论析了第一个论点:天时不如地利。下面论说第二个论点。

"城非不高也,池非不深也,兵革非不坚利也,米粟非不多也;委而去之,是地利不如人和也。""池",指护城河,在古代有高城宽河,才能够防御敌人。城墙并非不高,护城河并非不深,说明守城设施很优越。"兵革非不坚利也",这个"兵"指武器,"革"主要是指盔甲,是说兵器并非不坚硬锋利。"米粟非不多也",也就是说守城的粮食也多。以上强调城池坚固、装备精良、粮草充足,说明守备的条件是很好的。"委而去之","委",这里当放弃讲。放弃守城,不攻自破。也就是说,守城的统帅不得民心,老百姓不愿意为他守城。敌人一来,虽然有抵抗的优越条件,但不得民心,人们纷纷弃城而去,城池不攻自破了。这就是地利不如人和的紧要。

故曰:域民不以封疆之界,固国不以山溪之险,威天下不以兵革之利。得道者多助,失道者寡助。寡助之至,亲戚畔之;多助之至,天下顺之。以天下之所顺,攻亲戚之所畔;故君子有不战,战必胜矣。

如果说上面用递进式讲了天时、地利、人和之间关系的道理,那么下面则是得出一种结论。"域民不以封疆之界","域"就是界限的意思,这里当限制讲。一个国家管理老百姓,不是靠着疆界上的重兵严守。"固国不以山溪之险",巩固国防也不是只靠着山河险阻的地利优势。"威天下不以兵革之利",威服天下,稳固统治,也不是单纯靠装备精锐武器的士兵来压制的。

"得道者多助,失道者寡助。"在这里,道是指行仁政,得民心。总体来讲,你能够兴道,就能得到人民广泛的支持和帮助;没有道义,支持的人就很少。"寡助之至,亲戚畔之。""畔",同"叛",帮助者少,少到极点,连你的亲戚也会背叛你。在古代,凡是有血缘关系的就称亲戚。"亲",指族人,就是你的本家本族之人;"戚",指有亲缘关系的外姓之人。帮助者少到极点,连你最亲近的人都会背叛你。"多助之至,天下顺之。"前面已经讲了,"保民而王,莫之能御",行仁政,天下的老百姓都会来支持你,都会来归顺你。"以天下之所顺,攻亲戚之所畔;故君子有不战,战必胜矣。"想一想吧,让天下老百姓支持的人,来攻打连亲戚都背叛的人,除非前者不想攻打,如果要打,必胜无疑呀!

这一章是《孟子》具有独特性的名篇。其特点,我觉得主要有三点:一是有名言。"天时不如地利,地利不如人和""得道多助,失道寡助",是千古传颂的至理名言,妇孺皆晓,深入人心。二是极雄辩。通篇论证,简洁明了,逻辑严密,首提论点,分层论证,势如破竹,说服力极强。这在《孟子》书中并不多见。三是巧显主旨。通篇未说民心,民心凸显;通篇未提行仁政,仁政是关键。

从思想内涵看,值得我们关注的是,这是《孟子》中较少专论的话题——孟子的战争观。战国时期是一个列国争雄,战争频扰的时期。孟子身处这样一个时代,不可能不对战争发表看法。在这一章里面,可以说在很大程度上表述了孟子的战争观。结合《孟子》全书,我觉得有两个方面很值得我们在这里做一下简析。

第一,从总体上来讲,孟子并不是反对一切战争。当然,只要是战争,就会对人民造成伤害。他所反对的是不义之战,他并不反对正义的战争。什么是正义的判定标准呢?民心、仁政。得天下者,得民心而已。从孟子的思想上看,一种就是施以仁政之国攻打行暴政之国。这样的战争,他是支持的,这是正义的战争。在孟子看来,如果齐国是个施仁政的国家,它去攻打不得民心的燕国,这就是正义的。另一种就是被攻打国家的民心是欢迎和拥护被攻打的,这样的战争是正义的战争。我们在《梁惠王上》已经讲过,当时燕人叛之,齐国去攻打燕国的时候,燕国的老百姓非常欢迎。因为齐国是为了除掉一个众叛亲离的暴政之君,这是正义的战争。孟子并不反对这样的战争。

第二,就是阐明决定战争胜负的是什么。在这一章里,孟子实际上提了两点:一是天时不如地利,地利不如人和。这是核心的一个观点。那么在战争里面,天时重不重要?很重要。但是它和地利相比,不如地利重要;地利又不如人和,最终决定战争胜负的还是人。在天、地、人这三者之间,人是最核心、最宝贵的决定因素。这表明了孟子的人本思想。在这里,人是指人和,关键是"和"字。得到民心,自然团结一致,众志成城,这才叫人和。所以与天时、地利相比较,人和是战争胜利的决定性因素。

第三,就是得道多助,失道寡助。决定能不能打胜仗的主要是能否得道,得道者战必胜矣。道是什么?我觉得在本章中,至少有三种含义:一是我们说的正义战争;二是行仁政者发动的战争,如剪除暴政之战;三是最主要的,是人民拥护的战争。第三种又包括两个方面:一是被攻打国家的人民拥护。被攻打的国家如果失掉了人和,围而取之,你不用打,对方的老百姓也会打开城门,欢迎你进来。二是主战方的人和,人民支持,踊跃参战,必能战胜敌人。

这里面,得到老百姓的支持、上下同仇敌忾是关键,比如我们的抗日战争。我们为什么能够打胜?毛主席在《论持久战》中提出,最后我们必胜。为什么?因为得道。反对法西斯,我们为中华民族的生存而战,因此得到全国人民乃至世界人民的支持。可以说,在这个事情上,得道多助、失道寡助是一条颠扑不破的铁律。

这一章,孟子谈的主要是战争胜负的因素,但实际上这里面表达了他一系列的核心思想:天、地、人的关系,人本思想,仁政思想,道义问题等。因而,这一章是对后代影响巨大,具有历史通透性的名篇。

4·2 孟子将朝王，王使人来曰："寡人如就见者也，有寒疾，不可以风。朝，将视朝，不识可使寡人得见乎？"

对曰："不幸而有疾，不能造朝。"

明日，出吊于东郭氏。公孙丑曰："昔者辞以病，今日吊，或者不可乎？"

曰："昔者疾，今日愈，如之何不吊？"

王使人问疾，医来。

孟仲子对曰："昔者有王命，有采薪之忧，不能造朝。今病小愈，趋造于朝，我不识能至否乎？"

使数人要于路，曰："请必无归，而造于朝！"

不得已而之景丑氏宿焉。

景子曰："内则父子，外则君臣，人之大伦也。父子主恩，君臣主敬。丑见王之敬子也，未见所以敬王也。"

曰："恶！是何言也！齐人无以仁义与王言者，岂以仁义为不美也？其心曰，'是何足与言仁义也'云尔，则不敬莫大乎是。我非尧舜之道，不敢以陈于王前，故齐人莫如我敬王也。"

景子曰："否；非此之谓也。《礼》曰：'父召，无诺；君命召，不俟驾。'固将朝也，闻王命而遂不果，宜与夫礼若不相似然。"

曰："岂谓是与？曾子曰：'晋楚之富，不可及也；彼以其富，我以吾仁；彼以其爵，我以吾义，吾何慊乎哉？'夫岂不义而曾子言之？是或一道也。天下有达尊三：爵一，齿一，德一。朝廷莫如爵，乡党莫如齿，辅世长民莫如德。恶得有其一以慢其二哉？故将大有为之君，必有所不召之臣；欲有谋焉，则就之。其尊德乐道，不如是，不足与有为也。故汤之于伊尹，学焉而后臣之，故不劳而王；桓公之于管仲，学焉而后臣之，故不劳而霸。今天下地丑德齐，莫能相尚，无他，好臣其所教，而不好臣其所受教。汤之于伊尹，桓公之于管仲，则不敢召。管仲且犹不可召，而况不为管仲者乎？"

孟子将朝王，王使人来曰："寡人如就见者也，有寒疾，不可以风。朝，将视朝，不识可使寡人得见乎？"

对曰："不幸而有疾，不能造朝。"

明日，出吊于东郭氏。公孙丑曰："昔者辞以病，今日吊，或者不可乎？"

曰："昔者疾，今日愈，如之何不吊？"

孟子想要去拜见齐宣王，齐宣王马上派人向孟子解释说：我应该到您这儿来看望您，但是我受了风寒，不能见风。"朝，将视朝，不识可使寡人得见乎？"第一个"朝"（zhāo）是早上的意思。明天早上我将要临朝办公，等我上朝的时候，不知道可不可以见到您。意思就是，不知道能不能明天早上我去临朝办公的时候，您来见我。

这里我们需注意，是孟子先提出来要去见齐宣王的，齐宣王解释说我今天确实不能见你，但是我也很想登门拜访，那我们能不能明天早上我上朝办公的时候再见？这个话说得很谦逊，我们能感觉出来，齐王虽然因病或假托有病拒绝了见孟子,但表达出了对孟子的尊敬。

孟子如何回答呢？"不幸而有疾,不能造朝。"很不幸,我也生病了,明早我不能去朝堂上见齐王。从这里我们可以看到一点,齐王的拒绝是客气、虔敬、委婉的,孟子的拒绝是直接、生硬、理由敷衍的,表现出孟子在权贵面前"说大人则藐之"的独立人格精神。这是一个对比,也是见与不见一对矛盾的出现。而令矛盾陡然升级的是下面孟子的行动。

"明日,出吊于东郭氏。公孙丑曰:'昔者辞以病,今日吊,或者不可乎？'"到了第二天,孟子到朋友东郭大夫家吊丧去了。弟子公孙丑说:您昨天推辞说有病不能去见王,可是您今天不去见王也就罢了,却到东郭大夫家里吊丧。您这样做是不是太不合适了？

在这里,孟子与齐王矛盾突起,原因在孟子:齐王不见,假托生病,虽未知真假,尚可信之;孟子当即回复来使,说自己也有病,虽显造假,尚能敷衍;而孟子出吊东郭大夫,等于公开对齐王说假话,连自己最亲密的学生也觉得太过分了,因而有公孙丑"或者不可乎？"的质疑。

结果孟子说:"昔者疾,今日愈,如之何不吊？"昨天我是有病,可是今天好了,我为什么不能去吊唁呢？孟子之言,看似有理,实际难以敷衍。见齐王和吊东郭,哪个轻,哪个重,不言自明,孟子却就轻避重,使矛盾升级。而问题更尖锐的是下面。

王使人问疾,医来。

孟仲子对曰:"昔者有王命,有采薪之忧,不能造朝。

今病小愈,趋造于朝,我不识能至否乎?"

使数人要于路,曰:"请必无归,而造于朝!"

不得已而之景丑氏宿焉。

我们看这一部分,将矛盾的尖锐冲突推向了高潮。齐王并不知道孟子是装病,就派了使者去看望他,并带了医生给他看病。而又因为孟子到东郭氏家吊丧去了,孟子的堂弟孟仲子赶紧一面应付齐王使者,一面安排通知孟子。孟仲子替孟子应付说:昨天大王有命令来,但我老兄有点小毛病——"采薪之忧"。"忧",指小病。"薪",指柴。"采薪之忧",即不能打柴的小毛病。就是说,他昨天生了点小病,所以没有亲自去朝堂上拜见齐王;今天这个小病已经稍微好一些了,就赶紧到朝堂上去了,我不知道现在能不能到达了。然后,孟仲子又"使数人要于路"。"要",做动词用,阻挡的意思。孟仲子派了好几个人在好几条路上拦截孟子,告诉他千万不要回来,赶快到朝堂上去见齐王。

这里没说孟子怎么回答的。但从"不得已而之景丑氏宿焉",我们可以看到事情的结果:孟子到友人景丑那里去借宿了。

下面这段对话表明,连景丑也感觉到孟子太过分了。

景子曰:"内则父子,外则君臣,人之大伦也。父子主恩,君臣主敬。丑见王之敬子也,未见所以敬王也。"

曰:"恶!是何言也!齐人无以仁义与王言者,岂以仁义为不美也？其心曰，'是何足与言仁义也'云尔，则不敬莫大乎是。我非尧舜之道，不敢以陈于王前，故齐人莫如我敬王也。"

这一部分，是这一叙事的理论结点。以景子批评孟子之语，引出孟子对齐王"大不敬"之因；以孟子与公孙丑、孟仲子、景丑的差异，突出孟子的政治主张和高尚的人格情操。景子说："内则父子，外则君臣，人之大伦也。"对内的父子关系，对外的君臣关系，这是人与人之间最重要的关系。拿到我们今天来讲也是这样。家庭中父子之间的关系，社会中领导和下属之间的关系，都是最重要的关系。父子关系处理好了，那整个家庭就和顺了；你在单位与领导关系处理好了，于你个人的工作有利，也有利于整个单位的发展。这都是人之大伦。

在父子关系里面，他说，"父子主恩"，父子之间主要是讲亲情，讲慈爱。父亲对儿子要慈爱，儿子对父亲要孝顺。父慈子孝，这是主要的，所以说父子主恩。"君臣主敬"，君臣之间要讲恭敬。在儒家思想里，君对臣要仁，要讲仁义，这就是对臣的敬；臣对君要忠，这个忠也就是敬。当然，君臣之间这个敬，是有分别的。

景丑说："丑见王之敬子也，未见所以敬王也。"我看到了大王对你的尊敬，却看不到你敬大王的行动。我们讲到这里，的确，按照常规的人情事理，景丑说的是不错的。但是，你看孟子的回答，"恶！是何言也！齐人无以仁义与王言者，岂以仁义为不美也？其心曰，'是何足与言仁义也'云尔，则不敬莫大乎是"。孟子说：哦！你这是什么话！齐国没有一个用仁义的道理来向齐王提建议的人，难道说他们认为仁义不好吗？这些齐人之所以不向齐王进言，劝他行仁义，是他们心里觉得不值得与齐王来谈仁义罢了。这个"云尔"，是一个语气词，表示也就是这样罢了。由此说来，对齐王的不敬没有比这更大的了。

"我非尧舜之道，不敢以陈于王前，故齐人莫如我敬王也。"不是尧舜之道，我不敢去跟齐王谈。尧舜之道，就是仁义之道。因此，齐人不如我尊敬齐王。

景子谈的是小敬，孟子谈的是大敬；两人的境界不同，认识上的差异自然巨大。所以，景子还是不能理解孟子之言，接着说：

景子曰："否；非此之谓也。《礼》曰：'父召，无诺；君命召，不俟驾。'固将朝也，闻王命而遂不果，宜与夫礼若不相似然。"

曰："岂谓是与？曾子曰：'晋楚之富，不可及也；彼以其富，我以吾仁；彼以其爵，我以吾义，吾何慊乎哉？'夫岂不义而曾子言之？"

"无诺"，不要只是应诺。"不俟驾"，不等车驾来。景丑又说：不，我说的不是这个意思。《礼》上说：只要父亲召唤，你就赶快去，唯命是从，不能只是答应而不行动；只要国君的命令来了，就应闻声而动，不要等到备齐车马才去。你本来将要朝见齐王,结果听到齐王召唤,反而不去见了,这与礼太不相符了吧!

孟子就说,"岂谓是与?"难道你说的是这个吗?在这里,孟子用反问表明:我的意思,并不是像你说的那样。因而下面引用曾子的话来解说。曾子说:比起晋人、楚人那样的财富之多,我确实赶不上;他有他的财富,我有我的仁爱;他有他的官位权势,我有我的正义之道;我又有什么缺失的呢?这是引的曾子的话。就是说,他拥有资财,我富有仁爱;他拥有权势,我富有正义;我的仁爱、正义完全比得过他的财富、权势,我什么也不少。如果这话是不正义的,难道曾子能说吗?孟子借用曾子的话来回答了景丑的指责。

> 是或一道也。天下有达尊三:爵一,齿一,德一。朝廷莫如爵,乡党莫如齿,辅世长民莫如德。恶得有其一以慢其二哉?故将大有为之君,必有所不召之臣;欲有谋焉,则就之。其尊德乐道,不如是,不足与有为也。

这一段是孟子的话。"是或一道也",这应该是一个道理。他就接着上面转述的曾子的话继续说。"天下有达尊三","达尊",就是最尊贵的;有三种人是最尊贵的:一个是有爵位者,一个是年长者,一个是有德者。在朝廷里面论官职,在乡里民众之间论年龄,辅助君主治理国家要靠德。"辅世长民",即辅助君主来管理老百姓。这个"长",在这里做动词,就是做民之长,做管理老百姓的官。相比之下,德是最尊贵的。"恶得有其一以慢其二哉?"意思是,怎么能够由一点而急慢、忽视其他的两点呢?在这里也就是说,他是王,那也不能因为他有其一,就忽视其他的。达尊者应该有三。所以他下面说,"故将大有为之君,必有所不召之臣"。所以,将来要大有作为的君主,必然有不能召唤的那种大臣。"欲有谋焉",这个"谋"是商量的意思,如果想要商量事情,"则就之",那你亲自去就是了。"就之",就是亲自去。如果齐王尊重道德,乐意去做这种仁政之事,那我们信任他;如果不是这样的话,那就不值得跟他在这里做事了。

这里,他实际上是回应了说他不合乎大礼的指责。

我们接着往下看。

> 故汤之于伊尹,学焉而后臣之,故不劳而王;桓公之于管仲,学焉而后臣之,故不劳而霸。今天下地丑德齐,莫能相尚,无他,好臣其所教,而不好臣其所受教。汤之于伊尹,桓公之于管仲,则不敢召。管仲且犹不可召,而况不为管仲者乎?

这里,孟子是借用了商汤和桓公的例子,再来强化他前面所说的这个道理。基于这个道理,商汤对于伊尹(汤是商朝的开国君主,伊尹是商汤时期的贤臣),"学焉而后臣之",先拜伊尹为师向他学习,再封他为大臣。因此,商汤能够不费力就统一了天下。那桓公对于管仲来讲,也是先向管仲学习,然后封他为大臣,因此,桓公也不费力就称霸了。"今天下地丑德齐",这个"丑"是当相同讲。杨伯峻《孟子译注》引《方言》解释说:"丑,同也,东齐曰丑。"意思是山东东部说相同就说"丑"。因为这是在齐国,所以孟子就说齐国方言。天下各个大国在这里相互争夺,他们的土地、他们的德行也都差不多,但是都不能凌驾于其他人之上,不能做大,不能统一天下,没有别的原因,就是这些大王都喜欢大臣听他说教,而不喜欢大臣来教导他。按照今天的说法,就是当官的喜欢对别人说教,而不愿意别人给他提出真正的建议和意见。

说汤对伊尹,桓公对管仲,都不敢随便召唤。桓公对管仲都不敢随便召唤,更何况连管仲都不愿意做的那个人呢!"不为管仲者",就是不愿意做像管仲那样的人。这里是指谁?指的是孟子自己。在《公孙丑》上篇,孟子和公孙丑的对话当中就提到,"管仲、晏子之功,可复许乎?"这里又重复说,像管仲那样的人,我不愿意做。既然连管仲都不可以随意召唤,那我,齐王随便来召唤,我就应该去吗?

这一章是在《公孙丑》下篇当中比较长的一章。整体来看,可以分为两个部分:开头至"不得已而之景丑氏宿焉",这是上半部分;其余的可以做下半部分。

上半部分可以说主要是讲故事。矛盾冲突一波三折,妙趣横生,跃然纸上。要说事情很简单:孟子要去见齐王,齐王派人来解释,然后想请孟子去朝堂上相见。孟子不去,却到东郭氏家吊唁。然后齐王又派人来问候他。孟仲子请他赶快到朝堂上去,他不但不去,反而到景丑家里借宿,最后也没有去见齐王。故事简单明了,但情节往复,可以说是一波三折。

第一个波折：孟子想见王，王派人来解释。孟子拒绝了。

第二个波折：孟子不同意第二天早上去朝堂上面见王，但又出吊东郭氏。你不去，借口有病也不要紧，可是你又去东郭氏家吊唁。故其弟子公孙丑作评，质疑孟子做法。

第三个波折：王使人来问疾，带了医生来。孟仲子在这里应对，而且通知孟子赶快到朝堂上去，孟子不但拒绝，而且到了景子家里借宿。由其堂弟的表现来凸显孟子的作为。

这个故事字数不多，但是一波三折。在这里面齐王做了两件事，都表达了对孟子的尊重。孟子却是三拒三不敬：一请不到是不敬；二是不去朝堂反去吊唁，也是不敬；三是拒见使者，干脆住到别人家里去了，更是不敬。所以，如果我们按照人的常情来理解，很容易感受到这个故事里面存在这样一种矛盾，这个矛盾应该是由孟子引起的，它的实质就是位高势重的齐王跟孟子之间，在德和道层面上的一种冲突。这一点，孟子在后面还要一一做解释。

这是上篇的故事。下篇借助回答孟仲子的话和景子的话，谈出了他对这个问题的一些认识。第一，什么是敬。实际上孟子在这里谈的就是敬和大敬的差别。景子说的敬，那是君臣交往之间的礼仪之敬。孟子说的大敬是什么？"我非尧舜之道，不敢以陈于王前。"就是说，君臣之间，劝齐王行仁义之道，这才是大敬，这才是礼。第二，什么是大义。孟子在这里讲到，大德就是大义。他说，"天下有达尊三"，这里面"辅世长民莫如德"。大德才是礼，并不是说我去见他是礼。所以在这里强调了这个"德"。再一个，就是能够劝君"尊德乐道,不如是,不足与有为也"。那么,劝君尊德,去行道,这就是大德。如果这个君不行道,就不值得去跟他做事。这里面的道,实际上还是孟子讲的行仁政,这才是大敬、大义、大德、大道。

孟子借回答景子的责问,谈了君臣之间大敬、大义、大德和大道的关系。最后,他又以商汤对伊尹、桓公对管仲为例,来抨击那种"好臣其所教,而不好臣其所受教"的行为,由此也回答了他为什么不去见齐王。实际上孟子是借这样一个和齐王之间发生的冲突,激励齐王大行仁道。所以我们也可以说,这一章记载了孟子在齐国推行他的仁政主张的非常重要的一次实践。

4·3 陈臻问曰:"前日于齐,王馈兼金一百而不受;于宋,馈七十镒而受;于薛,馈五十镒而受。前日之不受是,则今日之受非也;今日之受是,则前日之不受非也。夫子必居一于此矣。"

孟子曰:"皆是也。当在宋也,予将有远行,行者必以赆;辞曰:'馈赆。'予何为不受?当在薛也,予有戒心;辞曰:'闻戒,故为兵馈之。'予何为不受?若于齐,则未有处也。无处而馈之,是货之也。焉有君子而可以货取乎?"

这又是孟子在齐国的一个活动。这个活动主要是跟弟子陈臻的对话。陈臻问孟子:"前日于齐,王馈兼金一百而不受。"虽然没有直接记载,但是我们从他们的对话中可以得知,前些天齐王赠送孟子兼金,孟子没有接受。"兼金",就是最好的金子。金子,在那个时期主要是指铜。"兼金",就是铜合金,价格也会加倍。金,作为货币,单位是镒,又称镒金,一镒相当于后来二十两。也就是说,齐王给孟子送一百镒兼金,孟子不接受;可是在宋国的时候,宋君赠送七十镒,孟子却接受了;在薛国的时候,薛君赠送五十镒,孟子也接受了。那么陈臻就感到不可理解了:如果之前您不接受金子是对的,那么今天您接受就错了;如果今天您接受金子是对的,那么之前您不接受就是错的。二者必居其一。也就是说,你在这三个地方的三种做法,一定有一种是错误的。

孟子说:都是对的。在宋国的时候,我将要远行,"行者必以赆"。这个"赆(jìn)",是特指送给出行者的礼金,我们今天叫盘费。孟子说:我将要远行,行者必然要有盘费,这就叫"馈赆",馈赠礼金,或者叫送盘费。"予何为不受?"我为什么不接受呢?我出发正好需要啊!"当在薛也,予有戒心",我在薛国的时候,是有戒备之心。这里面有一个故事,说是孟子在薛国的时候,曾经有人想加害他,所以孟子说他当时有戒备之心。薛国的国君说:"闻戒,故为兵馈之。"薛君听说我需要防身的东西,送我这五十镒金来让我制造防身武器。那我为什么不接受呢?所以在这两个地方,一个国君送给我金子当盘费,另一个国君送我金子打造防身的武器,我为什么不接受呢?至于在齐国,"则未有处也",这个"处",我们今天也可以说出处,这里是理由的意思。在齐国,我没有理由接受齐王给我的钱。"无处而馈之,是货之也。"这就是平白无故送财货给我。没有任何正当理由,接受他人送的金钱,我们今天把这称为贿赂。"焉有君子而可以货取乎?"哪里有道德高尚的君子随便接受别人贿赂的呢?

这段对话里边透露了一些孟子在齐国的活动,对研究孟子的生平事迹也是很有价值的。在史书中,关于孟子生平事迹的记载实际上是很少的。在《史记》里,孟子跟荀子合传,仅仅是记了很少的一部分。孟子这一生做了哪些事情,特别是他在周游列国时,都有一些什么活动?正史记载得很少。我们解读《孟子》,就要善于在一些篇章里挖掘孟子的生平活动。看这一篇比较短的文章,我们就知道,他曾经在齐、宋、薛,跟这些国的国君都发生过或受礼或不受礼的一些活动。

本章内容的核心,我觉得主要是突出一个"义"字;这个"义",也就是受和不受的原则。那么,孟子接受礼金和不接受礼金的原则是什么?就是这个"义"字。孟子讲了在宋为什么接受,在薛为什么接受,特别是回答了在齐不接受百镒之金的原因,就是不合"义",来路不正。用我们今天的话来说,就是不接受这种不义之财。不义之财,取之有罪。孔子在《论语》中说:"不义而富且贵,于我如浮云。"不义之财,那是不能随便取的。所以在这里,孟子是继承和发扬了孔子这种"义"的思想。

"无处而馈之,是货之也。焉有君子而可以货取乎?"最后这一段话是说,没有任何理由就随便接受别人的金钱,别人就会认为你是跟这个"货"相当的一个人,就等于把自己放低到跟"货"一样。"货之也",就是金钱可以买通的人。道德高尚的人是不为的。没有任何理由，随便接受别人的贿赂，那你的道德就是低贱的。我觉得这一点，对我们今天也是很有启发和警示意义的。

4·4 孟子之平陆，谓其大夫曰："子之持戟之士，一日而三失伍，则去之否乎？"

曰："不待三。"

"然则子之失伍也亦多矣。凶年饥岁，子之民，老羸转于沟壑，壮者散而之四方者，几千人矣。"

曰："此非距心之所得为也。"

曰："今有受人之牛羊而为之牧之者，则必为之求牧与刍矣。求牧与刍而不得，则反诸其人乎？抑亦立而视其死与？"

曰："此则距心之罪也。"

他日，见于王曰："王之为都者，臣知五人焉。知其罪者，惟孔距心。"为王诵之。

王曰："此则寡人之罪也。"

"平陆"，这是齐国的一个县邑。"持戟之士"，是指拿着武器值班的士兵。"失伍"，即不在班。孟子到平陆去，跟这里的长官孔距心说：你这里值班的战士，如果一天中三次离岗不在班，你是不是就开除他？孔距心回答，"不待三"，不用等到三次，就是说，他只要犯一次，我就把他开除了。可见，这个大夫还是一个很负责任、治军严明的人。孟子怎么说呢？"然则子之失伍也亦多矣。"但是，你就像这个士兵离岗一样，失职也很多。这个回答,应该是出乎孔距心意料的。孟子并没有等对方辩解,接着说出理由:你的职责是保护老百姓,但"凶年饥岁,子之民,老羸转于沟壑,壮者散而之四方者,几千人矣",灾荒之年,你这里那些老幼病弱百姓的尸体都暴露在沟壑之间,那些青壮年都四处逃荒要饭去了,小小平陆,达到数千人,难道说这不是你失职吗?"老羸",这里代指老人和小孩。"此非距心之所得为也。"孔距心辩解说:这不是我孔距心一个人能够管得了的。这里的意思是,我作为一个县官,老百姓遇到荒年,我是无能为力的,我解决不了他们遭受的灾难。言外之意,这是国君施政的事,并不是我失职。

> 曰:"今有受人之牛羊而为之牧之者,则必为之求牧与刍矣。求牧与刍而不得,则反诸其人乎?抑亦立而视其死与?"
> 曰:"此则距心之罪也。"

"牧",指牧场草地。"刍",指畜草。"抑",或者。然后孟子就说:现在有人受托为别人管理牛羊,他就应该要为牛羊寻找牧场和可吃的草。如果牧场和草寻找不到,那他难道还要将牛羊交还给原主人吗?或者他就站在那里,看着牛羊活活饿死?这个道理说得非常尖锐:你受国君任命来这里担任大夫,就应该对老百姓的生死祸福负责;现在遇到荒年,你就应该负责,难道还要把责任推给国君吗?"此则距心之罪也。"最终,这个大夫还是承认了自己的过错。

他日,见于王曰:"王之为都者,臣知五人焉。知其罪者,惟孔距心。"为王诵之。

王曰:"此则寡人之罪也。"

"王之为都者","都",这里指都和邑。在古代,都和邑是有差别的。凡是在城里面能够设立先君之宗庙的,能够随时来这里祭祀的,就叫都;其余的就是一般的邑。都和邑可以连称。但是既然称为都,它的层次要比一般的邑高一些,应该相当于我们今天的地市级中心城市。又待了几天,孟子见了齐王就说:大王任命的都邑大夫中,我最了解的有五个人;知道自己有过错的,只有孔距心一个人。"为王诵之","诵"指复述。然后他对着齐王重复了一遍上面说过的话,实则借机劝说、激励齐王爱民。王说:这的确是我的罪过。

这一章也是讲孟子在齐国的活动。这个活动,我觉得说明了三个方面的问题:

第一,孟子在齐国曾经到各地去进行了深入的社会调查。从"王之为都者,臣知五人焉",可知孟子在齐地不仅仅是考察平陆,至少是到五个都邑去进行过社会调查。这是我们从这一章里可以了解到的孟子的生平活动。齐国是孟子周游列国中待的时间最长的一个国家。孟子三次入齐,在齐国待了十几年。在那十几年中孟子到底做了些什么?这里就提供了线索:多次进行了社会调查。

第二,它反映了战国时期民不聊生的惨状。"老羸转于沟壑,壮者散而之四方。"你看,死的死,逃的逃,一个县有数千人。从《孟子》这一章里面我们能了解到战国时期一些社会基层百姓的生活状态。

第三,它真实地记录了孟子推行仁政的实践活动。从本章看,主要有三个方面:一是,进行社会考察,督促地方官员要保护老百姓。二是,他肯定了孔距心能够知错就改的态度。也就是说,他肯定、鼓励负责任的官员。向齐王表扬孔距心,同时也看得出来,他在齐王面前是贬其他四个大夫的。三是,借复述跟孔距心的对话,劝齐王推行仁政,保护老百姓。孟子两次说教,使齐国君臣二人各认其罪,这就真实记录了孟子在齐国地方与朝堂之上推行仁政主张、保护老百姓的实践活动。

从本章及《孟子》其他篇章看,孟子是以对话、辩论方式,先提出对方的一些见解,然后在反驳对方的过程中讲透道理。孟子讲的是治国的大道理,又是做人的大道理,也是处理人际关系的大道理。这些大道理,他跟学生、大夫、国君,甚至跟一般的人,都是通过对话来讲的,这就特别尽情尽理、入脑入心。孟子讲起道理来,雄辩滔滔,气势磅礴,让人信服得很。道理虽然很大,但落脚点很具体,前面的内容都体现了这个特点。

4·5 孟子谓蚔鼃曰:"子之辞灵丘而请士师,似也,为其可以言也。今既数月矣,未可以言与?"

蚔鼃谏于王而不用,致为臣而去。

齐人曰:"所以为蚔鼃则善矣;所以自为,则吾不知也。"

公都子以告。

曰:"吾闻之也,有官守者,不得其职则去;有言责者,不得其言则去。我无官守,我无言责也,则吾进退,岂不绰绰然有余裕哉?"

蚳(chí)鼃是齐国的一个大夫。"士师",管理监狱的官员,即司法官员。孟子对蚳鼃说:你辞去了灵丘县大夫的职务而请求去当士师,似乎是很有道理的。因为你来到京城,就可以对国君进言了。但是你已经担任士师几个月了,是不是还没给国君提什么意见和建议?"蚳鼃谏于王而不用",蚳鼃受到孟子的激励,就去向齐王进谏,但是没有得到采用。"致为臣而去",于是蚳鼃就辞掉士师职务离去了。有个齐人就说,"所以为蚳鼃则善矣",孟子为蚳鼃出的主意(指提意见不用,就辞职),倒是很好。"所以自为,则吾不知也",如果这是他为自己出的主意,那就不知道他怎么办了。言外之意,如果孟子提了意见,齐王不接受,他能不能辞职?

公都子听说了齐人的这些议论,就告诉了孟子。孟子回答说:"吾闻之也,有官守者,不得其职则去。""官守",有固定职务的意思。我听说,有明确职责的官员,如果不能履行自己的职责,那就应该辞官。这个"不得其职",应该包括两个方面的意思:一是你担任这个职务,但实现不了这个职务所应达到的业绩。用今天的话说就是,在其位,但干得不好,没有业绩。二是跟上级提正确的意见,上级不采纳,你无法履行自己的职责,那就应该辞职。孟子这个在其位应谋其政的思想,对于我们今天的领导而言,也是值得去吸取的为官的智慧。"有言责者,不得其言则去。"就是说,有进言责任的,如果国君不能接纳他的进言,那也应该辞职。"我无官守,我无言责也,则吾进退,岂不绰绰然有余裕哉?"这句话的意思是,我在齐国无固定官职,我也没有对国君提建议和意见的责任,我进也好,退也好,难道不是宽绰有余地的吗?

本章也是短文。从这个故事和对话里边,我们感受到孟子为实现仁政主张所做的扎实努力。他肯定了蚳鼃辞去灵丘的职务而任士师这件事,主要是能有直接进谏齐王的机会,以便将孟子的仁政主张推行到齐国政治中去。孟子又肯定他"谏于王而不用,致为臣而去"这件事。而且不单单是孟子肯定,齐人也肯定这件事是"善"的,社会舆论也是支持的。孟子在这里发展了孔子不在其位不谋其政的思想,具体落实到齐大夫蚳鼃身上——既然有言责,就应该进言。肯定蚳鼃,也就是强调在其位要谋其政。从这里可以看出,孟子在齐国期间,为了推行他的主张,特别是为了让齐国来实现他以仁政统一天下的主张,他做了大量的工作。

4·6 孟子为卿于齐,出吊于滕,王使盖大夫王驩为辅行。王驩朝暮见,反齐滕之路,未尝与之言行事也。

公孙丑曰:"齐卿之位,不为小矣;齐滕之路,不为近矣,反之而未尝与言行事,何也?"

曰:"夫既或治之,予何言哉?"

孟子在齐国做了客卿,作为齐国的特派大使到滕国去吊唁。根据有关考证,是去吊唁滕文公。滕文公与孟子关系很好,于公于私,他都应该去吊唁。齐王就派盖邑大夫王驩为副使同行。盖(gě)是齐国的一个县邑。孟子跟王驩"朝暮见",即从早到晚,两个人一直在一起。"反齐滕之路",即指从齐国到滕国,再从滕国回到齐国,来回一路上"未尝与之言行事也",不曾跟王驩谈任何公事。两个人都是做官的,又是公差,在路上又待了这么长时间,但是不曾言过公事。这样自然很不正常,因而公孙丑很不理解,就对孟子说:你在齐国做到客卿的位置,官也不小了;"齐滕之路,不为近矣",从齐国到滕国,数百里路,路程也不算近了。也就是说,你们两个人是有时间谈谈政事的。"反之而未尝与言行事",但去了又返回来,你也不曾与他谈公务,这是为什么?孟子说,"夫既或治之,予何言哉?"他已经什么事情都做了,我还说什么?由此看来,孟子虽然是卿,是正使,但是个客卿;王驩是一个得到国君信任的大臣,虽是副使,却在路上把所有事情都包办了,做事专干独行。对这样一个小人,最高的轻蔑是无言,所以孟子不说话,鄙视他。朱熹曾经评价说:"孟子之待小人,不恶而严如此。"不表达出厌恶,但是做到严格把握不说话。

这一章的字数不多,却记录了孟子在齐国活动的一些信息。一是孟子在齐国曾经为卿。他先做宾士,后来又到了卿相那个位置。二是他作为客卿,曾代表国君出使参加外事活动,我们今天称之为特使。而且这个活动还有副使陪同。这种情况,在战国时期的外事活动中,是很少的。由此,我们可以推导一些情况。齐王派他的心腹来,表面是陪同,实际是监督。小人王驩,不明事理,将一些事情都包办了,引起了孟子的反感。孟子用了沉默的冷处理方式来对待他,也就是道不合不相与言,思想主张不同,不值得跟他在那里讲,显示出孟子一种独立的人格。

4·7 孟子自齐葬于鲁,反于齐,止于嬴。

充虞请曰:"前日不知虞之不肖,使虞敦匠事。严,虞不敢请。今愿窃有请也:木若以美然。"

曰:"古者棺椁无度,中古棺七寸,椁称之。自天子达于庶人,非直为观美也,然后尽于人心。不得,不可以为悦;无财,不可以为悦。得之为有财,古之人皆用之,吾何为独不然?且比化者无使土亲肤,于人心独无恔乎?吾闻之也:君子不以天下俭其亲。"

本章又记载了孟子的重要活动。他从齐国归葬母亲于鲁国,然后又返回齐国,在嬴这个地方停下来。在周游列国中,孟子去过齐国几次?学术界有争议,较多人采用两次游齐说。我认为孟子三次去齐国,本章就是重要文献依据之一。这章的内容说明他曾经带着他母亲在齐国长住,然后为了归葬母亲,回到鲁国,归葬母亲之后又回到了齐国,这就是接连两次了。钱穆先生也曾在《先秦诸子系年》中详细考证,孟子在齐威王时期游齐,应该是可信的。所以,孟子至少三次游齐之说应是可信的。

充虞是孟子的弟子,曾经专管监督为孟母制作棺材之事。充虞向孟子请教,"前日不知虞之不肖",前段时间,您不知道我这个人是无德无才的。"不肖",客套的自谦话,没有德才。"使虞敦匠事",让我来监督制作棺材的事。"敦",敦促、监督。"匠",作动词,制棺材。"严,虞不敢请",那段时间太忙碌了,我不敢去请教您。"严",急的意思,这里指很忙碌。"今愿窃有请也:木若以美然。""木",指棺木;"若",似乎;"以美",太美。现在我想私下谈点个人的看法:棺木似乎太漂亮了。

孟子说:"古者棺椁无度,中古棺七寸,椁称之。自天子达于庶人,非直为观美也,然后尽于人心。""棺椁",古代棺材为双层,内称棺,外称椁。在古代的时候,棺材是没有厚薄尺寸规定的。中古,周公制礼之后棺是七寸,椁也有相应的厚度尺寸,从天子到普通老百姓的葬亲,都是为了坚固久远,并不仅仅是为了美观好看。这样做,是为了尽到对逝去父母的孝心。"不得,不可以为悦;无财,不可以为悦。""为悦",指合意称心。不合乎这个规定,那你就不能称心如意;没有财力,也不能称心如意。这里有两种情况:一是你有钱,但做得不合乎规定,你不能说是称心合意的;一是你没有财力,无法做到规定尺寸,那你也不能说是称心合意的。"得之为有财,古之人皆用之,吾何为独不然?"既合乎法度的要求,又有财力能达到这个要求,古代的人都能这样做,那为何独我不能这样做呢?"且比化者无使土亲肤,于人心独无恔乎?""比",为;"化者",指死去的人;"恔",快意。况且,作为孝子,不让死去的人直接接触泥土,这样做好棺材将其埋葬之后,心里不就感到称心如意而无遗恨了吗?"吾闻之也:君子不以天下俭其亲。"我听说过，天下所有有道德的君子，是绝不会在父母身上吝啬节俭的。儒家以孝为至德要道，《论语》有："孝悌也者，其为仁之本与！"孟子师承曾子，《孝经》中也有："孝，德之本也。"强调在父母生前，要尽心去孝敬、赡养父母；父母死后，要让他们很体面、很隆重地离开这个世界。所以这里的"俭其亲"是特指，是说你不能为了省钱，就草草了事地埋葬自己的亲人。

这一章，在内容上也有几点值得我们关注：

第一，本章也是记录了孟子在齐国重要历史活动的一章。从"自齐葬于鲁"一句，可以知道孟子久居齐国，而且是奉母同住。母亲去世以后，他奉母归葬于鲁，安葬母亲以后他又返回了齐国。所以，这一章不算长，但是很重要，向我们透露了孟子在齐国非常重要的活动，而且是孟子之母葬于鲁国最早的文字记载。

第二，阐述了孟子"君子不以天下俭其亲"的孝道观。朱熹曾经说："送终之礼，所当得为而不自尽，是为天下爱惜此物，而薄于吾亲也。"意思就是，送终之礼，应该尽孝道，不尽力去做的人，就是吝惜金钱，而对亲人太刻薄。他是这样来评价、赞同孟子的。孟子是既合乎法度，又厚待其母，隆重地遵守规则。在儒家看来，孟子是榜样。

4·8 沈同以其私问曰："燕可伐与？"

孟子曰："可；子哙不得与人燕，子之不得受燕于子哙。有仕于此，而子悦之，不告于王而私与之吾子之禄爵；夫士也，亦

无王命而私受之于子,则可乎?——何以异于是?"

齐人伐燕。

或问曰:"劝齐伐燕,有诸?"

曰:"未也;沈同问'燕可伐与',吾应之曰,'可',彼然而伐之也。彼如曰,'孰可以伐之?'则将应之曰,'为天吏,则可以伐之'。今有杀人者,或问之曰,'人可杀与?'则将应之曰,'可'。彼如曰,'孰可以杀之?'则将应之曰:'为士师,则可以杀之。'今以燕伐燕,何为劝之哉?"

在《梁惠王下》2·10与2·11两章中,都讲了齐国伐燕的事。其背景是:燕王子哙将燕国让给他的相国子之,国人不服,起而攻子之,失败;齐宣王趁机派兵攻燕,受到燕国百姓欢迎而取胜。本章对话,仍围绕伐燕之事。

沈同以其私问曰:"燕可伐与?"

孟子曰:"可;子哙不得与人燕,子之不得受燕于子哙。有仕于此,而子悦之,不告于王而私与之吾子之禄爵;夫士也,亦无王命而私受之于子,则可乎?——何以异于是?"

齐人伐燕。

沈同是齐国的一个大臣。他以个人身份来问孟子:燕国可以征伐吗?孟子说:可以。"子哙不得与人燕,子之不得受燕于子哙。"古制:诸侯、土地、人民,都是受之于天子,传之于先君,私自交与他人,交与者和接受者都有罪。因此,孟子说:子哙不能将燕国私自交给别人,子之也不应该私下接受燕国的权力。所以可伐。他下面说:有一个做官的人在这里,你很喜欢他,于是不向国君报告就私自把你自己的俸禄、官位让给了你很喜欢的这个人;而这个人没有国君的命令,就私自接受这个职务,那可以吗?燕国国君把国家私自交给了子之,和这件事情又有什么差别呢?

齐人果然征伐燕国。

> 或问曰:"劝齐伐燕,有诸?"
> 曰:"未也;沈同问'燕可伐与',吾应之曰,'可',彼然而伐之也。彼如曰,'孰可以伐之?'则将应之曰,'为天吏,则可以伐之'。今有杀人者,或问之曰,'人可杀与?'则将应之曰,'可'。彼如曰,'孰可以杀之?'则将应之曰:'为士师,则可以杀之。'今以燕伐燕,何为劝之哉?"

有人就来问孟子:你曾劝齐国去伐燕国,有这事吗?孟子说:没有。然后孟子说:沈同是问燕是否可伐,我当然答可以。齐国果然是去伐燕国了。如果沈同问我谁可以讨伐燕国,我会回答他:只有天吏可以伐它。天吏是什么?是按照上天的意志,执行上天的意志和使命的人。并不是随便哪一个国家都可以征伐另一个国家的。什么是上天的意志?在战国时期,包括在孟子的思想中,天命使然是一种很重要的思想,任何事情都应该顺乎天命。天命是什么？孟子实际上是将天命和民意联系在一起的，所以实行仁政就是执行上天的意志。孟子说"为天吏，则可以伐之"，言外之意，只有行仁政之国才可以，我没说过齐国是可以伐燕的。例如，现在有一个杀人者问，人可以杀吗？我会回答"可"。他如果是问谁可以杀人，我将回答：只有士师可以杀人。士师就是执行法律的人，用今天的话说就是，行刑的人可以杀人。现在的情况是，像燕国一样实行暴政的国家（指齐国），去征伐燕国，我为什么要劝说它？

本章展开的形式是孟子和沈同的对话，以及孟子的讲说；话题是围绕齐伐燕之事，但核心是伐与不伐的判断准则。这个准则是义，也就是正义。孟子说："子哙不得与人燕，子之不得受燕于子哙。"怎么能随便把一个国家交给另外一个人呢？从这里可以看出，春秋战国时期，在统治者中仍然存在着以禅让为美德这样一种理念。大家知道，尧是通过禅让，也就是选一个更优秀的人，自动退位来把权力交给了舜。舜后来又选了禹。所以，禅让可以说是上古以来这些先王先帝的一种政治美德。春秋战国时期还是将禅让作为一种美德，所以在燕国发生这样一件事情不足为奇。但是问题在于，《万章》里提过一句话，"天子不能以天下与人"。"诸侯能荐人于天子，不能使天子与之诸侯；大夫能荐人于诸侯，不能使诸侯与之大夫。"什么意思呢？就是说，你必须按一个正道，按一个合乎规定的程序，才能够把这个官职让给别人，不能你自己随意私下授予。那天子为什么不能以天下与人呢？应该由天把这个天下交给一个应该交给的人。这个"天"是什么意思？就是民意。天意，在孟子看来，是可以和民意、民心画等号的。所以，天子都不能这样，那你一个诸侯更不能随便把你的国家交给别人。你必须上报天子，这才是一条正确的途径。所以子哙不得与人燕。这是一个背景。

伐与不伐，杀与不杀，"义"是一个判断准则。那什么是义呢？在这一章里我们可以进一步理解这个义的含义。一是行不仁、违背民心，那就是不义；二是你的行为不合于正当途径，也叫不义。所以，你不经过任何程序，随便把自己的官职交给别人，那当然不行。我们说不合乎规则，实际上就是不合乎义。这个义，往往和"正"结合在一起，为正义。《离娄上》说，"义，人之正路也"。这个义就是正道，你不按正道走，私自处置不该你处置的事情，那就不合乎义。

4·9 燕人畔。王曰："吾甚惭于孟子。"

陈贾曰："王无患焉。王自以为与周公孰仁且智？"

王曰："恶！是何言也！"

曰："周公使管叔监殷，管叔以殷畔；知而使之，是不仁也；不知而使之，是不智也。仁智，周公未之尽也，而况于王乎？贾请见而解之。"

见孟子，问曰："周公何人也？"

曰："古圣人也。"

曰："使管叔监殷，管叔以殷畔也，有诸？"

曰："然。"

曰:"周公知其将畔而使之与?"

曰:"不知也。"

"然则圣人且有过与?"

曰:"周公,弟也;管叔,兄也。周公之过,不亦宜乎?且古之君子,过则改之;今之君子,过则顺之。古之君子,其过也,如日月之食,民皆见之;及其更也,民皆仰之。今之君子,岂徒顺之,又从为之辞。"

本章讲到的事件背景,前面《梁惠王下》讲到了,本篇4·8也讲到了。当初,齐国去攻打燕国,老百姓是拍手称快的。为什么?因为国君子哙私自把国家让给了子之,这是违背民意、民心的,国人尽起反对。在这种情况下,齐国去攻打燕国,杀了暴君子哙,赶走了子之,顺乎燕国民心,所以燕国人是欢迎的。但问题在于,燕国人是希望齐国把暴君赶走,然后换上一个好的君主;而齐国攻打燕国的目的是想吞并燕国,齐国占领燕国之后,并没有按燕国老百姓的意愿撤兵。所以《梁惠王下》有孟子劝齐宣王,应该"谋于燕众,置君而后去之",意思是你占领了燕国之后,应该召集各界人士共同商议,再选择一个更好的国君扶他上位,然后撤兵。可是齐国占领燕国后没有退兵的意思,招致燕国人起来反抗齐国。历史事实是:赵国把燕公子职从韩国请回来,立他为王。这就是后来大有作为的燕昭王。赵国辅佐燕昭王复位之后,燕国人群起而反抗齐国的侵略,所以就出现了下面这个情况。

燕人畔。王曰:"吾甚惭于孟子。"

陈贾曰:"王无患焉。王自以为与周公孰仁且智?"

王曰:"恶!是何言也!"

曰:"周公使管叔监殷,管叔以殷畔;知而使之,是不仁也;不知而使之,是不智也。仁智,周公未之尽也,而况于王乎?贾请见而解之。"

果然,燕人起来反抗齐国的占领了。在齐人看来这就是叛,所以齐宣王说:我很惭愧,没听孟子的劝说,现在很不好意思见孟子了。

陈贾是齐国的大夫,就说:大王不要感到难过。您自己认为和周公相比,谁更有仁爱和智慧呢?齐宣王说:啊,你这是什么话!意思就是,我怎么能跟周公这样的古代圣贤相比呢?这既是谦辞,也是实言。

陈贾却另有解说:当年周公派管叔去监督殷商的遗民,管叔却依靠殷人的力量,发动了叛变。如果周公早知道管叔有谋反的意图,还派他去,这是不仁;如果周公没有预见管叔会造反,而派他去,这是没有智慧,是愚蠢的。仁和智这两个最优秀的品质,周公都没有完全达到,何况是大王您呢?请允许我去见孟子解释一下。

这里我要简单说一下周公这件事。当年,周武王灭商之后,将殷纣王的儿子武庚封在原商都地区,并派了管叔、蔡叔、霍叔来监国。两年后,周武王去世,武王儿子周成王年幼,不能处理国家政事,即由周公摄政,代行天子职务。周公代行职务之后，首先他自己的兄弟就不服气了。管叔是周公的哥哥，蔡叔、霍叔是周公的弟弟。这三兄弟借口周公想要自己做天子，联合武庚等殷商亡国之君臣，一块儿来反叛，史称"三监之乱"。在这个反叛的过程中，山东境内曲阜的商奄，齐地的薄姑，都是东方的大国，也一起参加了叛乱。内部三兄弟，又联合殷朝的这些亡国之君臣、遗民，再加上东方两大国，一起来反叛。这样，周朝初年面临着非常严峻的形势，危机重重。在这时候，周公亲自东征三年，在《诗经·豳风》里有一篇《东山》，"东山"是指现在的沂蒙山这一带，而《东山》就是记载的周公东征之事。周公平了"三监之乱"，然后继续向东，平定了奄国和薄姑叛乱，周初的天下才安定了下来。这里说的就是这件事。

见孟子，问曰："周公何人也？"

曰："古圣人也。"

曰："使管叔监殷，管叔以殷畔也，有诸？"

曰："然。"

曰："周公知其将畔而使之与？"

曰："不知也。"

"然则圣人且有过与？"

曰："周公，弟也；管叔，兄也。周公之过，不亦宜乎？且古之君子，过则改之；今之君子，过则顺之。古之君子，其过也，如日月之食，民皆见之；及其更也，民皆仰之。今之君子，岂徒顺之，又从为之辞。"

陈贾见了孟子以后,就问:周公是个什么人?孟子回答说:古圣人。陈贾说:他曾经派管叔去监督殷商的旧部,管叔却联合殷人反叛了,有没有这件事情?孟子说:有。陈贾说:周公已经预见到管叔将要叛变,而派他去吗?孟子说:不知道。陈贾说:那这样说来,这圣人也有错误吗?孟子回答说:周公是弟弟,管叔是哥哥,周公所谓的错误,不也是合乎情理的吗?意思是,从家庭伦理上来讲,弟弟应该尊重哥哥;儒家道德讲究兄友弟恭,管叔是哥哥,周公能不派他去吗?所以周公的错误不也合乎情理吗?况且古代的君子(指周公),有了错误就马上改;周公东征就是改正错误。现在号称君子的人,有了错误,还顺着错误继续走,我们今天叫将错就错。古代的这些圣贤,他们的错误就好像日食月食一样,天下的老百姓都看得见;等到他们改正错误的时候,老百姓仍然对其仰望而敬佩。现在这些所谓君子,并不仅仅是将错就错,顺着来;又"从为之辞",还要为他辩护一些道理,为他掩盖错误。这里实际就是抨击了陈贾。

在这一章里,有一个重要的思想。陈贾这个大夫在齐王已经有悔过意思的时候,应该趁机进谏,劝其改错,来遏制他再犯错误;但他将齐王自己已经承认的错误说成不是错误,把不能原谅的说成是尽可以原谅的,并且引用古圣贤的事迹,用周公也犯错误来为他辩护。陈贾就是明知对方错了,还要让其顺着错误继续走下去,还要为他寻找借口辩护。孟子借这件事情,实际上是来说明:周公之过是事亲之过,陈贾之过则是事君不义;如此对待国君,陷其不义,实为大错。国君不能只爱教训别人,而不爱听别人给他提的真正有用的意见;有为之君应该有一种博大胸怀,应该有能说真话、喜欢说真话的大臣。所以后来唐太宗时的魏征,就是专拣唐太宗的错误来说,而且说得很尖锐。我们的文化传统当中,所谓忠臣,就是敢于犯颜直谏的,敢于对皇帝说逆耳之言的。这一个思想上的高度和定位,从儒家创始人孔子和孟子这里就传承下来了。在这个方面论述最深刻的就是孟子。这一章虽然字数不多,但对君臣之间,什么叫义,说得很清晰。作为大臣,应该事君以义,应该以劝说国君行仁政、行道为主。所以在后面《告子》这一篇中还有这样的话,说大臣应该"务引其君以当道,志于仁而已",引导国君来行王道,志于仁,行仁政,这才是一个大臣真正的职守,一个大臣应该做的事情。本章通过这样一种对话,阐述了孟子思想中很重要的处理君臣关系的义的内涵。

4·10 孟子致为臣而归。王就见孟子,曰:"前日愿见而不可得,得侍同朝,甚喜;今又弃寡人而归,不识可以继此而得见乎?"

对曰:"不敢请耳,固所愿也。"

他日,王谓时子曰:"我欲中国而授孟子室,养弟子以万钟,使诸大夫国人皆有所矜式。子盍为我言之!"

时子因陈子而以告孟子,陈子以时子之言告孟子。

孟子曰:"然;夫时子恶知其不可也?如使予欲富,辞十万而受万,是为欲富乎?季孙曰:'异哉子叔疑!使己为政,不用,则亦已矣,又使其子弟为卿。人亦孰不欲富贵?而独于富贵之中有私龙断焉。'古之为市也，以其所有易其所无者，有司者治之耳。有贱丈夫焉，必求龙断而登之，以左右望，而罔市利。人皆以为贱，故从而征之。征商自此贱丈夫始矣。"

大致来说，从4·10开始，就是记载孟子在齐国有志不得伸，离开齐国的过程。

> 孟子致为臣而归。王就见孟子，曰："前日愿见而不可得，得侍同朝，甚喜；今又弃寡人而归，不识可以继此而得见乎？"
> 对曰："不敢请耳，固所愿也。"

这里又为我们提供了孟子在齐国活动的一些情况。"致"，辞掉的意思。孟子在齐国的后期，为客卿。由于在齐国有志不得伸，孟子准备辞掉卿位，回到家乡去。齐王听说后，亲自到孟子住的地方来见孟子，说：以前我就非常希望拜见您，但是一直没有机会；现在您来了，给了我一个为您服务的机会，我很高兴。我们在这里能看出来，齐王尽管对孟子的主张不以为然，但对他本人还是非常客气、毕恭毕敬的。这里面反映了两个方面的情况：一是战国时期，礼贤下士之风盛行，不仅仅是齐王，所有的国君，特别是那些大国国君，对待知识分子，特别是有名望的士，都是这样。拜这些人为师，把这些人请为座上客，说话非常谦恭，这在当时应该是个普遍现象。而在这些国君当中，齐宣王又是做得最好的一个，关于他礼贤下士的故事很多。二是说明孟子在当时的影响之大。孟子在周游列国时,所到之处都受到很高的礼遇。在齐国的稷下先生中,孟子是个标志性人物,所以受到齐王很高的礼遇。齐王说:您在这里,能经常见到您,我很高兴。现在您又要弃我而去,不知道从今以后我们还能再相见吗?这里既表达出自己的态度——你走,我感到很可惜,也有挽留的意思。孟子说:我不敢说以后能再请求见你,但是此后再相见,这也是我本来的愿望。

我们分析孟子的心态:他是为实现自己的政治抱负,想有所作为而来齐国的,但齐王对他的主张是敬而不纳;理想在这里不能实现,那我留在齐国还有什么意义呢?所以孟子走也是摆出了一种姿态。就好比我们今天说,你不欢迎我,我走;如若你再挽留我,那我也好说话。孟子这时的心情也是非常复杂的,所以他说,和你能再相见,也是我本来的愿望。

他日,王谓时子曰:"我欲中国而授孟子室,养弟子以万钟,使诸大夫国人皆有所矜式。子盍为我言之!"

时子因陈子而以告孟子,陈子以时子之言告孟子。

时子是齐国的大臣。"中国",都城之中。"钟",米粟计量单位。"矜",敬重。"式",效法。"盍",何不。过了一天,齐王就对时子说,我想着在国都之中单独建一个馆所送给孟子,以万钟的粮米来供养他的弟子,让我们齐国的那些官员和老百姓都来敬重和学习他。你何不为我去说说这件事情?时子不好直接去找孟子,就通过他的弟子陈臻去告诉孟子。陈臻于是将时子的话告诉了孟子。什么话?就是齐王想给他造馆所,给他一万钟粮食养弟子,挽留他的事。

> 孟子曰:"然;夫时子恶知其不可也?如使予欲富,辞十万而受万,是为欲富乎?季孙曰:'异哉子叔疑!使己为政,不用,则亦已矣,又使其子弟为卿。人亦孰不欲富贵?而独于富贵之中有私龙断焉。'古之为市也,以其所有易其所无者,有司者治之耳。有贱丈夫焉,必求龙断而登之,以左右望,而罔市利。人皆以为贱,故从而征之。征商自此贱丈夫始矣。"

"辞十万而受万","十万",指孟子做客卿的俸禄;"万",指养弟子的一万钟粮食。孟子说:时子这样说的话,固然可以理解。但时子怎么知道这是要不得的呢?假使我是贪图富裕,我辞掉十万的俸禄而接受这一万钟的馈赠,难道是为了富裕吗?言外之意,我是为行道而来,既然在这里不能行道,我又为什么留下呢?

"季孙曰:'异哉子叔疑!使己为政,不用,则亦已矣,又使其子弟为卿。人亦孰不欲富贵?而独于富贵之中有私龙断焉。'"季孙、子叔疑,都是人名,情况不详。这里孟子是借用季孙的话来解释自己对这个问题的态度。季孙曾经说过:子叔疑这个人也太奇怪了!自己要做官,国君不用他也就罢了,却又千方百计想让自己的儿子和兄弟去做卿相类的高官。作为一个人,谁不想做官发财？他不但自己想方设法升官发财，还想着自己的儿子、兄弟，一家人都来垄断这个官职。就好比我们今天说，一人得道，还想鸡犬升天。他想着把自己一家人都提拔起来。"龙断"，"龙"同"垄"，指高地；"龙断"就是冈垄之断而高出的部分，凸起很高，别人上不去的地方。实际上就是别人都不能插手，他自己把这件事情独占了，这叫垄断。季孙在这里讥讽子叔疑得不到这方面的好处，而又想求得另一方面更大的好处，就像所有的好处都要被他一个人垄断了一样的贪婪。

"古之为市也，以其所有易其所无者，有司者治之耳。有贱丈夫焉，必求龙断而登之，以左右望，而罔市利。人皆以为贱，故从而征之。征商自此贱丈夫始矣。"然后孟子说：古代做市场交易，是用他有的东西来换取他没有的东西，有管理市场的官员来平衡物价、解决纠纷。有个很卑贱的男人，投机钻营，一定要登上市场中的一块高地，左看看右看看，想把整个市场的利润和好处都看得清清楚楚，然后一网打尽。人们都认为这个人真是太卑贱了，因此，就来征收他的税。向商人征税，就是从这个卑贱的男子开始的。

我们可以从三个方面来解读这一章：

第一个方面，这里反映了孟子在齐国活动的一些史实。第一件史实，就是孟子主动辞去卿相之职，要回家乡；齐王极力挽留，并通过大臣时子给孟子传话。第二件史实，就是齐王许诺要给孟子建别墅，要养弟子一万钟，以优厚的待遇来显示挽留孟子的真诚。第三件史实，我们从这一章里可以看到，孟子在齐任卿相之时享受的是十万钟的优厚待遇，能了解孟子在齐国地位的尊贵和待遇的优渥。另外,我们从这里也能知道,孟子在当时的列国中是声望极高的一个学者,齐王虽然不愿意接受孟子的主张,但他对孟子还是非常敬重的。以上是我们通过这一章能看到的一些史实。

第二个方面,在这样一种情况下,为什么孟子要辞职呢?全面分析,至少有三个原因:一是失望而归,他的仁政主张在齐国没有得到实行。我们前面已经说了,孟子非尧舜之道不陈于王前,讲的都是治国的大道,推行的是仁政,但齐王没有听。因此,孟子失望而归。第二个,我们结合孟子在齐的整个活动来看,齐王虽然给他优厚的待遇,但齐王是一个"好臣其所教,而不好臣其所受教"的人,就是根本听不进下面人的意见,是个专断独行的国君。齐王对孟子采取的是表面恭敬、以利养之,实际并不接受的态度。这也是孟子在这里感到很憋屈,不愿意和这样的国君在一起,要离开的原因。三是在一些重大问题上,齐宣王不听孟子的劝说,像攻打燕国这个问题上,一味讲霸道,不得民心,所以孟子要走。

第三个方面,孟子借季孙讥讽子叔疑求取富贵之贪婪的话,和市场上妄图独占所有利好的贱男子,实际上一再表明,个人在齐,道既不行,再接受齐王的馈赠和利禄,跟子叔疑和贱丈夫并无二致。在此,孟子反复申明:他来齐国是推行仁政的,是想实现理想主张的,不是来求富贵、牟利的。

4·11 孟子去齐,宿于昼。有欲为王留行者,坐而言。不应,隐几而卧。

客不悦曰:"弟子齐宿而后敢言,夫子卧而不听,请勿复敢见矣。"

曰:"坐!我明语子。昔者鲁缪公无人乎子思之侧,则不能安子思;泄柳、申详无人乎缪公之侧,则不能安其身。子为长者虑,而不及子思;子绝长者乎?长者绝子乎?"

如果说上面是讲的孟子准备走,齐王挽留的话,这里实际上就是孟子已经离开了国都。本章分两部分:上部分写孟子的行动,下部分写孟子的语言。先看上部分。"昼",齐都西南近郊的一个都邑。"坐",端坐。"隐几",倚靠着座椅。"齐",敬。"宿",一夜。这部分意为:孟子离开了齐国都,往西南方向慢慢走到昼邑住了下来。有一位想替齐王挽留孟子的人,恭恭敬敬地坐在那里跟孟子说话。孟子没有回应,而且靠着座椅睡起觉了。来客很不高兴地说:我历来对您怀有一颗虔敬之心,来之前,我静心养性,经过了一个昼夜,做了充分准备,然后才敢来这里跟您讲话,您却装睡不听,那我以后再也不敢来求见您了。这里,来客表现出了愤愤决绝的态度。

下部分是孟子对来客所说的话。子思,孔子之孙,鲁缪公时期的贤明之人。泄柳,《告子下》有子柳,即其人,鲁缪公时贤人。申详,孔子弟子子张的儿子。

孟子说:你坐下,我明明白白地告诉你。从前,鲁缪公崇敬子思,如果不派人陪在子思的身旁,就不能让子思安心留下;泄柳、申详,这两个贤达之人,如果没有人在鲁缪公的身旁常常来说道二人的贤能,也就不能使这两个贤人安心留下。

你来我这里，陪我这个老头子，替我考虑，却连鲁缪公怎么对待子思都想不到。言外之意，你应该去劝说齐王向鲁缪公学习，派一个人来这里陪着我。你不去干这件事情，还在这里发牢骚，这到底是你和我绝交，还是我这个长者和你绝交？

这一章篇幅不长，但生动形象，孟子的性格、精神、品格和他的语气神态，跃然纸上。从这一章的内容我们也可以看到，孟子虽然对齐王很失望，离开了齐国的国都，但是又希望有人来劝说齐王将他留住。当这个人来了，却只是跟他在那里谈，而不去劝说齐王的时候，孟子又很不满。实际上孟子是借鲁缪公的事情来点拨这个人：你赶快回去劝说齐王吧，让齐王派人来挽留我，以便能有机会再劝说齐王接受我的主张，推行仁政。从这里我们也看到了另外一层意思，就是孟子离齐，实际上他不想离开，但是他又不能不离开。他为什么不能不离开呢？他想借着离开来换取齐王对他的接受。所以这个想为齐王挽留孟子的人和孟子在这里说一些道理，实际上孟子根本就不想跟他说话，只是想让他赶快回去劝说齐王把自己请回去。

4·12 孟子去齐。尹士语人曰："不识王之不可以为汤武，则是不明也；识其不可，然且至，则是干泽也。千里而见王，不遇故去，三宿而后出昼，是何濡滞也？士则兹不悦。"

高子以告。

曰："夫尹士恶知予哉？千里而见王，是予所欲也；不遇故去，岂予所欲哉？予不得已也。予三宿而出昼，于予心犹以为速,王庶几改之!王如改诸,则必反予。夫出昼,而王不予追也,予然后浩然有归志。予虽然,岂舍王哉?王由足用为善;王如用予,则岂徒齐民安,天下之民举安。王庶几改之!予日望之!予岂若是小丈夫然哉?谏于其君而不受,则怒,悻悻然见于其面,去则穷日之力而后宿哉?"

尹士闻之,曰:"士诚小人也。"

本章与4·11的结构相似,可分上、下两部分。上部分写齐人尹士对孟子离齐的评说,下部分写孟子针对尹士之语的解说。先看上部分。

孟子离开了齐国都,有个叫尹士的齐人就对其他人讲:"不识王之不可以为汤武,则是不明也。"意思是:孟子在齐国待了这么长时间,还不了解齐王根本不是商汤、周武王那样的人,说明孟子是不明智、不聪明的。"识其不可,然且至",他明明知道是行不通的,但还是要来。"则是干泽也","泽",指金钱、俸禄;"干",求。这就是说,明明知道不行还要来,就是为了来拿个高待遇。"千里而见王,不遇故去","不遇",即不合,不融洽。不远千里来到这里见齐王,相处不融洽,没有得到理解、重用,那就赶快走吧。却"三宿而后出昼",走了三天,住了三个晚上,才到昼这个地方。言外之意是,三十里路走了三天,你到底是走还是不走呢?说你不走,你还离开了国都;说你走吧,磨磨蹭蹭。"是何濡滞也","濡",是水停留、不向前流动的样子;"滞",也是迟缓不流的样子。意思是,为什么这么迟缓呀?"士则兹不悦",我对孟子这样做很不以为然。

"高子以告。"高子把尹士的话告诉了孟子。高子是孟子的弟子。孟子是如何回应的呢？

曰："夫尹士恶知予哉？千里而见王，是予所欲也；不遇故去，岂予所欲哉？予不得已也。予三宿而出昼，于予心犹以为速，王庶几改之！王如改诸，则必反予。夫出昼，而王不予追也，予然后浩然有归志。予虽然，岂舍王哉？王由足用为善；王如用予，则岂徒齐民安，天下之民举安。王庶几改之！予日望之！予岂若是小丈夫然哉？谏于其君而不受，则怒，悻悻然见于其面，去则穷日之力而后宿哉？"

尹士闻之，曰："士诚小人也。"

孟子说："夫尹士恶知予哉？"尹士这个人他怎么能理解我呢？"千里而见王，是予所欲也"，我不远千里来见王，是抱着希望而来的。"不遇故去，岂予所欲哉？"来了以后，没有实现这个理想，谈得不融洽，因此我离开了，难道这是我所希望的吗？"予不得已也。"我是不得不离开的。"予三宿而出昼，于予心犹以为速"，我走了三天三夜才来到昼这个地方，在我的心里，还是认为太快了。"王庶几改之"，"庶几"，当也许讲，是一个推测词。这个推测里头也表示出一种希望的意思，就是说，齐王也许能够改变他的主张。这里面主要还是王的主张有问题。"王如改诸"，如果王改变了他的主张，"则必反予"，那么就一定会请我回去。出了昼这个地方，"而王不予追也,予然后浩然有归志"。"浩然",就是大水奔流一去不返的样子。我在昼这个地方等了三天,王也没有来追我,在这种情况下,我才下定决心,一去不回头了。这里就回应了尹士的质疑和不满。

"予虽然,岂舍王哉?"我即使到了这种地步,难道我愿意离开齐王吗?孟子一再表示:我不愿意离开他,我愿意在这里。但前提是什么?你得接受我的仁政主张。你不接受,我在这里干什么?孟子这个人的品质之高洁,就表现在对自己理想、主张的矢志不渝上。为了实现自己的主张,他不是像一般人那样要面子,要自尊心;而是为了实现理想,大丈夫能伸也能屈。所以后人说大丈夫能伸也能屈,也是从孟子的大丈夫精神来的。为了最后能挽救自己的理想,他三天才走二三十里路,导致别人讥笑他。但这是大智慧。"王由足用为善",齐王还是有足够的能力行善政的。这里的善政也就是仁政。清代吕留良《四书讲义》引杨氏曰:"齐王天资朴实,如好勇、好货、好色、好世俗之乐,皆以直告而不隐于孟子,故足以为善。"可见,孟子与齐王交往,深知他的脾性,所以始终怀抱希望,他对齐王不到最后时刻是不放弃努力的。为什么?我们通过全面学习《梁惠王》篇知道,在这些国家当中,万乘之国如果行仁政,就一定能统一天下。虽说小国也能行仁政,但是在那样一种列国纷争的环境中,没有一定的经济实力,你想统一天下就很难了。孟子志在天下,只有统一了天下才能让天下的老百姓过上一种幸福的生活。所以他反反复复做工作,总是希望齐王能接受他的意见,来实行仁政。"王如用予",齐王如果能够任用我,"则岂徒齐民安",那就不仅仅是齐国的老百姓过上幸福的生活,"天下之民举安",而是天下的老百姓都会过上幸福的生活。孟子这种高贵的精神,就表现在他始终胸怀天下,为所有老百姓着想。"王庶几改之!予日望之!"你看孟子的内心是多么伟大,又多么曲折!齐王也许能改变吧,我是天天盼望着。"予岂若是小丈夫然哉?"我难道就像这些小里小气的男人那样子吗?小丈夫,是指那些小气、心胸狭窄,思考问题仅仅围着自己私利转的人。小丈夫怎么样呢?是"谏于其君而不受,则怒",如果国君不接受他的进谏就大发脾气;"悻悻然见于其面",内心的不高兴都表现在脸上。"悻悻然",就是气量狭小,生气的表情都显露在脸上的意思。儒家讲君子之风,真正的君子、大丈夫,那是不动声色,喜怒哀乐不能表露在脸上的。孟子说:我不能和那些气量狭小的人一样,见了你就满脸不高兴的样子。"去则穷日之力而后宿哉?""穷日",就是一天从早到晚。小丈夫一旦离开,就走上一整天,弄得筋疲力尽,我难道要像这些心胸狭窄的小男人一样,去赌气那样做吗?孟子要表示的是:我走,是要达到唤醒齐王的目的,我不是意气用事,我怎么能和那些气量狭小的人一样去赌气行事呢?尹士听了孟子的一番话以后说:我的确是个小人。

我们从本章可以做这样一些史实的推理考证:

第一,细致揭示了孟子离开齐国时发生的一些事情。孟子去齐,三日宿于昼,曾经遭到一些人的嘲讽。一般而言,人家不欢迎,走便是。人家留你,你不住,走了,却三日宿于昼,所以遭到一些人的嘲讽。这些世俗之人嘲讽什么呢？第一是不明智：你明知齐王不是汤、武那样的圣君，知其不可，还要去，这就是不明智。第二是为捞钱：你为什么千里而来？就是为了求俸禄。第三是不自尊：齐王不欢迎你，就赶快一走了之吧！却迟迟不愿意离开。这就是一般的人不能理解的行为，所以遭到一些人的嘲讽。这是一个史实。

  第二，就是深入洞悉了孟子的精神世界。孟子在这里剖白自己的内心，我们从孟子对自己内心的剖白里，看到了一个胸怀天下、真正的大丈夫的精神世界。可以从这几个方面来理解：一是怀抱理想，千里而来。孟子是一个满怀理想，为实现理想不辞辛苦奔波的人。二是理想落空，不得已而归。三是三宿而后出昼，迟迟不愿离开齐国，对齐王仍然抱有希望，也就是说，对实现自己的理想、自己的主张，还想做最后一次努力。不到最后时刻不放弃，坚韧不拔、意志坚定、有韧性，这才是真正的大丈夫。成就事业的人都应该是这样。四是齐王没有追他，那就浩然有归志，决意离开。五是回去以后仍然梦想着齐王也许能够改变主张，仍然希望齐王接受他的仁政主张，梦想干成一番用王道来统一天下的大事业。

  孟子一生不管遇到什么样的挫折，受到多少人的嘲讽和不理解，始终为实现自己的理想而不屈不挠地奋斗。这种理想就是为天下生民解除苦难，为"天下之民举安"。这一章，孟子通过这样一些行动，通过剖白自己的内心，让我们看到，他是一个多么伟大的人！有人说孟子是伟大的思想家，其实孟子也是伟大的政治家。"富贵不能淫，贫贱不能移，威武不能屈",只有孟子才能说出这样的话来。为什么?只有孟子才能做到他自己所说的这种大丈夫的品格。我们从孟子在齐国这些具体的行动上,看到的是一个伟大人物的内心世界。

"天下之民举安"一句,是理解孟子精神世界的精言,吕留良《四书讲义》曰:"有仁者之心,有精微之学,有尊王之义,有天命之公,有设施次第之实,有审时度势之宜。不具此识见,写不出子舆功业。"

4·13 孟子去齐,充虞路问曰:"夫子若有不豫色然。前日虞闻诸夫子曰:'君子不怨天,不尤人。'"

曰:"彼一时,此一时也。五百年必有王者兴,其间必有名世者。由周而来,七百有余岁矣。以其数,则过矣;以其时考之,则可矣。夫天未欲平治天下也;如欲平治天下,当今之世,舍我其谁也?吾何为不豫哉?"

孟子离开了齐国,充虞在路上就问他:先生,您好像不愉快,可是我曾经听您说过,道德高尚的君子是不怨天、不尤人的。孟子说:"彼一时,此一时也。"不怨天不尤人,这是孔子说的话。孟子曾经以孔子这句话教育学生。现在孟子就说:那个时代是那个时代,现在是现在这个时代。什么意思?时代变迁了,时代不同了,思考问题的态度自然是不一样的。然后说:"五百年必有王者兴,其间必有名世者。"这个话是有依据的。就是说,从尧舜到商汤是五百年,从汤到武王灭商又是五百年,总结历史规律,就是"五百年必有王者兴"。"王者兴"就是有行王道的圣君出来。"其间必有名世者",在这期间也必然涌现出一批贤臣。"名世",就是说这个人的道德、业绩和能力都能够被称赞于世,在社会上闻名。

"由周而来,七百有余岁矣。"按照前面总结的规律,五百年必然有王者兴,可是从周文王、周武王灭商以来已经有七百多年了,"以其数,则过矣",按照这个年数来说,已经超过了。也就是说,王者该出现了。"以其时考之,则可矣",这个"时"不是单纯指时间,这里是指时事。这句话的意思是,以当前的形势来考察的话,就应该出现了,也就是说,现在天下到了应该出现圣君收拾乱局的时候了。"夫天未欲平治天下也",孟子是相信有天命的,他认为,现在天下要大治,那必须有上天的指令。现在看来,上天还没想着让天下来平治,也就是说,上天还没给这个时机。"如欲平治天下",如果上天给这个机遇,要平治天下的话,"当今之世,舍我其谁也?"那在现在这个社会上,除了我还有谁能担当这个大任呢?"吾何为不豫哉?"想到这里,我为什么有不愉快的样子呢?

在希望破灭,不得已而归,自己的事业和前途受到重大挫折的情况下,孟子是怎样的态度?我们可以从本章来分析一下。我觉得这一章篇幅不长,但很耐人寻味。这里有经常被后代引用的名句:"五百年必有王者兴,其间必有名世者""如欲平治天下,当今之世,舍我其谁也?"后面这句话可以用来形容孟子的思想、品德、精神——大丈夫精神,以天下为己任。后来范仲淹写《岳阳楼记》,"先天下之忧而忧,后天下之乐而乐",很大程度上就是来自这里。

"五百年必有王者兴,其间必有名世者",这句话怎么理解？我觉得有这么几点：第一,这是对历史规律的总结,至少是对孟子之前历史规律的总结。这也是孟子面对天下大乱、诸侯割据、民生涂炭这样一种现实,对整个社会大趋势的一种美好的愿景。他希望赶快出圣君,五百年必有王者兴,都七百年了,为什么还不出呢？他急切地盼望出现和平的景象。同时这也是一种相信社会必然由大乱走向大治的乐观自信的态度。乐观自信,在最困难的时候,在看到最惨不忍睹的社会景象的时候,相信一定能够由大乱走向大治。我们还记得,在抗日战争最困难的时候,毛主席作《论持久战》的报告,相信中国人必胜。一个人,当你处于低潮的时候,你要相信,未来是好的。自信是成功的一个基础,一个缺乏自信的人,他很难成就一番事业。你连自己都不相信,还会有动力吗？没有自信就没有动力,没有动力就不会去积极努力,而天上是不会掉馅饼的,所以这个自信很重要。

第二,由"以其时考之,则可矣",说明他是急切地盼望社会由大乱达到大治。而"天未欲平治天下也",说明他是相信天命的。之所以大治还没有出现,那是因为时机还没到,天命还不到。孟子也相信,王者兴,必然有名世者。这个名世者,在前人的注解中是次圣之人,就是仅次于圣人的旺国之才。随着一个圣君的出现,必然出现贤相,必然出现一大批德才兼备的人。的确是这样,我们在一个地方,有一个英明的领导,必然能够出现一大批德才兼备的干部。从这个角度来理解"如欲平治天下,当今之世,舍我其谁也？"我觉得有两个方面：一是孟子确实具有以天下为己任的担当精神和解救天下生民于水火的历史责任感；二是面对理想破灭，遭遇重大挫折，仍然百折不挠、雄心不减，这也表现出他对自己的一种自信，是一种英雄主义的大丈夫精神。

4·14 孟子去齐，居休。公孙丑问曰："仕而不受禄，古之道乎？"

曰："非也；于崇，吾得见王，退而有去志，不欲变，故不受也。继而有师命，不可以请。久于齐，非我志也。"

孟子离开齐国后，就住在休这个地方。公孙丑问他：你去做官却不接受俸禄，这合乎古代的一贯道理、规则吗？孟子说：不，在崇这个地方，我有见到齐王的机会，回来后，我就有离开的意思了。为什么？因为齐王不想改变自己来接受我的主张，不想实行王道，所以我不接受他的俸禄。《梁惠王》1·7章中，孟子与齐王谈得很细，冲突很严重，那时他就应该知道了，因而说回来就有离开的意思了。他不接受我的主张，我就有了离去的意志，并且我始终没有改变我的思想，因此我不接受他的俸禄。"继而有师命"，"师"，师旅，即战争。此后齐国又遇到了战争，我不便于借着有战争的时候离开。长期在齐国，这不是我内心的志向。

从表面上看，这一章和前两章好像有矛盾。上两章是不想离开，这一章说我自从见了齐王就想退，久在齐国不是我的意志。怎么来理解这个矛盾呢？有些学者认为这里面不好解释。深入来理解，我觉得应是这样：我见了齐王之后，知道他实行霸道，不实行王道，于是我就有离开之意。我一直是有这个想法，这个想法始终不变。就是说，齐王只要不实行王道，我就必然离开。所以他给我俸禄，我不收。但前面说受十万钟，这里说不受，是指什么？这里有些内情，有时接受了，也并非心甘情愿接受的。肯定地讲，在相当长一段时间内，孟子是不要的。前面还有受百镒不要的话，他也是拒绝接受。所以说，你不接受我的主张，我就走；我既然有走的这种意愿，就不接受俸禄。后来那里发生了战争，我也不便于提请离开；但长久在齐国，那绝对不是我的意志。所以我走了，这不是应该的吗？这段话可以这样来理解。

总结和回顾一下《公孙丑》篇。在《史记·孟子荀卿列传》中，记载孟子退而与万章之徒序《诗》《书》，述仲尼之意，著《孟子》七篇。说明《孟子》一书的确经过了精心的编排，从《公孙丑》篇我们能感觉出来。我觉得《公孙丑》的上篇主要是记录他跟别人的论辩，阐发思想，宣传主张，推行学说。下篇共十四章，除了"天时不如地利"章，有十三章主要是记述他在齐的行踪业绩，记载他与别人的对话和交流。实际上是记载孟子的言行结合，推行主张。如果说上篇是理论阐发，那下篇则主要是记载行动。

上篇是九章，下篇是十四章，一共二十三章。大致上，上篇九章和下篇第一章主要是以阐发思想为主，但也记活动；下篇十三章以记述对话、行动为主，但也有思想阐发。

上篇的九章，总体上讲，可以称为"两辩一做"。"两辩"，第一辩就叫王霸之辩。孟子被称"夫子好辩",就其辩的内容,有四大辩之说:一是王霸之辩;二是人与非人之辩,即人禽之辩;三是义利之辩;四是夷夏之辩。本篇基本上没有涉及夷夏之辩。义利之辩有涉及,但不是主要来阐发义利之辩的。在《公孙丑》上篇,王霸之辩和人禽之辩都是主要的内容。在王霸之辩里面,充分显示了孟子滔滔雄辩的好辩特色。我们可以简单回顾总结一下。3·1,"夫子当路于齐,管仲、晏子之功,可复许乎?"以强烈的感情色彩和鲜明对比,突出贵王贱霸。3·3,讲"以德行仁者王""以力假仁者霸",点出王霸之辩的实质,说得很深刻。3·4、3·5这两章都是讲王道之术:"仁则荣,不仁则辱""尊贤使能"。所以,论述编排是有系统的。3·1、3·3、3·4、3·5是讲王霸之辩。

人与非人之辩,即人禽之辩,是讲孟子的思想核心人性论的。3·6、3·7、3·8、3·9,这四章都是围绕着人禽之辩来讲的。3·6是核心,由不忍人之心到四端,四端到四德,是与生俱来的,先天就有的,人之初性本善。所以,3·6是重点。3·7、3·8、3·9都是扩大人性论的,就是扩大你的善行的一些措施,也叫行仁之术。3·7是说为仁由己。借矢人和函人来作比,说明能不能做到仁,那都由你自己。择仁处仁,识仁寻仁,还提出了正己而后发。3·8,以子路、禹和大舜为例,是说行仁的三个层次,最后肯定的是大舜的与人为善,即跟大家一起来行仁。3·9,以伯夷和柳下惠为例,说伯夷太狭隘,柳下惠不恭,这里是说行仁之术不应该偏执,应该遵循中庸之道。我们说,孟子的思想,仅仅是从《公孙丑》篇来讲,人禽之辩,即人和非人之辩,实际上讲得非常深刻清晰。

"一做",就是孟子讲的做人之道。3·2既讲处事为人之道,又讲修身养性。就是面对理想和事业,面对社会的王霸之争,面对人与非人之别,应该怎么做呢?不动心,这是个核心。所谓的不动心,就是孟子的处事之道。如果"夫子当路于齐",即面对外来的名利权力以及所谓的功业诱惑,是否动心?怎样做才能不动心?养勇。怎么养勇?要有气,而志是气之帅也,所以,要有志和气。那么,要有什么样的气?"我善养吾浩然之气。"什么叫浩然之气?孟子做了很多解释,然后讲"知言"。他以三个人为例来讲养勇,最后表示赞同曾子之勇——"持其志,无暴其气"。整体上,这个主线还是很明晰的。所谓为人处事之道,为人之道是这样,那处事之道是什么?崇孔子,学孔子,以孔子的继承人自居,传承孔子学说,发扬孔子精神,推行孔子之道。这就是《公孙丑》上篇。

下篇4·1是讲孟子的战争观,这战争观实际上和上篇是有一定联系的,就是决定战争胜负的是得道。得道是什么?推行仁政,民心所向。这和上篇是一致的。下篇除了第一章,一共是十三章。我们读《公孙丑》下篇,不仅仅是把它当作反映孟子思想的著作来读,还应该作为记录孟子生平的文章来读。《公孙丑》下篇,一是思想之作,二是事迹之作。后十三章,记了一些史实,有些思想的传播在对话当中都说了,所以这篇既可以当理论著作来看,也可以当史书来看。

《孟子·公孙丑下》既是记述孟子生平的非常珍贵的历史资料,也是研究孟子这个人物的精神、品德、性格以及形象的非常重要的一些章节。孟子的性格在这篇跃然纸上。他和齐王以及其他人说话的时候,那种态度、语气和内心世界,从这里都可以看到。下篇的内容大致可以分为两块:

第一块是在齐国的活动。这个活动大致可以分四个方面:第一个方面是跟齐王的交往对话,如4·2、4·4、4·9、4·10这四章。第二个方面是社会考察,劝说地方上的官吏来推行仁政。4·4、4·5是去平陆,还有与蚳鼃的对话。第三个方面是他的对外活动。一是出使滕国,在4·6;二是葬母以后返齐,在4·7。第四个方面的内容,就是跟齐人和学生议事,回答问题、讨论问题,如4·3、4·8。这是在齐国的社会活动。这些章节为我们提供了多方面的内容,是研究孟子在齐国活动的珍贵资料。我们判断孟子和齐国的关系,就是靠这里面的一些记载,透过简单的记载来推断出他在齐国做的一些事情。例如:通过孟子不受齐王百镒的记载,我们可以分析得知齐王曾经送孟子钱,但孟子不要。

第二块内容,就是围绕孟子离开齐国之事,记录了孟子的行动,反映出孟子的内心世界,以及他离开的理由,别人对他的嘲讽和疑问等。相关内容大致有五章:4·10是孟子和齐王的交往,不接受齐王万钟赏赐;4·11是宿于昼与留行者的对话;4·12是跟尹士的对话,这里反映了他的内心,欲留无意,欲去不忍;4·13是希望破灭之后的表达;4·14是居休的内容。

在内容上,《公孙丑》篇真实记录了孟子在齐国的活动,也有一些围绕着孟子离开齐的记载。总体来看,我们会感觉到章节较多,内容较乱,但认真梳理一下,其实是乱而有序。

说的事情虽多,但都围绕着一个主题。应该说这充分反映了《孟子》之书是经过精心编排的经典著作。从《公孙丑》篇,我们窥一斑而知全豹,也能深切体会出它丰富的思想内涵和重要的史料价值。

滕文公上

杨海文 解读

《滕文公》篇在《孟子》中属于第三篇,分为《滕文公章句上》和《滕文公章句下》,排在全书的第五卷、第六卷。为什么这么排呢?依据是《孟子》有七篇。《梁惠王》《公孙丑》《滕文公》《离娄》《万章》《告子》《尽心》,这是七篇。七篇是怎么来的?《史记·孟子荀卿列传》说:孟子"退而与万章之徒……作《孟子》七篇"。我猜测,七篇的定稿还与西汉末年的刘向(前77—前6)有关。刘向是汉朝的国家图书馆馆长,他负责将《孟子》整理成了我们现在见到的这个样子。

七篇为什么又各分为上、下呢?这是到了东汉末年,陕西人赵岐(约108—201)将七篇中的每一篇分为上、下。比如《梁惠王》篇分为上、下,就变成《梁惠王章句上》《梁惠王章句下》;《滕文公》篇分为上、下,就变成《滕文公章句上》《滕文公章句下》。然后,七篇变成了十四卷。

赵岐,我们应该记住他。赵岐是陕西人,他将《孟子》七篇各分为上、下,而且做了句读——相当于现在的标点,还分了章,为每一章写了段落大意,叫作章指。他做这些,不是在陕西做的,而是在山东的北海做的。今天流传最广的《孟子》,第一个最好的本子就是赵岐作的《孟子章句》,然后是朱熹(1130—1200)作的《四书章句集注》中的《孟子集注》,这是最好的两个版本。

《滕文公章句》分为上、下,上篇有五章,下篇有十章。它们到底有多少字?其实不多。整部《孟子》,不包括标点符号,也就三万多字;把标点符号加在一起,也就四万多字。《滕文公章句上》是三千二百字,《滕文公章句下》是三千四百字,加在一起是六千六百字。

讲《孟子》是古代社会的传统,它是跟读《孟子》相对而言的。我们静下心来,默不作声地读《孟子》,这是一种方式。还有一种方式,就是对着大家讲《孟子》。讲《孟子》这种方式,自从新文化运动以来,越来越少了。今天,孟子故里能够一篇一篇地讲《孟子》,我觉得这是一个盛举、一件盛事。

我们都知道南怀瑾(1918—2012),他活了九十四岁。南先生讲《孟子》,是他那一批学者当中付出精力、心力最多的人。最近,东方出版社将他讲《孟子》的六本作品都出版了,分别是《孟子旁通》《孟子与公孙丑》《孟子与滕文公、告子》《孟子与离娄》《孟子与万章》《孟子与尽心篇》。《孟子》有七篇,他为什么只出了六本呢?我简单讲一讲。南先生讲《梁惠王》篇,叫作《孟子旁通》;讲《公孙丑》篇,叫作《孟子与公孙丑》。下面是《滕文公》篇,那一本叫作《孟子与滕文公、告子》。为什么把滕文公与告子合在一块儿呢？因为南先生讲《滕文公》篇的记录稿大部分已经遗失，只剩下一万多字。换句话说，南先生完整地讲过《滕文公》篇，但流传下来的残缺不全。然后，南怀瑾先生将《离娄》《万章》《尽心》三篇都讲完了。

南怀瑾先生讲《孟子》七篇，虽然《滕文公》篇也讲了，但讲稿没有完整地留下来，让人特别遗憾。这个遗憾，对于我来说，好像又是一个机遇。我今天讲《滕文公》篇，想将南先生的事业继承下来，将他没有留存下来的东西尽可能发挥出来，就是继承南先生的遗志，将《滕文公》篇好好讲一讲，让南先生不再有遗憾。

为什么叫作《滕文公》篇？因为5·1的第一句话是"滕文公为世子"。先秦很多典籍，它的篇名是这样命名的——往往以每一篇最前面的两三个字作为这一篇的篇名。比如《论语》第一篇的第一句话是："子曰：'学而时习之……'"因为"子曰"太多，没有用"子曰"命名，用的是"学而时习之"的"学而"，所以《论语》第一篇叫《学而》。《孟子》七篇的命名方式也是这样的。《孟子》第一篇叫作《梁惠王》，因为"孟子见梁惠王"是1·1的第一句话；又因为书名已经叫《孟子》了，这个篇名不能再叫《孟子》，所以叫作《梁惠王》。《滕文公》篇也是这样命名的。

由此，我们可以引发一个想象。先秦那么多作品，比如体现老子思想的叫《老子》，体现庄子思想的叫《庄子》，体现孟子思想的叫《孟子》，体现荀子思想的叫《荀子》，为什么体现孔子思想的那本书不叫《孔子》，而叫《论语》呢？这是值得我们想一想的。

回到《滕文公》篇。滕文公是战国时期的一个诸侯，也是《孟子》里一个很重要的人物。但是，先秦其他作品都没有记载滕文公这个人以及他的故事，只有《孟子》将滕文公的故事记载了下来。这个情况显得很特别。齐宣王、梁惠王在其他的作品里都有出现，可滕文公只在《孟子》中出现。这个情况我们可以好好想一想。

我们由此稍微联想一下，孟子周游列国，去见很多诸侯。可我们仔细读《孟子》，跟孟子打过交道的这些诸侯，有多少人呢？虚虚实实加起来，就是十个人左右。其中，最有名的是我们知道的三个人：梁惠王、齐宣王，再就是滕文公。就是这三个人，孟子打过的交道最多。

《孟子》的章数，不同的版本不一样：有二百六十章的，有二百六十一章的，还有所谓二百五十九章的（实际上也是二百六十一章）。我们现在用杨伯峻（1909—1992）的《孟子译注》，是二百六十章的版本。

《孟子》有二百六十章，其中记载孟子跟齐宣王、梁惠王、滕文公直接对话的，分别有十三章、五章、五章，其实不是很多。

《孟子》记载孟子跟滕文公直接进行对话的有五章，但记载滕文公其人其事的有七章。我们今天讲的《滕文公》篇，并不完全是谈滕文公的。它有四章跟滕文公相关，就是5·1至5·4；跟滕文公密切相关的，是5·1至5·3。《梁惠王下》还有三章跟滕文公密切相关，就是2·13至2·15，孟子与滕文公就怎么治国有过交流、对话。

总而言之，《孟子》有七章提到滕文公，可以编成一个故事。滕文公从做太子到他父亲死，再到他正式继位，然后做诸侯，它们构成了滕文公与孟子交往的历史。将《梁惠王》2·13至2·15以及《滕文公》5·1至5·4加在一起，就可以写成一篇滕文公小传。有心人可以去做这样的工作。

滕文公为什么值得我们今天特别地讲？因为我读《孟子》，有一个特别深的感受：孟子无论跟哪一个诸侯交流，无论怎么劝他行仁政，就是没有诸侯真正按照孟子说的去做；只有一个例外，就是滕文公。也就是说，跟孟子虚虚实实交往的十个诸侯中，只有滕文公一个人是真心实意地按照孟子说的，去做了孟子理想中所要求的那些事情。在这个意义上，滕文公在孟子王道理念的发展史上，在孟子王道理念实践的历史上，是一个特别的例外。

只有滕文公听了孟子的话，只有滕文公将孟子的话当成一回事，而且落实到自己的生活当中，落实到自己的治国理念当中。所以，滕文公是孟子的知己。我们常说：人生得一知己足矣。假设我们回到孟子的时代，听听孟子讲他的政治交往史，讲他与诸侯的交流史，孟子肯定会由衷地说：在这么多人当中，只有滕文公是理解我的，而且真正能够照我说的去做。

滕文公是孟子的知己，孟子是滕文公的知己。我们今天讲《滕文公》篇，滕文公能不能成为我们的知己呢？孟子能不能成为我们的知己呢?假定将我们变换成不同的身份——比如你是一个学者,你是一个官员,你是一个企业家,你是一个父亲,你是一个儿子——变换成不同的身份后,滕文公怎么成为我们的知己,孟子怎么成为我们的知己呢?我觉得这是值得我们好好思量的。

上面是讲《滕文公》篇这个题目怎么解,或者叫作解题。下面我们开始讲 5·1。

5·1 滕文公为世子,将之楚,过宋而见孟子。孟子道性善,言必称尧舜。

世子自楚反,复见孟子。孟子曰:"世子疑吾言乎?夫道一而已矣。成覵谓齐景公曰:'彼,丈夫也;我,丈夫也。吾何畏彼哉?'颜渊曰:'舜,何人也?予,何人也?有为者亦若是。'公明仪曰:'文王,我师也。周公岂欺我哉?'今滕,绝长补短,将五十里也,犹可以为善国。《书》曰:'若药不瞑眩,厥疾不瘳。'"

5·1 的第一句话是"滕文公为世子"。刚才讲了滕文公在《孟子》中出现过,2·13 至 2·15 是讲滕文公已经做了诸侯之后跟孟子进行交流。现在,是滕文公"为世子"的时候。世子是王位的法定接班人。

滕文公还在做太子的时候,有一次肩负国家使命,从北往南到楚国去——"将之楚"。从北往南到楚国要经过一个地方,就是宋国,所以"过宋而见孟子"。这个宋国,我们要特别了解一下。

第一，人们以前说宋国的首都在商丘。假定宋国的首都在商丘，滕文公从滕国到楚国去，是不是一定要拐到商丘那边？这点我们要注意。有人考证：滕文公"过宋而见孟子"，宋国的首都已经不在商丘了，而是在今天的江苏徐州。宋国的首都已经从河南的商丘迁到江苏的徐州，所以孟子与滕文公才能在宋国见面。宋国的地理位置，这个一定要注意。

第二，我们讲《滕文公》篇，要特别注意滕国、宋国都是两个小国家。滕文公作为一个小的君主，能够按照孟子所讲的去做。宋国也是个小国家，他们国家的君王就没有按照孟子所讲的去做。所以宋国值得注意，后面讲的《滕文公下》6·5、6·6、6·8就涉及很多与宋国有关的情况。

滕国与宋国都是小国家。小国的政治学是战国时代最让知识分子感兴趣的一个问题。因为像孟子这样的知识分子，你要让齐国、楚国那样的大国按照你的观点去做，难度可能比较大；相应地，让滕国、宋国这样的小国家接受你的理念，接受你的主张，那就不是特别难。

以上是一个铺垫。滕文公做太子的时候，带着政治使命或者外交任务要到楚国去。他经过宋国，在那里见到孟子。孟子跟滕文公讲了些什么？就是下面这句名言："孟子道性善，言必称尧舜。"

先看"孟子道性善"。"性善"这个词，《孟子》中一共出现三次，第一次就是在这里出现的，另两次均见11·6，但只有第

一、三次的"性善"具备孟子性善论的思想意义。我们讲"人之初,性本善",孟子是性善论的提倡者。孟子讲性善这个理念,3·6已经有所涉及。这里讲性善,它的基本含义是:人的本性是善良的。我们理解性善,又可以分为两个层面:第一个层面是性本善,"本来"的"本";第二个层面是性向善,"方向"的"向"。我们的本性,我们的人性,在本来的意义上是善良的。这是孟子为人性所做的本体设定,所以叫作性本善。性向善,是孟子相信我们的人性在我们人生的发展历程当中,它是有方向的。这个方向,就是朝着善良的方向前进。所以,性善论包括性本善与性向善两个方面。只有在本体上确定了我们的本性是善良的,我们才能够在我们的实际生活中将善良当成我们的方向,并且在这个方向的指引下不断地经历我们的人生本身。这就是性善的含义。

再看"言必称尧舜"。尧、舜是孟子所理解的中国人类史上最早、最著名的两位君王。"尧舜"——我们大多视作一体,将其作为内圣外王之道的典范;也可以分开来看。因为孟子对于尧、对于舜的讨论,其实有不同的侧面:对于尧,主要是立足于他的外王的一面,就是立足于他的政治的一面;对于舜,主要是立足于他的内圣的一面,就是立足于他的生活的一面。所以合起来,叫作"尧舜之道"。如果我们具体做研究,可以看到孟子对尧是从外王的层面讲得多,对舜是从内圣的层面讲得多。孟子也是有侧重点的。

这是5·1的第一小段。滕文公要到楚国去,在宋国见到孟子。孟子跟他讲了性善,讲了尧、舜。然后,滕文公就到楚国去了。现在,"世子自楚反,复见孟子"。滕文公从楚国回来了,又回到宋国,又见到孟子。孟子下面讲了一段话,很有意思。

"孟子曰:'世子疑吾言乎?'"太子,你怀疑我上次对你讲的吗?孟子为什么第二次见面就这样问滕文公?这是因为"孟子道性善,言必称尧舜",在战国那个时候是格调比较高、立义比较高的言论。这种言论当时并不为很多人认可,而且被认为对于富国强兵不可能产生实际作用。

滕文公本来是公子哥,喜欢骑马、射箭、打猎,并不喜欢多想、多思考。但是,滕文公在宋国这个地方见到孟子,孟子对他讲了一番话,让他的心里有了一些想法,开始想做一个好君主。所以他从楚国回来后,又来见了孟子。孟子对他说:你不要怀疑我对你讲的话。为什么呢?"夫道一而已矣。""道一"就是这个大道,它本来不复杂,它是很简单的。只要你真心实意、坚决地按照道的方式去做,你就能够将道的内涵、道的力量体现出来。"夫道一而已矣",道就是这么简单,道一点都不复杂。

孟子怎么诠释这个道?他列举了三个人说的话。

一个是成覸对齐景公说的。齐景公这个人物在《孟子》中讲得很多,我们要注意。"成覸谓齐景公曰:'彼,丈夫也;我,丈夫也。吾何畏彼哉?'"他是个丈夫,我也是个丈夫,我为什么要怕他呢?"丈夫"这个概念跟 6·2 的"大丈夫"是一脉相传的。

一个是颜渊说的。"颜渊曰:'舜,何人也?予,何人也?

有为者亦若是。'"颜渊说:舜是怎么样的人呢?我又是怎么样的人呢?凡是有所作为的,都应当像舜那样。

一个是公明仪说的。"公明仪曰:'文王,我师也。周公岂欺我哉?'"公明仪这个人值得注意,因为他是曾子的弟子。我们知道"四书"包括《论语》《大学》《中庸》《孟子》四部典籍。《论语》是孔子的,《大学》是曾子的,《中庸》是子思的,《孟子》是孟子的。《滕文公》篇多次提到曾子,以及曾子的学生公明仪。它意味着什么呢?意味着孟子在思想形成的某个阶段上,受到曾子的影响特别大,受到《大学》的影响特别大。孟子受曾子的影响特别大,主要体现在孝道这个方面。我们通常说《孝经》是曾子写的。《滕文公》篇讲孝特别多,这是孟子受曾子影响大的体现。他经常将曾子的学生公明仪拿出来说事。公明仪这里说:文王是我的老师,周公怎么会欺骗我呢?

孟子引了成覵的话,引了颜渊的话,又引了公明仪的话。一句话,他要告诉滕文公——虽然你现在还是太子,但你一定要立志,立下一个志向。滕文公觉得,我们滕国是个小国家,我父亲滕定公治国也不怎么得力。滕文公平时又不好好学习,但见了孟子之后,他想励精图治,想把滕国这个小国建设为一个好的国家,所以,孟子首先对滕文公说:你要立志!你看看别人也是人,他为什么能做成这样?舜为什么能够成为圣人,你为什么不能够?文王就是我们的老师,文王的儿子周公也是不会欺骗我们的。孟子引成覵谓齐景公曰,引颜渊曰,引公明仪曰,都是为了让滕文公立下做一个好人、做一个好国君的志向。

在宋国,滕文公可能对孟子交代过滕国的一些困境。比如,它的力量比较小,要变成一个强国好像很难。孟子就说:"今滕,绝长补短,将五十里也,犹可以为善国。"你们滕国的确是个小国家。但是,如果你将这个小国家拼成正方形,也会有方圆五十里。大概是今天的滕州这样大。像滕国这样一个小国家、这样一个小地方,如果你精心打理,好好去做,你就可以将滕国建设为一个好国家。今天,滕州有以"善国"命名的街道,"善国"成了滕州人民引以为豪的地方名片。

5·1 的最后,孟子引了《尚书》的一句话,"《书》曰:'若药不瞑眩,厥疾不瘳。'"意思是:假设我们生病了,我们是要吃药的。我们将这个药吃下去,如果不吃得全身都发抖,全身都翻江倒海,病是不可能好的。药与毒是密切相关的,是药三分毒。我们经常说,良药是苦口的;而且,往往是苦口的良药能药到病除。所以,孟子这里已经为 5·2 与 5·3 埋下伏笔。

滕文公还在做世子。他看到自己的滕国很小,国力很弱。他希望继位之后,将滕国建设为一个好的国家。但是,他苦于没有方法。现在,孟子在宋国首先让滕文公立下了做一个好人、做一个好国君的志向。孟子又埋下伏笔,讲良药是苦口的。你如果只想轻飘飘地、毫不费力地就将滕国这样一个国家建设好,那是不可能的。你必须痛下决心,有破釜沉舟的决心,有这个胆略,你才能将滕国建设好。所以,孟子引了"若药不瞑眩,厥疾不瘳"。这句话将药提了出来,这是画龙点睛之笔,为以后的5·2和5·3埋下了伏笔。

5·1描绘了这样的场景:在宋国,也就是今天的江苏徐州,滕文公与孟子见面了。然后,孟子对他讲了性善,讲了尧舜。滕文公从楚国回来后,又跟孟子有一次见面。孟子引了很多古人的话,比如成覵的话、颜渊的话、公明仪的话,要滕文公立下志愿,一定要将滕国建设成一个好国家。即使滕国很小,也是能够将它治理好的。而且,孟子将良药苦口、是药三分毒这样的意思都讲了出来,就是激励滕文公必须有这样的胆略,下这样的决心,才能将事情做好。

这个时候,滕文公还是世子,还是王位的继承人。后来,滕文公慢慢长大了。儿子长大了,父亲就年老了。岁月慢慢地过去,滕文公的父亲滕定公过世了。滕定公一过世,我们也必须由5·1转到5·2。下面就讲5·2。

5·2 **滕定公薨,世子谓然友曰:"昔者孟子尝与我言于宋,于心终不忘。今也不幸至于大故,吾欲使子问于孟子,然后行事。"**

然友之邹问于孟子。

孟子曰:"不亦善乎!亲丧,固所自尽也。曾子曰:'生,事之以礼;死,葬之以礼,祭之以礼,可谓孝矣。'诸侯之礼,吾未之学也;虽然,吾尝闻之矣。三年之丧,齐疏之服,饘粥之食,自天子达于庶人,三代共之。"

然友反命,定为三年之丧。父兄百官皆不欲,曰:"吾宗国鲁先君莫之行,吾先君亦莫之行也。至于子之身而反之,不

可。且《志》曰:'丧祭从先祖。'曰:'吾有所受之也。'"

谓然友曰:"吾他日未尝学问,好驰马试剑。今也父兄百官不我足也,恐其不能尽于大事,子为我问孟子!"

然友复之邹问孟子。

孟子曰:"然,不可以他求者也。孔子曰:'君薨,听于冢宰,歠粥,面深墨,即位而哭。百官有司莫敢不哀,先之也。'上有好者,下必有甚焉者矣。君子之德,风也;小人之德,草也。草尚之风,必偃。是在世子。"

然友反命。

世子曰:"然,是诚在我。"

五月居庐,未有命戒。百官族人可,谓曰知。及至葬,四方来观之。颜色之戚,哭泣之哀,吊者大悦。

5·2 说,"滕定公薨"。古人对于死亡的表达,有不同的词汇。天子、诸侯死了,不能叫作死,而是叫作薨。滕定公死了,滕文公继位。但是,父亲死了以后,马上面临的一件大事是丧事怎么办。滕文公想起以前在宋国跟孟子见面的场景。当年在宋国,孟子跟滕文公有过很多交流,让滕文公感觉到孟子有泰山岩岩之气象,同时又有很多治国安邦的好方法。滕文公看到自己的父亲已经过世,自己马上要接掌这个国家,而当前的一件事就是怎么办好父亲的丧事。这个时候,他想到了孟子。

"世子谓然友曰",滕文公对然友说。然友是滕文公的老师。《孟子》有四万余字(含标点符号),那它到底涉及多少实名人物呢？与孟子同时代的人物，《孟子》有记载的，仅有七十多人；跟孟子交往过的诸侯虚虚实实只有十人，他的学生不到二十人，这些加起来算是三十人；有过交往的其他人是四十人左右，比如然友、毕战。《孟子》涉及有名有姓的人物也很少，从最早的尧舜时代到最近的战国，就是两百多人。有了这个理念、这些具体数字之后，我们读《孟子》，就可以读得有现场感。

"昔者孟子尝与我言于宋，于心终不忘。"世子对然友讲：过去我在宋国跟孟子见过面，孟子对我讲了很多东西，一直到现在，我的心里都没有忘记他。这表明当年孟子与滕文公在宋国的见面，给年少的滕文公留下了深刻的印象，就是"于心终不忘"。滕文公又讲："今也不幸至于大故。"现在很不幸，我家里出大事了，我父亲过世了，但我不知道怎么办。所以，"吾欲使子问于孟子，然后行事"。我想派你到孟子那里问一问，再决定怎么办我父亲的丧事。然后，"然友之邹问于孟子"。然友从滕国来到邹国，向孟子请教。

"孟子曰：'不亦善乎！亲丧，固所自尽也。'"孟子说：事情原来是这样。父母过世，我们是要为父母办丧事的。怎么办丧事？就是"固所自尽也"，一定要尽心尽力，每个人都要尽心尽力。然后，孟子引了曾子的一句话："生，事之以礼；死，葬之以礼，祭之以礼，可谓孝矣。"曾子说：父母在世，我们要有礼貌地侍候；父母不在了，给他们办葬礼，给他们办祭祀，我们要有礼貌地去做。做到了这一点，你就可以说尽孝了。

这是"曾子曰",曾子讲的这句话,《孟子》是这么引的。但是,我们读《论语》,它也有这句话,并不是曾子说的,而是孔子讲的。《论语》2·5记载,"子曰:'生,事之以礼;死,葬之以礼,祭之以礼。'"《论语》将这句话当成孔子说的,《孟子》将这句话当成曾子说的,这个现象我们该怎么理解?

我们读《孟子》,可以提一个天真的问题,甚至是提这样一个很幼稚的问题:孟子读过《论语》吗?提这样的问题,我们怎么解答?一个好的方式,就是将《孟子》引孔子以及孔门弟子的话一一地抄下来,再将它们跟《论语》相对照,看孟子所引的与《论语》所讲的是不是一模一样。如果不一样,它们的差异在哪里?如果我们能将这个工作做到家,那就相当于将《论语》《孟子》都看了一次。

我经常这样想:假定我认为孟子读过《论语》,我就应该找出很确切的东西来证明它。比如《论语》的话,孟子实实在在引了。可是,《论语》那里孔子讲的"生,事之以礼;死,葬之以礼,祭之以礼",到《孟子》这里变成了曾子说的话。曾子作为孔子的学生,孔子说的话,他当然可以引用。如果狭义地看这些引用,一定要注意《论语》与《孟子》的差异。如果广义地看孔子说的那些话,他的学生以及我们拿来就说、拿来就引,不加细分也是可以的。

孟子对然友说:生与死都是很大的事。父母健在,一定要以礼相待,要"事之以礼";父母不在了,丧事与祭祀,我们都要以礼事之。这使我们想起《论语》4·21的一句话,"子曰:'父母之年,不可不知也。一则以喜,一则以惧。'"每个人都在不断变老。看到儿女慢慢长大,我们也就老了。当我们老了的时候,父母更加老了,所以"父母之年,不可不知"。父母的年龄,这是一定要知道的。我们知道父母的年龄,比如高寿九十岁了,我们很高兴,但同时又很担忧,所以"一则以喜,一则以惧"。《论语》这句话,跟《孟子》这里曾子讲的"生,事之以礼;死,葬之以礼,祭之以礼,可谓孝矣",是一样的意思。孟子引曾子的话,就是为了告诉滕文公:你父亲死了,你一定要将丧事办好!

"诸侯之礼,吾未之学也;虽然,吾尝闻之矣。"孟子说:诸侯那些礼节,我没有学过;尽管这样,我听说过一些。我们通常说:孔子是"克己复礼为仁"(《论语》12·1),他将仁与礼两者都做好了;孔子之后,孟子发展了孔子的仁学,荀子发展了孔子的礼学。"克己复礼为仁",仁与礼在孔子那里都做到了,孟子、荀子分别发挥了其中的一个方面。于是有人批评孟子不知礼,他们的一个依据就是孟子讲过"诸侯之礼,吾未之学也"。你既然没有学过,怎么可能对于诸侯之礼很精深呢?其实这里显示了孟子比较谦虚,说话甚至是留有底线的。这个底线为下面要讲的三年之丧到底是历史上真实发生过的事情,还是孟子虚构的儒家文化传统,又埋下了伏笔。

孟子对滕文公说:你父亲死了,没事!你只要实行三年之丧,就可以了。三年之丧是什么意思呢?按照孟子的解释:"三年之丧,齐疏之服,饘粥之食,自天子达于庶人,三代共之。"三年之丧,治丧时间是三年。"齐疏之服"的"齐"不读

qí,读 zī。

古代汉语的发音,与今天有很多区别。以前有这样一个故事,讲美国要发射一个信号到外太空去。它只选择了一种语言,就是阿拉伯语,因为阿拉伯语几千年来都没有变。像我们的汉语,比如今年是 2016 年,如果你到 1900 年的北京去听一听北京人怎么说话,你肯定听不明白;你再去孟子的时代,听听他们怎么说话,你更听不清楚。汉语的语音变化大,十里不同音,百年音大变,这个情况特别明显。英语也一样。唯一保持语音不变的就是阿拉伯语,用它念《古兰经》的整个声音、音调一直都没有变化。

三年之丧的"齐疏之服,饘粥之食",就是披麻戴孝的意思。你要穿得破破烂烂,吃得简简单单;你不能锦衣玉食,不能像当世子、当公子哥的时候那样,穿得好,吃得好。你必须披麻戴孝,穿粗布衣,吃简简单单的饭——喝稀饭。这就是三年之丧。孟子对三年之丧的解释,是从吃什么、穿什么来解释。他的另外一个解释是认为"自天子达于庶人,三代共之",从天子到一般老百姓,夏、商、周三代都是这样做的,而且说得信誓旦旦,言之确凿。

假设按照孟子讲的,三年之丧"自天子达于庶人,三代共之"是当时举国皆知、老幼皆知的常识,下面的事就不太可能发生了。所以,我们说孟子讲"诸侯之礼,吾未之学也",不仅为孔、孟、荀怎么产生思想分歧埋下了伏笔,也为孟子到底是谦虚地认为自己了解的知识有限,还是的的确确对于诸侯之礼了解得不多埋下了伏笔。

"然友反命，定为三年之丧。"然友从孟子这里得到答案——要实行三年之丧，回来就向滕文公汇报了。滕文公决定：父亲死了，我要实行三年之丧。但是，滕文公不仅仅是自己一个人，他还有一家人，还有满朝文武。"父兄百官皆不欲"，就是滕文公一家人以及满朝文武都反对三年之丧。他们的理由是什么？"曰：'吾宗国鲁先君莫之行，吾先君亦莫之行也。至于子之身而反之，不可。'"滕国是个小国家，附庸于鲁国。他们说：我们的宗主国鲁国从没有实行过三年之丧，我们的祖先也没有实行过三年之丧，到了你这里，变过来了，要实行三年之丧，这是不可以的。然后他们引了一句话，"且《志》曰：'丧祭从先祖。'"《志》是一部典籍，已不可考。他们说"丧祭从先祖"：无论是办丧事，还是做祭祀，我们都要遵循老祖宗留下的规矩。"曰：'吾有所受之也。'"他们说：我们这样做，是有章可循、有案可稽的。

然友从孟子那里得到要行三年之丧的指导意见后，回到了滕国。可是滕文公一家人以及满朝文武都认为：三年之丧这件事，我们没有听说过。这就形成了反方。这个反方让我们意识到了问题：三年之丧到底是真实的，还是孟子的理想设计呢？满朝文武都说三年之丧不是真实的，滕文公是不是也有所动摇呢？既然是孟子讲的，我又相信孟子，而且孟子说三代都实行三年之丧，从天子至于庶人都是这么做的，但为什么我们国家的满朝文武没有听说过呢？滕文公隐隐约约觉得这也是个问题。

滕文公只好再派然友到邹国去问孟子。然友临行之前，滕文公做了一个深刻的自我检讨。"谓然友曰:'吾他日未尝学问,好驰马试剑。'"他对然友说:我平时是个公子哥,不喜欢读书,只喜欢骑马、打猎、玩玩剑,显示一下自己的威风。我现在知道,这样做是不行的。"今也父兄百官不我足也,恐其不能尽于大事,子为我问孟子!"我要实行三年之丧,但是我们一家人、满朝文武都觉得这样不行。如果他们执意不让我做,我就不能尽三年之丧,将这件大事做下来。我很担忧,希望你再去帮我问问孟子是怎么回事。

这件事等于一波三折。

于是,"然友复之邹问孟子",然友又来到邹国问孟子。"孟子曰:'然,不可以他求者也。'"孟子对然友讲:原来是这么回事!要做好这件事,你是不能靠别人的,你只能靠自己!"不可以他求者也",就是做好这件事,你只能靠自己,不能靠别人。

然后,孟子引了孔子的一句话。"孔子曰:'君薨,听于冢宰。'"君薨,就是国君死了。冢宰,相当于首相、总理。"君薨,听于冢宰",就是我做国君的父亲死了,我已经是即将继位的君主,但我现在还不能行使君王的职权,我必须将所有的政务都交给总理、首相去处理。那我干什么呢?我要做的就是行三年之丧,就是"歠粥,面深墨,即位而哭",每天喝点稀饭,脸上保持悲哀的神色,即位而哭。这个"即位"是讲:办丧事,办祭祀,孝子有自己行礼的位置。"即位而哭",就是每次到了孝子的位置上,你要哭出来。我每天喝稀饭,脸色很悲戚,一到孝子的位置上就痛哭流涕。我这样做了,"百官有司莫敢不哀,先之也"。你尽三年之丧,而且天天喝稀饭,脸色很悲戚,一到孝子之位就痛哭,满朝的文武百官也没有不悲伤的。为什么呢?因为你已经先这样做了。所谓"先之也",就是你先于别人这样做了。

孟子接着讲的也是一句名言:"上有好者,下必有甚焉者矣。"上面的人喜欢什么,下面的人一定有更加喜欢的。比如领导喜欢打牌,下面的人都会学打牌,而且会比领导打得更好。这是就普遍情形而言。上位者到底应该喜欢什么呢?孟子做了具体的界定,说:"君子之德,风也;小人之德,草也。草尚之风,必偃。"君子的品德像风一样,小人的品德像草一样。这是比喻。风向哪边吹,草就向哪边倒。这是讲:一个人有良好的道德品质,他的影响是很大的。君子的品德就像风,小人的品德就像草。君子一旦发生影响,必然影响到小人。所以,风往哪边吹,草就往哪边倒。然后,孟子对然友说:"是在世子。"意思是:滕文公要行三年之丧,那他一定要痛下决心,所以"草尚之风,必偃"。

这个"偃",我附带说一句。我们前面提到滕国、宋国这两个国家。滕文公,我们知道他,但很少有人知道他叫什么名字。宋王的名字叫作偃,这在先秦两汉典籍中是有记载的。

"然友反命。"然友回去后,将孟子的话告诉了滕文公。"世子曰:'然,是诚在我。'"滕文公说:对!要行三年之丧,要做好这件事,决定权的确在我。

从要不要行三年之丧的整个论争过程看,孟子其实存在着不能特别说服我们的地方。孟子认为三年之丧是古已有之、三代共之的,但这个观点遭到滕国的百官有司、满朝文武的怀疑。然友又去问孟子到底是怎么回事,但孟子并没有拿出充足的依据,证明三年之丧确实是古已有之、三代共之的。从逻辑的角度说,我们认为孟子这里没有充分发挥逻辑证明的作用。但是,滕文公为什么能将三年之丧坚持下来呢?

这里涉及一个问题:当我们理解中国传统文化、中国古代哲学的时候,逻辑的方式与非逻辑的方式两者的区别在哪里?逻辑的方式在整个古典文本当中的意义、作用到底有多大?或者说,当我们要证明一件事的时候,比如要证明性本善,我们是不是完全要依靠逻辑的力量才能够证明?

在儒家思想、中国古典哲学看来,要证明性善论,是不可能用今天这类逻辑方法的。你不可能对张三、李四、王五等无数人一一地进行问卷调查——你是不是性善、你是不是相信性本善——之后,才做出判断。孟子并不是做了问卷调查之后,才确认人性是善良的。不是!孟子是站在拷问自己的本心的角度,让自己的内心实际地打开之后,才确认性是本善的。孟子也举了例子,我们看 3·6 就知道了。就是小孩即将掉进井里,每个人都有恻隐之心。如果你没有恻隐之心,你就不是人,你就是禽兽。通过这个简单而又有力的、生活当中的例子,孟子直逼我们的内心世界,让我们发现我们的内心真实地存在——那里有一颗真实的种子。我们现在的任务,就是将这颗种子培养起来,并且在现实当中将它落实下去,将它做下去。

孟子引孔子的话，又用"君子之德，风也；小人之德，草也"勉励然友。然友将这些话带给滕文公之后，滕文公坚定了下来，要行三年之丧。这段话最关键的就是：孟子将三年之丧说出来了，虽然有人反对，但滕文公坚持了下来。

5·2的最后一段说："五月居庐，未有命戒。""居庐"就是行三年之丧，要盖一间房子，让滕文公住在那里。就像我们下面讲5·4："昔者孔子没，三年之外，门人治任将归，入揖于子贡，相向而哭，皆失声，然后归。子贡反，筑室于场，独居三年，然后归。"孔子死了，弟子守三年之丧，然后子贡又多守了三年；"筑室于场"，就是在坟墓旁边盖一间小房子，子贡住在那里。滕文公在滕定公的灵柩旁盖了一间房子，住了下来，一住就是五个月。"未有命戒"，他将所有的国家事务都交给了首相，整个国家没有发布过任何命令与戒令。滕文公一心一意地守三年之丧。"百官族人可，谓曰知。"滕国的文武百官、父老乡亲看到这一切，都觉得滕文公做得好、知书达礼，就是"谓曰知"。

提到这个"知"，我们想起仁、义、礼、智、信，"知"与"智"在古代是相通的。班固（32—92）写的《汉书》，有一篇叫《古今人表》。《古今人表》列了1954个有名的人物。班固又将1954人分为三六九等，前面三等是圣人、仁人、智人。我们讲过孟子跟三个诸侯打交道最多：一个是梁惠王，一个是齐宣王，一个是滕文公。滕文公在《古今人表》中排在哪一等呢？排在第三等，是圣人之下、仁人之下的智人，评价极高。梁惠王（魏惠王）和齐宣王则排在第六等，这评价就比滕文公差远了。我们还经常说"桀纣之道"，桀、纣就是夏桀、商纣王。夏桀（癸）排在第八等，商纣王（辛）排在第九等。桀、纣都不好。为什么夏桀比商纣王还好一点呢？夏桀排在第八等，商纣王为什么排在最差的第九等呢？这些都值得我们想一想。

五个月后，滕定公下葬。这里要区分一个历史方面的知识：滕定公死了，五个月后才下葬，这是什么礼节？据《左传》记载：天子死了，七个月后下葬；诸侯死了，五个月后下葬；大夫死了，三个月后下葬；士死了，一个月后下葬。这是当时的礼节规定。我们回到前面孟子讲的那句话："诸侯之礼，吾未之学也；虽然，吾尝闻之矣。"由此看来，孟子对诸侯之礼还是有所知、有所闻的。

"及至葬，四方来观之。"到了滕定公下葬的那一天，四面八方的人都来观看葬礼。这个时候，"颜色之戚，哭泣之哀"，滕文公一脸的悲伤，哭声特别悲哀，绝对的孝子模样！"吊者大悦"，所有前来凭吊滕定公的人都感到十分欣慰。

5·2讲的故事是：滕定公死了，滕文公为他办丧事，但他不知道怎么办，于是派自己的老师然友去请教孟子。孟子告诉然友，历史上有三年之丧这回事。可是，滕国的文武百官、父老乡亲都认为没有这回事，都不愿意这样做。几经反复，孟子让滕文公坚定了决心，滕文公按照孟子讲的做了下来，最后的效果是"吊者大悦"。

我们不要小看了这个故事。从《论语》《孟子》等儒家经典的提倡开始，中国古代社会都实行三年之丧。即使你在外面当官，如果父母不在了，你也必须回家来守三年之丧，就是丁忧，叫作"丁忧三年"。不管你做什么官，做多大的官，你都必须回家尽孝。

这个故事在孟子整个的政治思想与实践中尤其重要。孟子一生只跟十个诸侯虚虚实实地打过交道,几乎没有诸侯听孟子的,只有滕文公听孟子的,而且真正将孟子的理想落实到了实践当中。证据在哪里?证据就在5·2:滕文公听了孟子的建议,将三年之丧执行了下来。三年之丧以后,滕文公开始慢慢成长,变得有自己的理想,想将滕国建设成为一个好国家。到了5·3,孟子与滕文公的交流就牵涉了整个国家治理的方方面面。这些治理涉及很多古代制度史方面的知识,它们后来在历史上也都有所承传、发展。

5·3 滕文公问为国。

孟子曰:"民事不可缓也。《诗》云:'昼尔于茅,宵尔索綯,亟其乘屋,其始播百谷。'民之为道也,有恒产者有恒心,无恒产者无恒心。苟无恒心,放辟邪侈,无不为已。及陷乎罪,然后从而刑之,是罔民也。焉有仁人在位,罔民而可为也?是故贤君必恭俭礼下,取于民有制。阳虎曰:'为富不仁矣,为仁不富矣。'

"夏后氏五十而贡,殷人七十而助,周人百亩而彻,其实皆什一也。彻者,彻也;助者,藉也。龙子曰:'治地莫善于助,莫不善于贡。'贡者,校数岁之中以为常。乐岁,粒米狼戾,多取之而不为虐,则寡取之;凶岁,粪其田而不足,则必取盈焉。为民父母,使民盻盻然,将终岁勤动,不得以养其父母,又称贷而益之,使老稚转乎沟壑,恶在其为民父母也?夫世禄,滕固行之矣。《诗》云:'雨我公田,遂及我私。'惟助为有公田。由此观之,虽周亦助也。

"设为庠、序、学、校以教之。庠者,养也;校者,教也;序者,射也。夏曰校,殷曰序,周曰庠,学则三代共之,皆所以明人伦也。人伦明于上,小民亲于下。有王者起,必来取法,是为王者师也。

"《诗》云:'周虽旧邦,其命惟新。'文王之谓也。子力行之,亦以新子之国!"

使毕战问井地。

孟子曰:"子之君将行仁政,选择而使子,子必勉之!夫仁政,必自经界始。经界不正,井地不钧,谷禄不平,是故暴君污吏必慢其经界。经界既正,分田制禄可坐而定也。

"夫滕,壤地褊小,将为君子焉,将为野人焉。无君子,莫治野人;无野人,莫养君子。请野九一而助,国中什一使自赋。卿以下必有圭田,圭田五十亩,余夫二十五亩。死徙无出乡,乡田同井,出入相友,守望相助,疾病相扶持,则百姓亲睦。方里而井,井九百亩,其中为公田。八家皆私百亩,同养公田。公事毕,然后敢治私事,所以别野人也。此其大略也。若夫润泽之,则在君与子矣。"

5·1和5·2主要讲滕文公的故事。滕文公是我们的知己,是孟子的知己,是中国文化的知己。5·3体现了滕文公与孟子进一步的交流。这一交流是深度的交流,涉及中国历史上被称为仁政的几大举措,比如什一税、井田制。孟子这些治国安邦的制度设计,对于中国历史的影响比较大。理想走得好慢,历史走得好快,理想与现实之间的差距太大了。我等下会讲一讲这个问题。

"滕文公问为国。"滕文公向孟子请教治国的方略。"孟子曰:'民事不可缓也。'"孟子说:老百姓的事情是不可以怠慢的,不能不放在心上,是必须立刻做的。所谓"民事",孟子有句话:"诸侯之宝三:土地、人民、政事。"(14·28)政事与人民加在一起,就是民事。

民事为什么不可缓?"《诗》云:'昼尔于茅,宵尔索绹,亟其乘屋,其始播百谷。'"这是讲盖房子、种地的事。我们白天将茅草割回来,晚上将茅草编成绳子。茅草编成绳子后,干什么呢?因为房子有点破烂了,我们得马上修好。房子修好后,春天来了,我们开始春耕、种百谷了。这是孟子引《诗经》来回答滕文公。

《诗经》对先秦知识分子的影响特别大,对孟子的影响特别大——《孟子》引过很多次《诗经》。诗教的传统是中国古代的大传统。诗教一方面是为了陶冶我们的身心,让我们在诗歌中安顿我们的心灵;另一方面也是一种政治。《论语》讲过"诵《诗》三百"与"授之以政""使于四方"的关系:你学会了《诗》三百,我将政治任务交给你,你一定要能做好;我派你到别的国家执行外交任务,你说诗句,就得朗朗上口、脱口而出。假设你做不到,你学诗学得再多,又有什么用呢?以上就是孔子说的:"诵《诗》三百,授之以政,不达;使于四方,不能专对;虽多,亦奚以为?"(《论语》13·5)

所以,《诗经》的意义既是陶冶身心,同时还要落实到具体的政治事务当中。

孟子引《诗经》,是为了告诉滕文公:白天、晚上该做的事要做好,房子要赶快修好,因为马上要种地了。然后,孟子谈到老百姓:"民之为道也,有恒产者有恒心,无恒产者无恒心。"老百姓的特点是:他有固定的产业,就懂得人文的道理;他没有固定的产业,就不太懂得人文的道理。"恒产"这个概念,是指固定产业、私有财产。老百姓必须有自己的私有财产,他才安心,才能遵守社会的秩序。哪些人没有恒产,却有恒心呢?孟子在另外一个地方讲过:"无恒产而有恒心者,惟士为能。"(1·7)没有固定财产,但能坚持真理,正道直行,为真理而奋斗,敢于为真理而牺牲,只有知识分子能够做到这一点,而老百姓做不到。

"苟无恒心,放辟邪侈,无不为已。"没有恒产,老百姓就没有恒心。假设你没有恒心,你就会胡作非为,就会违法乱纪,就啥事情都干得出来。假设老百姓没有恒心,一直胡作非为、违法乱纪,有一种结果就是:"及陷乎罪,然后从而刑之,是罔民也。"等到老百姓犯了罪,你再对他进行制裁,这就是在陷害老百姓。孟子这里讲的民智不可欺,最关键的是要制民恒产,让老百姓有自己固定的资产,有自己的私有财产。假设没有私有财产,它的后果是比较厉害的。恒产又必须跟恒心连在一起,心比较重要。你不能等老百姓犯了罪,然后去惩罚他,这样你是在害老百姓。

"焉有仁人在位,罔民而可为也?"哪有仁者在朝廷做官,却做出陷害老百姓的事呢？这是不可能的。孟子认为："是故贤君必恭俭礼下,取于民有制。"所有贤明的君主一定是办事认真、勤俭节约、礼贤下士的,就是"必恭俭礼下"。按照一定的标准对老百姓征收赋税,就是"取于民有制"。孟子这里讲的是"民事不可缓",一定要制民恒产,一定不要陷老百姓于不义。

孟子接着引了一句话,是阳虎说的。"阳虎曰:'为富不仁矣,为仁不富矣。'"阳虎是孔子时代的人。孔子时代的鲁国,鲁王没有什么权力,所有的权力都集中在季氏手上,而季氏家的大总管就是阳虎。阳虎,《论语》17·1称为阳货。一般认为,虎是其名,货是其字。阳虎跟孔子长得特别像。跟孔子同时代的人,有两个跟他长得很像:一个是阳虎,另外一个是孔子的学生——有子。有子长得也跟孔子很像。

"为富不仁矣,为仁不富矣"的意思是:你要发财致富,就不能有道德;你要有道德,就不可能发财致富。阳虎讲的这句话,历来有学者认为,放在这里不是特别恰当。因为它到底要说明什么问题,不是很确切。我的理解是这句话放在这里无可无不可,也有它的意义。因为孟子要揭示的问题是:富起来与道德起来到底是什么关系？

我们朗朗上口的一句话是"让一部分人先富起来";但在孟子的思想中,排序是先让一部分人道德起来,然后让所有人富起来。孔子讲庶、富、教,是先让人口增多起来,再让人们富起来,然后让人们得到好的教育(《论语》13·9)。孟子基本上是这个理念。孟子借阳虎这句话,就是要阐明富起来与道德起来到底是什么关系。他反对阳货说的"为富不仁矣,为仁不富矣",希望富与仁之间达成和谐统一,富起来与道德起来是不矛盾的,是相辅相成的。孟子的理论前提是先让一部分人道德起来,所以他讲"无恒产而有恒心者,惟士为能"。没有恒产但是有恒心,只有知识分子能够做到,这就是先让一部分人道德起来。然后,通过这帮人带领其他人富起来,就是"民事不可缓也",要让大家富起来。如果我们这样来理解"为富不仁矣,为仁不富矣",可能更能明白孟子的良苦用心。

孟子讲"民事不可缓也",归结点是"取于民有制",按照一定的方法对老百姓征收赋税。为此,孟子回顾了历史,对夏、商、周三代进行了回顾。他说:"夏后氏五十而贡,殷人七十而助,周人百亩而彻。"这里的"五十""七十""百亩",是指五十亩、七十亩、一百亩。夏朝每五十亩征收赋税的方法,叫作贡法。商朝每七十亩征收赋税的方法,叫作助法。周朝每百亩征收赋税的方法,叫作彻法。贡、助、彻是夏、商、周三代征收赋税的三种方法。孟子说这三种方法虽然名称不一样,但本质是一样的:"其实皆什一也。"什一就是十分之一。你每收入一百块钱,要将十块钱给我,这就叫作什一、什一税。夏、商、周三代都是抽取百分之十的税率,"其实皆什一也"。

孟子又解释说:"彻者,彻也;助者,藉也。"周朝每百亩采取彻法。将所有情况都考虑到了,然后再做通盘考虑,这是"彻者,彻也"。彻法是先有全盘考虑,然后统一安排。我还要预备、预留一些人力、物力、财力给大家都有份的公田,让大家一起将公田种好,这是"助者,藉也"的解释。

对于这三种方法,古代的贤者龙子做过评价。"龙子曰:'治地莫善于助,莫不善于贡。'"龙子认为:收这个土地税,收那个田地税,最好的方法是助法,最不好的方法是贡法。孟子最不赞成夏朝的方法,为什么呢?"贡者,校数岁之中以为常。"打个比方,五年下来,每年都有一个产量;我将五年来的产量加在一起,除以五,得出一个平均值,然后收田地税,收地租。按照五年内的平均数来收,这就是"贡者,校数岁之中以为常",以后每年都按照这个平均数来收。

种粮食是靠天吃饭的。上天保佑你,你的收成就好。上天不保佑你,你的收成就不好。所以,按照平均数收地租,必然出现两种情况。第一种情况是:"乐岁,粒米狼戾,多取之而不为虐,则寡取之。""乐岁"是指收成好的那一年。"粒米狼戾",粮食多得都吃不完。收成好的时候,粮食吃不完,你还是按照以前那个固定的平均数来收。你这个时候多收一点,老百姓会说你什么呢?第二种情况是:"凶岁,粪其田而不足,则必取盈焉。"收成不好的那一年,老百姓连给第二年买肥料的钱都不够,但上面收租的还是按照以前那个平均数来收,一定要按照那个平均数来收。

夏朝的贡法就是有个平均数,每年都按照这个数来收。比如规定每年收一石谷,那你收成好,我收一石;你收成不好,我也收一石。这就是贡法。孟子认为这种方法不好。当时的农业生产,靠天吃饭,耕种技术不高,产量很低。即使是在今天,如果没有袁隆平,我们中国人吃饭都是大问题。因为有了袁隆平,十几亿人口的吃饭问题才真正得到解决。在孟子的时代,粮食的产量很低,老百姓的生活很艰难。孟子认为所有的统治者都应当为民父母,做好父母官。你为民父母,就应当多为老百姓想一想。可是,统治者根本不是这么做的。

下面这段话描绘的就是统治者贪得无厌,致使民不聊生,老百姓的生活过得很不好。孟子说:"为民父母,使民盻盻然,将终岁勤动,不得以养其父母,又称贷而益之,使老稚转乎沟壑,恶在其为民父母也?"你们这些为民父母的,一年四季让老百姓忙个不停。"使民盻盻然",就是让老百姓忙个不停。"将终岁勤动",就是一年从头到尾干这干那的,干得累死累活。即使这样做,你连你的父母都养不活。但是,你还得交这些田税,交那些土地税。你怎么才能交得起呢?"又称贷而益之",就是到别人那里借高利贷,才能将差额补上。我一年的劳动所得连父母都养不起,可是还要交税。我家里的钱就这一点点,离那个平均数还差了一大截,我只好借别人的高利贷,才能将窟窿补上。"使老稚转乎沟壑",就是老老少少根本就吃不饱,饿得有气无力,甚至饿死了;饿死了,尸体就扔在荒郊野岭。老百姓成了这个样子,你们这些当官的配得上"为民父母"吗?这是孟子在讲当时老百姓饥寒交迫的贫困生活,他希望所有在位者都能"为民父母"。

孟子又一转,说道:"夫世禄,滕固行之矣。"世禄就是吃国家粮,吃皇粮。不仅滕国的贵族,而且先秦时代所有的贵族,都有固定的田地,田地上生产的粮食是他们的。这些田地从第一代开始是你家的,以后世世代代都是你家的,这就叫世禄。孟子说滕国已经实行世禄的制度：只要是贵族，就有自己的田，就有田地的收成作为自己生活的保障。

我们还要注意《诗经》里的一句话。"《诗》云：'雨我公田，遂及我私。'"《诗经》说：下雨了，先下到我们的公田，然后下到我们的私田。孟子通过《诗经》，要证明什么问题呢？他就是要证明老百姓怎么才能分到田地。所谓"世禄"，只是讲贵族有自己的田，能够靠田里的农作物收成来维持奢华的生活。但是，老百姓没有。所以，孟子想到《诗经》说的"雨我公田，遂及我私"，就是天下雨，先下到我们的公田，然后下到我们的私田。孟子由此找到了两方：一个是私的一方，一个是公的一方。

这里还没有点明井田制，孟子只是要证明：在夏、商、周三种收取赋税的方式中，夏朝的贡法最不好。商朝、周朝的又怎么样呢？孟子根据《诗经》得出结论："惟助为有公田。由此观之，虽周亦助也。"在商朝的助法之下，是有公田的。"惟助为有公田"，是说只有在助法之下，才有公田存在。"由此观之，虽周亦助也。"这是说由《诗经》看来，即使在周朝，也是用助法。我们刚才讲夏、商、周分别采用贡、助、彻，周朝采用彻法。孟子认为周朝虽然采用彻法，但它的本质是助法。这是孟子从《诗经》得出的结论。

如果每年按照平均数要求老百姓交粮纳税，遇到收成好的年份，倒是没事；遇到收成不好的年份，老百姓是很为难的。所以孟子主张另外一种做法，就是既有私田，又有公田。这种方式好不好？如果"雨我公田，遂及我私"真的实行起来，它跟一般人的心理到底有什么关系？一般人的基本素质能不能做到《诗经》讲的——先做公田的活，后做私田的活呢？古往今来的思想家也思考过这个问题。比如《吕氏春秋》认为一般人都有自私、懒惰的心理：在自己家的地上做事，肯定很卖力；到大家都有份的公田上做事，就会偷懒。但是，孟子还是将赋税制度提了出来，讲出了什一税。

历朝历代对人民都是收税的。田地是人民的命根子，也是政府的钱袋子。收税是历朝历代很正常的现象，只是有收得多、收得少之分，比例不一样。孟子讲什一税，在他看来是一个恰当的比例。白圭认为什一税太多，可以收少一点，二十抽一（12·10）。什一税是十抽一，一百块钱抽十块；二十抽一是一百块钱抽五块。按道理，后面这种方式更加有利于老百姓。但是，孟子认为不行。孟子认为：一个文明国家与一个落后国家的最大差异，就在于文明国家有自己的政府管理系统。有政府管理系统，必然有相应的开销。这些开销从哪里来？肯定是从土地上来。政府要将社会管理得好，必要的开销是必须保证的。如果一百块钱只抽五块，肯定太少了。一百块钱抽十块，这是比较恰当的比例。

孟子又讲到学校制度，同样是从夏、商、周三代来谈学校制度是怎么回事。孟子认为：老百姓有了固定财产，政府按照一定的比例收税之后，我们还应当有学校教育。"设为庠、序、学、校以教之"，就是我们要建立学校，建立不同类型的学校，对老百姓实行教育。"庠者，养也"，"庠"的意思是培养。"校者，教也"，"校"的意思是教育。"序者，射也"的"射"字，按照杨伯峻的解释,意思是陈列。我们进行学校教育,有课本教育——一边看课本,一边受教育;还有实物教育,就是摆一些实物来教育。"射"是陈列一些实物,一些实实在在的东西,对老百姓进行教育。

然后,孟子说:"夏曰校,殷曰序,周曰庠,学则三代共之。"这里区分了两种不同层次的教育:一种是小学教育,一种是大学教育。孟子认为:小学教育的名称,夏、商、周三代是不一样的,夏朝叫作校,殷朝叫作序,周朝叫作庠;但是大学教育的名称一样,夏、商、周三代都称为学。

"设为庠、序、学、校以教之"的庠、序、学、校,都是学校教育。它们的目的是什么呢?"皆所以明人伦也。"学校教育的目的就是让老百姓"明人伦"。人是一切社会关系的总和,我们都生活在社会当中。人与人之间有基本的行为准则,学校教育就是让老百姓明白人与人之间必须遵守的行为准则。"人伦明于上,小民亲于下。"一旦统治者完善地制订了人与人之间必须遵守的行为准则,下面的老百姓就会和谐、团结地生活在一起。

孟子又说:"有王者起,必来取法,是为王者师也。"滕文公,你要按照一定的方法向老百姓收取田地税;你要加强学校教育,让老百姓都能遵守人与人之间的行为准则。假设你做到了这些,同时又有一个王者,就是有一个想成就王道事业的人成长起来了,他一定到你这里来取经。这样,你就成了王者的老师。孟子告诉滕文公:你将这一切做好了,你就成了一个典范,成了一个样板,成了一个示范。很多人都会行王道,都想成就王道事业,都想将自己的国家建设好。他们肯定到你这里来取经,你传经送宝,你就成了那些想成就王道事业的人的老师,"是为王者师"。这里并不是说滕文公就是王者之师,只是说假设他做得好,就可以成为其他人的老师。

然后,孟子引《诗经》:"周虽旧邦,其命惟新。"这句诗广为人知、脍炙人口。它的意思是:周朝虽然是一个古老的国家,但它充满着向上的、更新的力量;周朝虽然是一个古老的国家,但它在新的历史时代肩负着新的时代使命。"周虽旧邦,其命惟新",我们通常简称为"旧邦新命"。我们中华民族是旧邦新命。中国是一个古老的国家,但它在新的时代要有新的历史担当、新的时代使命感,这就是旧邦新命。

《诗经》的"周虽旧邦,其命惟新"是赞美文王的诗,"文王之谓也"。孟子对滕文公说:"子力行之,亦以新子之国!"假设你能坚决有力地做好以上这些事,你也可以让你的国家气象一新,变得更加美好。"亦以新子之国",就是让你的国家焕然一新、更加美好。旧邦新命、"新子之国",是孟子对滕文公寄予的殷切期望。这一期望也可以说是小邦大命、"新子之国",因为滕国是个小国。

以上是孟子对滕文公讲的一席话。意思是:你要建设好国家,就必须让老百姓有自己固定的财产,同时采取合理的税收制度,还要加强学校教育。只有这样,你才能旧邦新命、小邦大命,才能"新子之国"。这席话给滕文公留下的最深印象,很有可能是《诗经》的两句诗:一句是"周虽旧邦,其命惟新",另一句是"雨我公田,遂及我私"。

因为土地问题是最关键的问题,所以孟子走了之后,滕文公想了很久:我怎么才能落实什一税呢?我要将十分之一的土地税收上来,物质基础在哪里呢?滕文公从《诗经》的两句诗里得到启发,觉得井田制是很重要的举措,是让滕国这个小国家富强起来的必由之路。于是,他派毕战去向孟子请教井田制的情况,就是"使毕战问井地"。

在《孟子》中,"井田"一词其实没有出现过。《孟子》叫作"井地",而不叫"井田",这个我们要多注意。"井田"一词,最早出现在《春秋》三传之一的《穀梁传》中。出于方便,我们还是笼统地叫作井田制。

滕文公认为实行井田制是让滕国富强起来最有效的方式,但他对井田制的情况不了解,所以派大臣毕战来问孟子。"孟子曰:'子之君将行仁政,选择而使子,子必勉之!'"孟子对毕战说:你们国君想实行仁政,派你来问我,你一定要好好努力!这是孟子对毕战的鼓励。

然后,孟子说:"夫仁政,必自经界始。"这是中国思想史上很有名的一句话,意思是:好的政治,善良的政治,必须从经界开始。"经界"就是为土地划界。5·1讲到滕国截长补短,拼成正方形,将近方圆五十里。滕国是丘陵地带,不属于平原地带,田地不是方方正正的。孟子认为:这一家与那一家的分界线到底在哪里,必须搞清楚。现在必须将这些田地变得方方正正。"夫仁政,必自经界始",就是仁政必须从田地划好界开始。

原因在于:"经界不正,井地不钧,谷禄不平,是故暴君污吏必慢其经界。""经界不正",意思是田地的分界搞得不准确。"钧"的意思是平均。"井地不钧",意思是井地的大小就很难平均。井地是方方正正的,是田字形。"谷禄不平",意思是粮食、俸禄就会不公平。经界是要解决土地问题,划好界才能解决土地问题。这件事有利于老百姓,但它对于那些既得利益者是极大的伤害。正经界、钧井地、平谷禄,那些暴君污吏是最不想干的。所以,一谈到经界,一谈到仁政,暴君污吏总是慢慢腾腾,不将它当回事,甚至蓄意破坏它。

孟子说:你要实行井田,为田地划界是首先该做的事。"经界既正,分田制禄可坐而定也。"将田地的分界做好了,后面两件事做起来,就轻而易举了。第一件事是将土地分给老百姓,第二件事是将俸禄分给文武百官、皇亲国戚。"经界既正",这两件事就能毫不费力地定下来。

孟子又说:"夫滕,壤地褊小,将为君子焉,将为野人焉。"滕国的土地不是方方正正的,所以是"壤地褊小"。"将为君子焉,将为野人焉",这句话历来不太好解。杨伯峻的《孟子译注》是这样解释的:"为"的意思是有;滕国虽然很偏僻、很小,但那里既有当官的,也有老百姓。"将为君子焉",就是有官吏;"将为野人焉",就是有老百姓。君子、野人分别指官吏、老百姓。两者之间有什么关系呢?"无君子,莫治野人;无野人,莫养君子。"没有官吏,就没有人来治理老百姓;没有老百姓,就没有人来养官吏。大家知道孟子谈过劳心、劳力两者的关系(5·4)。君子、野人之间的关系,就是劳心、劳力的关系。滕国,国家很小,但是既有野人,也有君子,既有官吏,也有老百姓。

有官吏,有老百姓,就必须提供相应的物质基础,让"君子"能够安心工作,让"野人"能够生存下去。所以孟子建议:"请野九一而助,国中什一使自赋。""野"是农村,"国中"是城市。孟子说:对于农村,我们采取九分抽一的助法;对于城市,我们采取十分抽一的贡法。如果从文本解读的前后看什一税,5·3是不是完全没有矛盾呢?孟子认为滕国要治理好,农村、城市采取的税收制度可以有所区别。农村采取九分抽一的助法,城市手工业者采取十分抽一的贡法,为什么会有这样的区别呢?这是值得我们好好想一想的。

"卿以下必有圭田,圭田五十亩,余夫二十五亩。"官吏、老百姓,这是两大阶层。还有一个阶层,就是士,就是知识分子。到孟子的时代,知识分子正在成长的过程当中,但他们的社会地位不高。他们最有知识,最有理想,因而是最能让这个世界得到改变的一群人。但是,他们没有土地。孟子开始为知识分子代言了!孟子说"卿以下必有圭田",圭田是什么?古代社会有两件事最大:一件是打仗,一件是祭祀。祭祀,一定要有田地。圭田就是为祭祀提供粮食、提供牛羊的田地,所以卿以下一定要有圭田。每个卿以下的官员(包括士)要有五十亩圭田。假如家里还有其他劳动力,那再每人给二十五亩。"卿以下必有圭田,圭田五十亩,余夫二十五亩",这是讲地位比较低的官员或者还没有进入体制内的官员,要给他们一块田,让他们生产粮食。这些粮食除了自己生活,还要用于祭祀天地。

对于一般人,孟子说:"死徙无出乡,乡田同井,出入相友,守望相助,疾病相扶持,则百姓亲睦。""死徙无出乡"的意思是:不管是死后的埋葬,还是现在搬个家,我们都不要离开本乡本土。孔子说:"父母在,不远游,游必有方。"(《论语》4·19)父母健在的时候,子女不要到外面跑来跑去。你想到国外留学,可以;但是"游必有方",你要告诉父母,你是到哪个国家留学。孟子讲"死徙无出乡",是指不要离开本乡本土。

"乡田同井",就是住在同一块井田,住在同一块小区(社区)。住在同一块井田的人,要做到以下三点:"出入相友,守望相助,疾病相扶持。"住在同一块井田,每天出出进进,我们要互相帮助,这是"出入相友"。每家每户都有恒产,但世界上也有小偷。邻居不在家,你在家,你要帮着照看邻居的家,不让小偷光顾,这是"守望相助"。生了病,一定要相互扶持,这是"疾病相扶持"。一旦做到"出入相友,守望相助,疾病相扶持",所有的老百姓就会亲密起来、和睦起来。这是"百姓亲睦"。

下面是孟子对于井田制的描述:"方里而井,井九百亩,其中为公田。""方里"是个什么概念呢?按照古人的说法,四方各三百步是一方里,形成一个井。每块井田的面积是九百亩,中间那一块是公田。"方里而井"就是每块井田有九百亩,中间的一百亩是公田。其他八百亩呢?孟子说:"八家皆私百亩,同养公田。"每块井田有九百亩土地,里面有八户人家。八户人家每户的私田是一百亩,一共八百亩,剩下的一百亩是大家一起耕种的公田。"公事毕,然后敢治私事,所以别野人也。"这块井田的八百亩分给了八户人家,还有一百亩是大家都有份的公田,这块公田要靠大家的劳动才能种好。孟子认为"雨我公田,遂及我私",就是先将公田的事做好,再去做自己那一百亩私田的事。只有这样,我们才能跟野蛮人相区分。这是"公事毕,然后敢治私事,所以别野人也"的一种解释。另一种解释是:那些当官的也有土地,也有其他的事。他只有先将国家的事做完之后,才能去处理自己的私人事务。这是官员跟一般老百姓的区别。"所以别野人也",就是官员不同于一般老百姓的地方。

孟子将井田制介绍完了,接着说:"此其大略也。"这句话体现了孟子的谦虚,同时让人疑惑起来:井田制到底是真实的,还是孟子设想的呢?"此其大略也"的意思是:上面所讲的只是一个大略。孟子又对毕战说:"若夫润泽之,则在君与子矣。"我给你讲的只是一个大概,如果要将井田制具体化,将它落到实处,那就在于滕文公与毕战你们这些人怎么去做。

对于古代制度,孟子肯定有一定的了解。但是,春秋战国时期,礼崩乐坏,典籍被那些贪得无厌、别有用心的诸侯破坏得差不多了。所以,孟子对于当时的礼制又不是特别了解。井田制到底是真实的,还是虚构出来的?到底是历史上实有其事,还是孟子的理想设计?思想史上有着不同的说法。尽管说法不同,但人们一致认为孟子是一个有理想的人,他想让自己的理想从内圣、外王两个方面展开。内圣是让每个人的心灵真善美,外王是让整个社会真善美。为了实现人的内心的真善美、整个社会的真善美,就要有一套能够落实、能够做到的制度。比如,你要尽孝,就要行三年之丧;你要让人民富起来,就必须将土地分给老百姓。这就是孟子理想中的制度设计。

再看看"若夫润泽之"。每次读到这里,我就想起毛泽东(1893—1976)。毛泽东,字润之。毛泽东的名(有"泽")、字(有"润")是怎么来的?除了毛氏族牒有泽字辈,我估计还跟孟子说的"润泽"有关。土地问题始终是历史上所有的革命者、先行者必须解决的问题,将土地分给老百姓是历代仁人志士努力奋斗的目标。"公事毕,然后敢治私事"的公私问题,在毛泽东那里同样有很明显的体现。在这个意义上,孟子应当对毛泽东是有影响的。

1920年初,毛泽东在北京工作过一段时期后,准备回南方。他从别人那里借了十块银圆,一路从北方经过山东,到曲阜去看过,并且看到了孟子的出生地。《毛泽东年谱》和《西行漫记》对这件事都有记载。那是毛泽东的年轻时期,中国共产党还没有成立起来。对于毛泽东与孟子,尤其是他与《孟子》5·3的关系,我没有确凿的文献证据来证明,但中国传统文化对于中国第一代马克思主义者产生过影响,这是毫无疑问的。

井田制对于所有仁人志士的影响是不言而喻的。井田制这个理想,古往今来其实很难实现。孟子的很多理想,比如八口之家养上"五母鸡,二母彘"(13·22)是多么的简单,可是即使到了洪秀全(1814—1864)制定《天朝天亩制度》,还是家家户户五只母鸡、两头小母猪。时间走得好快,理想走得好慢,是我们读《孟子》最深的感受。

5·1 至 5·3 是一个关于滕文公的完整的故事。滕文公做世子的时候,就跟孟子见面了。滕文公的父亲死了,滕文公问孟子怎么办,孟子告诉他行三年之丧。然后,滕文公慢慢成长了。他向孟子讨教治国的方略,孟子告诉他要实行什一税,实行井田制。滕文公就是在孟子的教育下,慢慢让滕国有了一定的发展,滕国的名气也越来越大了。滕国的名气越来越大,在 5·4 就有了体现。

滕文公从做世子起,到他父亲死,再到主持国家事务,都跟孟子有密切的交往。这些交往让滕文公慢慢成长起来、成熟起来,同时使得小小的滕国开始对周边地区产生一定的影响。

这一影响根源于滕文公实行王者之道、实行仁政,它有哪些体现呢?从 5·2 那里,我们看到滕文公实行三年之丧,"四方来观之",所有前来凭吊、悼念滕定公的人都感到十分高兴。这是它在国内外政界产生了影响。到了 5·4 的开篇,我们看到另外的场景:滕文公实行仁政,对国内外的思想界产生了相应的号召力。有两个思想流派的人物来到滕国,一个是农家的许行,一个是儒家的陈相。

许行、陈相在《孟子》中出现,具有一定的意义。孟子一生当中,一方面不断跟诸侯提意见,要求实行仁政;另一方面继承古代先圣先贤的思想,对古往今来的异端邪说进行批判。5·4 是孟子第一次跟当时思想界的不同思想进行辩论、斗争,5·5 也有这样的意义。所以,下面要讲的 5·4 和 5·5,是孟子跟那个时候有代表性的思想流派进行辩论、斗争的两个重要篇章。

5·4 有为神农之言者许行,自楚之滕,踵门而告文公曰:"远方之人闻君行仁政,愿受一廛而为氓。"

文公与之处。

其徒数十人,皆衣褐,捆屦、织席以为食。

陈良之徒陈相与其弟辛负耒耜而自宋之滕,曰:"闻君行圣人之政,是亦圣人也,愿为圣人氓。"

陈相见许行而大悦,尽弃其学而学焉。

陈相见孟子,道许行之言曰:"滕君,则诚贤君也;虽然,未闻道也。贤者与民并耕而食,饔飧而治。今也滕有仓廪府库,则是厉民而以自养也,恶得贤?"

孟子曰:"许子必种粟而后食乎?"

曰:"然。"

"许子必织布而后衣乎?"

曰:"否,许子衣褐。"

"许子冠乎?"

曰:"冠。"

曰:"奚冠?"

曰:"冠素。"

曰:"自织之与?"

曰:"否,以粟易之。"

曰:"许子奚为不自织?"

曰:"害于耕。"

曰:"许子以釜甑爨,以铁耕乎?"

曰:"然。"

"自为之与?"

曰:"否,以粟易之。"

"以粟易械器者,不为厉陶冶;陶冶亦以其械器易粟者,岂为厉农夫哉?且许子何不为陶冶,舍皆取诸其宫中而用之?何为纷纷然与百工交易?何许子之不惮烦?"

曰:"百工之事固不可耕且为也。"

"然则治天下独可耕且为与?有大人之事,有小人之事。且一人之身而百工之所为备,如必自为而后用之,是率天下而路也。故曰:或劳心,或劳力;劳心者治人,劳力者治于人;治于人者食人,治人者食于人,天下之通义也。

"当尧之时,天下犹未平,洪水横流,泛滥于天下。草木畅茂,禽兽繁殖,五谷不登,禽兽逼人,兽蹄鸟迹之道交于中国。尧独忧之,举舜而敷治焉。舜使益掌火,益烈山泽而焚之,禽兽逃匿。禹疏九河,瀹济、漯而注诸海,决汝、汉,排淮、泗而注之江,然后中国可得而食也。当是时也,禹八年于外,三过其门而不入,虽欲耕,得乎?

"后稷教民稼穑,树艺五谷,五谷熟而民人育。人之有道也,饱食、暖衣、逸居而无教,则近于禽兽。圣人有忧之,使契为司徒,教以人伦:父子有亲,君臣有义,夫妇有别,长幼有叙,朋友有信。放勋曰:'劳之来之,匡之直之,辅之翼之,使自得之,又从而振德之。'圣人之忧民如此,而暇耕乎?

"尧以不得舜为己忧,舜以不得禹、皋陶为己忧。夫以百亩之不易为己忧者,农夫也。分人以财谓之惠,教人以善谓之忠,为天下得人者谓之仁。是故以天下与人易,为天下得人难。孔子曰:'大哉尧之为君!惟天为大,惟尧则之。荡荡乎,民无能名焉!君哉舜也!巍巍乎,有天下而不与焉!'尧、舜之治天下,岂无所用其心哉?亦不用于耕耳。

"吾闻用夏变夷者,未闻变于夷者也。陈良,楚产也,悦周公、仲尼之道,北学于中国。北方之学者,未能或之先也。彼所谓豪杰之士也。子之兄弟事之数十年,师死而遂倍之!昔者孔子没,三年之外,门人治任将归,入揖于子贡,相向而哭,皆失声,然后归。子贡反,筑室于场,独居三年,然后归。他日,子夏、子张、子游以有若似圣人,欲以所事孔子事之,强曾子。曾子曰:'不可!江、汉以濯之,秋阳以暴之,皓皓乎不可尚已。'今也南蛮𫛞舌之人,非先王之道,子倍子之师而学之,亦异于曾子矣。吾闻出于幽谷、迁于乔木者,未闻下乔木而入于幽谷者。《鲁颂》曰:'戎、狄是膺,荆、舒是惩。'周公方且膺之,子是之学,亦为不善变矣。"

"从许子之道,则市贾不贰,国中无伪。虽使五尺之童适市,莫之或欺。布帛长短同,则贾相若;麻缕丝絮轻重同,则贾相若;五谷多寡同,则贾相若;屦大小同,则贾相若。"

曰:"夫物之不齐,物之情也。或相倍蓰,或相什百,或相千万。子比而同之,是乱天下也。巨屦小屦同贾,人岂为之哉?从许子之道,相率而为伪者也,恶能治国家?"

5·4的开头说:"有为神农之言者许行。"许行这个人,其他先秦典籍没有出现过,只在《孟子》中出现过。滕文公同样如此。班固写《汉书·古今人表》,对滕文公、许行采取了不同的态度。他将滕文公列为第三等,对于许行根本没有提。虽然许行在《孟子》中出现过,班固将古往今来的1954人列在一张大表之中时,却对许行置之不理。其中的原因,值得我们好好想一想。许行是农家的代表性人物。农家是诸子百家的一家,九流十派的一家。农家有哪些思想呢?它在《孟子》中有比较完整的体现。

许行"自楚之滕",从楚国来到滕国。"踵门而告文公曰",许行亲自到了滕文公家里,他对滕文公说了一些什么呢?他说:"远方之人闻君行仁政。"我们这些远方来的人听说您正在行仁政。"愿受一廛而为氓","廛"音chán,是房子的意思,希望您给我一间房子,我愿意成为您的百姓。"文公与之处",文公给了他房子。许行是农家,"其徒数十人,皆衣褐",他的学生很多,有几十人,都穿着粗麻做的衣服。他们靠什么谋生呢?"捆屦、织席以为食。"许行与他的门徒靠编草鞋、织席子谋生。上面是对许行的介绍。

接着又来了一帮人:"陈良之徒陈相与其弟辛负耒耜而自宋之滕。"陈良有两个学生,一个是陈相,一个是陈辛,他们是两兄弟。他们扛着、挑着家里的农具,从宋国来到滕国。"曰:'闻君行圣人之政,是亦圣人也,愿为圣人氓。'"他们对滕文公说:我们听说您在实行圣人的政治,那您也就是圣人了,我们愿意成为圣人的百姓。

许行对滕文公说的,陈相对滕文公说的,都是对滕文公行仁政表示赞扬。这表明滕文公在孟子的教导下,已经将什一税、井田制具体落实到了他的施政纲领当中,并对周边地区比如楚国、宋国产生了一定的影响。这些影响引来农家的许行、儒家的陈相来到滕国。许行是从楚国来到滕国,陈相是从宋国来到滕国。

　　滕国与宋国是两个小国。从北往南看,上面是齐国、鲁国,再就到了滕国,再就到了宋国,再就到了楚国。滕国与宋国夹在齐国、楚国两个大国之间。对于《滕文公》篇来说,小国政治学是潜在的主题。滕国是个小国,宋国也是个小国。滕文公接受了孟子的教导,而宋王不听孟子的教导。陈相是从宋国来到滕国,宋国的首都不在河南商丘,而是在江苏徐州。我们可以试着提问:许行为什么不停留在宋国?他为什么要经过宋国来到滕国?这表明宋国当时的影响很小,这就埋下了伏笔——孟子的言外之意是对宋国有所批评。这是一个鲜明的对照。

　　滕文公那里,现在来了两个思想流派的代表人物,一个是许行,一个是陈相。"陈相见许行而大悦,尽弃其学而学焉。"陈相见到许行十分高兴。许行那番理论,深深地打动了陈相。陈相决定抛弃老师陈良的那一套"周公、仲尼之道",他要改换门庭,向许行学习。这就出现了波折。陈相为什么要抛弃以前的信仰——陈良的思想,改为相信许行的思想呢?孟子当时还在滕国,因为孟子是滕文公的国师、精神导师。陈相来到滕国,肯定要去拜会孟子。

"陈相见孟子,道许行之言曰"。陈相拜会孟子,将许行的思想告诉了孟子。许行对滕文公有个评价,由此可以看出许行做人不太地道,或者说他对滕文公的要求比孟子对滕文公的要求更高。什么评价呢?"滕君,则诚贤君也;虽然,未闻道也。"许行认为:滕文公的确是个不错的国君,但他并没有懂得真正的大道。

真正的"道"是什么?许行的思想有两大纲领,下面是第一大纲领:"贤者与民并耕而食,饔飧而治。""饔(yōng)飧(sūn)",即做饭。这句话的意思是:贤者应该像老百姓一样,自己种地自己吃,自己做饭自己吃。"并耕而食"是自己种地自己吃,"饔飧而治"是自己做饭自己吃。凡事亲自做,你才能达到天下大治。贤者是统治者,是管理社会的。许行却要求所有统治者:你要吃饭,就必须亲自去种地;你要吃饭,就必须亲自去做饭。这样可行吗?

陈相还是按照许行的思路,继续批评滕文公:"今也滕有仓廪府库,则是厉民而以自养也,恶得贤?"今天的滕国,粮仓里放着粮食,仓库里放着钱财,粮仓里的粮食多,仓库里的钱财多。这就是"厉民",盘剥老百姓,拿他们的利益供自己享受。这样做,哪里称得上贤明呢?

以上是陈相见到孟子后,将许行的两大纲领之一披露了出来。这个纲领就是"贤者与民并耕而食,饔飧而治","并耕而食"是所有管理者必须自己种地自己吃,"饔飧而治"是所有管理者必须自己做饭自己吃。孟子怎么批驳许行呢?

"孟子曰:'许子必种粟而后食乎?'"孟子问陈相:许行是

不是亲自种粮食来吃呢？"曰：'然。'"陈相说是的。这是问吃饭问题。孟子又问穿衣问题："许子必织布而后衣乎？"许行是不是亲自织布、做衣服来穿呢？"曰：'否，许子衣褐。'"陈相说不是，许行穿粗麻制的衣服。这是说粗麻制的衣服不是许行自己织的，这里快要触及问题的本质了。

孟子又问："许子冠乎？"许行戴帽子吗？"曰：'冠。'"陈相说许行戴帽子。"曰：'奚冠？'"他戴什么帽子呢？"曰：'冠素。'"许行戴白绸帽子。许行吃的粮食是自己种的，但穿的衣服不是自己织的，戴的是白绸帽子。"曰：'自织之与？'"孟子问陈相：许行戴的帽子是自己织的吗？"曰：'否，以粟易之。'"陈相说不是，许行戴的帽子是他拿粮食到市场上换来的。

既然帽子是拿粮食到市场上换的，那么问题就来了。"曰：'许子奚为不自织？'"孟子问陈相：许行为什么不亲自织布、做帽子呢？这一下子将问题绕到了"贤者与民并耕而食，饔飧而治"。"曰：'害于耕。'"陈相回答：许行之所以不自己织布，而是到市场上用粮食换帽子，是因为他怕织布、做帽子"害于耕"，不利于一心一意种地、种粮食。

孟子是辩论高手，马上变换话题，继续问陈相。"曰：'许子以釜甑爨，以铁耕乎？'"爨，音 cuàn，即烧火做饭。这句话翻译过来就是：许行用锅碗瓢盆来做饭吗？用铁器来犁田吗？锅碗瓢盆是生活用品，铁器比如犁耙是劳动工具。"曰：'然。'"陈相说是的，许行是用锅碗瓢盆来做饭，用铁器来犁田。"自为之与？"孟子问：这些锅碗瓢盆、铁器是许行自己做的吗？"曰：'否，以粟易之。'"陈相说不是，它们是许行拿粮食到市场上换的。

通过上面的辩论，我们知道许行思想的一大观点是：管理者要自己种地自己吃，自己做饭自己吃，凡事必须亲力亲为，绝对不能四体不勤、五谷不分，绝对不能饭来张口、衣来伸手，不能过这种生活。原则上讲，管理阶层亲自做事，这是对的。但是，整个管理阶层是不是一定要亲自种粮食才能吃，亲自砍柴烧饭才能吃，这是值得人们思考的大问题。许行将它当作农家思想的最高纲领，而且在这个纲领之下，认为滕文公算不上真正的贤明之君。孟子就不断地设问：许行吃的粮食是不是自己种的？是的。衣服是不是自己织的？不是。帽子是不是自己织的？不是。帽子是怎么来的？是从市场上拿粮食换来的。为什么不亲自织布来做呢？理由在哪里呢？许行的观点是：假设我亲自织布、做帽子，就不利于一心一意种地。

许行是以人为本吗？他强调每个人，包括管理者、被管理者，都要自己种地自己吃，自己做饭自己吃。这个观点我觉得也不是特别没有道理。但是，如果让所有人都这样做，整个社会怎么运行呢？这是一个大问题。而且，随着社会文明程度越来越高，社会分工就越来越细，相互之间的合作、协作就越来越必要。在这种情况下，你强调"贤者与民并耕"是一定要落实的国家政策或者做人的品质，又怎么可能将社会治理好呢？

孟子为此陈述了他对于社会分工的理解。孟子对陈相说:"以粟易械器者,不为厉陶冶。"我拿粮食到市场上去换生活品,去换劳动工具,这并不是对陶冶工人的伤害。"陶"是做陶器的师傅,"冶"是打铁的师傅。"陶冶亦以其械器易粟者,岂为厉农夫哉?"陶工、铁匠拿他们的产品去跟农民换粮食吃,这难道又是盘剥农民吗?孟子这是在讲以物易物,农民要跟手工业者以物易物,手工业者也要跟农民以物易物,就是互相交换生活用品,互相交换劳动工具。

然后,孟子逼问陈相:"且许子何不为陶冶,舍皆取诸其宫中而用之?"许行自己为什么不又做陶器又打铁呢?这个"舍"字不太好理解。孟子要说的是:如果许行亲自做陶器、做铁器,将这些陶器、铁器全部做好了,并放在家里,什么时候需要,什么时候就拿出来。这是"舍皆取诸其宫中而用之"的意思。"何为纷纷然与百工交易?"你为什么这一件东西、那一件东西都要到市场上去买呢?"何许子之不惮烦?"这一件东西、那一件东西都要到市场上换来换去,许行不嫌麻烦吗?

以上是孟子对许行的批判,强调社会是有分工的。以物易物是社会文明发展到一定程度后的体现,其实陈相也懂这个道理。"曰:'百工之事固不可耕且为也。'"陈相说:三百六十行每一行要做好自己的事,就不可能同时都去种地。三百六十行是劳力者阶层,不可能既种地,又做自己的本行。陈相这里只是针对劳力者阶层而言,劳心者阶层又如何呢?

孟子说:"然则治天下独可耕且为与?"难道天下那些管理者,独独就该既亲自种地,又亲自治理国家吗?这是孟子对陈相的提问。接着,孟子鲜明地将自己的社会分工理论讲了出来:"有大人之事,有小人之事。"大人是管理者,小人是被管理者。任何社会都有管理者,有被管理者。"且一人之身而百工之所为备,如必自为而后用之,是率天下而路也。"对于我们每个人来说,三百六十行生产的生活用品、劳动工具都是必不可少的。假设让每个人都亲手生产自己的生活用品、自己的劳动工具,然后才能使用它们,那就等于让天下所有的人每天都急匆匆地走在路上。"率天下而路",就是让天下所有人疲于奔命。

孟子这段名言的画龙点睛之笔来了:"故曰:或劳心,或劳力。"劳心是脑力劳动者,劳力是体力劳动者。任何社会都有脑力劳动者,有体力劳动者。"劳心者治人,劳力者治于人。"脑力劳动者是管理别人的,体力劳动者是被别人管理的。"治于人者食人,治人者食于人,天下之通义也。"管理者是"治人者",被管理者是"治于人者"。管理者是由别人提供生活资料的,被管理者是为别人提供生活资料的,这是天下的常识,天下的基本准则。

这段话很重要,它是孟子的社会分工理论最典型的体现。这一理论最大的特点,就是将社会分工分为两个面向:一个面向是劳心者,一个面向是劳力者。劳心者是脑力劳动者,劳力者是体力劳动者。这样分的意义很大。因为人类历史一开始都是劳力者,没有劳心者。那个时候,可以说社会还没有真正形成。但是,随着社会文明程度越来越高,光有劳力者是不行的,劳心者阶层必须出现,管理者阶层必须出现。孟子提出劳心与劳力、脑力劳动者与体力劳动者的区分,就将社会分工建构在非常适合于社会文明发展的一个框架之下。而且,这种分工最重要的意义在于,它要为当时知识分子的成长提供理论依据。

当时有人认为:知识分子不劳而食、不劳而获,知识分子不劳动却有饭吃,社会要他们有什么用呢?孟子这里通过劳心、劳力两个面向的区分,为知识分子在社会分工领域取得独立而重要的地位埋下了伏笔。所以这一章特别关键,孟子为整个社会分工提供了最简洁、最易于我们理解的范本。

孟子接下来证明了"贤者与民并耕而食,饔飧而治"是不对的,就是贤者不可能像老百姓那样自己种地自己吃、自己做饭自己吃。从"当尧之时"开始的一段话,我们要记住。这段话相当于一部中国思想小史。更准确地说,通过5·4和6·9两章,孟子为我们提供了一部小小的中国思想史,我们由此可以看到孟子所理解的人类思想发展史究竟是什么样子。孟子这样做,既是为了将早期中国的思想发展史揭示出来,又是为了反驳许行"贤者与民并耕而食,饔飧而治"的观点。

"当尧之时,天下犹未平,洪水横流,泛滥于天下。草木畅茂,禽兽繁殖,五谷不登,禽兽逼人,兽蹄鸟迹之道交于中国。"尧那个时候,天下还没有太平起来。水总是往低处流,而且在往低处流的过程中,形成了一定的河床、河道。水太大了,所以它不按照河床、河道去流,这就是"洪水横流"。"泛滥于天下",洪水太大了,到处都发大水;"草木畅茂",草木遍地丛生;"禽兽繁殖",鸟兽大量繁殖;"五谷不登",粮食没有任何收成;"禽兽逼人",鸟兽对人类产生了极大的危害;"兽蹄鸟迹之道交于中国",整个中原地区都留下了鸟兽神出鬼没的足迹。这几句话表明:尧那个时候,人类面临着极大的自然危险、自然危害。人类一开始,或者说人类文明的早期,最大的危险来自自然界,尤其来自大水。这是中国儒家文化对人类早期历史、人类文明开端史的最基本的理解。

这个时候,"尧独忧之,举舜而敷治焉"。尧、舜、禹是上古时期的三大圣人。尧看到"洪水横流……"的情况,独自深深地担忧起来。他将舜选了出来,让舜管理整个社会事务。舜的职务相当于政府总理、首相。舜怎么解决"当尧之时"那一系列自然灾难、自然问题呢?

舜采取了几大做法,第一大做法是:"舜使益掌火,益烈山泽而焚之,禽兽逃匿。"舜让益掌管火,通俗地说就是管理消防部。益怎么将鸟兽赶走呢?益在山林、沼泽地带烧起大火,将山林、沼泽烧掉了。因为鸟兽藏身于山林、沼泽里面,山林烧光了,沼泽里的草烧光了,鸟兽也就逃之夭夭,逃到了远离人群的地方。这是将鸟兽赶跑了。

将鸟兽赶跑了,但另外的大问题——洪水还在。舜采取的第二大做法,大家都很熟悉,就是大禹治水:"禹疏九河,瀹济、漯而注诸海,决汝、汉,排淮、泗而注之江,然后中国可得而食也。"大禹疏通了九条河。"九河"是指黄河流域的九条河,我们看朱熹的《孟子集注》,这九条河的名字很怪,"曰徒骇,曰太史,曰马颊,曰覆釜,曰胡苏,曰简,曰洁,曰钩盘,曰鬲津"。漯读 tà,不读 luò。漯(tà)河是山东的古水名,漯(luò)河是河南的地名。"瀹济、漯"是将山东的济水、漯河疏通了,"注诸海"是济水、漯河的水流到了海里。"决汝、汉"是将汝水、汉水的泄洪口打开了,"排淮、泗"是将淮河、泗水那些淤积堵塞的地方打通了,"注之江"是让它们的水流进了长江。这里涉及九河——九条河,还涉及济、漯、汝、汉、淮、泗六条河,共有十五条河。这十五条河的问题解决了,"然后中国可得而食也"。意思是:因为水已经退了,中原大地的老百姓回到了自己的土地上,又能够种粮食来吃了。

这段话有一些让地理学家感到困惑的地方。孟子讲"决汝、汉,排淮、泗而注之江",但汝水、汉水、淮河、泗水这四条河,其实只有汉水流进长江,其他三条河都是不流进长江的。孟子为什么认为这四条河都流进了长江呢?我们读《孟子》,有时候要细心看一看孟子当年那些地理知识跟我们今天的地理知识是不是完全一致。虽然沧海桑田,但如果孟子当年的描写跟今天的距离太大,我们要好好想一想到底是什么原因。

关于大禹治水,我们可以多讲一讲,因为它是孟子反复提到的一件事(另见6·9、8·26、12·11)。从五行的角度看,大禹治水是按照顺时针的次序来治的。水在北方,北方主要指河北(冀州)。大禹治好了河北的水,马上转到东方。木在东方,东方主要指山东、江苏、安徽,就是古代的青州、兖州、徐州。从北方的水、东方的木再到南方的火,南方包括扬州、荆州。当时中国的范围,广东还没有进入。火部治好了,就到中间的土部,主要指今天的河南(豫州)。豫州治好了,再往西方的金,主要指现在的四川(梁州)、陕西(雍州)。我们一定要记住当时天下有九州,大禹是按照水→木→火→土→金的顺时针方向来治水的。

孟子说大禹治水:"当是时也,禹八年于外,三过其门而不入。"这个意思好理解。这里要注意:大禹治水治了多少年呢?孟子说治了八年,《史记·夏本纪》说治了十三年。为什么"三过其门而不入"?我先讲个花边。大禹是在安徽涂山结的婚,涂山女是他的妻子。有人说大禹治水三过家门而不入,是因为他跟一个叫瑶姬的女人产生了感情。为什么?因为瑶姬对他有恩。大禹之所以能将水治好,就是因为瑶姬给他传授了一本无上宝典,这本宝典记载了治水的秘诀。当然,这是无稽之谈。即便瑶姬曾经送给大禹一本治水的"红宝书"(丹玉之书),这也不能成为大禹与瑶姬产生感情的证据。实际上,当时文字还没有发明,根本无书可送。

孟子讲"当尧之时……三过家门而不入"这段话,既是在为我们描绘中国思想小史,又是为了批驳许行的那个观点——"贤者与民并耕而食,饔飧而治"。你看大禹治水八年,三过家门,都不进家里去看一看。"虽欲耕,得乎?"他这样忙,你还想让他自己种地自己吃,他有时间吗?他做得到吗?大禹治水,是为整个天下苍生而忙碌,是为了整个天下苍生的利益得到实现,他根本就没有时间自己种地自己吃。孟子通过大禹治水,对许行的农家思想进行了批驳。

孟子接下来说:"后稷教民稼穑,树艺五谷,五谷熟而民人育。"后稷教会人们怎么种庄稼,怎么栽培农作物。粮食一旦成熟,老百姓的生活就有保障了。我们要记住"五谷熟而民人育"这句话,我们要感谢农村、感谢农民、感谢农业。没有"三农",我们是根本无法生存的。

"人之有道也,饱食、暖衣、逸居而无教,则近于禽兽。"现在,消防部长益将野兽赶跑了,水利部长大禹将水治好了,农业部长后稷让所有农作物生长起来了。我们有了稳定的生活环境,我们有吃的了,然后该怎么办?孟子认为:自然灾害被克服之后,人类自身的问题就该解决了。"人之有道也",人之所以为人;"饱食",你吃饱了;"暖衣",你穿暖了;"逸居",你住好了。你吃得好,穿得好,住得好,但如果"无教"——没有教养,那你就跟禽兽差不多。

在这种情况下,该怎么办?"圣人有忧之,使契为司徒,教以人伦。""有"的意思是又。"契"这个字不读 qì,不读 qiè,而是读 xiè。孟子说:圣人又开始担心起来了,于是让契当了教育部部长,让他将人伦的道理、人与人之间相处的基本准则教育给老百姓。教育了哪些基本准则呢?下面这句话就是流传于中国思想史的"五伦"观念最经典的版本:"父子有亲,君臣有义,夫妇有别,长幼有叙,朋友有信。"一般地说,这就是"五伦"的来历。

五伦是五种基本的人际关系。父子之间、君臣之间、夫妇之间、长幼之间、朋友之间,我们用哪些基本行为准则来规范呢?孟子认为:"父子有亲",父子之间要有亲情;"君臣有义",君臣之间要讲道义;"夫妇有别",夫妻之间要内外有别;"长幼有叙",年龄大的与年龄小的之间要有尊卑之序;"朋友有信",朋友之间要讲诚信。

五伦在现代社会同样有意义。"父子有亲",这个完全可以不改。"君臣有义"是说上下级关系,可以改为"上下有义",就是不用"君臣",改为"上下"。"夫妇有别"是讲男女平等。我们虽然讲男女平等,但作为一个口号,它在具体的生活当中,落实到每一个家庭,还是应当夫妇有别的。比如一个家庭,要么男主外、女主内,要么女主外、男主内,都行,但肯定是有区别的。"长幼有叙",就更不用说了。我们见到老人,肯定要毕恭毕敬;见到小孩,肯定要慈爱有加。"朋友有信",更为重要。现在的微信设置有朋友圈。朋友圈里点点赞,是我们对朋友表示问候。我们更期待,当遇到疾病等困难需要他人扶持的那个时候,朋友圈能够真正伸出手来。我们今天都在使用微信、朋友圈,我们一定要将"朋友有信"记在心上。

　　下面孟子引了一句话,是放勋说的。"放勋曰:'劳之来之,匡之直之,辅之翼之,使自得之,又从而振德之。'"放勋是尧的名字。你让他们不平静的心情安静下来,就是"劳之来之";你让他们身上的缺点改正过来,就是"匡之直之";你让他们现在面临的困难得到帮助,就是"辅之翼之"。心情不好,有缺点,有困难,现在我都帮你解决了。我为什么要帮你解决?就是要使你"自得之",使每个人都能各得其所。"自得"就是我们每个人都能各得其所,都能回到自己的座位上,回到自己的位置上。各得其所之外,我还要让你"又从而振德之"。人要能够各得其所,守好自己的位置,但还不能满足于此,还要自我发展,更上一层楼,这就是"又从而振德之"。

以上是放勋这句话的意思。

孟子说"后稷教民稼穑",一直到说"使自得之,又从而振德之",目的是要表达:"圣人之忧民如此,而暇耕乎?"圣人作为管理者,他对老百姓的生活这么担心、这么操劳,他怎么还有时间来亲自种地呢?所以,这里同样是对许行思想的批驳。

孟子说:"尧以不得舜为己忧,舜以不得禹、皋陶为己忧。""皋陶"读作 gāo yáo,大家要记住。尧将得不到舜这样的优秀人才当成自己最担忧的事,舜将得不到大禹、皋陶这样的优秀人才当成自己最担忧的事。"夫以百亩之不易为己忧者,农夫也。"只有农夫才会将自己的一百亩地种不好当成最担忧的事。我有一百亩地,但我种不好,我将这件事当成我最担忧的——这就是农民最担忧的,这里讲到了忧。"分人以财谓之惠,教人以善谓之忠,为天下得人者谓之仁。"将钱财分给别人,叫作恩惠;将好的道理、善良的品质教给别人,叫作忠诚;为天下得到最优秀的人才,叫作仁。孟子这里特别强调,"分人以财"不难,"教人以善"不难,只有"为天下得人"是最难的。

人才为什么如此重要?我们回到前面说的:"或劳心,或劳力。"社会分工一旦固定在劳心者、劳力者这个大框架之后,劳心者不仅是指诸侯以及政府官员,而且必须包括一个正在成长当中的阶层,就是士阶层、知识分子。孟子特别强调"为天下得人者谓之仁",意思就是为了治理好天下,一定要找到优秀的人才。"是故以天下与人易,为天下得人难。"我将整个天下给你很简单,但为天下物色到真正优秀的人才,那是难上加难。这些优秀的人才从哪里来？孟子的思路是从优秀的知识分子那里来，当然也可以来自官二代或者其他渠道。

孟子引了孔子的一句话："大哉尧之为君！惟天为大，惟尧则之。荡荡乎，民无能名焉！"这是对尧的赞美。尧是伟大的君王！只有天是最伟大的，只有尧能以天为道、循天之道。尧的功劳太大了，我们老百姓简直找不到任何词汇来描绘我们心里对尧的感激。"君哉舜也！巍巍乎，有天下而不与焉！"这是对舜的赞美。舜是伟大的君王！他将天下治理得让人心悦诚服，但他从不家天下，从不私天下，从不拿天下的一针一线、一丝一毫来供自己享受。

孟子引的"孔子曰"来源于《论语》8·18与8·19，但将它们合并为一章。这也比较有意思。读《孟子》，我们要让一些看起来很幼稚的问题走进心里。比如，孟子读过《论语》吗？性善真的对吗？这类问题看起来很幼稚，其实是真正的哲学问题、真正的人生问题。将它带进心里之后，我们再慢慢检讨这类提问是否恰当、是否能够找到恰当的答案。经过不断反复，我们对于孟子是不是读过《论语》，我们的人性是不是本善的、是不是向善的，最后就会拥有自己的答案。

包括"孔子曰"在内的这段话，同样是为了说明"贤者与民并耕而食，饔飧而治"是不可能的。孟子说："尧、舜之治天下，岂无所用其心哉？亦不用于耕耳。"尧、舜要治理好天下，难道不花费心思吗？既然他们要将心思用于治理天下，哪里还有心思自己种地自己吃、自己做饭自己吃呢？

以上，孟子通过尧、舜、禹三个人的事迹，指出他们忧国、忧民、忧天下，要做大事，要将自然灾害治理好，要将社会危害治理好，要将国家治理好，批驳了许行要求贤者自己种地自己吃、自己做饭自己吃这种极其狭隘的观点。之后，孟子将上面的批评提升到了一个新的理论高度——夷夏之辨。夷夏之辨就是先进文化、落后文化的差异到底在哪里，我们对于先进文化、落后文化应当采取什么样的基本立场与态度。孟子说："吾闻用夏变夷者，未闻变于夷者也。"我只听说过用先进文化来改变落后文化，从来没有听说过用落后文化来改变先进文化。这是孟子的基本立场与态度。

《孟子》起名字很有意思，好人、好事就用"良"这个字。比如陈良（5·4）、王良（6·1）、良人（8·33）、良心（11·8）、良能（13·15）、良知（13·15），良就是好的。理解《孟子》中的人物是好是坏，你看看命名，反正叫作"良"的都是好人。《孟子》的命名是有一定讲究的。它是不是成系统呢？大家可以体会。

孟子对陈良有一个评价："陈良，楚产也，悦周公、仲尼之道，北学于中国。"陈良是陈相、陈辛的老师。他是楚国人，楚国在南方。陈良特别喜欢周公、孔子的思想，从南方来到北方学习。"北方之学者，未能或之先也。彼所谓豪杰之士也。"北方的读书人没有几个赶得上陈良，陈良就是我们所说的豪杰之士。"子之兄弟事之数十年，师死而遂倍之！"陈相、陈辛你们两兄弟跟随陈良学习了几十年，但老师一死，你们就背叛了他。这是讲陈相、陈辛欺师灭祖，是叛徒。

然后，孟子将陈相、陈辛跟孔门弟子做对比。这里也是讲三年之丧,特别突出了子贡是一个好人、一个不错的人。"昔者孔子没,三年之外,门人治任将归,入揖于子贡,相向而哭,皆失声,然后归。"孔子死了,学生为他守丧三年。三年结束了,"门人治任将归",学生们收拾行李准备回家。他们来到子贡的房里,跟他告别。所有的学生"相向而哭",面对面地流眼泪。眼泪流多了,"皆失声",都哭了起来。眼泪流过了,哭过了,三年守丧结束了,孔子的学生都回自己的家了。"子贡反,筑室于场,独居三年,然后归。"子贡没有跟其他人一起走,而是回到孔子的墓地,在那里盖了一间房子,一个人又住了三年。三年后,他才回家。我们算一算,孔子死后,学生给他守丧三年;其他的学生都走了,子贡又守了三年。也就是说,子贡为孔子守丧守了六年。《论语》对子贡稍微有些批评,但在孟子这里,子贡为孔子守丧六年,是难能可贵的。

孟子又讲了孔门弟子的另一件事。我们前面讲,有两个长得像孔子的人:一个是阳货,也就是阳虎;另一个是孔子的学生,叫作有若。"他日,子夏、子张、子游以有若似圣人,欲以所事孔子事之,强曾子。"子夏、子张、子游都是孔子的学生。为孔子守丧后,过了一段时间,子夏、子张、子游因为有若长得像孔子,想让大家像以前崇拜孔子那样来崇拜有若。他们将这个建议告诉了曾子,强迫曾子接受,但曾子不干。

"曾子曰:'不可!江、汉以濯之,秋阳以暴之,皓皓乎不可尚已。'"曾子说:你们立有若为教主,我是不同意的!因为有若根本比不上孔子！孔子的伟大、纯洁,可以这样来比喻:就像长江、汉水不断洗过,就像炎热的阳光不断晒过,长江、汉水不断地洗,炎热的阳光不断地晒,孔子的洁白无瑕是没有任何东西可以比的。有若的品格绝对不能跟孔子相提并论,所以我不同意像崇拜孔子那样崇拜有若。

孟子将孔门弟子这件事说出来,是为了与陈相、陈辛两兄弟背叛陈良做对照。"今也南蛮鴃舌之人,非先王之道,子倍子之师而学之,亦异于曾子矣。"因为许行是楚国人,孟子对陈相、陈辛说:许行这个南方蛮子说话阴阳怪气,专门批判我们的先圣之道,你们却背叛自己的老师陈良,向这个人学习。你们将自己的所作所为跟曾子对照一下,差别有多大呢?!这个对比表明孔门弟子有良好的尊师传统,而陈良的弟子陈相、陈辛做得极其不对。

《孟子》有一些话,比如"南蛮鴃舌之人",加上"齐东野人之语"(9·4),其实就是一副对子。如果我们读《孟子》,要读得有趣一点,可以将"南蛮鴃舌""齐东野人"当作一副对子来看。再讲一副对子。先秦典籍中有三个孟子:邹国的亚圣孟子,是个男的;《论语》7·31中的吴孟子,是个女的;《诗经·小雅·巷伯》中的寺人孟子,是个太监。这就成了一副对子的上联:"邹孟子、吴孟子、寺人孟子,一男一女,一不男不女。"同样,有周宣王,有齐宣王,还有"司马昭之心,路人皆知"的司马昭(211—265)的父亲司马宣王(司马懿,179—251)。周宣王是君,齐宣王是臣,而司马宣王是不君不臣。这就成了这副对子的下联:"周宣王、齐宣王、司马宣王,一君一臣,一不君不臣。"我估计古人读《孟子》,对对子是让人投入进去的一种好方式,这样能将《孟子》记得更真切。

对比之后,孟子说:"吾闻出于幽谷、迁于乔木者,未闻下乔木而入于幽谷者。""出于幽谷、迁于乔木",也是《诗经》中的话。我只听说过鸟儿从幽暗的山谷飞出来,飞上高大的乔木,从来没有听说过鸟儿要从高大的乔木飞下来,掉进那幽暗的山谷。意思就是弃暗投明,就是人往高处走,水往低处流。孟子这里讲的是文化也要往高处走,先进文化一定会对落后文化产生影响,并且帮助落后文化慢慢朝着先进文化过渡,上升为先进文化。孟子又引了《诗经》的一句诗,"《鲁颂》曰:'戎、狄是膺,荆、舒是惩。'"戎、狄、荆、舒是四个小国家,同时是野蛮的国家。对于戎、狄、荆、舒这样的野蛮国家,我们一定要打击他们、征服他们。"周公方且膺之",是说周公对于这些野蛮国家,要通过打击他们、批判他们,将他们从落后文化提升为先进文化。"子是之学,亦为不善变矣。"可是陈相、陈辛你们还在向许行学习,这就叫作不识时务,不能与时俱进。

许行是农家。按照《孟子》的介绍,许行的思想有两大纲领:第一大纲领是"贤者与民并耕而食,饔飧而治"。孟子认为:所有的统治者一旦要治理好天下、治理好国家,就不可能自己种地自己吃、自己做饭自己吃;许行的做法属于落后文化的体现,我们要以先进文化来改变并提升落后文化,而且落后文化是能够变成先进文化的。这是孟子对许行第一个观点的批判。下面讲许行思想的第二大纲领——"市贾不贰,国中无伪"。

陈相说:"从许子之道,则市贾不贰,国中无伪。"这个"贾"是"价格"的"价"。陈相说:假设我们按照许行的思想来做,无论质量好坏,同类产品的市场价格都是一样的,那么,整个市场就不会出现作假的现象。这句话看起来有点不太好理解。"国中无伪",大家都不作假,这个我们是赞成的。但是,"市贾不贰"怎么理解?

陈相解释说:"虽使五尺之童适市,莫之或欺。"假设做到了"市贾不贰",即使你让五尺高的小孩子到市场上买东西,也没有哪个人欺骗他。"市贾不贰"到底有哪些情形呢?我们看一看陈相的描述:"布帛长短同,则贾相若",就是布匹的长短一样,它们的价格就一样;"麻缕丝絮轻重同,则贾相若",就是麻线丝絮的轻重一样,它们的价格就一样;"五谷多寡同,则贾相若",就是粮食的多少一样,它们的价格就一样;"屦大小同,则贾相若",就是鞋子的大小一样,它们的价格就一样。

你看这些产品——布帛、麻缕丝絮、五谷、鞋子,陈相只强调它们的特点是长短一样、轻重一样、多寡一样、大小一样。这些都是一般的属性、比较粗的属性,是没有涉及质量这个概念的属性。鞋子的大小一样,它们的价格就一样。但是,鞋子有用好的质料做的,有用不好的质料做的,它们的价格怎么可能一样呢?还有,衣服有的用很好的布料,有的用很不好的布料,即使它们的长短一样,但价格一样,这怎么可能呢?

所以,孟子反驳说:"夫物之不齐,物之情也。"万事万物是有差别的,这是自然规律。万事万物有差别,而且差别有大有小:"或相倍蓰,或相什百,或相千万。"有的差一倍、五倍,有的差十倍、百倍,有的差千倍、万倍。"物之不齐",就是一倍、五倍之差,十倍、百倍之差,千倍、万倍之差。"子比而同之,是乱天下也。"你将有差别的东西全部等量齐观,认为它们都是一个样,这其实是在扰乱天下。

孟子举了一个例子:"巨屦小屦同贾,人岂为之哉?"这里的"巨"和"小",比较好的理解是指质量好和不好。质量好的鞋子和质量不好的鞋子,假设是同样的价格,那些做鞋子的哪个还会去做质量好的呢?鞋子的质量好与不好,只要它们的大小一样,都是一个价,这是许行的观点。在孟子看来,鞋子有大小之分,同样有质量之分。假如质量好的与质量不好的,只要它们的大小一样,就同一个价格,那么,落实到手工业生产者,落实到做鞋子的,还有谁会去做质量好的鞋子呢?他们都会做一些质量不好的鞋子交给市场。因为质量不好的鞋子,从理论上说,它使用的原料更简单;因为使用的原料更简单,它的质量肯定不会好。所有人都做质量差的鞋子在市场交易,这样一来,整个市场的秩序就会变坏。因此,孟子说:"从许子之道,相率而为伪者也,恶能治国家?"假设按照许行的方法来做,那就等于带领天下人一起做假冒伪劣产品,这样怎么能够治理好国家呢?

以上是许行思想的第二大纲领,认为产品无论质量好坏,只要它们的长短一样、轻重一样、多寡一样、大小一样,都是一个价。许行这个观点肯定是不成立的。孟子的理论基础是"夫物之不齐,物之情也",万事万物是有差别的,这些差别是自然规律的体现。孟子说的这句话,习近平就引用过。

习近平2015年3月28日出席博鳌亚洲论坛,发表的演讲叫作《迈向命运共同体 开创亚洲新未来》。他说:"中国古代思想家孟子说过:'夫物之不齐,物之情也。'"对于孟子这句话,习近平是从文明发展要求同存异的高度来谈的。他说:"不同文明没有优劣之分,只有特色之别。要促进不同文明不同发展模式交流对话,在竞争比较中取长补短,在交流互鉴中共同发展,让文明交流互鉴成为增进各国人民友谊的桥梁、推动人类社会进步的动力、维护世界和平的纽带。"习近平治国理政,对传统文化有很多借鉴,对孟子思想有很多借鉴。通过"夫物之不齐,物之情也"这句简简单单的话,习近平希望我们更多地看到特色之分,要在世界文明的交流对话当中,让每个民族的特色表现出来、发挥出来。

对于5·4这一章,明代著名思想家李贽(1527—1602)在《四书评》中有一个评价。他说:"许行之言,高于孟子十倍,见之实事,不如孟子亦十倍不止也。"意思是,许行的两个基本观点——"贤者与民并耕而食,饔飧而治"与"市贾不贰,国中无伪",听起来高于孟子十倍,但做起来,要比孟子差十倍还不止。有些十分动听的理论主张很能迷惑人,大家都觉得很好,但真正做起来,那些理论主张是行不通的。许行思想的两大纲领很能打动一般老百姓,但一旦做起来,是很难的。孟子用自己的思想、辩论的技巧驳斥了这些观点。

许行这些思想好听,但实行不了。他错就错在这里。比较而言,孔孟之道的特点在于:它为我们人类的发展提供了一个未必是最好的方案,但这个方案是切实可行的。切实可行在哪里?它充分认识到人类社会发展过程当中必然存在一些规律、必然存在一些困境,并希望通过切实可行的方式将这些困境解决掉,将这些规律真正落实在实践当中。孔孟之道是不偏不倚的,它是中行之道,做起来是不难的。孔孟之道只是中行,不做过高难行之事,不做那些过于高调、根本不可能实现的事。我们读《孟子》,一定要明白这个道理。不明白这个道理,我们对于这个世界的认识就不会深刻,做人做事就做不好,就会"作于其事,害于其政"(6·9)。

以上我们对5·4做了一个解读,再次证明了5·1孟子引《尚书》的一句话:"若药不瞑眩,厥疾不瘳。"我们生病了,要吃药。假设药不能让全身来一次震撼,病就治不了。所以良药是苦口的,也只有良药才能药到病除。孟子通过与陈相的对话,认为我们要建设良好的社会,就得拿出很多努力,须下定决心、不畏困难,才能做好。

5·4是《孟子》这本书第一次讲孟子跟当时思想界的交锋。与孟子交锋的流派是农家,许行是农家的代表,许行的思想影响到陈良的弟子陈相与陈辛。陈相接受了许行的观点,并且跟孟子进行了一番对话。孟子在整个辩论当中将陈相驳倒了,但陈相是不是接受了孟子的观点,5·4并没有确切的交代。这是不是说孟子没有真正让陈相接受他的观点呢?5·5同样是孟子与其他思想流派进行辩论、进行斗争的案例,这个案例最后证明孟子战胜了其他思想。

5·5 墨者夷之因徐辟而求见孟子。孟子曰:"吾固愿见,今吾尚病,病愈,我且往见,夷子不来!"

他日,又求见孟子。孟子曰:"吾今则可以见矣。不直,则道不见;我且直之。吾闻夷子墨者,墨之治丧也,以薄为其道也;夷子思以易天下,岂以为非是而不贵也?然而夷子葬其亲厚,则是以所贱事亲也。"

徐子以告夷子。

夷子曰:"儒者之道,古之人若保赤子,此言何谓也?之则以为爱无差等,施由亲始。"

徐子以告孟子。

孟子曰:"夫夷子信以为人之亲其兄之子为若亲其邻之赤子乎?彼有取尔也。赤子匍匐将入井,非赤子之罪也。且天之生物也,使之一本,而夷子二本故也。盖上世尝有不葬其亲者,其亲死,则举而委之于壑。他日过之,狐狸食之,蝇蚋姑嘬之。其颡有泚,睨而不视。夫泚也,非为人泚,中心达于面目,盖归反虆梩而掩之。掩之诚是也,则孝子仁人之掩其亲,亦必有道矣。"

徐子以告夷子。夷子怃然为间曰:"命之矣。"

5·5的开头四个字是"墨者夷之",所以这一章又叫"墨者夷之"章。《孟子》中的名字,叫陈良(5·4)的,肯定是好名字;叫夷之的,孟子讲"吾闻用夏变夷者,未闻变于夷者也"(5·4)的夷夏之辨,夏是先进文化,夷是落后文化,所以一看这个名字,我们就知道它带有贬义的色彩。

夷之是墨子的信徒,"因徐辟而求见孟子",他通过徐辟——徐辟是孟子的学生——想来见见孟子。"孟子曰:'吾固愿见,今吾尚病,病愈,我且往见,夷子不来!'"孟子说:我还是愿意见见夷之的,可我今天生病了,等我病好后,我再去看夷之,夷之今天就不要来了。

"他日,又求见孟子。"过了一段时间,夷之又请求见孟子。"孟子曰:'吾今则可以见矣。'"孟子说:我今天可以见见你,但是,"不直,则道不见;我且直之"。这句话很重要。孟子是泰山岩岩之气象,说话总能说到点子上,说到人们的心坎上。"不直,则道不见"是说:说话,如果不直截了当,道理就说不清楚,道理就体现不出来。我必须说话直截了当,才能把道理说明白。今天我就直截了当,讲讲我的观点。

下面涉及的观点是墨家的观点。墨家是先秦很有影响的思想流派。简单地说,先秦最开始有三个流派比较大:一个是道家,一个是儒家,一个是墨家;道家有老子,儒家有孔子,墨家有墨子。墨子有一个观点是薄葬,就是双亲死后,安葬他们,不要随葬很多金银财宝,简简单单就可以了。

所以孟子说:"吾闻夷子墨者,墨之治丧也,以薄为其道也。"我听说夷之是个墨家,而墨家办理父母的丧事,是以薄葬作为基本原则。墨子在丧事上的基本观点是薄葬。"夷子思以易天下,岂以为非是而不贵也?"夷之想用墨家的薄葬来改变天下的风俗,而且认为不这样做,就不足以称之为好。这里我们看到夷之是墨子的信徒,他相信薄葬是好的,想拿它来改变天下。他是这么想的,但事实上是怎么做的呢?

"然而夷子葬其亲厚,则是以所贱事亲也。"可是,夷之的父母死后,他还是用很多金银财宝安葬他们。夷之用很多金银财宝安葬父母,这表明他在用自己看不起的理论来对待父母。夷之是墨子的信徒,他相信墨家的观点——薄葬。父母死后,他采用的却是厚葬。他本来是反对厚葬的,但对待自己的父母,他还是用了他所反对的厚葬方式来埋葬父母。夷之在这方面是很矛盾的。他理论上讲的是一套,实际上做的又是一套。这种矛盾体现了什么问题呢?厚葬父母有没有道理?薄葬父母有没有道理?由此引起了孟子的思考。

孟子没有直接见夷之,这番话是通过徐辟转告的。"徐子以告夷子。"徐辟把孟子的话告诉了夷之。"夷子曰:'儒者之道,古之人若保赤子,此言何谓也?之则以为爱无差等,施由亲始。'"我们先看看这个"儒者之道"。

孔子、孟子、荀子都是儒家。"儒"这个字,《论语》6·13出现过:"女为君子儒!无为小人儒!"你要做君子,不要做小人!但是,这个"儒"并不是指孔、孟、荀作为儒家的儒。从《论语》《孟子》看,"儒"字第一次具有学派意义是从《孟子》5·5"儒者之道"这四个字开始的,它具有了专门指代孔孟之道的含义。

按照章太炎(1869—1936)先生在《原儒》中的观点,儒有三种类型:一个叫达名,一个叫类名,一个叫私名。达名意义上的儒,就是一切有文化的人都可称之为儒。类名意义上的儒,就是"子入太庙,每事问"(《论语》3·15)。孔子进了太庙,每件事都要问一问。他问什么呢?问的是礼、乐、射、御、书、数六艺。类名之儒，就是掌握了礼、乐、射、御、书、数这六种技艺的人可以称之为儒。私名意义上的儒，就是把孔、孟、荀称为儒家。私名是你必须"祖述尧舜，宪章文武，宗师仲尼"，才能叫作儒家。达名的外延特别广，内涵就没有那么丰富。类名次之。只有到了私名，它的外延最小，内涵最丰富。儒家的"儒"在《论语》《孟子》这两本书中，真正具有了指代孔、孟这类儒家的意义，就是从《孟子》5·5开始的。夷之不一定是在这个意义上说的，但在整部《孟子》中，我们可以说儒家的"儒"是这么来的。

夷之相信薄葬的理论，但用厚葬来对待自己的父母，他怎么解释这种矛盾？夷之说：儒家有这样一回事，认为古代的圣贤爱护老百姓，就像爱护婴儿那样。这句话（指"古之人若保赤子"）是什么意思呢？夷之认为是"爱无差等"，爱是没有差等的，但爱要实行起来，它有个开始，有个起点，这个开始、起点就是自己的父母。

夷之这里说爱是没有差等的。人们一般的理解是：我爱我的父母，你爱你的父母，这是没有差等；我爱我的父母，就像你爱你的父母一样，这是没有差等。夷之却进一步落实为：我爱我的父母，我同样爱你的父母，这就是"爱无差等"。我爱我的父母，我也爱你的父母，这听起来没错。他又说：只是真正要做的话，我们还是要从爱自己的父母开始。这是夷之的"爱无差等，施由亲始"。我们仔细揣摩一下，它的问题到底出在哪里？

"徐子以告孟子。"徐辟把夷之的话告诉孟子，孟子开始回答。这段回答有一些让人难以理解的地方,我们慢慢来讲。"孟子曰:'夫夷子信以为人之亲其兄之子为若亲其邻之赤子乎?'"孟子说:夷之难道真的以为别人爱自己哥哥家的小孩跟爱邻居家的小孩是一个意思吗?一个是我哥哥家的小孩,一个是邻居家的小孩,你说我到底更爱哪个一些?"彼有取尔也。"这五个字以及下面一句在《孟子》解释史上有些不同的理解。我们回到刚才的问话:夷之真的以为别人爱自己哥哥家的小孩与爱邻居家的小孩一个样吗?"彼有取尔也"是说:他肯定是有所选择的。这个"彼",到底是指夷之还是指别人呢?这个选择是什么呢?

下面这句话是:"赤子匍匐将入井,非赤子之罪也。"小孩子在地上爬来爬去,一不小心爬到了井边,快要掉下去了,但这不是小孩的罪过。这句话放在这里,不是特别好理解。这个小孩——不管是邻居家的小孩,还是我哥哥家的小孩——他在地上爬来爬去,一不小心爬到井边,快要掉到井里,这不是小孩的罪过。这的确不是小孩的罪过,但是,这句话到底要说明什么问题呢?

孟子又接了一句:"且天之生物也,使之一本,而夷子二本故也。"孟子认为:天生万物,"使之一本",只有一个来源,那就是自己的父母。但是,夷之搞成了两个来源,就是你的父母、我的父母。我爱我的父母,我也像爱我的父母一样爱你的父母,这就是两个来源。"赤子匍匐将入井,非赤子之罪也"不好理解,但如果从"一本""二本"看,就慢慢变得好理解了。"一本",天生万物只有一个来源,就是父母。我的父母生育了我,不是你的父母生育了我,这就是"一本"。"二本"就是我的父母生育了我,你的父母也生育了我,但这可能吗?这是不可能的。孟子这里其实是要说明:夷之说的"施由亲始"没有错,但"爱无差等"是不对的,儒家不这么认为,儒家认为爱有差等。怎么理解爱有差等?

我们先看《孝经·士章》的"敬""爱"两个字,它们涉及三类人:一是父亲,一是母亲,一是国君。敬、爱这两种感情,怎么匹配给父亲、母亲、国君呢?《孝经》认为:要把敬给国君,把爱给母亲,把敬与爱同时给父亲。爱有没有差等?儒家认为爱是有差等的,差等就体现在这里。

到孟子这里,爱的差等怎么体现?他提到"赤子匍匐将入井",是讲小孩快要掉进井里的故事。这个故事,3·6就已经讲了。小孩快要落到井里,我们每个人都有恻隐之心,都会去救他。这种情感是性善论的来源,是仁、义、礼、智的来源。如果没有这种情感,我们就是禽兽,我们就不是人。假设把这种情感跟我们爱父母的情感相比,怎么区分呢?孟子说过:"老吾老,以及人之老;幼吾幼,以及人之幼。"(1·7)爱我的父母,然后把它推广到爱别人的父母;爱我家的小孩,然后把它推广到爱别人家的小孩。"以及"就是推己及人。

因为推己及人,我爱我的父母,我才能像爱我的父母那样去爱别人的父母,这是爱有差等。我爱我的父母,我也一视同仁地爱别人的父母,这是爱无差等。两者是有区别的。墨家讲爱无差等,它没有"推己及人"这个概念,它是"比而同之"。就像5·4讲的"比而同之",质量好的鞋子与质量不好的鞋子都是一个价。比而同之是爱无差等,推而及之是爱有差等。其实,夷之也知道爱是有差等的。为什么呢?因为他明明相信墨子的薄葬主张,但还是用厚葬的方式来掩埋自己的父母。他潜意识里知道爱是有差等的,只是挂在嘴上的却是爱无差等。

我们为什么要埋葬自己的父母呢?孟子说:"盖上世尝有不葬其亲者,其亲死,则举而委之于壑。"上古的时候,有人不埋葬自己的父母。父母死了,就把尸体背起来,然后扔到山沟里。这是孟子假想的情形。"他日过之,狐狸食之,蝇蚋姑嘬之。"某一天,我经过扔父母尸体的那个山沟,看到了让我惊心的一幕:狐狸正在吃我父母的尸体,蚊子、苍蝇正在叮着我父母的尸体吸。"嘬",音 chuài、zuō,杨伯峻读为 chuài。

看到这情形,"其颡有泚,睨而不视",我的额上立刻冒出冷汗,连睁一下眼都不敢,不敢望这一幕。"夫泚也,非为人泚,中心达于面目",我这额头上的冷汗不是为别人冒出来的,是因为我心里已经忏悔,悔恨至极。我十分后悔,忏悔之至,流露在脸上,就是"中心达于面目"。忏悔之后怎么办?"盖归反虆梩而掩之",我马上跑回家里,拿来畚箕,拿来锄头,把父母的尸体埋了。"虆梩",杨伯峻读为 léi lí。"掩之诚是也",把父母的尸体埋起来,这样做是对的。"则孝子仁人之掩其亲,亦必有道矣。"孝子仁人埋葬父母的尸体,也一定是有道理的。

这段话是孟子设想人类为什么有葬父母的礼仪。他设想了这样的情形：人类一开始，礼仪还没有产生，所以，父母死了，就把尸体扔到山沟里。有一天，你经过那里，看到狐狸在啃尸体，蚊子、苍蝇在叮尸体。这个时候，人类自然而然的忏悔之情油然而生。人类采取了自己的方式，就是马上回家，拿来工具，把父母的尸体埋掉。孟子是说人类对待自己的父母，掩埋是文明的开始。之后，同样要好好埋葬自己的父母，不能实行薄葬，而是要实行厚葬。孟子有很多地方谈到这一点，比如4·7说"君子不以天下俭其亲"。作为君子，你再没有钱，但在对待父母的丧事这方面，你不能节省，你一定要用最隆重的方式来厚葬自己的父母。这是孟子的观点。

孟子讲完后，"徐子以告夷子"，徐辟告诉了夷之。"夷子怃然为间曰：'命之矣。'"夷之听了徐辟的转告，惆怅了很久，然后说道："我受教了，我懂得了。"夷之说"命之矣"，表明夷之通过孟子的教育，接受了孟子的观点。夷之接受了孟子什么观点呢？他开始认为"爱无差等，施由亲始"，所以他接受的是"爱有差等，施由亲始"。

"施由亲始"是没错的，错就错在"爱无差等"。因为爱无差等，墨家主张兼爱。兼爱将自己的父母与别人的父母比而同之，这样是不行的。因为主张兼爱，墨子也主张薄葬。孟子这里等于同时对兼爱、薄葬的主张进行了批评。但是，从理论上说，孟子并没有彻底解决儒家为什么实行厚葬这个问题。他只是批评了"爱无差等"，并没有把为什么要实行厚葬讲出来。这一点，孟子有在其他地方讲（比如2·16、4·7）。

这一章是孟子第二次跟其他思想流派进行辩论。这次辩论以墨家夷之接受孟子的观点画上了句号。每次读这一章，我都有一些困惑，有一些想法。

我们现在讲儒学要走进现代生活，走进今天人们的生活。到底怎么走进？我们经常说要念经，但经是怎么念的？我们听说过佛家念经，没有听说过儒家念经。我们每个人，不管是儒家，还是佛家、道家，都有自己的父母。对于我们的父母，"生，事之以礼；死，葬之以礼，祭之以礼，可谓孝矣"（5·2）。有一天父母离开我们，我们如何以儒家的方式对父母进行心灵的告别，这是值得我们思考的问题。

我们到庙里为自己的亲人做道场，庙里的和尚念经，念得最多的是《地藏菩萨本愿经》和《金刚经》。我们去看看《地藏菩萨本愿经》《金刚经》，里面都是一个一个的故事。那些和尚把这些经念得滚瓜烂熟、朗朗上口，而且在一定的音乐伴奏下，他们念经的声音能够让你进入那种情境中，相信自己全心全意地与亲人做最后的告别，是为了让亲人真正能够到另外一个世界得到安息。

儒家文化在处理亲人的丧事上，怎么把我们的经典带进去？是不是可以让《论语》《孟子》涉及三年之丧的相关篇章，进入祭祀的礼仪当中？这是我一直在思考的问题。我不知道其他同道在生活儒学、乡村儒学涉及亲人的祭祀这一块，是否已经有意识地把《论语》《孟子》涉及三年之丧的篇章作为"经"真的来"念"。这次讲《滕文公》篇，我们看到三年之丧在滕文公那里得到了实现（见5·2），也看到孟子讲了我们为什么要葬自己的父母，是因为"他日过之，狐狸食之，蝇蚋姑嘎之。其颡有泚,睨而不视。夫泚也,非为人泚,中心达于面目,盖归反虆梩而掩之"(5·5),这个时候人们才开始掩埋自己的父母。

所以,假设我们有一天真的能用实践的方式来做生活儒学,而且把生活儒学落实到为双亲进行祭祀的典礼上,至少《滕文公》篇的5·2与5·5可以像《地藏菩萨本愿经》《金刚经》一样,在那种祭祀的场合去念。这就不再是和尚念经了,儒家也可以念经。这个念经,如果放在特定的祭祀场合,它可能也更能让儒学进入生活,进入我们的内心世界。如果真真正正这样做了,我觉得儒学跟我们的生命本身才是密切相关、息息相关的。这里我只是提出这样一个设想。今后有机会的话,我会为此做出一些努力。

《滕文公上》一共有五章:前面三章都跟滕文公有关,后面两章跟思想界的两个流派——一个农家、一个墨家有关。这其实体现了《孟子》的文本编排是有一定的特点的,就是先跟政治有一定的关系,后跟思想有一定的关系。这一特点在《滕文公》上篇体现得比较明显,在《滕文公》下篇也有相应的体现。

这五章的内涵特别丰富,讲的都是故事。整个《滕文公》篇每一章都是讲故事(《梁惠王》篇也是),这跟其他篇既有故事又有独白是有所区别的。通过这些故事,我们希望记住滕文公,因为到《滕文公下》,滕文公就不出现了。我们应当记住滕文公——滕文公是孟子的知己。因为滕文公,孟子的思想主张得到一次有效的实现。假设没有滕文公,孟子在他的有生之年，他的理论主张、他的理想信念可能连一次实践的机会都没有。理想跟现实是有距离的。如果我们每个人都能成为孟子的知己，每个人都能让滕文公成为自己的知己，理想社会的实现可能就会来得更快一点。诗与远方，都会来得更快一点。

滕文公下

杨海文 解读

6·1 陈代曰:"不见诸侯,宜若小然。今一见之,大则以王,小则以霸。且《志》曰:'枉尺而直寻。'宜若可为也。"

孟子曰:"昔齐景公田,招虞人以旌,不至,将杀之。志士不忘在沟壑,勇士不忘丧其元。孔子奚取焉?取非其招不往也。如不待其招而往,何哉?且夫枉尺而直寻者,以利言也。如以利,则枉寻直尺而利,亦可为与?昔者赵简子使王良与嬖奚乘,终日而不获一禽。嬖奚反命曰:'天下之贱工也。'或以告王良。良曰:'请复之。'强而后可,一朝而获十禽。嬖奚反命曰:'天下之良工也。'简子曰:'我使掌与女乘。'谓王良。良不可,曰:'吾为之范我驰驱,终日不获一;为之诡遇,一朝而获十。《诗》云:"不失其驰,舍矢如破。"我不贯与小人乘,请辞。'御者且羞与射者比;比而得禽兽,虽若丘陵,弗为也。如枉道而从彼,何也?且子过矣!枉己者,未有能直人者也。"

6·1至6·4这四章主要讲知识分子如何与政治打交道,如何与诸侯打交道。知识分子问题是春秋战国时期的大问题。所谓"得士则兴,失士则亡"(王安石《王文公文集》卷二《上龚舍人书》):你得到知识分子,你有了知识资本,相应地,你的政治资本、社会资本就可以得到全面发展;你失去知识分子,没有得到知识分子的支持,就失去了知识资本,相应地,你的社会资本、政治资本就很难全面建立起来。像这样的问题,不仅为当时每个阶层的人所关注,而且在孟子以及孟门弟子那里也是热门话题。很多孟门弟子经常感叹,说:孟老夫子,您这么有学问,为什么不去见一见诸侯呢?6·1就是从这一时代背景开始的。

我们先看,"陈代曰:'不见诸侯,宜若小然。'"陈代对孟子说:你不去见诸侯,看起来是一件很小的事。"今一见之,大则以王,小则以霸。"假设今天你去见一见诸侯,从大的方面说,可以称王天下;从小的方面说,可以称霸诸侯。这里涉及两个词——"王"与"霸",就是王道与霸道。

王道与霸道到底是什么关系?孟子行仁政,行王政,坚持王道理想,反对霸道政治,这是我们对孟子王霸之辨的基本认识。这个学生问"大则以王,小则以霸",表明王霸之辨已经在孟门弟子那里建立起来了。陈代就是孟子的学生。

我们固然要坚持王霸之辨,但这里还涉及一些技巧问题、一些策略问题,或者说是一些退让的策略问题。所以陈代引了一句话,"且《志》曰:'枉尺而直寻。'"《志》是一本古代典籍。这本典籍到底是什么样子,我们不知道。重要的是"枉尺而直寻"这句话。"尺"与"寻"都是长度单位,一寻等于八尺。现在我们有了一尺与八尺之分。一尺与八尺在这句话中是什么意思呢?就是我做人做事遇到这样一种情况:如果弯曲一尺,我会伸长八尺。大家将这个意思稍微体会一下。我弯曲了一尺,但我可以伸长八尺,这是不是有利可图?这是不是对每个人都很实惠的事呢?

陈代说:假如你放低一下姿态,也就是弯曲一尺,那你可以伸长八尺,可以"大则以王,小则以霸"。难道这样去见一下诸侯,不可以吗?"宜若可为也"就是这个意思。陈代提的问题是:孟老夫子,您还是要去见见诸侯!您不要太泰山岩岩之气象,您不要太看不起那些诸侯。假设您放低一下姿态,弯一下腰,您有可能在诸侯面前站得更直,这样的事是值得做的。

孟子怎么回答呢?他讲了两个故事。第一个故事是问:弯曲一尺,可以伸长八尺,这样的事你干不干?第二个故事是问:如果弯曲八尺,能够伸长一尺,这样的事你干不干?这两个故事是从不同角度来讲的。我们好好体会一下:在我们的实际人生中,弯曲一尺能够伸长八尺,这是有利可图;弯曲八尺而伸长一尺,是不是也有利可图呢?假设它有利可图,我们该不该做呢?这是孟子讲这两个故事要解决的问题。

第一个故事是,"孟子曰:'昔齐景公田,招虞人以旌,不至,将杀之。'"齐景公是春秋时期很有名的诸侯,5·1就出现过齐景公,"成覵谓齐景公曰:'彼,丈夫也;我,丈夫也。'"孟子这里是说:齐景公正在打猎,猎场有个管理员,齐景公想问他一件事。按照规定,齐景公身为一国诸侯,要召唤猎场管理员,让他到面前来,那要挥舞一个特定的东西。诸侯对不同级别的人打招呼,用来召唤的物品是不一样的。诸侯召唤猎场管理员,只能用自己头上戴的皮冠,也就是帽子,就是取下帽子扬一扬,说:管理员,你过来!(参见10·7)但是,齐景公这次用错了东西,就是"招虞人以旌",拿了一面小旗子来召唤猎场管理员。

这里首先说齐景公将召唤物搞错了,错在齐景公。假设猎场管理员害怕权势,就不会管齐景公是不是将召唤物搞错了,照样会过来。猎场管理员会不会这么做呢?猎场管理员没有这么做,他说:我就是不来!这个时候,齐景公发脾气了,说我要将你杀掉。

下面一句话是:"志士不忘在沟壑,勇士不忘丧其元。"齐景公这个故事,《孟子》讲过两次;另一次见10·7,讲的也是这样,只是更加详细。"志士不忘在沟壑",就是有志之士不怕死在山沟里;"勇士不忘丧其元",就是勇敢的人不怕脑袋掉下来。我有一股浩然之气,我不怕死在山沟里,我不怕脑袋掉下来。这是谁的品格?就是那个地位卑微的猎场管理员的品格。

孔子对猎场管理员给予了充分的赞美。"孔子奚取焉?取非其招不往也。"孔子为什么赞赏猎场管理员呢?因为这个猎场管理员对于不符合礼节的招呼一概不搭理。你要招呼我,你符合礼节,我就上来。你不符合礼节打招呼,我就不听你的招呼。这就是一切都按照礼节来做事,这就是猎场管理员做人做事的基本精神。

虽然猎场管理员能这样做,可大部分人会怎么样呢?其他人会怎么样呢?孟子问道:"如不待其招而往,何哉?"很多人一看到齐景公在打猎,肯定不管齐景公是否跟他打了招呼,都会跑到齐景公那里去。很多人都会这么做!孟子说:这样做,又算什么呢?肯定是不应该的。

然后,孟子通过这件事,对"枉尺而直寻"进行了分析。他说:"且夫枉尺而直寻者,以利言也。"弯曲一尺,能够伸长八尺,这是从利益的角度来谈。"如以利,则枉寻直尺而利,亦可为与?"同样是从利益的角度来谈,假设我弯曲八尺却伸长一尺也是有利的,这样的事情就可以做吗?

我们再好好体会一下:弯曲一尺,能够伸长八尺,这对于那个狩猎场的管理员意味着什么?齐景公招呼他,本来是一件很小的事。假设放在今天的语境里,绝不会掉这个猎场管理员多大的面子。齐景公招呼我,我上去答应一声,不就行了吗?但是,猎场管理员就是不愿意弯这一尺,他不会因为能够伸长八尺而弯曲这一尺。这是猎场管理员的做法。

孟子下面讲的第二个故事,大致是说:我弯曲八尺,只是伸长一尺,这样的事我干吗?这个故事更加生动。

"昔者赵简子使王良与嬖奚乘"。赵简子是一个跟诸侯一样有权势的人,他派王良为自己最宠信的一个小人奚驾车。"终日而不获一禽",一天都没有打到一只鸟。6·1 这两个故事都跟打猎有关:第一个是齐景公田猎;第二个是赵简子派王良帮嬖奚驾车,也是去打猎。为什么一天都没有射下一只鸟呢?嬖奚看到一只鸟都没有射下来,就对赵简子说王良的坏话。"嬖奚反命曰:'天下之贱工也。'"嬖奚回来就对赵简子说:你派的这个王良,那驾车的水平实在太差了,简直是天下最差的车手。

这个王良,我们上次说了:《孟子》里面凡是称之为"良"的,都是好的。有人将嬖奚说的天下最差的司机或车手这句话转告了王良。"或以告王良。良曰:'请复之。'"有人将这句话告诉了王良,王良说:那我们再试一次吧。"强而后可"。嬖奚听说王良还要试一次,但他已经确立了一个观念——你王良驾车确实不行,我为什么还要给你机会呢?经过反反复复讲,嬖奚才勉勉强强答应,说:那就再来一次吧!这就是"强而后可"。

结果,"一朝而获十禽",一个早上就打下十只鸟。你看:开始的时候,一天都没有射下一只鸟;现在,一个早上就射下十只鸟。上次没有一只,这次却有十只,形成了鲜明的反差。"嬖奚反命曰:'天下之良工也。'"这个时候,嬖奚回来对赵简子讲:王良驾车的水平可高了,那是天下最好的车手。

"简子曰:'我使掌与女乘。'"因为嬖奚是赵简子最宠爱的小人,赵简子对嬖奚说:那我就让王良当你的专职司机,专门给你赶马车,去打猎吧!"谓王良",赵简子将这个命令告诉了王良;"良不可",王良说不可以。

王良是怎么分析的呢?"曰:'吾为之范我驰驱,终日不获一;为之诡遇,一朝而获十。'"王良说:我按照规矩给嬖奚驾车,一天都没有射下一只鸟;可是,我不按照规矩给嬖奚驾车,一个早上就能射下十只鸟。按照规矩,王良是作为司机驾着马车,马车按照一定的速度、一定的规矩往前行驶;嬖奚站在车上,拿着弓箭来射鸟。对于车手来说,他为射手驾车,是有一定规矩的,他必须遵循这样的规矩。王良是个老司机,他必须按照车手的规矩给射手驾车。这个射手因为王良按照规矩驾车,一只鸟都没有射下来,所以就怪王良,认为王良是天下最差的司机。可是,当王良违背规矩来驾车,嬖奚一个早上就能射下十只鸟。这样一个过程,这样鲜明的对比,意义到底在哪里?

驾车要讲规矩,射箭也要讲规矩。现在王良碰到的一个人,叫作嬖奚。嬖奚又在赵简子那里很受器重。王良觉得:我的车技本来很高,只是你嬖奚不知道而已。既然你想一个早上射下十只鸟,我只要改变一下,我就可以让你射下十只鸟。王良就这样干了一次,只是为了证明他有这个才能。

干了之后,赵简子想派王良做嬖奚的专职司机。王良不干,他说,"《诗》云:'不失其驰,舍矢如破。'"这句诗的意思是:凡是车手,必须按照规矩来驾车;凡是射手,只要坐在按照规矩驾驶的车上,你的箭一射出,就能将鸟射下来。按照规矩来驾车,这是对于车手而言;对于射手来说,箭一射出,就能射中。《诗经》这句话对车手与射手的紧密关系做了一个刻画,就是都按照规矩来做,肯定能够达到好的效果。

可在王良与嬖奚的合作当中,按照规矩,恰恰就是打不到鸟;不按照规矩,却可以射到很多鸟。王良"请复之",再试了一次,证明了他是个好司机。赵简子要他当嬖奚的专职司机,他却坚决不干。王良说:"我不贯与小人乘。"这个"贯",相当于"习惯"的"惯"。王良说他不习惯给小人驾车,"请辞",请求赵简子让他辞去这份差事。

王良驾车的水平很高,但他面对的是赵简子最相信的一个小人。嬖奚说王良是天下最差的车手,那是因为王良还是按照规矩来做。嬖奚说王良是天下最好的车手,那是因为王良破例了,他违背了规矩。破例的这一次相当于"枉寻直尺"。假如王良真能一直弯曲八尺,嬖奚就会认为这个王良是天下最好的车手。但是,王良最后没有"枉寻直尺",而是回到了正道直行这条路上。

对于这个故事,孟子说:"御者且羞与射者比。"像王良这么好的车手,他是不屑于跟嬖奚这样差的射手一起做事的。"比而得禽兽,虽若丘陵,弗为也。"即使王良与嬖奚一起做事,射下来的禽兽堆得像一座小山一样,王良也是不会干的。"虽若丘陵"就是堆积如山,堆得像一座小山一样。也就是说,你让王良违背规矩来做事,即使获得的利益再大,王良也不会干。

孟子说:"如枉道而从彼,何也?"如果你违背正义、违背礼节去附和那些人,那有什么意思呢?"且子过矣!枉己者,未有能直人者也。"这个"且子过矣"的"子",是指陈代。孟子告诉陈代:你对我讲"枉尺而直寻",这是大错特错。做人,如果自己不正直,自己不正派,你就不可能让别人正直,不可能让别人正派。

6·1的关键问题是:一尺与八尺之间的关系怎么处理?

这个关系,孟子是站在王霸之辨的角度来谈的。要不要见诸侯？弯曲一尺可以伸长八尺,弯曲八尺也可以伸长一尺,跟王霸之辨是密切相关的,都是从利益这个角度来谈的。王霸之辨其实就是义利之辨,孟子这里点得很清楚。回到1·1,孟子见梁惠王,梁惠王说：老头子,你不远千里而来,"亦将有以利吾国乎？"孟子朗声回答："何必曰利？亦有仁义而已矣。"如果天下"交征利",天下人都只谈利益,这个国家是会灭亡的；"苟为后义而先利",假设你先谈利、后谈义,就会"不夺不餍"。所以,这里谈的义利之辨,跟《孟子》的开篇是遥相呼应的。这一点我们要特别记住。

这里比较有意思的,我觉得还涉及我们做人做事的方式方法问题。刚才说弯曲一尺能够伸长八尺,孟子认为不好；而我们讲"退一步海阔天空",通常认为这句话很有道理。我们要思考一下："退一步海阔天空"与"枉尺而直寻"到底有什么区别？

大千世界有这样三类人：第一类是有智慧的人。充满智慧的人不一定是最有能力的人,但他是最能退一步海阔天空的人。第二类人是有担当的人。"铁肩担道义",就是孟子提到的这类人："虽千万人,吾往矣。"(3·2)"如欲平治天下,当今之世,舍我其谁也？"(4·13)第三类人是苟且的人。这类人是乡愿,14·37会涉及这类人,就是"非之无举也,刺之无刺也,同乎流俗,合乎污世,居之似忠信,行之似廉洁,众皆悦之,自以为是,而不可与入尧舜之道,故曰'德之贼'也"。这三类人——有智慧的人、有担当的人、苟且的人,跟孟子这里讲的,到底怎么形成呼应的关系呢?

我个人的理解是:弯曲一尺能够伸长八尺,弯曲八尺能够伸长一尺,这两种方式不属于有智慧的人,也不属于有担当的人,而是属于那种苟且的人。因为弯曲一尺伸长八尺,往往是我很弱小,而我面对的是一个强有力的人,我稍微委屈一下自己,我是为了得到更好的发展。这个道理,大家可以仔细揣摩一下。我很弱小,我旁边的这个人很强大。我也想强大,我想伸长八尺;但这个时候,我必须弯曲一尺。这就是先一尺后八尺的关系。先八尺后一尺的关系则是:我很强大,我本身的能力很强;可我面前这个人,关系很广,后台很硬。在这个人面前,我委屈一下自己,就能更好地发展。因为我本身很强大,我的起点已经很高,不可能伸长八尺,只能够伸长一尺了。为了取得面前这个后台很硬的人的支持,我必须委屈、委屈、再委屈,这就是弯曲八尺,再伸长一尺。

对于一尺与八尺的困局,我希望大家读 6·1 这个文本的时候,多加重视。先一尺后八尺与先八尺后一尺,这两者到底是什么关系?可以先联系自己的人生体验、个人的切身感受,去想一想如何解开这个困局。有智慧的人、有担当的人、苟且的人,跟八与一、一与八的关系,我们应该多去体会一下。

这里最重要的是:知识分子或者儒家知识分子,在战国那个动乱的时代该怎么办?孟子的理念是:你必须正道直行!你不能弯曲一尺而伸长八尺,你也不能弯曲八尺而伸长一尺,你必须正道直行!5·5 讲的"不直,则道不见",跟这里讲的"枉己者,未有能直人者也",是同一个道理。只有正道直行,走正道,笔直地往前走,你才能体现自己的大丈夫人格。所以,孟子对于那个地位卑微、名不见经传的猎场管理员进行了高度的评价,对于驾车水平很高的王良也进行了高度的评价。他希望通过这两个人物,让当时的儒家知识分子树立独立的人格,能够有一种正道而直行的精神。

6·2 景春曰:"公孙衍、张仪岂不诚大丈夫哉?一怒而诸侯惧,安居而天下熄。"

孟子曰:"是焉得为大丈夫乎?子未学礼乎?丈夫之冠也,父命之;女子之嫁也,母命之,往送之门,戒之曰:'往之女家,必敬必戒,无违夫子!'以顺为正者,妾妇之道也。居天下之广居,立天下之正位,行天下之大道。得志,与民由之;不得志,独行其道。富贵不能淫,贫贱不能移,威武不能屈,此之谓大丈夫。"

6·2 这一章是要点明孟子理想中的知识分子应该具有什么样的人格。

"景春曰:'公孙衍、张仪岂不诚大丈夫哉?'"景春,按照赵岐的注解,就是纵横家。战国时期有许多纵横家,苏秦、张仪是当时的两大纵横家。苏秦将其他国家联合起来,挂六国相印,目的是对付秦国。后来,秦国越来越壮大,苏秦的合纵派失利,以张仪为代表的连横派出来了。《孟子》没有提到苏秦。有一些专家说:因为孟子那个时代,苏秦的合纵只搞了很短的时间,或者说苏秦已经死了,所以《孟子》没有提到苏秦。

公孙衍的另外一个名字叫犀首,6·3"周霄问曰"章暗含一个与他相关的小故事,我们到时再讲。

景春是一个不太有名的纵横家。他问孟子:公孙衍、张仪难道不是大丈夫吗?因为他们"一怒而诸侯惧,安居而天下熄"。公孙衍、张仪只要一发脾气,天下所有的诸侯都会吓得胆战心惊;他们不发脾气,天下就会变得太平无事。公孙衍、张仪的气势很大,按照一般人的理解,这样的人应当是大丈夫。"孟子曰:'是焉得为大丈夫乎?'"但是,在孟子看来,公孙衍、张仪这样的人怎么能够称得上大丈夫呢?

然后,孟子对景春说:"子未学礼乎?"你没有学过礼吗?下面这段话,我们可以按照五伦中的"夫妇有别"——将它变为"男女有别"——来看。"丈夫之冠也,父命之",就是男孩子行成年礼的那一天,父亲会教育他。"女子之嫁也,母命之",就是女孩子出嫁的那一天,母亲反反复复对她说一些知心话。"往送之门",母亲将女孩子送到大门口,因为迎亲的队伍就在门外面了。"戒之曰",母亲语重心长地叮嘱这个女孩子。叮嘱什么呢?"往之女家,必敬必戒,无违夫子!"女儿,你马上要嫁到你婆婆家里了,一定要谨慎小心,不要违抗你的丈夫。

这里先谈到"丈夫",后谈到"女子",关键落在"必敬必戒,无违夫子"这句话上。孟子将它归结为"以顺为正者,妾妇之道也"。将顺从当成自己的原则,是为人之妻的道理,是为人之妻该做的,这是一种解释。还有另外一种解释,就是唯唯诺诺,只有那些女人,只有那些小家子气的女人,才会这么做。第一种解释应该是母亲说的真心话,第二种解释含有贬义,这两种解释我们可以并行不悖。

前面讲"以顺为正者"是妾妇之道。下面要讲的是丈夫之道,它的影响力特别大。

孟子说:"居天下之广居,立天下之正位,行天下之大道。"这句话的字面意思是:住在天下最宽广的房子里,站在天下最正确的位置上,走在天下最广阔的大路上。按照孟子的思想,这句话包含了仁、礼、义三个概念。天下最宽广的房子是什么呢?就是仁。《论语》有一篇叫作《里仁》,开篇是孔子说的"里仁为美",我住在仁里面,是一件美好的事情。孟子也引过孔子这句话(3·7)。所以,天下最宽广的房子是仁,天下最正确的位置是礼,天下最广阔的大道是义。我要住在"仁"这座天下最宽广的房子里,我要站在"礼"这个天下最正确的位置上,我要走在"义"这条天下最广阔的大路上,这就是"居天下之广居,立天下之正位,行天下之大道"的含义。

孟子经常说:仁是一座房子,它的门是什么呢?就是礼。门前有一条路,它是什么呢?就是义。后人将它概括为"礼门义路"。昨天(2016年11月4日)我又去看了"两孟"(孟庙、孟府),进一步理解了"礼门义路"的深刻意义。一个人必须生活在仁、礼、义之中,跟仁、礼、义为伍,住在仁的房子里,站在礼的位置上,走在义的大路上。

对于很多人来说,既有得志的时候,也有不得志的时候。孟子说:"得志,与民由之;不得志,独行其道。"志向能够实现的时候,就带领老百姓好好干;志向不能够实现的时候,就一个人坚持自己该坚持的东西。我们的一生,有得志的时候,有不得志的时候。你得志的时候就飞扬跋扈,人们会看不起你;你不得志的时候就灰心丧气,人们会更看不起你。所以,孟子采取的策略是:得志的时候,跟大家好好干;不得志的时候,要坚持自己认为正确的理想。

下面这句话极其有名:"富贵不能淫,贫贱不能移,威武不能屈,此之谓大丈夫。""丈夫"一词在《孟子》中时常出现,并有很多搭配,比如"丈夫"(5·1、6·2、6·3)、"小丈夫"(4·12)、"大丈夫"(6·2),还有"贱丈夫"(4·10)。孟子这里真正确立了"大丈夫"的定义。"富贵不能淫",不能淫什么呢?现在有一大堆金银财宝、一大群达官贵人在我面前,但我的心不为之所动,再多的金银财宝、再多的达官贵人也不能让我心旌摇荡,这就是"富贵不能淫"。我再贫困潦倒、地位卑微,我心里的志向也毫不改变,这就是"贫贱不能移"。别人再有权有势、再威逼利诱,我始终保持我的气节,绝不动摇,这就是"威武不能屈"。面对富贵,我的心很坚强;面对贫贱,我的志很坚强;面对威武,我的节很坚强。这就是大丈夫,这就是大丈夫的精神风貌!

我这样解释孟子这句震烁千古的名言,其实我已经知道:面对这十五个字或者二十一个字,任何用白话文做出的解读,都不足以传达它真正的内涵、真正的精神。因此,直奔原文来激励我们自己,是最好的。

古人说人生有三不朽,就是立德、立功、立言。"太上有立德,其次有立功,其次有立言,虽久不废,此之谓不朽",这是

《左传·襄公二十四年》里说的。后来,司马迁(约前145—约前87)在《与挚伯陵书》中也引用过这句话。立德是很重要的,也是最重要的。立德,就是我们要建立自己的道德,让我们道德起来。立功,就是我们要在社会上建立一定的事业,要有自己的事业。立言,就是我们要将自己的思想体会、文化创造留传下来。这是立"三不朽"。

立德、立功、立言,跟孟子讲的大丈夫"富贵不能淫,贫贱不能移,威武不能屈",既有联系,又有区别。两者的联系,我觉得就在它们都强调立德;但"三不朽"没有将大丈夫那种真正的浩然之气展示出来,这是两者的区别。后来很多思想家研究《孟子》,就有所发挥。这里我想提到魏源(1794—1857)。古人讲"三不朽",但魏源提出了"四不朽",就是立德、立功、立言,还要立节。要有节气,要有节操,就是要立节。魏源将立节也作为人生之不朽来追求,可见他深深地把握了孟子"大丈夫"的基本精神。魏源在"开眼看世界"之前,也对《孟子》有过很多研究。魏源彰显"立节",是跟"富贵不能淫,贫贱不能移,威武不能屈"密切相关的。

6·2这一章,从知识分子与政治的关系看,体现了两种不同的立场或者两条不同的路线:一方是公孙衍、张仪那种知识分子,另一方是以孟子为代表的知识分子。我们怎么区分呢?其实还是要落实到6·1讲的义利之辨。对于知识分子与政治的关系,孟子是从道义的角度来看,公孙衍、张仪是从利益的关系来看。钱穆(1895—1990)的《国史大纲》对于春秋战国时期的知识分子做过分类。其中,孟子这一派知识分子被称为义仕派,公孙衍、张仪这一班知识分子被称为禄仕派,这是最有鲜明对比的两派。能够支持孟子这一派铁肩担道义的,就是大丈夫的精神人格、精神风貌。

所以,我们今天回想起"富贵不能淫,贫贱不能移,威武不能屈",回想起"大丈夫"的精神风貌,一定要体会到:它既是孟子对做一个真正的男子汉所提出的要求,对做一个真正的人所提出的要求,更是孟子对做一个真正的知识分子所提出的要求。

6·3 周霄问曰:"古之君子仕乎?"

孟子曰:"仕。《传》曰:'孔子三月无君,则皇皇如也,出疆必载质。'公明仪曰:'古之人三月无君,则吊。'"

"三月无君则吊,不以急乎?"

曰:"士之失位也,犹诸侯之失国家也。《礼》曰:'诸侯耕助,以供粢盛;夫人蚕缲,以为衣服。牺牲不成,粢盛不洁,衣服不备,不敢以祭。惟士无田,则亦不祭。'牲杀、器皿、衣服不备,不敢以祭,则不敢以宴,亦不足吊乎?"

"出疆必载质,何也?"

曰:"士之仕也,犹农夫之耕也。农夫岂为出疆舍其耒耜哉?"

曰:"晋国亦仕国也,未尝闻仕如此其急。仕如此其急也,君子之难仕,何也?"

曰:"丈夫生而愿为之有室,女子生而愿为之有家。父母之心,人皆有之。不待父母之命、媒妁之言,钻穴隙相窥,逾墙相从，则父母、国人皆贱之。古之人未尝不欲仕也，又恶不由其道。不由其道而往者，与钻穴隙之类也。"

6·3还是谈知识分子与政治的关系。刚才讲到公孙衍与周霄有密切的关系。讲完这一章，我们再看看《战国策》对这两个人的关系是怎么刻画的，它可以让我们切身体验到知识分子与政治之间那些微妙的感受。

"周霄问曰：'古之君子仕乎？'"周霄问孟子：古代的君子出来做官吗？"孟子曰：'仕。'"孟子说：出来做官。"《传》曰：'孔子三月无君，则皇皇如也，出疆必载质。'"对于孔子来说，假设三个月没有国君委任他做一定的官职，他就惶惶不安。他肯定得离开这个国家，到另外一个国家去。离开这个国家到另外一个国家去，他必然带上见面礼物，以献给其他国家的国君。这就是"出疆必载质"，就是离开一个国家要带上见面礼物，送给另外一个国家的国君。"公明仪曰：'古之人三月无君，则吊。'"公明仪说：古代的人三个月没有国君给他官做，我们就要去安慰他。因为他三个月没有当官了，没有官做了，我们有官做的人得去安慰一下他。孟子这里讲到孔子、公明仪，引了孔子的事迹和公明仪说的话。

关于"孔子三月无君，则皇皇如也，出疆必载质"，我们想特别讲讲孔子到底当过什么官，或者当官的时间到底有多长。按照10·4的讲法，孔子一生周游列国，希望参与政治，但他在一个朝廷里面当官，从来没有超过三年。也就是说，他在任何一届政府任职，都没有超过三年。我们不能说这一届政府不好,难道我们能说这一届人民不好吗?孔子在任何一个朝廷当官都没有超过三年,就是"未尝有所终三年淹也"。而且,最关键的是,让孔子当官、实现理想的那一个人是季桓子,叫作"见行可之仕"。孔子只在季桓子那里,真正在某种程度上实现了自己的理想,而季桓子是一个十恶不赦的人。所以,从孔子在一个朝廷当官没有超过三年,让他最能实现理想的那个人却是一个不好的人,我们可以看到:孔子想实现自己的政治理想,当时的环境是不好的,但他坚持了下来。

周霄又问孟子:"三月无君则吊,不以急乎?"三个月没有君主委任他做官,我们就得去安慰他,这是不是太急了呢?"曰:'士之失位也,犹诸侯之失国家也。'"孟子说:知识分子失掉官位,就像诸侯失掉自己的国家一样。然后,他引了一段话。这段话怎么理解,我们要好好琢磨一下。

"《礼》曰:'诸侯耕助,以供粢盛;夫人蚕缫,以为衣服。'"《礼》这本书说:诸侯亲自下田种地,是为了提供祭祀用的祭品;诸侯的夫人亲自养蚕织布,是为了将它做成衣服。这句话的第一层含义是男耕女织,这在诸侯那里也有所体现。它的第二层含义,我们要将"诸侯耕助"跟5·4"有为神农之言者许行"那一章说的"贤者与民并耕而食,饔飧而治"区分开来。5·4那一章是许行要求国君像老百姓一样,自己种地自己吃,自己做饭自己吃。这里讲的"诸侯耕助""夫人蚕缫",则是一种礼仪性的行为。按照国家礼仪的规定,春天来了,万物复苏,人们开始农忙了,开始种地了,诸侯必须礼仪性地犁犁田,"诸侯耕助"就是这个意思。它并不是要诸侯一年到头自己去种地，它只是一种礼仪性的行为。

《礼》这本书接着说："牺牲不成，粢盛不洁，衣服不备，不敢以祭。"这里的"牺牲"是指牛羊。"牺牲不成"是说祭祀用的牛羊不肥壮。换句话说，祭祀用的牛羊一定要很肥壮。"粢盛不洁"是说祭祀用的谷物不干净，"衣服不备"是说祭祀用的衣服不完备。以上三者没有准备好，我们就不敢祭祀。

《礼》这本书又说："惟士无田，则亦不祭。"5·3讲孟子展望井田制，他说："卿以下必有圭田，圭田五十亩，余夫二十五亩。"这是礼乐文明的需要。"惟士无田"是说当时的士没有什么地位，既没有经济地位，也没有政治地位。没有经济地位，就是没有田。没有田，就不能生产粮食。因为粮食跟祭品是密切相关的，所以知识分子没有田，就可以不祭祀。但是，祭祀恰恰又是一件很大的事。在孟子的理想设计当中，知识分子没有田，因而不能祭祀，这种情况是要改变的。他对毕战讲井田制，就说"卿以下必有圭田"，对于卿以下，包括士，我们要给圭田，而且是给五十亩；如果他家里还有其他劳动力，再给每个劳动力二十五亩。这样，"惟士无田"的情况就改变了。因为有了五十亩圭田，或者有了更多的田，知识分子就可以参与祭祀了。

《礼》这段话的理解比较复杂。我们要记住《左传·成公十三年》里的一句名言："国之大事，在祀与戎。"国家有两件大事，一件是祭祀，一件是打仗。祭祀在当时的国家生活中是一件很重要的事。因为无田而不能祭祀，这肯定不是一件好事。所以，孟子说："牲杀、器皿、衣服不备，不敢以祭，则不敢以宴,亦不足吊乎?"对于知识分子来说,假如他没有在一定的位置上做事,没有在一定的官位上工作,他可能就没有收入。没有收入,他就没有牛羊,没有祭器,没有祭服,他就不可能进行祭祀。祭祀后,还要分冷猪头肉,还要有宴会,没有收入就没有能力举办这个宴会。从这种情况看,假设他三个月没有得到国君的任命,就意味着这三个月"不敢以祭",也"不敢以宴",就是生活问题得不到解决。更重要的是,祭祀作为礼仪层面的文化需求,在这种情况下很难得到满足。因此,知识分子有三个月没有得到君主的任命,别人就应该去安慰他。

以上这段话如果要做很认真的理解,须配备很多《孟子》之外的其他知识,我这里只是简单地说一说。

然后,周霄又问:"出疆必载质,何也?"离开一个国家,一定要带上见面礼物,送给其他国家的国君,这又是为什么呢?"曰:'士之仕也,犹农夫之耕也。'"孟子说:农民要种地,知识分子要当官,这是天经地义的。"农夫岂为出疆舍其耒耜哉?"农民离开自己的国家,哪里会不带上自己的犁耙呢?"士之仕也,犹农夫之耕也"是说:农民要种地,天经地义;知识分子要当官,天经地义。

"曰:'晋国亦仕国也,未尝闻仕如此其急。'"周霄说:我们晋国(即魏国)也是一个有官做的国家,可我从来没有听说过知识分子想当官,急成这个样子。接着,周霄问了一个更深的问题:"仕如此其急也,君子之难仕,何也?"既然当官的心情如此急迫,可君子却不轻易做官,这又是为什么呢?

对于儒家知识分子来说,"学而优则仕"(《论语》19·13)

是一种基本的心态。"优"的本来意思是有闲暇了,得空了,就是学习成绩好了,我有闲暇、有余力了,再去当官。这是《论语》的原始意思。我们现在认为"学而优则仕",就是我们学习好,就得去当官。我是按照现代的解释,说"学而优则仕"是当时儒家知识分子一种普遍的心理。但是,儒家知识分子又不轻易去做官,这是为什么呢?

孟子开始解释这个问题。"曰:'丈夫生而愿为之有室,女子生而愿为之有家。'"男孩子一生下来,父母就希望他将来成家立业;女孩子一生下来,父母就希望她以后找个好婆家。"父母之心,人皆有之。"像这样的心情,每个父母都有。我们经常说"父母之心,人皆有之",就是出自这里。但是,"不待父母之命、媒妁之言",如果没有征得父母同意,没有媒人做媒,男女之间做这样一些事情的话,就会遭到父母、其他人的嘲笑、看不起。

哪些事情呢?就是"钻穴隙相窥,逾墙相从"。这几个字一般不太好解释。少男少女要见面,我们设想一下他们见面的情形。当时,没有父母之命,没有媒妁之言,男女双方是不能见面的。可是情窦初开,他们想见面的心情十分急迫。他们会采取什么方式呢?我们设想一下:墙上挖个洞,比如隔壁是老王家,我就在墙上挖个洞,与他家的姑娘互相偷看;大门上开条缝,就是大门稍微打开一条缝。这就是"钻穴隙相窥"。很多房子都有围墙,男男女女就爬过围墙去见面,这就是"逾墙相从"。

少男少女情窦初开,想见面,于是就在墙上挖个洞,你看我一眼,我看你一眼;大门打开一条缝,也可以你看我一眼,我看你一眼。这还只是看,所以叫作"相窥"。怎么才能更实质一些呢?就是"逾墙相从",爬过围墙之后,才能手拉手、搂搂抱抱。这是孟子设想的男女幽会的方式。这些方式,孟子认为是不好的。假设少男少女这样做,"则父母、国人皆贱之",你的父母会骂你,左邻右舍也会看不起你。

孟子对婚姻的态度,是比较有意思的话题。他有这样三句话,都像格言一样。第一句话是"男女居室,人之大伦"(9·2)。我们现在的家有一居室、两居室、三居室。"男女居室",男女要结婚;"人之大伦",这是做人最大的一件事。孟子对于婚姻要求的第一件事,就是男男女女是要结婚的。注意,他是讲男男女女,是讲男女结婚,没有讲男男结婚或者女女结婚。千万要注意,孟子那个时代是"男女居室,人之大伦"。第二句话是这里讲的"父母之命,媒妁之言"(6·3)。你们要结婚,当然可以;但是,生辰八字一定要报上来,让双方父母知道;还有很多程序,尤其要请媒婆来做媒。第三点是"不孝有三,无后为大"(7·26)。你们结婚之后,一定要生小孩;如果不生,是最大的不孝。

孟子怎么看待我们人类的婚姻?就是这三句话:"男女居室,人之大伦""父母之命,媒妁之言""不孝有三,无后为大"。他认为整个社会都照这三句话来做,人类才能繁衍下来,我们的人口才能增多。就像孔子讲的,"庶矣哉"(《论语》13·9)。

但是,也有例外。"父母之命,媒妁之言",有的人就不可能遵循。比如,舜的父亲、继母,还有同父异母的弟弟,他们都想置舜于死地,所以不同意舜娶尧的两个女儿——娥皇、女英(9·2、9·3)。可舜年龄大了,他得遵循"不孝有三,无后为大"——你看这有多重要,还有"男女居室,人之大伦"。在这三句话中,哪一句最重要,哪一句最不重要?最不重要的就是"父母之命,媒妁之言"。说它不重要,当然是相对而言的。结婚是为了人类繁衍,而且是我们尽人伦责任的最重要表现,也是孝敬的最重要表现。所以,舜在没有征得父母的同意下,还是跟尧的两个女儿结婚了(9·3)。这件事引起了别人的非议。孟子说:舜虽然没有告诉他的父母,但符合"不孝有三,无后为大"的古训,"君子以为犹告也"(7·26)。

少男少女私下相会,墙上挖个洞,门上开条缝,甚至爬围墙,这是孟子所反对的。在孟子看来,古人的的确确想做官。"古之人未尝不欲仕也,又恶不由其道。"古人确实想做官,但又特别讨厌、特别反对不经由正当的程序来做官。"学而优则仕",每个人都想;如果"不由其道",不是走正道,而是走歪门邪道,即使得到官职,那我也是不干的。6·1讲的"枉尺而直寻""枉寻直尺"两种方式,都是不能干的。

孟子那个时代,有公孙衍,有张仪,他们可不会这样。在孟子看来,公孙衍、张仪就是"不由其道而往者,与钻穴隙之类也"。他们没有按照正义的方式,去获取官职,去挂六国相印,却"一怒而诸侯惧,安居而天下熄"(6·2)。他们的行为属于"与钻穴隙之类也",跟刚才讲的少男少女挖个洞、扒条缝、爬围墙的行为是一样的。这里同样是谈知识分子与政治的关系。

6·2的公孙衍跟6·3的周霄究竟是什么关系呢？我们看看《战国策》中记载的一个故事：有三个朋友，一个叫周霄，一个叫魏文子，一个叫田需，他们想制裁公孙衍（也就是犀首）。公孙衍老谋深算，他怎么瓦解这个"三人帮"？公孙衍对魏王说：魏文子很有才华，我们可以让他当宰相；他当了宰相，就可以帮助我们打败齐国。魏王果然听了公孙衍的建议，让魏文子当了宰相。一开始，魏文子加上田需、周霄，他们三个人想制裁公孙衍；现在，魏文子当了宰相，离开了"三人帮"，剩下的这两个人——周霄、田需势单力薄，就难以对抗公孙衍了。

我们看了这个故事，知道政治是很复杂的。孟子说："古之人未尝不欲仕也，又恶不由其道。"其实公孙衍采取的那种方式，或者说是权宜之计，虽然"不由其道"，却是政治运作的一般手段。这都有待于我们思考，而且里面的复杂性也不是我们仅仅拿《孟子》能够辨别得清楚的，我们要放眼整个历史，放眼整个现实，才能将知识分子与政治的关系，以及孟子怎么讨论知识分子与政治的关系搞清楚。

6·4 彭更问曰："后车数十乘，从者数百人，以传食于诸侯，不以泰乎？"

孟子曰："非其道，则一箪食不可受于人；如其道，则舜受尧之天下，不以为泰。子以为泰乎？"

曰："否。士无事而食，不可也。"

曰："子不通功易事，以羡补不足，则农有余粟，女有余布；子如通之，则梓匠轮舆皆得食于子。于此有人焉，入则孝，出则悌,守先王之道,以待后之学者,而不得食于子。子何尊梓匠轮舆而轻为仁义者哉?"

曰:"梓匠轮舆,其志将以求食也。君子之为道也,其志亦将以求食与?"

曰:"子何以其志为哉? 其有功于子,可食而食之矣。且子食志乎? 食功乎?"

曰:"食志。"

曰:"有人于此,毁瓦画墁,其志将以求食也,则子食之乎?"

曰:"否。"

曰:"然则子非食志也,食功也。"

我们现在讲6·4。它还是谈知识分子与政治的关系,涉及如何看待知识分子不劳而获——不工作、白吃饭这种情况。

6·4的开头几个字是"彭更问曰",彭更是孟子的学生。孟子有两个学生的名字叫"更",一个是这里的彭更,还有一个是滕更(13·43)。彭更问道:"后车数十乘,从者数百人,以传食于诸侯,不以泰乎?"意思是:老师,您看您后面跟了几十辆车,随行了几百人,从一个国家吃到另一个国家,是不是有点太过分了呢?

"孟子曰:'非其道,则一箪食不可受于人。'"孟子说:假设不符合道义,就是一筐饭,我也不可能接受别人的。"如其道,则舜受尧之天下,不以为泰。"如果符合道义,舜从尧那里将整个天下都接受下来,也不过分。"子以为泰乎?"你认为我"后车数十乘,从者数百人"过分了吗?你认为我做的不符合道义吗?

"曰:'否。'"彭更说,我讲的不是这个意思。那是什么意思呢?"士无事而食,不可也。"这里涉及一个很关键的问题:"士无事而食",知识分子没有做任何事,白吃饭,这样行吗?

孟子讲的下面这段话,我们要联系5·4"有为神农之言者许行"章来看,6·4与5·4是可以连起来看的。"曰:'子不通功易事,以羡补不足,则农有余粟,女有余布。'"孟子说:假设不互通有无,不将你有的东西跟别人有的东西互相交换,农夫就会有吃不完的粮食,妇女就会有穿不完的布料。只有通过市场交换,农民多余的粮食才能提供给那些需要粮食的人,妇女多余的布料才能提供给需要布料的那些人。"子如通之,则梓匠轮舆皆得食于子。"梓匠就是木匠,轮舆就是车工。假设你这样做了,做木匠的、做车工的,都可以从你这里得到饭吃。不论车工、木工,三百六十行都属于劳力者。

但是,孟子马上转向了劳心者。5·4讲"或劳心,或劳力"。这里说:"于此有人焉,入则孝,出则悌,守先王之道,以待后之学者。"现在有这么一个人:他在家孝顺父母,到外面跟兄弟姐妹的关系很和谐;他坚守先贤圣王之道,而且拿它来培养学生。"而不得食于子",是说这样一个人却不能从你那里得到饭吃。这是为什么呢?孟子问道:"子何尊梓匠轮舆而轻为仁义者哉?"你为什么尊敬劳力者,而不尊敬劳心者呢?这里的"为仁义者"与"劳心者"有一定的区别。劳心者既包括官员,也包括正走在"学而优则仕""铁肩担道义"之路上的那些士。它包括这两个方面的人物。

你为什么看重劳力者,却看轻劳心者?这是孟子的提问。彭更怎么回应这个提问呢?"曰:'梓匠轮舆,其志将以求食也。君子之为道也,其志亦将以求食与?'"彭更说:木匠、车工做事,他们的动机就是为了找口饭吃;知识分子研究学问、推行王道,他们的动机难道也是为了找口饭吃吗?这里涉及"志"这个概念,我们要注意到。

"曰:'子何以其志为哉?'"孟子说:你为什么要从动机这个角度来谈呢?因为彭更将"志"——也就是动机、目的——这个概念提了出来,孟子认为:"子何以其志为哉?"你为什么要从动机的角度来谈这个问题呢?"其有功于子,可食而食之矣。"假设这个人对你有功劳,你可以给他吃的,就应当给他吃的。常识就是这么认为的:假设这个人对我是有功劳的,我该给他吃的,就应该给他吃的。孟子其实又转向了一个新的概念。彭更用"志"这个概念来谈问题。孟子说"其有功于子",则是从"功"这个概念来谈问题。"功"就是功劳、功绩、功效、结果。所以,这里变成了动机与结果、目的与功效的问题。

建立"功"这个概念后,孟子问彭更:"且子食志乎?食功乎?"你谈论"士无事而食"这个问题,到底是从动机、目的这个角度来谈,还是从结果、功效这个角度来谈呢?孟子将问题又推给了彭更。"曰:'食志。'"彭更说,我是从动机这个角度来谈。"其志将以求食也",就是看他的动机到底是为了找口饭吃,还是别的什么。彭更还是坚持从动机的角度看"士无事而食"这个问题。

孟子就举了一个比较极端的例子。"曰：'有人于此，毁瓦画墁，其志将以求食也，则子食之乎？'"孟子说：现在有这么一个人，他的动机也是为了找口饭吃，可他做的是什么事情呢？他将屋顶上好好的瓦，给你全部打碎了。他在本来干干净净的墙壁上乱写乱画，将整个墙壁都弄脏了。你看你好好的一个家，屋顶上的瓦被打破了，干干净净的墙壁被搞得一团糟。这样一个人，他说他也是为了找口饭吃。你碰上这样一个到你家里来捣乱的人，而且他还叫你给他饭吃，你会给他饭吃吗？大家扪心自问：我好好一个家，别人不仅不给我搞卫生，反而将我家里搞得一团糟，还名之曰清洁工，你会给他付钟点费吗？

"曰：'否。'"彭更说，那我肯定不会给他饭吃。"曰：'然则子非食志也，食功也。'"孟子由此得出结论，对彭更说：你讨论问题，其实根本不是问动机、目的，你最后问的还是结果、功效。这就是"然则子非食志也，食功也"：你不是从动机的角度来讨论问题，你还是从功效的角度来讨论问题。

这一章最关键的命题是"士无事而食"。知识分子不劳动、白吃饭，这是春秋战国时期很多人对知识分子的偏见。他们根本不清楚知识分子在整个社会发展、文明发展的历程中到底有哪些作用，他们只是用很简单的方式来看问题。彭更将"志"与"功"分开来看，认为知识分子的目的、动机也是为了找口饭吃，但他们没有做出任何实际有效的事情。这样的理解行不行？孟子从辩论的、"夫子好辩"（6·9）的角度，提出一个极端的例子,认为彭更只是从动机的角度来谈问题是不够的,还应该从功效的角度来谈问题。所以,这一章确认了知识分子并不是"无事而食",而是"于此有人焉",这里有一个人,他"守先王之道,以待后之学者",他是"为仁义者",他同样能够对社会产生作用。这就是孟子确立的理念。

知识分子到底有哪些作用呢?最后,我们看看孙中山(1866—1925)举的一个很有趣的例子。孙中山对孟子思想也很有研究。他说:某个人的家里,水管出现问题,自己修不好,就请了师傅来修。师傅很快将水管修好了。这人问师傅要多少钱,师傅说我要50.4元。这个人不理解,说:师傅,您将我的水管修好了,我感谢您。我感到困惑的是,您要么收50元,要么收51元,为什么收50.4元?4毛钱是什么意思呢?师傅说:这50元是我的脑力劳动的价值,这4毛钱是我的体力劳动的价值。假设你认为我给你修水管只是举手之劳的话,那这4毛钱我不要了;但这50元,我还是要的。

孙中山讲的这个故事,表明所谓的"士无事而食"是不成立的。脑力劳动或者劳心者阶层的劳动,不太可能通过太物质化的方式体现出来。它往往是通过比较长远的,甚至比较深刻的社会认同方式体现出来。这50.4元,我们必须记住50元是脑力劳动的价值之所在,4毛钱是体力劳动的价值之所在。50除以0.4,这是多少倍的关系?我们完全可以体会得到。

通过这次对话,孟子批评了知识分子不劳而获、无事而食的观念,确认了知识分子有自身独特的价值。这一独特价值就表现为:"入则孝,出则悌,守先王之道,以待后之学者。"知识分子的价值是独特的。

6·5 万章问曰:"宋,小国也。今将行王政,齐、楚恶而伐之,则如之何?"

孟子曰:"汤居亳,与葛为邻,葛伯放而不祀。汤使人问之曰:'何为不祀?'曰:'无以供牺牲也。'汤使遗之牛羊。葛伯食之,又不以祀。汤又使人问之曰:'何为不祀?'曰:'无以供粢盛也。'汤使亳众往为之耕,老弱馈食。葛伯率其民,要其有酒食黍稻者夺之,不授者杀之。有童子以黍肉饷,杀而夺之。《书》曰:'葛伯仇饷。'此之谓也。为其杀是童子而征之,四海之内皆曰:'非富天下也,为匹夫匹妇复仇也。''汤始征,自葛载',十一征而无敌于天下。东面而征,西夷怨;南面而征,北狄怨。曰:'奚为后我?'民之望之,若大旱之望雨也。归市者弗止,芸者不变,诛其君,吊其民,如时雨降,民大悦。《书》曰:'徯我后,后来其无罚!''有攸不惟臣,东征,绥厥士女,篚厥玄黄,绍我周王见休,惟臣附于大邑周。'其君子实玄黄于篚以迎其君子,其小人箪食壶浆以迎其小人。救民于水火之中,取其残而已矣。《太誓》曰:'我武惟扬,侵于之疆,则取于残,杀伐用张,于汤有光。'不行王政云尔;苟行王政,四海之内皆举首而望之,欲以为君。齐、楚虽大,何畏焉?"

前面四章都跟知识分子有关。6·5 这一章又回到政治学的命题,这个命题同样很有意思。

6·5 的开头是"万章问曰",万章也是孟子的学生。从《孟子》全书看,万章在这里是第一次出现。《孟子》七篇,有两篇以学生的名字命名:第二篇叫作《公孙丑》,第五篇叫作《万章》。万章第一次出现是在《滕文公下》篇,万章(6·5)与公孙丑(6·7)最先在同一篇出现也是在《滕文公下》篇,这一点我们要记住。因为记住这些学生第一次出现在哪里,有可能帮助我们认识《孟子》这本书是怎么编的,是由哪些学生来编的。我们可以这样假设:《公孙丑》篇可能跟公孙丑的关系比较密切,《万章》篇可能跟万章的关系比较密切;或者说,《孟子》的前半部分跟公孙丑的关系比较紧密,后半部分跟万章的关系比较紧密。我们可以通过一些量化的计算,来辨析《孟子》的哪几篇是由哪些学生来编的。

万章提的问题是:"宋,小国也。今将行王政,齐、楚恶而伐之,则如之何?"宋国是个小国家,它也想行仁政,但齐国、楚国这两个大国很害怕,想打它,我们该怎么办?小国在《孟子》中频繁地出现。我们讲《滕文公》篇,知道滕国是个小国,宋国也是个小国,而且在山东南部的地理版图上,滕国、宋国夹在齐国、楚国两个大国之间,这是它们面临的情况。

孟子怎么看待一个小国的政治前景,怎么看待一个小国的政治发展、经济发展、社会发展呢?或者说孟子的小国政治学是怎么回事呢?下面,孟子用了很翔实的历史事实来讲这个问题。这个问题的基本构架,我们可以按照汤武革命来理解。汤武革命,按照这个架构,就是我们看一个小国是怎么慢慢往大国崛起、发展的。这一章讲的就是这个基本道理。

"孟子曰：'汤居亳，与葛为邻。'"孟子说：商汤住在亳那个地方，旁边有个国家叫作葛。"葛伯放而不祀"，葛伯放荡不羁，经常不进行祭祀。"汤使人问之曰：'何为不祀？'"汤派人问他：你为什么不祭祀呢？"曰：'无以供牺牲也。'"葛伯说：我没有牛羊来做祭品。"汤使遗之牛羊。葛伯食之，又不以祀。"汤就派人送去牛与羊。葛伯那边的人将牛羊吃掉了，还是不祭祀。"汤又使人问之曰：'何为不祀？'"汤又派人问他：你为什么不祭祀？"曰：'无以供粢盛也。'"葛伯说：我没有用于祭祀的谷米。

商这个时候还是一个小国，葛这个国家是它的邻国。商养牛养羊，种粮种地。葛那个国家的人很懒惰，而且放荡不羁。葛经常拿没有牛羊、没有谷米为理由，不进行祭祀。汤派人给葛送来牛羊。至于谷米，汤没有采取送给的方式，而是"使亳众往为之耕"，汤派了自己国家的人民到葛那个国家去种地；"老弱馈食"，青壮年劳力在那边种地，老人小孩就帮忙送饭。劳动了一天要有人送饭，"老弱馈食"就是老的小的去给他们送饭。"葛伯率其民，要其有酒食黍稻者夺之，不授者杀之。"葛放荡不羁，很可恶。葛伯竟然带领他的部下，专门抢那些送去给种地的人吃的饭菜酒肉，还说：如果你不给我，我就将你杀掉！

葛这种行为是很不恰当的，但最关键的一个情节来了："有童子以黍肉饷，杀而夺之。"刚才说"老弱馈食"，老的小的送饭。这时候，有个小孩给种地的人送饭送肉来了。葛将这个小孩杀掉了，将那些饭菜酒肉夺了下来。我们要记住"童子"这个概念。因为在《孟子》中,"童子"(6·5)、"赤子"(5·5、8·12)、"孺子"(3·6、7·8),都是指年龄小的小孩,具有很重要的象征意义。

"《书》曰:'葛伯仇饷。'此之谓也。"《尚书》说葛伯痛恨、仇视那些送饭的人,说的就是这件事——"有童子以黍肉饷,杀而夺之"。这件事发生后,怎么办?"为其杀是童子而征之"。汤开始看到葛杀那些年龄大的,还能忍得下来。但是,现在连一个送饭的小孩子都杀,汤就愤恨极了,所以,"为其杀是童子而征之"。因为葛将我们这个小孩杀掉了,所以汤开始了对葛这个国家进行征伐的过程。"四海之内皆曰:'非富天下也,为匹夫匹妇复仇也。'"天下人都说:汤之所以攻打葛,不是为了占有天下,而是为了帮我们这些小小的老百姓去复仇。讲到这里,我们要记住这个童子。

"汤始征,自葛载。"汤征服天下的过程,是从葛这样一个小国家开始的。"十一征而无敌于天下。"汤打了十一仗,天下无敌。让我们记住"天下无敌",并假设商朝已经建立起来了。那么,我们应该思考一下:按照孟子的表达,商朝是怎么得以建立起来的?它跟一个小孩有关!就是葛将那个送饭的小孩杀掉了,汤忍无可忍,从此开始了征讨天下的历程,打了十一次仗,无敌于天下。商朝建立起来了,就是因为那个被杀的小孩!

我们再看3·6说性善论是怎么建立起来的。性善论也是根据一个很经典的事实,就是一个小孩在地上爬,爬到井边,马上要掉到井里了,这个时候,你路过井边,毫不犹豫地、义无反顾地将这个小孩救了起来。孟子由此证明你有恻隐之心，而且，恻隐之心就是仁之端，是人皆有之的。

3·6 那个小孩，帮孟子建立了性善论，性善论对于中国传统文化的影响是极大的。这里，6·5 这个小孩，是商朝之所以建立的契机。所以，这两个小孩，一个是从哲学的层面，帮孟子建立了性善论；另一个是从政治的角度，帮孟子解释了夏、商、周三代为什么是理想中的王道政治。性善论、王道政治都跟小孩密切相关，这是很有意思、发人深思的。

孟子又继续描述汤征伐天下的过程。"东面而征，西夷怨；南面而征，北狄怨。曰：'奚为后我？'"汤打到东边的时候，西边的人埋怨他；打到南边的时候，北边的人埋怨他。埋怨他什么呢？埋怨他没有先到自己这里来消灭那些暴君。你为什么先打东边，不先打我西边呢？你为什么先打南边，不先打我北边呢？"奚为后我"就是为什么汤的仁义之师这么晚才到我这里来，这么晚才来帮我们消灭那些残暴的君主。"民之望之，若大旱之望雨也。"老百姓盼望汤的仁义之师来到自己这里，就像大旱了很久，盼望下一场雨一样。这就是老百姓对汤的欢迎。

而且，老百姓对汤的欢迎还体现为这样的场景：汤的仁义之师打到任何地方，那里都是井然有序。你看："归市者弗止，芸者不变。"现在很多地方，初一、十五都有赶集的。那些赶集的照样赶集，就是"归市者弗止"。你在那边打仗，我们赶集的照样赶集。"芸者不变"，就是我正在田里劳动，你们在打仗，我也没有放下我的锄头，我还是照样在劳动。这是

"归市者弗止,芸者不变"一边的情况。另一边的情况是:"诛其君",汤的仁义之师已经将当地残暴的国君杀掉了;"吊其民",然后安慰当地的老百姓;"如时雨降",对于当地饱受暴政的老百姓来说,汤的仁义之师就像下了一场及时雨。所以,"民大悦",老百姓都特别高兴。

上面这一段讲的是商汤。商开始是一个小国家,它跟另外一个小国家葛靠在一起。葛因为杀了他们的一个小孩,汤开始了十一次战争,最后建立了商朝。这就是商从小国到大国的发展历程。"汤放桀""武王伐纣"(2·8)是孟子经常讨论的话题。大家读这一段,要从汤武革命这个视角来理解。

前面讲的是汤,下面讲的是武——周武王。"《书》曰:'徯我后,后来其无罚!'"这里的"徯我后",就是等待我们的真命天子。暴君统治下的那些老百姓,都希望有真命天子来到他们身边。"后来其无罚",真命天子来了,我们就会少受苦难。周武王的时候,商朝还在。夏桀的时代有汤,商纣王的时代有文王、武王。"徯我后,后来其无罚"是讲商朝的事,但在6·5这里,它可以视作某种过渡,表明当时的老百姓对武王的仁义之师特别期待。

下面是讲武王怎么打一个小国家的故事。"有攸不惟臣",攸是一个小国家,这个小国家做尽了坏事,不听话。"东征",武王开始了东征。"绥厥士女",武王在东征的过程中,安抚好了那里的男男女女。那里的男男女女怎么表现呢?就是"篚厥玄黄,绍我周王见休,惟臣附于大邑周"。篚是一种竹篮子。当地的人们用竹篮子装了一些彩色的绸带,或者是将彩色的绸带绑在竹篮子上面,纷纷要求跟周武王见面,将跟周武王见面当作自己一件非常高兴的事,而且心甘情愿地归附大周国。

后面一句话描写了攸这个小国的君子与小人怎么欢迎周武王的仁义之师。这里,君子代表官员,小人代表老百姓。"其君子实玄黄于篚以迎其君子",攸国的官员将彩色的丝绸放进竹篮里,来迎接周的官员。"其小人箪食壶浆以迎其小人。""箪食壶浆",就是抬着一篮一篮的饭,提着一壶一壶的酒。攸国的老百姓抬着饭筐、提着酒壶,去迎接周的军队。这里讲的是攸国的官员怎么对待周的官员,攸国的老百姓怎么对待周的军队。"救民于水火之中,取其残而已矣。"武王为什么要这么做?他是为了将老百姓从水深火热的苦难中救出来,是为了杀掉那个残暴的君主。这是讲武王的故事。

孟子接着引了《尚书·太誓》的一句话,对汤武革命做了一个比较,对汤、武的功劳做了一个比较。周朝,因为武王彻底建立起来了。武王东征,是在文王的基础上,将整个周朝建立起来了。周同样由一个小国变成了大国。"《太誓》曰:'我武惟扬,侵于之疆,则取于残,杀伐用张,于汤有光。'""我武惟扬",意思是我们的威武要发扬。刚才我们讲了攸这个小国家。"侵于之疆",于国也是一个小国家。我们的威武要发扬,一直打到于国的国土上。"则取于残",杀掉了于国的大暴君。"杀伐用张"通常比较难以解释,我的解释是:正义的力量通过正义的战争得到彰显。"于汤有光",武王伐纣比汤的功绩还要辉煌。这是《太誓》对汤、武进行的比较。

一个小国是怎么变成大国的？孟子这里讲了汤怎么从攻打葛这个小国家开始，慢慢建立了强大的商朝；讲了武王怎么从攻打攸这个小国家开始，又打了于这个小国家，然后慢慢建立了强大的周朝。这都是从小国到大国的发展历程。小国政治学跟大国政治学是密切相关的。孟子正是通过这一历史回顾，告诉万章：像宋国这样的小国家，也是可以慢慢变得强大的。

孟子说："不行王政云尔；苟行王政，四海之内皆举首而望之，欲以为君。"你不行王政，那就算了！假设你行王政，那么，天下之人都会抬头仰望你，希望你的仁义之师到自己的国家来，希望汤、武这样的人来做自己的国君。孟子最后的结论是："齐、楚虽大，何畏焉？"齐国、楚国虽然强大，有什么可怕的呢？

对于6·5，大家一定要从小国怎么发展为大国的角度来理解。这一章也跟《孟子》的其他篇章有关。比如3·3讲小国变成大国，孟子说："以力假仁者霸，霸必有大国；以德行仁者王，王不待大——汤以七十里，文王以百里。"你通过力气来打天下，肯定可以建立很大的国家。但是，你通过道德来打天下，这个国家一开始不一定是很大的。汤开始的时候，只有七十里的土地；文王开始的时候，只有一百里的土地。孟子又讲："以力服人"，别人不会对你心服；"以德服人"，我的内心才特别高兴，才会真正地服你；所以，"中心悦而诚服也，如七十子之服孔子也"。

孟子这里讲的汤武故事，尤其跟2·11密切相关。孟子对于小国政治学与大国政治学的思考,不是一次性出现的,而是很多地方都出现过。这一点,我们一定要注意。小国怎么变成大国?孟子举的例子,就是他心中的典范、典型,就是汤武革命,因为商朝、周朝都是从小国开始慢慢建立起来的。它们之所以能够建立起来,依靠的是仁义的力量。小国变成大国,它的基本动力、基本依据是仁义,这是孟子的理念。但是,还有很多小国家,它们为什么没有变成大国呢?比如,汤的邻国葛,以及攸、于这些小国。它们为什么都名不见经传?就是因为它们的国君都是暴君。它们的国君不实行仁政,所以它们后来都没有变成大国。

孟子进行这样的比较,是为了回答万章的提问。万章认为:宋是一个小国,夹在齐国、楚国这两个大国之间,即使想行仁政,也不知道该怎么办。孟子试图通过商、周由小国到大国的历史经验,与历史上那些名不见经传的小国之所以没有变成大国的鲜明对比,告诉宋国:你只有行仁政,才能成为大国;行霸道的国家再强大,你也不要怕它!

我们知道,虽然从《中国历史纪年表》中可以看到春秋时期宋国比较清晰的世代传承,但宋国最后还是没有成为大国(战国时期宋已经无足轻重)。宋国在《滕文公》篇中是一个很典型的隐喻,或者叫作意向。5·1 的开篇,滕文公"为世子",到楚国去,却在宋国见到孟子,这是讲宋。从 6·5 开始,下面有好几章都跟宋国相关。宋国之所以没有成为强国(或者说它由强变弱),多多少少是因为它不像滕文公那样经常跟孟子讨论,虚心向孟子求教,而且虚心接受孟子的意见,按照孟子讲的去做。至少在《孟子》这部经典中,宋国不是美好意义的象征。读《滕文公》篇,我们要将滕与宋这两个国家在自己的心里做一个对照。为什么滕文公受到孟子的高度肯定,而宋没有?这是一个很关键的问题。

前面五章大致讲了这么一些内容。6·1 至 6·4 主要是谈要不要见诸侯。知识分子在当时的历史背景下怎么处理跟诸侯的关系?是坚持道义,还是唯利是图呢?6·5 主要是谈小国与大国到底是什么关系。一个小国怎么变成大国?它的基本动力是什么?仁义道德真的能帮一个小国变成大国吗?这是值得我们好好思考的。

6·6 至 6·10,前面三章比较简短,后面两章长一点。它们都很有意思,而且涉及很多有趣的问题。有些问题甚至被写进武侠小说,所以很有意思,能够帮助我们进一步领略孟子思想本身的魅力,以及《孟子》文字本身的活泼。

6·6 孟子谓戴不胜曰:"子欲子之王之善与?我明告子。有楚大夫于此,欲其子之齐语也,则使齐人傅诸?使楚人傅诸?"

曰:"使齐人傅之。"

曰:"一齐人傅之,众楚人咻之,虽日挞而求其齐也,不可得矣;引而置之庄岳之间数年,虽日挞而求其楚,亦不可得矣。子谓薛居州,善士也,使之居于王所。在于王所者,长幼卑尊皆薛居州也,王谁与为不善?在王所者,长幼卑尊皆非薛居州也,王谁与为善?一薛居州,独如宋王何?"

"孟子谓戴不胜曰",戴不胜是宋国人,有可能就是 6·8 的戴盈之。这一章是孟子在宋国的时候对戴不胜讲的话。

孟子对戴不胜说:"子欲子之王之善与?"你想你的国君做一个好国君吗?"我明告子。"我明确地告诉你,你的国君怎么才能做一个好国君。然后,孟子打了一个比方。"有楚大夫于此",有一个楚国的大夫在这里。"欲其子之齐语也",楚国的大夫想让他的儿子学一门外语——齐国话。怎么找老师呢?"则使齐人傅诸?使楚人傅诸?"是找齐国人当老师呢?还是找楚国人当老师呢?"曰:'使齐人傅之。'"戴不胜说:你既然要学齐国话,当然不能找楚国人,要找齐国人。

讲到学语言,这里涉及环境问题。大家知道:我们从小学英语,学了一辈子,好像都不是特别好。为什么?因为我们没有语言环境。我们只是在课堂上学英语,在考试卷子上学英语,没有落实到实际生活中。孟子下面讲的,就跟学语言密切相关。

"曰:'一齐人傅之,众楚人咻之。'"孟子说:一个齐国人正在教小孩学齐国话,但很多楚国人在旁边唠唠叨叨、喋喋不休。这个环境就是:齐国人正在当老师,教小孩子学齐国话,但很多楚国人在旁边自己说自己的楚国话。在这种环境下,"虽日挞而求其齐也,不可得矣"。意思就是:即使你每天用鞭子来抽这个小孩,他也不可能将齐国话学好。齐国人教楚国的小孩学齐国话,假设没有语言环境,你每天抽打他,他也不可能将齐国话学好。

同样道理,或者说用另一种方式来表达,假设你想让这个楚国的小孩学好齐国话,你给他换一个环境,到一个讲齐国话的环境里,那他肯定能够讲好齐国话。"引而置之庄岳之间数年",就是你将这个楚国的小孩放到"庄岳之间"——齐国首都临淄的闹市区,让他待上几年。"虽日挞而求其楚,亦不可得矣。"这个楚国的小孩,已经被放到齐国最繁华的地带,而且待了很多年。这个时候,即使你每天用鞭子打他,让他回忆他的楚国话,让他说楚国话,也是很难的。

"引而置之"的这个小孩,我们一般说他是楚大夫的儿子,其实也可以说他是土生土长的齐国小孩。你让他在齐国的闹市区生活了很久,你即使每天用鞭子抽他、打他,让他学讲楚国话,"亦不可得矣",也是不可能的。这就是学语言。要将一门语言学好,光有好的老师不行,还要有学习语言的环境。老师是一,而环境是由很多人构成的。老师与环境的关系相当于一与多的关系,我们要将一与多的这个关系记清楚。

语言是我们的存在方式。用海德格尔(1889—1976)的话说,语言是我们的家园。在我们的家园里,道德是我们的灵魂。孟子马上从学语言想到了道德本身。

戴不胜对孟子谈过一个人,这个人叫薛居州。所以孟子说道:"子谓薛居州,善士也。"你说薛居州是个好人。薛居州是宋国人,是宋国的道德楷模或者先进人物,总之是一个好人。"使之居于王所。"现在我们想让宋王变成一个好国君,你认为可以让薛居州住到宋王的王宫里,这样他就会对宋王产生影响。戴不胜,你这个观点有道理。但是,从你这个观点出发,我要引申正、反两个方面的猜测。

孟子的第一个猜测是:"在于王所者,长幼卑尊皆薛居州也,王谁与为不善?"这个猜测的意思是:假设国君住的王宫里面,无论老少,无论官大官小,他们都是像薛居州这样的道德楷模,那宋王又跟谁去做坏事呢?这就表明:环境好不好,还要看多数人的力量。好人的力量大,环境好。好人的力量小,环境不好,又怎么样呢?

孟子的第二个猜测是:"在王所者,长幼卑尊皆非薛居州也,王谁与为善?"假设王宫里面,无论年龄大小,无论官大官小,都不是薛居州这样的道德楷模,那宋王又跟谁去学好呢?这里,孟子将环境与人的道德、德行的培养密切联系了起来。

孟子的最后一句话意味深长:"一薛居州,独如宋王何?"仅有一个道德楷模,能拿国君怎么样呢?这句话的潜在之意或者言外之意是,我们希望将小国政治学时刻记在心里。因为《滕文公》篇有孟子到过的两个小国,一个小国是滕文公那个滕国,另一个小国就是宋国。滕文公在这一篇中频繁地出现,但宋王的名字是没有出现的。如果我们将历史事实结合起来看,宋王也不是一个好国君。所以,孟子最后一句话讲的是:宋国只有一个像薛居州这样道德品质好的人,是不可能让宋王改变不好的习惯,做一个好君主的。

以上是这一章基本的意思。

这一章的道理既简单,又让我们深思。学语言,我们说要有环境。就像学英语,为什么中国人学不好?就是因为没有语言环境。改革开放后,对外交流越来越多;随着微信时代的到来,我们学习外语的设备越来越多了,我们的语言能力越来越好了。为什么？就是因为我们学外语的环境已经具备了。

学语言,如此;做人行善,培养自己的道德品行,同样如此。孟子在这里将薛居州拉出来,是为了说明:一个国家如果只有一个道德楷模,整个社会风气是不可能得到改善的。假设这个国家有很多道德楷模,甚至全部都是道德楷模,整个社会风气必然是好的。孟子讲的这个道理,就是"君子之德,风也;小人之德,草也。草尚之风,必偃"(5·2)。君子之德像风一样,小人之德像草一样,风向哪边吹,草就向哪边倒。榜样的力量是无穷的。但是,榜样的力量再大,也必须有广大的集体或者很多人,他们从内心里面对榜样的力量感同身受,愿意将榜样当作榜样,愿意在榜样的感召之下,去实现自己对道德、德行的追求。

孟子为什么关注环境？我们都知道孟母三迁的故事。孟母三迁,说到底是强调环境对一个人的成长,很多时候起的作用是特别关键的。

孟母最先是住在坟墓的旁边。小孩都是贪玩的,所以孟子对一些丧事的程序感兴趣,喜欢去模仿那些吹吹打打的事。贪玩其实不可怕,但你在玩的过程中,如果不将贪玩的天性与后天的本性有机地结合在一块,就有可能在对的时间做错的事。所谓对的时间,就是少儿时代最有利于培育自己的德行,而你在这个对的时间不培养好的德行,那就是在对的时间做了错的事。

孟母将家从坟墓那边搬到集市旁边。集市上总是有人大声吆喝着叫卖东西。比如,以前中山大学南门对面的菜市场有一个胖女人,她一看到有人走过来,就说:"你来,你来买我的肉啊!"你们体会一下:"你来,你来买我的肉啊!"小孟子也会经常看到这种情况,也会像我们这样去学:"你来,你来买我的肉啊!"这不利于培养自己的德行。

但是,学校的环境不一样。学校有琅琅的读书声,大家坐得端端正正,在那里学习《诗》《书》,学习礼乐,对成长特别有利。选择环境是很重要的。孟母就感知到了环境对于小孩成长的关键作用,而且要在小孩对的时间做对的事,不要在对的时间做不对的事。所以,环境与人的关系就是要在对的时间、对的地点做对的事,这是环境促成人的成长的一面。不好的环境同样会让人变坏,这一点更要注意到。

6·7 公孙丑问曰:"不见诸侯何义?"

孟子曰:"古者不为臣不见。段干木逾垣而辟之,泄柳闭门而不纳,是皆已甚。迫,斯可以见矣。阳货欲见孔子而恶无礼。大夫有赐于士,不得受于其家,则往拜其门。阳货瞰孔子之亡也,而馈孔子蒸豚;孔子亦瞰其亡也,而往拜之。当是时,阳货先,岂得不见?曾子曰:'胁肩谄笑,病于夏畦。'子路曰:'未同而言,观其色赧赧然,非由之所知也。'由是观之,则君子之所养,可知已矣。"

6·7 又回到政治问题,回到知识分子与政治的关系问题。这一章有一些语言较难理解,我会慢慢解读。

我们多次讲过:春秋战国时期,知识分子问题是儒家这个学派相当关心,同时又很困惑的大问题。"学而优则仕",到底怎么"优则仕"?"学成文武艺,货与帝王家",文武艺已经有了,问题是我怎么将它卖给帝王家?这里有个前提:你满腹才华,又想干一番事业,但你没有交往,没有人脉,你怎么办?在孟子那个时代,它具体落实为你见不见诸侯的问题。在孟子看来,我们不能随随便便去见诸侯。孟子的话引起了公孙丑的困惑。

"公孙丑问曰:'不见诸侯何义?'"公孙丑问孟子:不主动去见诸侯,有什么道理在?"孟子曰:'古者不为臣不见。'"孟子回答:古代的时候,我不是你的大臣,我就不会主动去见你;或者说,你来了,我也不会主动见你。

然后,孟子举了两个例子:"段干木逾垣而辟之,泄柳闭门而不纳。"这个"辟"是"逃避"的"避",有的版本也将这个"纳"写作"内"。有一天,魏文侯去见段干木。段干木那个时候还没有归附到魏文侯门下,所以爬过围墙跑掉了。段干木不想见魏文侯!泄柳,4·11也出现过。有一次,鲁缪公(亦即鲁穆公)来看泄柳,泄柳就将自己家的大门紧紧关上了,不让鲁缪公到自己家里来。"闭门而不纳",就是将大门关上了,不让鲁缪公走进我的家门。

段干木、泄柳这样做,孟子认为"是皆已甚",做得太过分了。虽然"古者不为臣不见",但像段干木、泄柳这样做,太过分了。在孟子看来,如果你强烈要求见我,那也是可以的。"迫,斯可以见矣。"要是你强烈要求的话,咱们还是可以见一见的。

孟子下面举的这个例子比较经典,因为它与《论语》讲的大致相同。

"阳货欲见孔子而恶无礼。"前面讲过,"阳虎曰:'为富不仁矣,为仁不富矣。'"(5·3)阳虎就是这个阳货。阳货长得有点像孔子,就像有子长得有点像孔子。阳货当时是季氏家的大总管,在鲁国的势力很大。阳货想跟孔子见面,但又害怕去见他会有失礼节。

到底会失什么礼节呢?后面这句话说:"大夫有赐于士,不得受于其家,则往拜其门。"这里涉及两个等级:一个是大夫,一个是士。大夫如果想给士送一点东西,送到哪里呢?送到士的家里。有时候士在自己的家里,有时候士不在自己的家里。现在是大夫向士送东西,士不在家里。在这种情况下,怎么办?大夫就将东西留在士的家里。士回到家里,看到大夫送来了东西,士该怎么办?士一定要"往拜其门",就是到大夫的家里登门致谢。

阳货所谓的"恶无礼",其实只是他用了一点心思。他想见孔子,于是先用一个小小的诱饵,就是送一点东西给孔子,让孔子再亲自来见他。阳货利用上面这个礼节,想让孔子上钩。

"阳货瞰孔子之亡也",阳货看到孔子不在家;"而馈孔子蒸豚",就给孔子送来一只烤熟了的小乳猪。"大夫有赐于士",阳货是大夫,孔子只是士。阳货已经将一只小乳猪送到了孔子家里,而孔子不在家。孔子回来了,看到阳货给他送的烤乳猪,他必须按照当时的礼节,登门拜访阳货。但是,孔子是很聪明的。"孔子亦瞰其亡也,而往拜之。"孔子也趁阳货不在家的时候,去登门致谢。阳货没有实现自己的目的,但孔子也没有失礼。

孟子感叹了起来:"古者不为臣不见。"我们不上升到这样的高度;就说阳货做人做事的方式吧,也太不地道、太小人了。他说:"当是时,阳货先,岂得不见?"那个时候,如果阳货先去见见孔子,先主动去拜访孔子,他怎么可能跟孔子见不到面呢?孔子跟阳货在这次交流当中互相没有见上面,这是《孟子》的表述。所以,孟子感叹说:阳货,假如你放下身段,先去见见孔子,孔子怎么可能不跟你见面呢?

我们再看《论语》的表述。《论语》17·1讲到阳货跟孔子的一次见面:阳货想见孔子,孔子不见,阳货就送来一只烤乳猪。孔子也趁阳货不在家,去登门致谢。事情往往有一些戏剧性的场面。孔子从阳货家出来,刚好在路上碰到阳货。阳货就跟孔子有了一段对话。

阳货对孔子说:"怀其宝而迷其邦,可谓仁乎?"阳货认为孔子有两个缺点,第一个缺点是:你满腹的才华、满腹的谋略,可你让你的国家失去了方向,没有振兴起来,难道说你是有仁德的吗?第二个缺点:"好从事而亟失时,可谓知乎?"你喜欢做事,喜欢"学而优则仕",但你屡屡错过时机,根本就没有得到做事的机会,你这算聪明吗?

阳货批评孔子说:"怀其宝而迷其邦"与"好从事而亟失时",这两点是你的大缺点,而正事你却没有做到。你现在的年龄也不小了,如果再这样下去,你又能做成什么呢?阳货说:"日月逝矣,岁不我与。"这也是我们对时光易逝的感叹,对生命短暂的感叹,对我们在有限的生命中不能干一件有价值的事的感叹。阳货这一感叹,击中了孔子的内心。孔子说:阳货,你说得好,那我还是当官吧!

《论语》和《孟子》中讲的这个故事,有什么区别呢?在《孟子》这里,阳货跟孔子是没有见到面的;但在《论语》那里,阳货跟孔子是见了面的。这一区别到底有什么意义,我们应当多加思考。

回到6·7。孟子接下来引的两句话,理解起来有点费劲。

第一句话是曾子曰:"胁肩谄笑,病于夏畦。"这个"畦"字,杨伯峻拼读为 xī,意思是灌园、浇水。"肩"是肩膀,"笑"是笑起来。我们说做人堂堂正正,肩膀都是十字打开的。但是,"胁肩"与十字打开的肩膀是截然相反的。你将你的肩膀向前收起来,这就是"胁肩"。本来是"巧笑倩兮"(《论语》3·8),笑起来脸上有两个小酒窝,生机勃勃;而"谄笑"是那种虚伪的笑,不是发自内心的笑。

"胁肩谄笑",通俗地说,就是点头哈腰,没有骨气。我们的肩膀,在十字打开的时候,是最舒坦的状态;而你经常强迫自己点头哈腰,将自己的肩膀弯起来。笑应当是很自然的,而你强迫自己装出一副笑脸。这样是很辛苦的。伪君子和小人点头哈腰,其实都活得很累。累到什么程度呢?"病于夏畦",就是夏天的太阳很大,我还要到菜地里种菜;点头哈腰,做坏人,做伪君子,那个劳累的程度比烈日炎炎的夏天到菜地里种菜还要辛苦。

我们好好体会一下曾子说的这句话。做一个正直的人,对自己的身体是有利的;做一个点头哈腰的人,对自己的身体是不利的。我们身上为什么要有正气?你有正气,你才能存得住气,你才能以开放、坦荡的心去面对平淡的人生,你才能真正依靠道德、依靠能力去培育自己的浩然之气。所以,这里体现了曾子做人是很正直的。

第二句话是子路曰:"未同而言,观其色赧赧然,非由之所知也。""未同而言",简单来说,就是我与你原本"道不同,不相为谋"(《论语》15·40),但我装着很愉快的样子,跟你交谈。这不是伪君子吗?《论语》15·8讲过:"不可与言而与之言",谓之"失言"。从道义的角度看,我不能跟你说话,现在我违背道德,跟你说话了,这就叫作"失言"。《论语》讲的这句话与子路讲的"未同而言",意思大致是一样的。

你我本来"道不同",可我正在违心地跟你说话。我虽然跟你违心地说话,但我心里还是有愧疚,我的内心是不安的。这种不安,形之于色,就是"其色赧赧然",我觉得很羞愧,脸色很羞愧。大家体会一下这种情境。比如,我们两个人的关系本来不咋样,但因为某种利益关系,我必须跟你说话;我在跟你说话的同时,心里又很内疚,然后这种内疚跑到我的脸上。你说这是一种什么情形?这是一种很尴尬的情形。

子路是一个很直的人。他说:"未同而言,观其色赧赧然"这类情形,"非由之所知也"。子路既不知道这是怎么回事,也不愿意做这样的事。子路说的这句话,历来比较难解。我通过《论语》的"不可与言而与之言,失言""道不同,不相为谋"来解读"未同而言",意思就是:你和我本来不是一条道上的人,但出于某种利益的需要,我现在必须跟你交谈,甚至通过交谈来达成某种交易。在达成交易的过程中,我心里其实是很内疚的。这种内疚又形之于色,跑到我的脸上,所以我一脸的愧疚。这个弯弯曲曲的过程,不是子路那种直性格的人所能理解、所能做到的。子路说"非由之所知也",就是这个意思。

孟子引完曾子、子路讲的话,说道:"由是观之,则君子之所养,可知已矣。"由曾子所言、子路所言,我们可以知道君子要养成自己的品行,到底应该怎么做。"君子之所养"这句话也有一些难解的地方。联系整个《孟子》文本看,"所养"就是"我善养吾浩然之气"(3·2),君子之所养就是养我浩然之气;"所养"就是立志,要有志气,要立节。养浩然之气,又跟"富贵不能淫,贫贱不能移,威武不能屈"(6·2)的立德、立节密切相关。曾子反对点头哈腰,子路反对言不由衷,都是要坚持那种浩然之气,坚持那种大丈夫的气概,都是要自己立志。

孟子回答公孙丑问的"不见诸侯何义",有一个不言而喻的前提:在跟诸侯的交往过程中,人们为了迎合诸侯的某些脸色或某些利益,被迫做了某些自己不愿意做的事。孟子认为:我不主动去见诸侯,表面看是一个"不为臣不见"的问题,事实上是我的心里有我坚定的原则、坚定的理念,所以我不去见他。

大家要对"胁肩谄笑""未同而言"这两句话多加理解。"胁肩谄笑",点头哈腰,很累;"未同而言",言不由衷,同样很累。从身体哲学的角度去理解这两句名言,我们就将体会到:做一个正直的人,有利于我们的身体健康,有利于我们的心灵健康。做一个正直的人,在大多数情况下,不会有人对你如影随形,给你鲜花、掌声,但你的身体、你的心灵是健康的。身体、心灵按照自然规律来展开自己的节律,其实是最好的。

6·8 戴盈之曰:"什一,去关市之征,今兹未能。请轻之,以待来年,然后已,何如?"

孟子曰:"今有人日攘其邻之鸡者,或告之曰:'是非君子之道。'曰:'请损之,月攘一鸡,以待来年,然后已。'如知其非义,斯速已矣,何待来年?"

6·8 的开头是"戴盈之曰",戴盈之有可能就是 6·6 的戴不胜。孟子在宋国的时候,跟宋国的一些官员有过一些交流。戴盈之是一个级别比较高的官员,比如说负责财政部或者国资委,相当于这样一个高层领导。他对孟子说:自从您来了以后,我们也想行仁政。

宋国是一个小国家,万章曾说它"今将行王政"(6·5)。到了戴盈之这里,"今将行王政"具体落实为"什一,去关市之征"。戴盈之对孟子说:我们宋国也想行仁政,就是税率想十分抽一,想将关卡、集市的赋税全部免除,这两个目标都在我们的计划当中,可惜的是"今兹未能"。这个"兹",有人认为是一年、两年的"年"。"今兹未能",就是今年还做不到。"请轻之",请让我们慢慢来吧。"以待来年,然后已,何如?"等到了明年，我们就会彻底实行什一税，彻底地"去关市之征"。孟老夫子，我们这样做，您认为可以吗？

一般而言，改革总是慢慢进行的。戴盈之说明年再慢慢来，就是这个意思。一个国家的改革，不是说今天一出来计划，明天就能完成，它总是一步一步进行的。所以，每每读到这里，我对戴盈之总是有点同情。为什么呢？因为他说明年就完全做到什一税，完全能"去关市之征"，这样不也挺好吗？但是，孟子是泰山岩岩之气象，这里就有点急了。他这个急，我们可以体会一下，是行王道之心很急！

孟子举了一个例子。"孟子曰：'今有人日攘其邻之鸡者。'"他说：现在有这么一个人，每天偷邻居家一只鸡。"或告之曰：'是非君子之道。'"有人告诉小偷：你这不是君子的所作所为。"曰：'请损之，月攘一鸡，以待来年，然后已。'"那个小偷说：我这的的确确不是君子之道！我每天偷一只鸡太多了，今后每个月偷一只吧。到了明年，我就再也不偷了。

这个故事设计得很好。接着，孟子的急性子就出来了。他说："如知其非义，斯速已矣，何待来年？"小偷，既然你知道偷盗是不对的，是不符合道义的，你就应当马上停止你的小偷小摸！为什么要等到明年才改变你这个坏习惯呢？

讲完这个故事，我们想一想：改革的目标很好，但改革是不是今天一定下方案，蓝图一出来，明天就能全部变成现实呢？那是不可能的。孟子这里可能有点急，但他这个急也是有道理的。他希望人们一旦立下志向，就马上落实到自己的行动当中，绝对不要懈怠。这就是孟子的用意。

《孟子》这部典籍,两千多年来,很多人都在阅读。人们在阅读的过程中,也时常感到它的有些说法跟常识不太一样,甚至违背常识。比如,我们上次讲大禹治水,孟子说有几条河都流进了长江。"决汝、汉,排淮、泗而注之江"(5·4),说的汝、汉、淮、泗,其实只有汉水是流进长江的,其他三条河都流不进长江。这是《孟子》在地理知识方面的缺陷。

我们再想一想,当时的老百姓家里并不富,孟子的仁政理想只是每家每户养五只母鸡、养两头母猪(13·22)。这个小偷的邻居家有那么多鸡让他去偷吗?一年365天,每天偷一只,一年就是365只。就算隔壁家是养鸡大户,也经不起这样偷。

我们看看《射雕英雄传》是怎么调侃的。《射雕英雄传》里面的黄蓉是黄药师的女儿,古灵精怪的。她念了一首诗:"乞丐何曾有二妻?邻家焉得许多鸡?当时尚有周天子,何事纷纷说魏齐?"《射雕英雄传》设定的时代背景是宋代。宋代对孟子特别怀疑,主要是从政治角度,觉得孟子有的道理说得不好,形成了一股疑孟思潮。金庸(1924—2018)将这段历史写成武侠小说,通过黄蓉说出这样一首诗,并说这首诗的作者是她的父亲黄药师。

8·33有"乞丐何曾有二妻"这个故事,叫作"齐人有一妻一妾而处室者"。有个齐国人既有大老婆,又有小老婆。他每天一早跑到外面去,吃得满嘴油光就回来了。每天都是这样,大腹便便地回家。他的大老婆很怀疑,说:你每天在外面吃得这么好回家,还说是朋友请你吃饭,可是礼尚往来,怎么没有一个朋友到我们家里吃上一餐呢？大老婆第二天跟踪他，没有想到的事出现了：这个齐国人每天出去，都是看到别人吃完饭了，就将他们的残羹冷炙吃一通；如果吃不饱，再跑到郊外的坟墓，看到有祭祀的，又将剩余的祭品吃一通。大老婆看了十分伤心，回来对小老婆说：我们有这样的丈夫，真是感到可耻！

在孟子那里，"齐人有一妻一妾"是说做一个男人，就要做一个能够自食其力的男人。在批判孟子的人看来，你连自己都养不活，你怎么还养得起一个大老婆、一个小老婆呢？言外之意，孟子讲得不符合常识。

黄药师的诗说："乞丐何曾有二妻？邻家焉得许多鸡？"同样道理，小偷家隔壁是小户人家，不可能每天有一只鸡让小偷来偷。更重要的是："当时尚有周天子，何事纷纷说魏齐？"当时周天子还存在，但孟子要求行仁政的对象是齐宣王、梁惠王、滕文公这些诸侯。有人认为：孟子当时没有将周天子放在眼里，没有向周天子看齐，政治观念不强。这是对孟子的批评。

这些批评，我们要有所了解。《孟子》的有些表达是为了用比喻来说明问题，但这些比喻跟我们的生活常识存在某些差异。我们要适当注意这些差异，并去理解这些差异，这对于我们更加拓展地理解孟子是有意义的。

6·9 公都子曰："外人皆称夫子好辩，敢问何也？"

孟子曰："予岂好辩哉？予不得已也。天下之生久矣，一治一乱。当尧之时，水逆行，泛滥于中国。蛇龙居之，民无所定。下者为巢，上者为营窟。《书》曰：'洚水警余。'洚水者，洪水也。使禹治之。禹掘地而注之海，驱蛇龙而放之菹。水由地中行，江、淮、河、汉是也。险阻既远，鸟兽之害人者消，然后人得平土而居之。

"尧、舜既没，圣人之道衰。暴君代作，坏宫室以为污池，民无所安息；弃田以为园囿，使民不得衣食。邪说暴行又作，园囿、污池、沛泽多而禽兽至。及纣之身，天下又大乱。周公相武王诛纣，伐奄三年讨其君，驱飞廉于海隅而戮之，灭国者五十，驱虎、豹、犀、象而远之，天下大悦。《书》曰：'丕显哉，文王谟！丕承哉，武王烈！佑启我后人，咸以正无缺。'

"世衰道微，邪说暴行有作，臣弑其君者有之，子弑其父者有之。孔子惧，作《春秋》。《春秋》，天子之事也。是故孔子曰：'知我者其惟《春秋》乎！罪我者其惟《春秋》乎！'

"圣王不作，诸侯放恣，处士横议，杨朱、墨翟之言盈天下。天下之言不归杨，则归墨。杨氏为我，是无君也；墨氏兼爱，是无父也。无父无君，是禽兽也。公明仪曰：'庖有肥肉，厩有肥马，民有饥色，野有饿莩，此率兽而食人也。'杨墨之道不息，孔子之道不著，是邪说诬民，充塞仁义也。仁义充塞，则率兽食人，人将相食。吾为此惧，闲先圣之道，距杨、墨，放淫辞，邪说者不得作。作于其心，害于其事；作于其事，害于其政。圣人复起，不易吾言矣。

"昔者禹抑洪水而天下平，周公兼夷狄、驱猛兽而百姓宁，孔子成《春秋》而乱臣贼子惧。《诗》云：'戎、狄是膺，荆、舒是惩,则莫我敢承。'无父无君,是周公所膺也。我亦欲正人心,息邪说,距诐行,放淫辞,以承三圣者。岂好辩哉?予不得已也。能言距杨、墨者,圣人之徒也。"

6·6至6·8这三章都比较短,6·9就比较长了。6·9是充分体现孟子性格的一章。这一章在整个《孟子》中的地位特别关键,在《滕文公》篇中的地位更是关键。可以说,它是孟子眼里的一部中国文化小史,是孟子心中的一篇儒家思想宣言。

公都子也是孟子的学生。"公都子曰:'外人皆称夫子好辩,敢问何也?'"孟子的性格好辩。公都子说:老师,外面的人都说您特别好辩,敢问其中的理由到底在哪里呢?"孟子曰:'予岂好辩哉?予不得已也。'"孟子说:我哪里是好辩!我是不得已才去辩论的!后来,"予岂好辩哉?予不得已也",像是人们挂在嘴边的口头禅。然后,孟子通过四个段落,谈了四件大事。这四件大事,在孟子眼里,是中国思想史上的四座丰碑。

第一段讲的是大禹治水。

孟子说:"天下之生久矣,一治一乱。"这也是一句众所周知的名言。天下有人类的历史已经很久了,但是,人类历史有一个很典型的特征,就是治乱循环。时而太平,时而不太平,就是"一治一乱"。

孟子谈上古,往往是从尧开始的。在孟子的观念当中,人类史最古老的起点就是尧。孟子说:"当尧之时,水逆行,泛滥于中国。"尧那个时候,"水逆行"。5·4讲的是:"当尧之时,天下犹未平,洪水横流。"孟子说洪水,为什么说它"横流"呢?水本来是直着流,循着河道或者沟壑去流。如果水太大了,河道、沟壑已经满了,水就可能会横着流了。所以,"水逆行"相当于5·4讲的"洪水横流"。"泛滥于中国",就是中原大地四处都是洪水灾害。

"蛇龙居之,民无所定。"到处都是蛇,到处都是龙。我们可以想象一下尧那个时代,动物很多,水很多,洪水的灾害、野兽的灾害都很多。"民无所定",老百姓连住也没有一个安定的地方。人们住哪里?"下者为巢,上者为营窟。"洪水来了,铺天盖地而来。人们逃生,躲过洪水了,又怎么生活呢?"下者为巢",就是离洪水比较近的人在树上搭一个棚子,暂时生活下来。"上者为营窟",被洪水逼上了高山的,就在山里找个洞或者挖个洞来居住。

"《书》曰:'洚水警余。'""洚",现代读作 jiàng;但在古代,"洚水"就是洪水,"洚"与"洪"古音相同。"洚水警余",就是洪水正在警告我们,上天正在以它自身的意志对人类做出某些警告。然后,孟子解释了一句:"洚水者,洪水也。""洚水"的意思就是洪水。

讲到这里,我想再对《孟子》的字数做些说明。经电脑统计,它有四万五千多字,而且是包括标点符号等内容;如果将标点符号等内容剔除,就是三万多字。《孟子》的字数,赵岐统计过,后来焦循(1763—1820)的《孟子正义》又统计过,也就是汉代、清代都统计过。他们的统计有一个基本趋势是

《孟子》的字数越来越多。大家可以想想，为什么会越来越多呢？

我的推测是有很多注解变成了正文。比如，洚水是什么意思？现在人们读到的《孟子》文本说："洚水者，洪水也。"这真是孟子做的解释吗？我觉得它很像古人做的一个注解。历史上，《孟子》这个文本被不断地抄来抄去，人们就将这个注解变成了正文。这类情况可能很多，《孟子》的字数也就越来越多了。这是我对《孟子》的字数为什么从汉代到清代越来越多的一个猜想。到底是不是这样，我们可以做学术研究，去进一步探讨。

"水逆行"给整个人类造成极大的灾害。怎么办？"使禹治之。"舜让大禹来治水。"禹掘地而注之海，驱蛇龙而放之菹。"大禹就在地上挖，掘地成河，滔滔洪水有了往前流的方向；然后通过引导、疏导，慢慢让滔滔洪水流进了大海。这就是"掘地而注之海"。有水的灾害，还有那些禽兽的灾害，5·4也都讲了。于是，大禹将蛇、龙赶到了沼泽地里。这就是"驱蛇龙而放之菹"。

孟子马上又回到了治水的话题："水由地中行，江、淮、河、汉是也。"江、淮、河、汉到底是怎么来的？按照孟子的解释，就是大禹治水，掘地成河，在地上挖了很多沟壑，这些沟壑慢慢变成一条条河流。水由这些沟壑往前流，不断地流，年复一年，经年累月，慢慢就形成了长江、淮河、黄河、汉水。按照孟子的解释，长江、黄河之所以形成，就是因为大禹治水。他"掘地而注之海"，于是"水由地中行"，所以有了江、淮、河、汉。

尧的时代有两大灾害：一个是洪水的灾害，一个是野兽的灾害。通过尧、舜的治理，通过大禹治水，这些灾害都没有了。"险阻既远，鸟兽之害人者消，然后人得平土而居之。""险阻既远"，就是洪水的灾害已经远离我们了，洪水的灾害已经解决了。"鸟兽之害人者消"，就是那些对我们有害的鸟兽逃之夭夭了，住在树棚里的那些人，住在山上的那些人，现在从树上、山上回到平地上了。"然后人得平土而居之"，就是这个意思。地上没有洪水的灾害了，那些害人的鸟兽跑掉了，所以人们重新回到地面来生活。

如果我们再做一些深入的或者更加发散、联想式的研究，就会发现，大禹治水其实对我们整个人类能够建房子来生活，能够从猿人时代真正进入人类时代，都起到了极其巨大的作用。大禹治水的意义是多方面的。有兴趣的话，大家可以看看萨孟武（1897—1984）《中国政治思想史》中的一些说法。

第二段讲的是周公相武王。

"尧、舜既没，圣人之道衰。暴君代作"，尧、舜死了，圣人之道一蹶不振，暴君一个一个地出现。"暴君代作"体现在哪里呢？"坏宫室以为污池，民无所安息；弃田以为园囿，使民不得衣食。"孟子对暴君的描述，用了一些文学的笔法。这里说的暴君，是从物质的角度讲的。将老百姓好好的房子拆掉，自己挖了深池来享受，这就是"坏宫室以为污池"。老百姓的房子没有了，居无定所，这就是"民无所安息"。暴君又将老百姓的田抢走，在上面盖起了花园，使得老百姓连吃饭、穿衣这些基本生活需求的依赖、保障都失去了,这就是"弃田以为园囿,使民不得衣食"。对于老百姓来说,房子和田地就是他们的命根子。暴君之所以称为暴君,就是因为他们将老百姓的房子拆掉了,将老百姓的地抢走了。

孟子接着说:"邪说暴行又作,园囿、污池、沛泽多而禽兽至。"邪说暴行一波又一波,可禽兽为什么又来了呢?这是因为花园多了,深池多了,沼泽多了,在那里住的人少了,久而久之,一批批野兽就进来了。正像我们现在看到的某些烂尾楼,它们变成了老鼠住的地方,变成了当地人喂猪、养狗的地方,变成了流浪者住的地方。孟子讲的意思也是这样的。如果你想将好好的田地变成房子,变成园囿,但又没有建完,变成了豆腐渣工程,或者是建完了之后,它的使用率比较低,那么,野兽就会慢慢地住进来。

"及纣之身,天下又大乱。"到了商纣王的时候,天下又大乱起来。商纣王应当是中国古代品质最不好的一个国君。我们经常说"尧舜之道""桀纣之道",尧舜之道是最好的,桀纣之道是最差的;但夏桀与商纣,他们两人还是有区别的。班固写《汉书·古今人表》,将人分为三六九等,其中的七、八、九等都是不太好的。虽然都是不太好的,桀、纣的级别又不一样。夏桀排在第八等,商纣王排在第九等,而第九等是最差的。

"汤放桀,武王伐纣。"(2·8)我们讲 6·5 的时候,希望大家按照汤武革命的视角去理解。人们对桀、纣的评价,桀好一点,纣极差。6·5 说:"杀伐用张,于汤有光。"为什么说周武王的功绩比汤还要辉煌呢?商纣王比夏桀更坏,武王面对的对象更复杂,所以武王的功绩比汤更大。这都是一一对应的,大家要多加揣摩。

到了商纣王的时候,天下又大乱起来。"周公相武王诛纣,伐奄三年讨其君,驱飞廉于海隅而戮之,灭国者五十,驱虎、豹、犀、象而远之,天下大悦。"这是描述周公帮助他的哥哥武王建立王道大业的过程。

按照这里的说法,周公帮助武王,首先杀掉了商纣王,然后跟奄这个国家打了三年仗,又将奄的暴君杀掉了。"驱飞廉于海隅而戮之",就是将飞廉赶到了海边,最后赶尽杀绝,杀掉了他。"灭国者五十",消灭了五十个国家。这是讲政治方面的灭国。

"驱虎、豹、犀、象而远之",就是将老虎、豹子、犀牛、大象赶到了远离人们的地方。"远之"是将它们赶到远离人群的地方,使它们不再来伤害我们。很早的时候,我们这里就有大象。舜有个同父异母的弟弟,名字就叫作象(9·2、9·3、11·6)。"象"这个概念是很有意思的。如果对对子,前面说"水由地中行,江、淮、河、汉是也",这里是"驱虎、豹、犀、象而远之","江、淮、河、汉"与"虎、豹、犀、象"也可以组成一副对子。

"天下大悦",天下人都很高兴。这是对周公解决了政治、自然问题所做的高度评价。

下面这句话是,"《书》曰:'丕显哉,文王谟!丕承哉,武王烈!佑启我后人,咸以正无缺。'"《书》是《尚书》。"丕显哉"就是非常明显、非常伟大,"文王谟"是讲文王的谋略是多么的伟大、多么的高明。"武王烈"是指武王的根基,"丕承哉"就是后继有人。文王有谋略,而且十分伟大、十分高明。文王后继有人,就是有了武王,武王的根基特别强大。这就是"丕显哉,文王谟!丕承哉,武王烈!""佑启我后人",就是保佑我们、启发我们。"咸以正无缺",就是我们世世代代,前赴后继,遵循正道,完美无缺。文王、武王之道,能够帮助我们,能够启发我们,让我们世世代代坚持正确的方向,做十全十美的人,这就是"佑启我后人,咸以正无缺"。这个意思是很好的。

第三段讲的是孔子作《春秋》。

"世衰道微,邪说暴行有作,臣弑其君者有之,子弑其父者有之。"世风日下,人心不古。邪说暴行,此起彼伏。上面讲"邪说暴行",孟子是说暴君拆老百姓的房子,抢老百姓的农田。这里讲"邪说暴行",孟子是说"臣弑其君者有之,子弑其父者有之",有大臣杀掉自己的君主,有儿子杀掉自己的父亲。对于"邪说暴行",6·9的上、下两个段落用不同的言辞来表达。这种表达技巧,值得我们好好揣摩。邪说暴行的具体体现,可以分为两方面:一方面是拆我房,霸我田;另一方面是杀其君,杀其父。这两个方面都是邪说暴行的体现。

在这种情况下,孔子特别担心。孔子是知识分子,他怎么让这份担心落实为一份历史的事业,怎么让这份担心跟整个历史发展的大脉络联系起来呢?"孔子惧,作《春秋》。"这句话在整个中国思想史上的意义是不同凡响的。我们说《史记》是司马迁写的,《汉书》是班固写的,但是,我们不能说《诗经》是哪个人写的,不能说《尚书》是哪个人写的,不能说《礼》《乐》是哪个人写的,甚至不能说《周易》是哪个人写的;在读到《孟子》之前,我们也不能说《春秋》是哪个人写的。《孟子》第一次明确地提出"孔子惧,作《春秋》",将《春秋》的著作权直接挂到孔子的名下。我们要记住这一点。

《春秋》是什么意思呢?"《春秋》,天子之事也。"在古代,士人是不能著史的。士人著史,写正史,那是犯罪!清朝有很多文字狱,其中就有人因为作《明史》掉了脑袋。写《春秋》这类历史,那是天子之事,是官方行为,如果私人去写,是要掉脑袋的。本来是天子之事,但孔子为什么会去写呢?

按照儒家思想,"王"有两种类型:一种王是实实在在的王,比如梁惠王、齐宣王;还有一种王是素王,有其德而无其位。他有至高无上的道德,但他的道德没有落实到至高无上的位置上,这种王就叫作素王。孔子在后人的心中,既是至圣,也是素王。只有他能替天行道、代天行道,讲的就是这个意思。当然,孔子当时是不敢这么讲的,他只能含蓄地去说。"是故孔子曰:'知我者其惟《春秋》乎!罪我者其惟《春秋》乎!'"意思是:后世知道我的人,恐怕要靠这部《春秋》了;后世批评我的人,恐怕也要靠这部《春秋》了。

《春秋》以鲁国为中心,从鲁隐公元年(前722)到鲁哀公十四年(前481),一共记载了二百四十二年的历史,中间经过十二个诸侯。从公元前722年到公元前481年,总共二百四十二年。我为什么要特别提到公元前481年呢?因为孔子的生年、卒年分别是公元前551年、公元前479年。孔子逝世于公元前479年,离公元前481年仅两年。也就是说,基本上孔子在逝世之前,一直在写《春秋》。按照这种理解,我们可以说《春秋》是孔子一生的写作事业,或者说是其著书事业当中最后一项伟大的工程。

《春秋》产生的历史影响特别大,它是"六经"的重要组成部分。《诗经》表达我们的志向,是"《诗》言志"。《尚书》反映历史的事实,是"《书》言事"。《礼》是"别异"的,用来区分上下尊卑。《乐》是"和同"的,让我们和谐地生活在一块儿。"《易》以道阴阳",《周易》讲阴阳变化之际的道理。"《春秋》以道名分",《春秋》是说明名分的。什么叫作名分?名分涉及很多不同的写法,这种写法叫作"书法"。《春秋》的书法有很多褒贬损益,讲起来很深,这里就不展开了。

第四段讲的是孟子距杨、墨。

"圣王不作,诸侯放恣,处士横议"。天下之生久矣,总是一治一乱。太平之后,动乱又来了。动乱的标志就是"圣王不作",贤明的君王不再出现。"诸侯放恣",是说各路诸侯放荡不羁。"处士横议",意思就是江湖上的那些读书人议论纷纷、喋喋不休。不在其位的那些知识分子叫作处士,通俗地说就是江湖上的读书人。"杨朱、墨翟之言盈天下。"杨朱、墨翟是两个思想家,他们的言论充满天下。"天下之言不归杨,则归墨。"天下那些议论,不是归向于杨朱,就是归向于墨子。

杨朱、墨子为什么有这么大的影响力呢?孟子对这两家的基本思想有一个概括。他说:"杨氏为我,是无君也。"杨朱思想的典型特点是绝对利己主义,就是不要社会、不要国家,它的本质是"无君"。眼里没有社会,眼里没有国家,叫作"无君"。"墨氏兼爱,是无父也。"墨子认为人与人之间的关系应当是绝对一样的,爱应当是面向所有人的。5·5"墨者夷之"章讲到:墨家认为"爱无差等",爱是没有差等的;只是"施由亲始",实施起来要从自己的父母开始。我对我父母的爱跟我对其他人的爱是一样的,这就是"爱无差等"。你坚持这样的观点,就等于你不要家庭了,所以叫作"无父"。墨子"无父",就是眼里没有父母。

这两个观点,在孟子看来,都是不好的。"无父无君,是禽兽也。"如果你不要家庭,不要国家,这种行为就跟禽兽差不多。禽兽是不是不要父母,是不是不要组织呢?孟子可能没有意识到禽兽也有自己的家,也有自己的组织。孟子认为:不要家庭,不要国家,这样的行为就跟禽兽一样,形同于禽兽。

然后,孟子引了一句话,来说明"无父无君"这种言论有什么危害。他引的是公明仪的话。公明仪是曾子的弟子,《孟子》引过他说的很多话,5·1和6·3就引过,这里又引了。"公明仪曰:'庖有肥肉,厩有肥马,民有饥色,野有饿莩,此率兽而食人也。'"厨房里放着很多肉,马棚里养着很多马,可是,老百姓面带饥色,荒郊野岭到处是饿死之人的尸体。有肥肉,有肥马,这是讲统治者。讲老百姓,是有饥色,有饿莩。两者形成了鲜明的对照。孟子认为:只要国家出现这种情况,那就是"率兽而食人",相当于统治者带着一群野兽来吃老百姓。

孟子讲这个比喻,是为了过渡到他对杨墨之言、杨墨之道的批判。孟子马上讲道:"杨墨之道不息,孔子之道不著,是邪说诬民,充塞仁义也。"假设我们不让无父无君的杨墨之道销声匿迹,不让孔子之道发扬光大,我们就等于听任那些异端邪说来欺骗老百姓,让仁义的康庄大道走不通。"邪说诬民,充塞仁义也",就是听任异端邪说欺骗老百姓,让仁义本身得不到实现。"仁义充塞,则率兽食人,人将相食。"仁义本身如果没有得到实现,或者说仁义之道没有清晰地表现出来,那就相当于你领着野兽来吃老百姓,人与人之间也会互相残杀起来。

孟子对于杨墨之道的基本认识是:"天下之言不归杨,则归墨";杨墨之言是"无父无君",就是不要家庭、不要国家;人们相信杨墨之言,就意味着人们不要家庭、不要国家。孟子认为他就处在这样一个充满异端邪说的时代,而异端邪说以杨墨之道为代表,因此他深深地感到困惑、担忧。

孟子说:"吾为此惧,闲先圣之道,距杨、墨,放淫辞,邪说者不得作。"他说:我为此深深地担忧。"闲"是捍卫的意思。我要捍卫那些先王先圣的道理,我要批判杨、墨的言论。"放淫辞",就是对于那些荒诞不经的说法,我要将它们扫荡干净。"邪说者不得作",就是使那些异端邪说不再兴风作浪。这是孟子想做的一件事,因为他认为思想的作用是很大的。你的内心有什么样的思想,会直接影响到你做人做事,会直接影响到你治国理政。

下面这句话揭示了人们内心的思想与做人做事、治国理政的关系。孟子说:"作于其心,害于其事;作于其事,害于其政。""作于其心",心里一旦有了邪念;"害于其事",就会不利于做好事情。"作于其事",做事一旦有了邪念;"害于其政",就会不利于治国理政。孟子这里将一己之心、外在之事、全国之政三者联系起来了,只是从反面来说而已。

"圣人复起,不易吾言矣。"即使又有圣人站出来,他也会认为我这样讲是对的。这是第四段"孟子曰"的结尾。

以上四段"孟子曰"的内涵特别丰富,我们等下再讲。现在,我们对杨、墨这两个人物做一个简单的介绍。关于杨朱的具体情况,历史脉络不是很清楚。他的作品没有留下来,只是后来在晋代出现的《列子·杨朱篇》中有所体现。墨子的年代、籍贯、作品则比较清楚。墨子生活于春秋末期至战国初期,可以说孔子之后不久就有了墨子。经专家考证,墨子是滕州人。他留下的作品叫作《墨子》。滕国是一个有意思的小国。从《滕文公》篇5·4开始,孟子注意到了思想界的复杂情况,并从思想上予以拨乱反正、正本清源。5·5讲墨者夷之,批的是墨子。6·9对墨子本身进行了批判。滕国既有孟子喜欢的滕文公,又有孟子要批判的墨子。其中的微妙或者有意思的地方,大家可以琢磨琢磨。

平心而论,墨子是一位很伟大的思想家。墨子的思想主张包括十个方面:兼爱、非攻、尚同、尚贤、节用、节葬、非乐、非命、天志、明鬼。墨子不仅是一位伟大的思想家,而且是一位伟大的科学家。墨子是滕州的,鲁班也是滕州的。我这次来孟子故里,已在殷延禄先生带领下,到滕州去看了一下。滕州有墨子纪念馆,旁边就是鲁班纪念馆。墨子与鲁班是同一个地方的,还是学同一个专业的,就是同乡、同行。墨子比鲁班高明的地方在于:墨子不仅是工匠,而且是伟大的科学家。墨子最早提出光线沿直线传播的观点,并进行过小孔成像实验,在早期物理光学方面卓有成就。2016年8月16日,我国(也是世界上)第一颗量子科学实验卫星上天,它的名字就叫"墨子号"。

对于墨子与量子力学的关系,我简单地说说。大概的意思是:我现在说我正在讲台上,这样的表述是表明一个东西存在,它是有固定方位的。但是,量子力学认为你既在这个讲台上,又不在这个讲台上。大家揣摩一下:我正在这个讲台上,这是一般人的理解;我既在这里,又不在这里,这是量子力学的观点。如果量子力学能够全面发展的话,它对于我们将是很大的震撼。我们经常说我们的心灵在哪里,我们的身体在哪里。经过量子力学的发展,心灵跟身体有可能是分离的,就是我的身在这里,我的心有可能在另外一个地方。这牵扯了很多复杂的问题,我就不细说了。

我只想说说思想史上对杨、墨的另一种态度。孟子距杨、墨之后,人们对杨、墨的思想有很多批判,但也有很多人同情他们。同情杨、墨,是从他们具体的生活细节引发的。我们常说:"男儿有泪不轻弹,只因未到伤心时。"我们什么时候会流泪?一个思想家在哪种情景下会流泪?我站在十字路口,我不知道我的方向在哪里,我无法决定我走哪一条路,这个时候我会流泪。杨朱在十字路口的时候,就流泪了。一块洁白的丝绸掉进了染缸,变成了不同的颜色,它再也不可能变回白色了。在这种情况下,我失去了那块洁白的丝绸,就像我失去了洁白的灵魂一样。我的灵魂已经被污染了,再也不可能回到赤子之心的状态,这个时候我流泪了。这就是墨子。

杨朱在十字路口的时候,哭了;墨子在洁白的丝绸被污染后,哭了。对这两件事,古往今来很多诗人、哲学家深深地感叹过。另一种"杨墨之道",是说杨朱、墨子都是有性情的人。能够一边哭泣、一边追求,这样的人是真正有性情的人。杨朱、墨子就是这样有性情的人。正因他们是有性情的人,他们的思想才会在我们人类的思考当中占有一席之地。相传梁启超(1873—1929)说过这样一句话:人类发展的理想,应当是以杨朱的"为我"为出发点,以墨子的"兼爱"为归宿。对于杨朱与墨子,孟子这里进行了批判;而我讲这些,是为了让大家对杨、墨有一个更加全面的理解。

前面"孟子曰"的四段讲了四件大事:第一件是大禹治水,第二件是周公帮武王灭纣,第三件是孔子写《春秋》,第四件是孟子距杨、墨。这四件事相当于孟子眼中的一部中国文化小史,下面这一段则相当于孟子心里的一篇儒家思想宣言。

孟子说:"昔者禹抑洪水而天下平。"过去大禹治水成功,天下变得平静了。"周公兼夷狄、驱猛兽而百姓宁。"周公将那些少数民族、落后民族统一了起来,又赶走了那些野兽,天下变得安宁了。"孔子成《春秋》而乱臣贼子惧。"孔子写完《春秋》后,那些乱臣贼子都害怕了起来。这是孟子对前面三件事的总结与升华。

"孔子成《春秋》而乱臣贼子惧"的"惧"这个字,也有很多思想家说应该是"喜"。孔子成《春秋》，坏人不是害怕了，而是高兴起来了，就是"孔子成《春秋》而乱臣贼子喜"。这样的说法，清代著名文学家袁枚（1716—1798）的《小仓山房文集》首次提到。后来，张之洞（1837—1909）的《劝学篇》也讲过类似的话，就是"孔子作《春秋》而乱臣贼子喜"，而不是"惧"。我们要记住历史是复杂的。一部文化经典的作用到底有多大？它是不是无边无际的？为什么孟子说"惧"，袁枚、张之洞说"喜"，喜与惧之间的边界到底在哪里？

回到《孟子》。孟子接着引了《诗经》："《诗》云：'戎、狄是膺，荆、舒是惩，则莫我敢承。'"这句诗，5·4也引过。戎、狄、荆、舒是四个小国家，而且是四个落后的小国家。我们要批判它们，要打击它们。如果将它们批判了，将它们打倒了，"则莫我敢承"，那就没有人能够抵挡得住我们。

接下来孟子又回到杨、墨，说道："无父无君，是周公所膺也。"没有家庭，没有国家，这种状态是周公所要猛烈批判的。"我亦欲正人心，息邪说，距诐行，放淫辞，以承三圣者。"大家记住，孟庙的"承圣门"就是这么来的。我也要端正人心，消灭邪说，拒斥那些荒诞不经的行为，将那些荒诞不经的言辞扫荡出去。我这样做是"以承三圣"，就是为了继承大禹、周公、孔子的事业。"以承三圣"，表明孟子将距杨、墨当作他延续大禹、周公、孔子事业的一种新的努力、新的方式。因此，他说："岂好辩哉？"我哪里是好辩呢？"予不得已也。"我是不得已这样做的。

6·9的最后说："能言距杨、墨者，圣人之徒也。"人们一般不解释这个"言"字。大庭广众之中,我敢于旗帜鲜明地批判杨墨之道,我敢于理直气壮地批判杨墨之道。能做到这样,就是圣人之徒。所以,"能言距杨、墨者"是圣人之徒,"言"很重要。在大庭广众之中敢于亮明自己的立场,敢于旗帜鲜明、义正词严、理直气壮地批判杨墨之道,这就是圣人之徒。

看到"圣人之徒",我们联想到5·4讲陈良是楚国人,他"悦周公、仲尼之道"。周孔之道就是6·9这一章讲的"孔子之道"。5·5"墨者夷之"章讲到"儒者之道"。周孔之道(5·4),"孔子之道"(6·9),"儒者之道"(5·5),"圣人之徒"(6·9),《滕文公》篇都有体现。因为孟子确立大禹这个典范、周公这个典范、孔子这个典范后,是要"以承三圣",继承前面三位圣人的事业,所以他决定距杨、墨。因为孟子距杨、墨,儒家这个学派越来越凸显。因此,6·9是孟子展示儒家这个学派的观点、立场、纲领的重要篇章,是孟子亮出儒家大旗的思想文化宣言。

从"儒者之道,古之人若保赤子"(5·5),从这里说的"能言距杨、墨者,圣人之徒也",我们看得出孟子是在孔子之后力图将儒家学派清晰地呈现出来的伟大思想家。完全可以说:如果没有孟子,儒家要完整清晰地呈现为一个学派,可能要难得多。

6·10 匡章曰:"陈仲子岂不诚廉士哉?居於陵,三日不食,耳无闻,目无见也。井上有李,螬食实者过半矣。匍匐往,将食之,三咽,然后耳有闻,目有见。"

孟子曰:"于齐国之士,吾必以仲子为巨擘焉。虽然,仲子恶能廉?充仲子之操,则蚓而后可者也。夫蚓,上食槁壤,下饮黄泉。仲子所居之室,伯夷之所筑与?抑亦盗跖之所筑与?所食之粟,伯夷之所树与?抑亦盗跖之所树与?是未可知也。"

曰:"是何伤哉?彼身织屦,妻辟纑,以易之也。"

曰:"仲子,齐之世家也。兄戴,盖禄万钟。以兄之禄为不义之禄而不食也,以兄之室为不义之室而不居也,辟兄离母,处于於陵。他日归,则有馈其兄生鹅者,己频顣曰:'恶用是鶃鶃者为哉?'他日,其母杀是鹅也,与之食之。其兄自外至,曰:'是鶃鶃之肉也。'出而哇之。以母则不食,以妻则食之;以兄之室则弗居,以於陵则居之。是尚为能充其类也乎?若仲子者,蚓而后充其操者也。"

下面我们讲《滕文公下》的最后一章,这是一个很有趣的故事。

6·10 的开头是"匡章曰",匡章是一个很有名的人,在《孟子》中出现过两次(另见 8·30)。匡章说:"陈仲子岂不诚廉士哉?"陈仲子是齐国人。在《孟子》中,齐国人经常是受批判的,甚至有点受孟子嘲笑。大家可以好好体会一下地域文化之间的差异。"廉"是什么意思呢?严格要求自己,就叫作"廉"。有廉洁,有清廉,特别是"廉洁",《孟子》就有这个词(14·37)。孟庙立有一块官箴碑,提倡仁、廉、公、勤四种美德。

匡章问孟子:陈仲子难道算不上一个廉洁、清廉的人吗?他举的例子是"居於陵"。这里,"於"字不能简化为"于",它的读音是wū,不能读作yú。"三日不食,耳无闻,目无见也。"陈仲子住在於陵这个地方,三天没有吃东西,耳朵什么东西都听不见,眼睛什么东西都看不见。我们能将廉洁之事跟这个三天不吃东西的人联系起来吗?现在还很难。

《孟子》下面的描述很有意思。匡章继续说:"井上有李,螬食实者过半矣。"井上有一个李子,已经被虫子吃了一大半。"匍匐往,将食之,三咽,然后耳有闻,目有见。"陈仲子爬呀爬,终于爬到那里,"三咽",三口将它吃下去了。这个李子要么很大,所以陈仲子三口才将它吃下去;要么很小,因为陈仲子饿了三天,他实在没有力气将它很快吃下去,所以"三咽",咽了三口。吃了之后,他的眼睛能够看见一点东西了,耳朵能够听见一些声音了。

匡章认为陈仲子是廉洁之士,举的就是这样一个例子。他觉得通过这样的描述,廉洁之士的形象就栩栩如生了。

陈仲子这种行为到底是一种什么行为呢?"孟子曰:'于齐国之士,吾必以仲子为巨擘焉。'"孟子说:对于齐国的知识分子,对于齐国那些有识之士,我肯定认为陈仲子是佼佼者。"巨擘"就是大拇指。"虽然,仲子恶能廉?"尽管这样,仲子哪里称得上廉洁呢?"充仲子之操,则蚓而后可者也。"孟子现在还没有将陈仲子廉不廉洁的实质性情况讲出来,他只是先抽象地说:假设要将陈仲子的所作所为推而广之,那你必须将自己变成蚯蚓之后才能做到。我们是人。

假设我们要像陈仲子那样,那我们必须将自己变成蚯蚓之后才能做到。

蚯蚓是什么呢?"夫蚓,上食槁壤,下饮黄泉。"蚯蚓这东西,它吃的是上面的黄土,喝的是下面的黄泉。意思是:蚯蚓能够生存下来,它不靠太多的物质资料,它只要很简单的东西,一点点泥巴、一点点水就可以了。它只凭这些简单的物质资料,过简单的生活;而不依靠那些太复杂的东西,过太高贵或者太奢华的生活。孟子这里是以蚯蚓来比喻那种貌似很廉洁的事物。

然后,孟子问道:"仲子所居之室,伯夷之所筑与?抑亦盗跖之所筑与?"仲子住的房子,到底是伯夷给他建的,还是盗跖给他建的呢?伯夷是好人,盗跖是不好的人。伯夷是很清廉的人;盗跖是大盗,还不是小盗。仲子住的房子,到底是最清廉的伯夷给他建的,还是大强盗跖给他建的呢?"所食之粟,伯夷之所树与?抑亦盗跖之所树与?"仲子吃的谷米,到底是伯夷给他种的,还是盗跖给他种的呢?

孟子这里为什么提到伯夷、盗跖呢?很多专家解这一章,比如朱熹引用范氏的观点,是从6·9直接过渡到6·10。他们认为陈仲子的所作所为,反映了杨朱的"为我""无君"思想。正像5·5"墨者夷之"章反映的是墨家思想,他们认为6·10反映的是杨朱思想。这样,《滕文公上》的最后一章与《滕文公下》的最后一章构成了鲜明的呼应关系,都是讲"距杨、墨"问题。我觉得这样的理解极有道理。但是,我们回到6·10,孟子问的是:陈仲子住的房子、吃的粮食,到底是伯夷给他盖的、种的,还是盗跖给他盖的、种的呢?"是未可知也。"孟子认为这都是我们不知道的。其实孟子的意思很明显,他是要将伯夷与陈仲子做一个鲜明的对比。

我们翻到10·1,孟子认为圣人有四种品格,这四种品格集中在四个人身上。10·1说:"伯夷,圣之清者也;伊尹,圣之任者也;柳下惠,圣之和者也;孔子,圣之时者也。"伯夷是圣之清者,清高;伊尹是圣之任者,负责任;柳下惠是圣之和者,很随和;孔子是圣之时者,与时俱进。伯夷是圣之清者,但清高这种品格有所不妥。大家翻到3·9,孟子有一个评价说:"伯夷隘,柳下惠不恭。"就是伯夷的气量太小,柳下惠不太恭敬。圣之清者伯夷有气量太小的一面,这是3·9说的。10·1则说:"故闻伯夷之风者,顽夫廉,懦夫有立志。"圣之清者伯夷的所作所为,能够让那些贪污犯或者贪心不足的人变得廉洁起来,能够让那些胆子小的人立下做好人、做好事的志向。我们应该将10·1和3·9联系起来看,进而将伯夷的"廉""清"跟6·10陈仲子的"廉"联系起来看。我先讲这些,是为了下面的解读。

对于孟子上面讲的一段,匡章不以为然。"曰:'是何伤哉?'"陈仲子住的房子、吃的粮食,究竟是哪个建的、哪个种的,那有什么关系呢?张三、李四、王五建的、种的,又有何妨?"彼身织屦,妻辟垆,以易之也。"陈仲子自己织草鞋,他的妻子纺麻织布。产品多了之后,他们到市场上进行交换,换取其他的物质生活资料。这是匡章的回答。

孟子听了匡章的回答,知道匡章对于陈仲子的故事只知其一,不知其二。匡章只知道陈仲子三天没有吃饭,然后吃李子的故事;但孟子还知道陈仲子吃鹅的故事。我们看看孟子怎么讲这个故事。

"曰:'仲子,齐之世家也。'"孟子说:陈仲子他们家,是齐国的名门望族。"兄戴,盖禄万钟。"他的哥哥叫陈戴。这里的"盖"不读 gài,读 gě,是一块封地。陈仲子的哥哥陈戴是盖邑的领主,享受世卿世禄,每年的收入有几万石,就是"盖禄万钟"。陈仲子虽然过着很俭朴的生活,但他哥哥的收入是很高的。"以兄之禄为不义之禄而不食也,以兄之室为不义之室而不居也,辟兄离母,处於於陵。"孟子将陈仲子的家世翻了个底朝天。陈仲子家是名门望族,而且很有钱,他哥哥的收入尤其高。但是,陈仲子老是认为他哥哥的钱是不义之财,所以不要他的;老是认为他哥哥的房子是不义的房子,所以不住他的。他离开他的哥哥,离开他的母亲,来到於陵这个地方住了下来。这就是陈仲子住在於陵的原因。

陈仲子住在於陵,生活很苦,三天没有吃饭,饿得"耳无闻,目无见"。"他日归",有一天,陈仲子回到他母亲那里;"则有馈其兄生鹅者",刚好有人给他哥哥送了一只活蹦乱跳的鹅。陈仲子看见这只鹅,"己频顣曰",皱着眉头说:"恶用是鶃鶃者为哉?"我们要这只叫唤的鹅干啥呀?

"他日,其母杀是鹅也"。过了几天,他的母亲将这只鹅杀了。"与之食之",让陈仲子吃了起来。"其兄自外至,曰:'是鶃鶃之肉也。'"陈仲子正在高高兴兴地吃母亲给他做的鹅肉,哥哥从外面回来了,说:弟弟,你现在吃的这东西,就是你前几天说的乱叫的那只鹅。陈仲子一开始觉得那只鹅是不义之财,自己是不会吃的。他母亲将鹅炖了,他正在吃,恰好被他哥哥回家的时候看到了。陈仲子一听这话,马上"出而哇之"。孟子的描述很精彩、很生动。你看前面说"井上有李……三咽",陈仲子吃李子是"三咽";现在,陈仲子将鹅肉吐出来,是"出而哇之"。陈仲子一听他哥说那话,马上跑到门外,将吃到肚子里的鹅肉哇哇哇地吐了出来。

孟子开始评论了。他对匡章说:陈仲子这个人,你认为他是廉洁之士;我倒是要跟你讨论一下,他是不是廉洁之士。"以母则不食,以妻则食之"。陈仲子吃饭,他母亲做的不吃,他妻子做的就吃。这是讲吃饭。住房:"以兄之室则弗居,以於陵则居之。"将他哥哥的房子当成不义之室,不住它,却住到於陵这个地方。

吃饭,母亲做的不吃,老婆做的吃;房子,他哥哥的不住,但於陵这个地方又住。这里到底有什么玄机?孟子说:"是尚为能充其类也乎?"陈仲子这样的行为,能够推而广之,让大家去模仿吗?"若仲子者,蚓而后充其操者也。"你想成为陈仲子那样的人,你只有将自己变成蚯蚓之后,才能够做到。这就是孟子对陈仲子的评价。

"廉"是这一章的关键词,我们怎么理解它呢?这个"廉",按照匡章的理解,相当于自己粗茶淡饭,过着简单的生活,而不依靠那些不义之财,就像蚯蚓那样。但是,孟子认为陈仲子这样做,其实是有矛盾的。

以吃鹅为例。陈仲子回到哥哥的家里,已经看到有人送给他哥哥一只鹅,而且当场表示这鹅是不义之财,他是不会吃的。可母亲将鹅宰了给他吃的时候,他还是吃了。只是因为他哥哥回来说了一句话,说这就是你前几天骂了的那只鹅,他才"出而哇之"。陈仲子的廉,前后是有矛盾的。既然前后有矛盾,就表明像陈仲子这样的廉,在实际生活当中是很难真正落实的。

就像5·5的墨者夷之,他认为墨子讲节葬是可行的,但他埋葬自己的父母还是厚葬。这表明夷之坚持的理论主张跟他在实际生活中所做的,是有矛盾的。有矛盾,怎么办?他最后选择了他内心里面最想做的那一点,就是厚葬自己的父母。

陈仲子也是一样。陈仲子虽然口口声声说这是不义之财,但他还是吃鹅了。他只是因为他哥哥反戈一击,才"出而哇之"。我们可以设定以下情形:假设陈仲子正在吃他妈妈给他做的鹅,而他哥哥没有回来,陈仲子是不是会快快乐乐地将这只鹅全部吃下去呢?这是完全可能的。所以,陈仲子要落实他这种廉,要做到他这种廉,是很难的。在生活的某一点上,他可以做到他这种廉;但是,要在生活的方方面面做到他这种廉,那是不可能的。

在孟子看来,要将陈仲子的所作所为推而广之,那就只有等你将自己变成蚯蚓之后,才能做到。这里的意思,我想再说一下:我们将陈仲子与伯夷进行类比,其实意味着我们假定陈仲子是伯夷的粉丝。怎么才能真正做一个铁杆粉丝或者不变异的粉丝呢?陈仲子肯定只是做了一个变异的粉丝。为什么？因为他可能只知道伯夷是圣之清者，而不知道伯夷还有气量不大的毛病，也就是"隘"的一面。陈仲子学伯夷，恰恰只是学到了伯夷的这一面，而没有将圣人的真精神学到家。这是陈仲子没有真正成为廉士的关键。

伯夷之风，具体表现为伯夷叩马而谏周武王，不食周武王那里的粮食，饿死于首阳山。这确实很清高，令人敬佩。但是，如果你连你母亲亲自做的东西都不吃，那你就是"无父"；你哥哥是盖邑的领主，他领取国家俸禄，你觉得是不义之财，而不依靠他，那你就是"无君"。历史上很多专家从"无父无君"（6·9）的角度来解读陈仲子是有道理的，我这里只是将伯夷加了进来。清廉、廉洁固然是重要的，但它有个恰当的度；不是在所有的场合下，人们都得像陈仲子那样去做的。

以上，我们对《滕文公》篇进行了解读。上篇是五章，下篇是十章，它们是互有联系的。比如，5·1（上篇第一章）与6·1（下篇第一章）都是讲政治，5·5（上篇最后一章）与6·10（下篇最后一章）都是讲思想史。这种篇章结构的安排有一定的逻辑。人们通常认为《孟子》的每一篇没有中心思想，章与章之间没有内在关联。其实，只要我们将每一章都好好读了，在上下章之间建立相应的联系，我们可以看出它们是有联系的。

下面简单总结一下《滕文公》篇的基本思想，它有四个方面值得我们好好理解：

第一是道性善。5·1说"孟子道性善，言必称尧舜"。"性善"两个字,全书是在 5·1 第一次出现,但它是统帅《孟子》二百六十章最基本的关键词,它是人之所以为人最大的立足点。我们一定要记住这一点。

第二是行仁政。这一点在滕文公那里得到很多表现,比如井田制、什一税。

第三是距杨、墨。儒家思想要发展,孔子之道要发扬,在孟子的时代,必须正本清源、拨乱反正,必须有抗击意识。距杨、墨在孟子的时代是有思想史意义的,对后来的儒家发展也起到了很大的作用。我们今天应当以文化多元的方式,进一步反省这个问题。

第四是大丈夫。孟子最强调做人,孟子是一个很有个性的人。他强调"富贵不能淫,贫贱不能移,威武不能屈,此之谓大丈夫"(6·2),做人要有大丈夫的气概。

道性善,行仁政,距杨、墨,大丈夫,是《滕文公》篇最基本的思想。

我们已经将《滕文公》篇学完了,最后我想用孔子的一句话来总结。我们翻到 14·37,"孔子在陈曰:'盍归乎来!吾党之士狂简,进取,不忘其初。'"我们读《滕文公》篇,也是为了回到自己的家园。每个人在今天这个时代中,都要有鲜明的个性,要不断进取,要不忘其初。"不忘其初",我们今天说是"不忘初心"。"不忘初心"最早的来历就是 14·37 的"不忘其初"。对于我们来说,七篇贻矩,不忘其初,就是将《孟子》学好,从这里出发,从这里回家,将它作为开端,作为新的启航,为建设和谐社会、为中华民族的复兴大业做出贡献。《滕文公》篇最大的意义就是让我们重新启航,从儒家思想开始,为和谐社会的建构提供更多的精神、智力方面的支持。这一意义是巨大的。

不忘其初,进取不已,是我们读完《滕文公》篇后应有的基本态度与立场。

离娄上

王中江 解读

  我们这次《孟子》七篇解读采取的方法大致如下：首先是总体上概括这一篇的内容、主要的问题和主要的观念，在此基础上，再来具体讲解每一章和每一个段落的内容。对每一章、每一段的宗旨和主要内容，也有一个概括性的说明。《孟子·离娄》篇的解读也遵照这一方法。

  对于每一章、每一段的具体解读，一般有四个部分：一是概括。先概括这一章的宗旨、大意。二是释文。这是指对这一章、这一段的疑难文字、重要人物及事迹、历史事件等情况进行集中说明。特别是跟文本的意义关系密切的文字，会多说一点，这是为我们理解文本奠定更好的基础。三是释义。这是重点解读这一个段落的意义、其间重要的思想观念。四是引申。这是指结合现代社会、结合我们的生活，引申和发挥这一章对我们的启示，进一步阐释里面的一些重要问题。总体上，每个段落的解读便围绕这几个方面进行。因为各个段落的长短不一样，内容也不一样，并且内容可能会有交叉，或者说相近，有的章节也可以合并起来一起解读，不必每一个段落都单独来讲。为了方便大家的学习，我们先把讲解、讨论的方法作一说明。

我们知道，孟子思想在儒家里面是非常重要的。孔子之后，儒家首先出现的最重要的一位代表人物就是孟子。如果从整个中国思想文化来看，孟子也占有一个核心的地位。他的重要性是不言而喻的。历史上，特别是宋代以后，对《孟子》的解释非常兴盛，积累了很多思想资源。近代以来，学界既出现了各种注释《孟子》的著作，同时也对孟子思想展开了各个方面的研究。还有在世界汉学中，对《孟子》也有许多研究。2016年夏天，我们在邹城开了一次关于孟子思想的小型学术会议，参加会议的有来自全国各地的中青年，其中一位学者专门介绍了海外的孟子研究。这说明现代的孟子研究已经是一种非常广阔的世界性的学问。刚才已经强调过，《孟子》的注释也非常多，大家会接触到不同的注释本，应该说大部分还是不错的。我们用的是人民大学梁涛教授所写的教材。梁涛教授多年研究《孟子》，我觉得他的注释具有很高的参考性，会给我们提供帮助。我今天的讲解主要是用杨伯峻的注释本，这个注释本是中华书局出版的。杨伯峻先生在今天学界里是一位著名的老先生了。他主要是做古籍注释的工作，不仅注释了《孟子》，还包括《左传》和其他的古书。他是一位文字学家，也是一位文献学家，他的注释也是很有代表性的，大家如果需要的话也可以参考一下他的注释。这是讲课之前再给大家说明的一个问题。

我们都很关注孟子的思想(或者说儒家的思想)究竟要解决什么问题。我们都希望过一种好的生活,这种生活若加以区分的话,主要有两种。一种是好的个人生活,一种就是和个人生活紧密联系的好的公共生活,或者说社会生活。社会生活的"好",肯定是和我们个人生活的"好"紧密联系在一起的。所以不管是西方文明,还是中国文明,人们一直在探讨,如何获得一种好的生活,包括个人的和社会的。古今中外众多的思想家、哲学家,还有宗教方面的人士,等等,都是从不同方面去思考如何解决这个问题。

对此,我们可能马上会问:什么是好的个人生活,什么是好的公共生活?我想大家都有自己的体会,都有自己的思考。个人的生活如何是好,如果有一个标准的话,那可能就在于大家过一种快乐的、幸福的生活,这是我们都追求的人生目标。大家也许马上又会问:什么是快乐的生活,什么是幸福的生活?对此大家的解释可能很不一样,包括以往一些思想家的解释也很不一样。我们知道,伦理学或者说道德学是研究如何过一种好的伦理生活、道德生活,宗教学其实也是在探讨这些问题。在儒家学说里,这一点也非常重要,甚至是核心的、优先的内容。那么这种幸福是什么?或者说什么是幸福?对此我们可能有不同的标准。有一种说法认为,从抽象的意义来看,幸福的生活就是内心的和谐。从内部的、内心的和谐,到外部的、社会的和谐,这样的生活就是一种幸福生活。内心的和谐,我们也会说身心平衡、身心和谐,用一个成语来说,就是心安理得。能够心安理得地愉快生活,便是幸福的生活。

那么,如何获得这样的生活呢?生活当中我们肯定会面对物质生活的问题,儒家的思想包括孟子的思想其实也很强调我们基本的物质生活。前面大家可能都已经认识到,孟子所讲的仁政首先是要让大家过一种比较富足的物质生活,这是基本的生活条件保障。我们现在有社会福利的概念,而在孟子的思想里,这一方面就具体表现为仁政。他所讲的仁政不仅仅是一个政治伦理概念,同时也是一个经济概念。但是,儒家绝不会说,只要你过一种好的物质生活就是好的生活。儒家一定还会强调,人是一种精神性的、社会性的动物,所以在物质生活之上,伦理的生活、精神的生活需要充分发展。并且在儒家看来,要想获得一种好的经济生活,伦理和道德的价值是非常重要的,甚至在孟子看来是基础性的。他认为要治理好一个国家,获得一种好的公共生活,没有这样的基础是不可能的,经济上的发展也是不可能的。儒家还认识到,好的公共生活是从好的个人生活而来,我们在后面会详细说明这一点。在孟子的思想里,如何把两种生活结合起来,是一个很重要的问题。

中国传统思想的形式很多样,笼统地来讲,便是常说的"三教九流"。"三教"就是儒、释、道,大家对此都有所了解。可以说,"三教"构成了中国古代的三大传统。道教和佛教,历史上我们认为是宗教,它们也是在解决我们人类生活的问题。而儒家在中国文化上则更具有主导性,影响更大。可能有人会问,三教之间是什么关系呢?这是东汉以后人们始终要面对的问题。三教的关系是什么呢？三教的特点又各自怎样呢？有一种观点认为，三教是一种分工的关系。其中，儒家是治世的，要让这个社会变得有秩序、稳定和谐，用儒家的话来说就是"天下有道"。那道教呢？这种观点认为是治身的，主管我们身体的问题。道教后来发展出长生的概念，认为我们可以成为仙人，生命可以永恒。那么，所谓治身，主要也是强调形体性的概念了。那佛教的核心又是什么呢？这种观点认为佛教是治心的，专门治理我们的心灵，心灵其实是最难治理的。因此，三教分别是治世、治身、治心，或者说修世、修身、修心，分工很明确。这种概括有一定的道理。有不少人学习佛教的智慧，也有些人有佛教的信仰。佛教的一个重要作用是让我们觉悟，我们现在说的"觉悟"这个词，便是从佛教里来的。觉悟便是精神层面的，或者说心灵层面的。道教也确实和人的生命的持续性、永恒性联系得非常紧密。而儒家方面，士大夫、文人都是入世的，都希望参与政治，有志于治国、平天下。从这些来看，这种概括有一定的道理。

  不过，这样的概括也有一些问题。佛教对政治也会有一定的影响，一些佛教徒在寺庙里面，但他们的心也在政治上面，是一种政治和尚，就有很强的政治性。道教也不只是身体的概念，心灵的概念、心性的概念在后来也发展了起来。儒家其实也是这样。儒家并非只是治理社会，它的哲学基础实际上是在个人。在个人的哪一方面呢？是个人的心灵，或者说是个人的身心平衡。儒家首先是讲精神修炼、心灵修养，这是我们过一种好的个人生活的基础，也是构成一种好的社会生活的基础。这是基本的出发点。在这一点上儒家是一以贯之的,几千年来都是如此。而说到现代新儒家,大家都知道梁漱溟,这是一位非常了不起的思想家,也是一位很有影响的社会活动家。当然,他的人生经历很复杂。他信佛,一直吃素,曾有一段时间打算不结婚;但后来觉得还是儒家思想更适合他,便选择了儒家。那么,是儒家的什么思想更适合他呢?这便是怎么认识自己的人生,怎么建立一种好的个人生活,这一点是最重要的。他说,我的思想就是怎么解决我自己的人生问题,所以我要去思考。儒家为他提供了一个最重要的心灵之道的传统,在此基础上他提出了一种"生命的学问"。新儒家都很强调生命的概念,意味着任何事情,包括做学问,都是生命的事业,融贯在自己心灵里,都是发自自己内心的一种追求。在这一点上儒家是非常突出的,所以认为儒家只是治世,忽视了儒家在心灵修养方面的关切,这是不正确的。大家都知道,孟子的学说便是这样的一种心学,这种学问发展到宋明理学,出现了两位伟大的思想家,一位是陆九渊,一位是王阳明,他们发展的便是孟子的心学。这种心学的核心就是转化自己的心灵,这一点也是现代新儒家最重要的内容,生命的学问也就是心灵的学问。

　　儒家主张要从一种好的个人生活发展到好的公共生活。那什么是好的公共生活呢?在儒家看来,就是"大同"。《礼记》当中有一篇文章叫《礼运》,其中讲到了"大同"。现在山西省有一个大同市,那么这个名字从哪里来呢?我们可以想想。近代中国的大儒康有为,特别强调"大同"的理想。

此外，孙中山崇信的四个字"天下为公"，就是"大同"的核心概念。"天下为公"，意思是说天下是天下人的天下，不是一家一姓的天下；天下的利益分配，各种各样的社会分配，都要公平、公正。这一点我们现在是不是也在追求？特别是20世纪90年代以来，中国的经济在总量上确实是发展很快，但我们可能都意识到了，社会分配的不公平问题也变得越来越突出了。过去强调效率优先，要让一部分人先富起来，但后来发现，社会分配越来越不平等、不公正，所以要发展社会正义，追求效率与公正平行发展。也就是说，社会发展的目的是为所有人带来福祉，而不是仅仅让某一部分人享受福祉。这就是好的公共生活，它是公平的、公正的，"天下为公"所强调的便是在此。如果天下为公的大同社会达不到，那么还有个小康社会，这也是《礼记·礼运》篇所讲到的。"小康"的标准其实也不低，我们现今不是正在建设小康社会吗？"小康"是一种什么样的生活，大家可能都有自己的理解。我想不管如何，都可以看到儒家在追求一种好的个人生活、一种好的公共生活，这两种生活在儒家思想里面是紧密联系在一起的。

按照这个思路贯穿下来，其实孟子的思想也是围绕这个问题展开的，并且发展了孔子的思想。比如说孔子讲"仁"和"义"是分开的，或者说并没有经常将"仁"和"义"放在一起来说明。但是在《孟子》里，"仁义"常常是并举的。大家都知道，孟子讲仁义礼智、四端之心，四个方面好像都是最重要的。但孟子更强调的还是"仁义"，他讲"仁义"的地方更多，这个概念便是孟子发展起来的。此外,我们刚才也提到,孟子还讲仁政,这个概念也是孟子第一次提出来的,并且对仁政作出了很多具体的界定。除此以外,孟子对儒家思想所作出的其他重要发展是什么呢?这便是人性的问题、心灵的问题。我们可以比较一下,孔子讲人性的地方是很少的,在《论语》的记载当中,只有一处"性相近,习相远"。但是"性相近"的"性"是什么?或者说什么东西我们是相近的?还有,为什么"习相远","相远"的东西又是什么?如果说"性"是"善"的话,"习相远"可能就是说我们的后天修养不一样。同样是"性相近",我们的"性"都是"善"的;可我们的修养各有不同,因此有的人过一种好的个人生活,而有的人个人生活就不好,这是"习相远"的"远"。如果我们把"性"理解为荀子所说的那样,那我们先天的"性"都不是那么好,但我们可以通过后天的修养去改造它,而改造的程度又是各有不同的。荀子的性恶论和孟子的性善论是一正一反的,但都可以用来理解孔子所说的"性相近,习相远"。以上说的是关于"性"的问题。那么,怎样去转化我们的心灵呢?围绕这个问题,孟子提出了一套非常重要的心灵哲学。在孟子哲学里"心"的概念很重要,这个概念也是逐渐发展出来的,不是孟子突然就提了出来。孔子对"心"的问题也讲过一些,但是大家看看《论语》里面,关于"心"的概念还是比较少的。而"性"的概念,刚才也讲过了,也是很少的。这说明"心"和"性"的概念都经历了一个发展的过程。

整体上来说,我们人类的文明经历了逐渐发展的过程,这个过程最初表现为外在的东西,比如说在三代,我们讲"帝",讲"天",主要是一些关于宗教信仰的内容。我们读《诗经》《尚书》,可以看到其中讲了很多关于"帝"和"天"的内容。"帝"和"天"为人类创造制度,创造秩序,所以人类就要去信仰"帝",信仰"天",以此来规范我们的生活。这个规范是外部世界施加给人的,就是说我们人须遵循一种外在的规范和制度,来安排自己的生活,来建立社会秩序。但是,到了儒家这里,他们会追问这样一些问题:人为什么能够学习那些东西,人为什么要接受那些东西,人的能力是什么?这样就把人的问题突显了出来。这里体现了神和人关系的变化。起初,神是高高在上的,人始终要遵循神的规则,遵循天命,人显得很被动。可是到了儒家这里,他们更加强调人的价值、人的作用,把人的能力突显了出来。孔子强调人和动物的不同,人和其他事物不一样,那人的特性是什么呢?这就是人的主体性、人的创造性。人具有一种特别的能力,也就是道德能力。这种能力让人可以去追求好的生活,追求好的人生,并且这些都不是由外在的力量决定的。孔子虽然也讲天命,但实际上它主要是一个人与人之间的关系问题。好的生活取决于我们自己,不是取决于外面。

儒家从孔子开始,都在追寻我们人的价值。孔子说,"吾非斯人之徒与而谁与",所以我要进入人的角色,我不能去当隐士,我不能超然世外。孔子后学则发展出关于人性的学说,而孟子把"心"的问题也突显了出来,人性最终落在了人心上、心灵上。在孟子看来,我们人先天具有一种道德能力,具有一种向上发展的能力。在自然界，所有的事物都在朝着一个合乎自身的目标去发展，人类更是由着自己内在的一种力量去发展。由此孟子便发展出了一套心灵哲学，在中国哲学史上这是非常有开拓性的。孟子之所以伟大，这是最重要的根据之一。

接下来，我们便进入《孟子·离娄上》的具体内容。我们先来看第一章。

7·1 孟子曰："离娄之明，公输子之巧，不以规矩，不能成方圆；师旷之聪，不以六律，不能正五音；尧舜之道，不以仁政，不能平治天下。今有仁心仁闻而民不被其泽、不可法于后世者，不行先王之道也。故曰：徒善不足以为政，徒法不能以自行。《诗》云：'不愆不忘，率由旧章。'遵先王之法而过者，未之有也。圣人既竭目力焉，继之以规矩准绳，以为方员平直，不可胜用也；既竭耳力焉，继之以六律正五音，不可胜用也；既竭心思焉，继之以不忍人之政，而仁覆天下矣。故曰：为高必因丘陵，为下必因川泽；为政不因先王之道，可谓智乎？是以惟仁者宜在高位。不仁而在高位，是播其恶于众也。上无道揆也，下无法守也，朝不信道，工不信度，君子犯义，小人犯刑，国之所存者幸也。故曰：城郭不完，兵甲不多，非国之灾也；田野不辟，货财不聚，非国之害也。上无礼，下无学，贼民兴，丧无日矣。《诗》曰：'天之方蹶，无然泄泄。'泄泄，犹沓沓也。事君无义，进退无礼，言则非先王之道者，犹沓沓也。故曰：责难于君谓之恭，陈善闭邪谓之敬,吾君不能谓之贼。"

这一章涉及了一些历史人物,有些人物比较久远,是传说的,而有些人物离得比较近,有据可循。比如说这一篇《离娄》,"离娄"这个人名出现在篇首,便用它来名篇。这是古代典籍名篇的一种方法,用这一篇为首的两个字。而这里为首的几个字是"孟子曰",没办法区分,所以用的是"离娄"。大家也可以看看《论语》的篇名,也是用前面的两个字。这个是当时名篇的通例。关于离娄这个人物,他不是春秋战国时期的人物,也不是三代时期的人物,这个人物比较久远,据说是黄帝时代的人物。这个情况可靠不可靠,我们暂时先不管,只是传说有这么一个人物。公输班是我们山东人,鲁国人,所以也叫他鲁班。师旷是晋国的一个高级乐师,音乐上的造诣很高,用我们现在的话来说就是一位音乐家。

这一章有一个特殊的结构,是什么结构呢?它有四个"故曰",这四个"故曰"的结构性非常强。此外,它还有几处引用《诗经》的话,这也是非常明显的。我们知道,先秦诸子,特别是学习"六经"的儒家,常常引用两部书,一部是《诗经》,一部是《尚书》,这两部书在先秦儒家思想里被引用的频率是最高的。并且,这种引用有个比较固定的格式。引用《诗经》的话,大多数是用"《诗》云";如果是引用《尚书》,那么大多数都是用"《书》曰"。这一点在《孟子》书中就有体现。有一些研究《诗经》的学者说,春秋战国时期是中国的"《诗》云时代",大家都引用《诗》。比如说外交官,在谈判的时候首先要学会吟诵《诗》篇,要讲"《诗》云"。那么我们来看这里第一章的四个"故曰",其实是要立出四个道理。

孟子立的第一个道理是说:"徒善不足以为政,徒法不能以自行。"他后面紧接着讲,"《诗》云:'不愆不忘,率由旧章。'"这是《诗经》里很著名的一句话。那前面的内容是什么呢?大家看,都是一些历史上著名的人物。离娄、公输子,代表了"巧",都是技术上的能工巧匠,但他们要用"规矩"才能成"方圆";那么师旷呢,他是一位音乐家,代表了艺术方面的天才,但他要用"六律"来正"五音"。"五音"是中国古代音乐的概念,也就是宫、商、角、徵、羽。如果用现代的音乐来发音,就是1、2、3、5、6,没有4和7的音。那么"六律"又是指什么呢?"六律"的概念涉及六个阳律和六个阴律,阳律叫六律,阴律叫六吕。这些内容非常复杂,大家只能去专门研究了。我们简单地说,"五音"是音乐演奏的音阶,类似于西方音乐体系中的1、2、3、5、6。而"五音"怎么来定呢?要靠六律和六吕来定,或者说要靠十二律来定。所以孟子说,"不以六律,不能正五音"。"五音"的音阶要靠"六律"来确定、来矫正。具体怎么来正,怎么来定,则是非常的复杂,这是做中国古代音乐史研究的人去专门研究的。孟子在这里强调的意思是,你再高明、再有技能,还是需要一个标准。

接下来,孟子就从成"方圆"的"规矩"、正"五音"的"六律"引申出,要治理好一个国家,同样也需要一个标准。再高明的能工巧匠、再了不起的乐师,都需要一个标准;同样道理,建设一种好的社会生活、好的国家生活,也不能没有标准。那治理国家的标准来自哪里呢？这也就引出了"尧舜之道"。孟子推崇尧舜，《滕文公上》有句话说："孟子道性善，言必称尧舜。"也就是说，孟子讲论一个道理，除了引经据典，还有就是引述古代历史上的典范人物，首先便是尧舜。儒家没有追溯到黄帝，只是追溯到尧舜。在先秦子学里面，道家是追溯到黄帝的，特别是黄老学，把他们学说的根源追到黄帝那里。但儒家主要是强调尧舜，把尧舜作为儒家的典范。如果说尧舜治理天下是最好的，他们用的标准是什么呢？是"仁政"。这"仁政"又是什么呢？我们接着往下看。孟子说，当前我们社会面临着一种问题，有些诸侯，好像有"仁心"，也有"仁闻"，主观上也希望把天下国家治理好，也有好的名声在外，但他们并没有给社会民众带来福利，社会秩序还是没有改善。这是为什么呢？孟子说，是因为没有好好学习"尧舜之道"，没有好好学习"仁政"。所以在这种情况下，孟子便提出了第一个故曰："徒善不足以为政，徒法不能以自行。"

这是非常重要的两句话。"徒善不足以为政"，意思是仅有一种好的动机、一种善良的爱心，是不够的；跟后面的话结合起来便是说，你还需要一个制度，需要一个标准，更重要的是你还要有行动。你只是想想、只是说说，那只能表明你动机是好的，但是好的愿望要变成现实，还要有好的方法。有了好的方法，有了一个标准，最后还是要行动。我们称之为落到实处，实实在在去追求，从行动上体现。后面还说"徒法不能以自行"，只有制度也不行。制度要靠人去实现，需要人去行动。尧舜便是这样的人，"仁政"便是他们行动的标准。所以后面就引出了《诗经》的一句话:"不愆不忘,率由旧章。"

任何事情都需要一个标准,政治活动更需要一个标准,这是孟子所要强调的。在生活当中,我们处处需要标准,或者说度量衡,我们时时刻刻都需要度量衡,政治生活里也是如此,是有标准的。孟子认为,尧舜之道就是一种治理的标准、治理的典范。所以我们对国家的治理要学习古代的典范和榜样。因此就引用了《诗经》的"不愆不忘",我们不要犯错,我们不要忘记过去的经验教训。我们要遵循过去好的传统、好的制度、好的典范。这是第一个"故曰"所体现的内容。

接下来孟子又进一步引申前面的意思。离娄、公输子、师旷在他们各自的领域里都是很了不起的人物,他们都很努力,但需要一个规矩。圣人也一样,"既竭心思焉",但仍然要坚持一个标准。这个标准是什么呢?就是"不忍人之政",也就是前面提到的"仁政"。大家知道,孟子有个说法,叫"不忍人之心"。所谓"不忍人之心",就是指爱心、仁爱之心,也就是一种同情心。这种爱心是很复杂的,表现在方方面面,或者说有各种各样不同的表现。爱心都是在人际关系当中表现出来的,对此孟子有"五伦"的说法,包括君臣、父子、夫妇、兄弟和朋友。其中的爱都是由"不忍人之心"表现出来的,但它们的表现方式又是不一样的。夫妇之爱,当然和朋友之爱不一样,其他的情况也是这样。但是其中也有共同的地方,都是爱心的表现。爱心最重要的就是相互尊重、与人为善,有一种利他的心,不是自私自利的。那么这种爱心就是"不忍人之心"。

这一点,我们之前的老师可能讲得很多了。由此表现出来,便能够建立一种好的天下秩序。然后也就有了第二个"故曰":"为高必因丘陵,为下必因川泽;为政不因先王之道,可谓智乎?"在此,孟子又得出一个重要结论,什么结论呢?我们要建一座高台,就要凭借山陵;要挖一个深池,就要凭借沼泽。这里说的是一个因势利导、因地制宜的道理,是一种类比。通过这个类比,孟子是要说明,为政也须因势利导。这个"势"也就是传统,也就是先王之道。不遵循先王之道,便不可以称之为有智慧的人。这便是孟子第二个"故曰"所要讲述的内容。

孟子在后面还说:"仁者宜在高位。不仁而在高位,是播其恶于众也。"又说:"上无道揆也,下无法守也。"这里仍是强调政治活动需要一个标准,需要一套制度。那么,前面一句话则是强调德与能的概念。意思是说有德有能的人应在其位,如果一个无德无能的人处于很高的位置,那么就会出问题。第一,他的能力有限,事情做不来;硬要让他做,也是做不好;做不好,那就浪费了公共资源,如果我们要过一种好的生活可就难了。这一点,我认为是儒家关于分配合理性的重要思想。在以往,人们总认为儒家很强调尊卑等级,但我们想一想,现代社会里面平等的概念,是不是说我们都有一样的身份、一样的收入,过着一样的生活?不是这样的。现代社会不是这样,古代社会也不是如此。所以说,大家靠不同的能力,获得不同的社会地位。孟子说的这个道理,在今天仍然是正确的,我们不能简单地将这种观点说成不平等或不合理。

孟子强调国家的政治生活需要一个规范、一个标准,如果没有的话,那么社会生活肯定也会乱。所以他说,"朝不信道,工不信度,君子犯义,小人犯刑"。这样的话,国家秩序怎能好呢?接下来他又得出了一个"故曰"。问题不在城郭、兵甲,也不在田野、货财,这些都不是国家首要的东西。那么问题到底在哪里呢?孟子说:"上无礼,下无学,贼民兴,丧无日矣。"这里是强调国家的首要任务,其实还是在强调标准。如果说国家的上层没有礼,那么民众也不会去学习,也不会去效法,这样一来社会秩序就会混乱,产生各种各样的社会问题,这个国家肯定会灭亡。

这时候孟子又引出了《诗经》的一句话:"天之方蹶,无然泄泄。""蹶"有两个读音,一个是 jué,一个是 guì。蹶(jué)是指颠仆,蹶(guì)是指变动。梁涛老师解释为第二种。意思是,如果治理得不好,天就要发生变动了,这时候你说什么都没有用。"无然泄泄","泄"这个字也是多音字,一般读为 xiè,但在这里应读为 yì,意思是指多说话。在后面孟子还进一步解释,"泄泄,犹沓沓也"。多说话,也就是喋喋不休。这句话是说,这时候你想要改变局面,却已是积重难返,已经没有机会了。所以说,如果"事君无义,进退无礼",到后来说得再多也没用。

接下来,孟子说了最后一个"故曰"。作为一个有身份的人,一个有职务的人,或者作为一个臣,怎样尽到辅佐君主治理国家的责任呢?孟子说:"责难于君谓之恭,陈善闭邪谓之敬,吾君不能谓之贼。"最后一句,"吾君不能谓之贼",意思是,如果臣怀疑君,认为君王没有能力推行仁政,那这位臣就是"贼"。孟子认为,臣一定要相信君王,要以仁政的标准去责难于君,去提出好的建议,甚至是提出批评意见,这就是"恭"。老是拍马屁,老是阿谀奉承,这是不行的。要"陈善闭邪",要讲仁政,要规劝君主,避免走向邪路,这就叫"敬"。近年出土的简帛文献里,有一篇文章讲"忠",所说的意思和这里比较相似。那篇文章说,"恒称其君之恶"便是"忠",能指出君主缺点的,或者说能指出君主言行过错的,才是真正的忠诚。君主的言行如果有过错,就要提出批评意见,这时候如果说好,那一定是邪,是不忠。

以上我们讨论的便是第一章的内容。后面几章的内容,可以说多数是围绕第一章的思想展开,在第一章的基础上作出延伸和发挥。

7·2 孟子曰:"规矩,方员之至也;圣人,人伦之至也。欲为君,尽君道;欲为臣,尽臣道。二者皆法尧舜而已矣。不以舜之所以事尧事君,不敬其君者也;不以尧之所以治民治民,贼其民者也。孔子曰:'道二,仁与不仁而已矣。'暴其民甚,则身弑国亡;不甚,则身危国削,名之曰'幽''厉',虽孝子慈孙,百世不能改也。《诗》云:'殷鉴不远,在夏后之世。'此之谓也。"

我们现在来看第二章。孟子在这里又讲到规矩问题,和前面的内容连起来了。"规矩,方员之至也",这里仍然是讲标准问题。"圣人,人伦之至也"这一句,是说圣人是做人的一个最高标准。这里的人伦,就是人和人类的概念,不是一般的伦理的概念。孟子接下来讲到了君臣关系。因为政治生活里面最主要的,首先就是君主和大臣的关系。君应该尽君道,臣应该尽臣道,二者各有其道。《荀子》里有一篇是专门写君道的。那什么叫君道,什么叫臣道,《孟子》里面讲出来了吗?没有。《荀子》里面对君道和臣道讲得很详细,主旨就是各尽其责。君有自己的职责,大臣也有自己的职责。那这个道的标准又是什么呢?圣人。这又回到了尧舜,这个标准和尧舜是统一的。所以说你要去治理国家,你要是君,那你就要学习尧舜。不像尧舜,那你可能做得不够。治天下也一样,要学习尧舜才可以。

这里面有两种道,就是孔子说的"道二,仁与不仁而已矣"。孔子说了很多话,《论语》里面记录有限,有些话可能是不同的记载里表现出来的。《孟子》里面就记载了一些在《论语》里看不到的话,这对研究孔子思想也非常重要。这里提出了道有两个,就是仁与不仁。那什么叫仁,什么叫不仁?我们去理解的话,仁的概念就是仁爱,刚才讲仁政的概念、仁心的概念,然后体现在行动上去治理,具体的做法就是学习尧舜。不仁的表现呢,"暴其民甚,则身弑国亡;不甚,则身危国削"。历史上有没有与之对应的呢?有。三代当中有圣王,也有暴君。夏桀、商纣、周幽王、周厉王,就是后者的代表,与他们相对的便是大禹、商汤、文王、武王了。这段话中提到了周幽王和周厉王,"幽"和"厉"都是贬义词。他们虽然不像桀、纣那么邪恶，但也是很不仁的。所以他们死了之后，后人给他们追谥，也就用了不好的谥号。"幽"就是不通、阻塞，意思是说国家根本不畅通。"厉"就是暴虐。你在位的时候好像是可以为所欲为，但是死的时候你没有传诸后世的好名声，人们用一种不好的词汇来描述你，这就是教训。然后孟子就引《诗经》的话："殷鉴不远，在夏后之世。"殷有一面镜子，是什么呢？就是夏朝。夏朝是亡于暴君桀，那商朝治理天下的时候，就有了一面镜子。这个鉴，就是镜子。这个镜子要时时刻刻记住，照一照，这就是一个教训，历史经验的教训。如果你作了恶，人们始终会记住那个历史的教训和历史上那个人所造成的负面影响。所以说，这一章的思想仍然是强调规矩、强调标准，通过历史上的一正一反的事例来反映这个标准，尧舜是正，桀纣是反。我们学习历史，一方面是从历史上学习经验，另一方面则是学习教训。

  中国历史上历代君王为什么都要修史呢？主要的原因便在这里。中国历史上史官文化非常发达，在很早的时候就有史官了。古代的史官不像现在的历史学家，他们是官员，时刻跟随在帝王身边。"左史记言，右史记事"，有时候颠倒过来。一个记录君王的言论，一个记录君王所做的事情。这些东西保留下来，就是为了让后人知道我们的历史，知道以前的经验和教训，也就是"以史为鉴"。这里边一个很重要的代表就是司马光，他总结中国重要的历史和经验，写了一部大书，叫《资治通鉴》。"鉴"就是镜子的意思。要治理国家，过一种好的生活，要有一面镜子。这个镜子是一正一反的，好的一面要照,不好的一面也要照,经验和教训都要。

大家知道,唐太宗是一位明君。虽然他获得权力的方式好像不是那么正当,兄弟之间残杀,但是他带来了贞观之治。那他为什么带来贞观之治呢?就是能够"以史为鉴"。他说,他有三面镜子。第一面镜子是"以铜为鉴,可以正衣冠",生活当中我们要正衣冠,就要照照镜子。第二面镜子是"以史为鉴,可以知兴替",以历史为鉴,可以掌握历史的兴衰交替。第三面镜子是"以人为鉴,可以明得失",以他人为鉴,可以知道得和失的经验教训。他说他有三面镜子,时时刻刻以防止自己出现过错。魏征去世的时候,他说他失去了一面镜子,指的就是"以人为鉴"。魏征是个非常耿直的忠臣,敢讲唐太宗的缺点,讲不同的意见。这就是孟子所讲的忠臣,真正的忠臣。"殷鉴不远,在夏后之世"这句话,如果有启示的话,那就是历史始终是一面镜子。"以史为鉴"这个传统是中国历史上自古以来的大传统。

7·3 孟子曰:"三代之得天下也以仁,其失天下也以不仁。国之所以废兴存亡者亦然。天子不仁,不保四海;诸侯不仁,不保社稷;卿大夫不仁,不保宗庙;士庶人不仁,不保四体。今恶死亡而乐不仁,是犹恶醉而强酒。"

这一章文字上没有疑难字词,内容上同第二章有很强的连续性,一是强调"三代"是得天下还是失天下,原因只在于仁还是不仁,国家的兴衰存亡同样如此。二是强调自上到下如果不仁都有什么后果,即天子如果不仁,他就不能保有天下;诸侯如果不仁,他就不能保有国家;卿大夫如果不仁,他就不能保有祖庙;士和庶人如果不仁,他们就不能保全自己的性命。孟子进行这样的推论,是要人们充分认识到"不仁"的后果的严重性,进而避免"不仁",奉行"仁"的价值。但不幸的是,实际上有人厌恶死亡却又乐于不仁,这就像有人厌恶醉酒却又使自己酗酒那样。

7·4 孟子曰:"爱人不亲,反其仁;治人不治,反其智;礼人不答,反其敬。行有不得者皆反求诸己,其身正而天下归之。《诗》云:'永言配命,自求多福。'"

7·5 孟子曰:"人有恒言,皆曰'天下国家'。天下之本在国,国之本在家,家之本在身。"

第四章、第五章可以合起来讲。这两章文字上没有大问题。这里也引用了《诗经》的话,"永言配命,自求多福"。这句话怎么理解呢?"言"是一个语助词,这句话是说我们要永远符合天命,要通过自身的努力求得多福。我们不是经常说成事在天吗?我们常说只要做的事情是正义的,符合天命,天也会保佑的。但是这里又强调"自求多福"。这个概念非常重要,要过一种好的生活,最重要的是"自求多福",而不是祈求别人施福。人们互相帮助,但最终还是要靠自己。别人为什么帮助我们?那我们也帮助别人,是相互的。孔子也经常讲,我是受命于天的,天也会保佑我的;但不管如何,我是一定要行动的,要自求多福。

第五章说,"人有恒言,皆曰'天下国家'"。这句话其实不完整。那大家都说天下国家,天下国家只是个词,不是一个判断句。你说人呀人呀,当然这可能是感叹。这个感叹,可能是有点悲观,有点失望;也可能是说人为什么不好。但这里的"天下国家",确实是一个不完整的句子,怎么来理解这个不完整的句子呢?我们结合前后文,结合孟子的思路,这句话的意思是,人们都说要好好治理天下国家。这才是完整的。但是怎么才能治理好天下国家呢?并不是人人都懂的。在孟子看来,"天下之本在国,国之本在家,家之本在身"。孟子提供了答案。这样的话,理路就可以连贯起来了。

这里"家之本在身"的观念,和"自求多福"的观念就联系起来了。这是我们开始所强调的,要治理好一个国家,首先要自己做好,要修身养性,要有自己的能力,要有自己的美德,要培养自己的人格。这是首要的。所以孟子一层一层地收缩,最后落实在自身。天下怎么治理好呢?需要所有的诸侯国家都治理好。那诸侯国家又如何治理好呢?一层一层,最后就落在了自己。这就和"自求多福"这个问题联系起来了。从孟子来看,要治理好国家,首先要做一个好人,做一个有能力的人、有美德的人,这是首要的,是根本。其实在那个时候,周天子已经很弱了,基本上名存实亡了,各个诸侯国竞相争霸。春秋时期有五霸,咱山东的一个大国——齐国,就是春秋五霸之一,齐桓公便是霸主之一。在春秋到战国的时候,齐国始终都是大国。到了战国时期有七雄,那个时候周天子的权威已经没了,但孟子始终希望,我们要像三代那样,有一个统一的天下,有一个统一的天子。所以他还是要讲一个更高的目标,一个诸侯国治理好了,不等于整个天下都好了,虽然天下的基础在诸侯国。所以儒家讲修齐治平,用《大学》的话来说,从天子到庶人,都要以修身为本。

现在我们总结一下两章的内容,这里有两个地方需要注意。一个是"自求多福",就是反求诸己、自我实现。孟子这样讲,孔子也这样讲。就是说,事情做得不好,我们不要轻易批评别人,首先得反省自己。这是一个道德的反思能力,需要道德的勇气。我们往往有一种自我肯定,如果别人批评我们,会觉得不受尊重。自我反思的能力是需要的,儒家强调严于律己、宽以待人。对自己要严格,对别人要宽厚,这是与人为善的一种表现。

再一个就是儒家强调自救。好的生活、幸福的生活是自己追求的。你不能老靠上天,老是想着去祈祷。你可以有这个信仰,但还得努力去做。有宗教信仰,并不是说大家可以不去努力;它提供一种精神上的支撑,但是最重要的是自己的作为。在这一点上,儒家没有否定环境的重要性。大家知道,孟母教育孟子的时候,要选择一个好的环境。孩子的成长和环境的好坏有紧密的关系。所以这里说的自求多福、自我实现,和一个好的环境也是统一起来的。

7·6 孟子曰:"为政不难,不得罪于巨室。巨室之所慕,一国慕之;一国之所慕,天下慕之;故沛然德教溢乎四海。"

7·7 孟子曰："天下有道,小德役大德,小贤役大贤;天下无道,小役大,弱役强。斯二者,天也。顺天者存,逆天者亡。齐景公曰:'既不能令,又不受命,是绝物也。'涕出而女于吴。今也小国师大国而耻受命焉,是犹弟子而耻受命于先师也。如耻之,莫若师文王。师文王,大国五年,小国七年,必为政于天下矣。《诗》云:'商之孙子,其丽不亿。上帝既命,侯于周服。侯服于周,天命靡常。殷士肤敏,祼将于京。'孔子曰:'仁不可为众也。夫国君好仁,天下无敌。'今也欲无敌于天下而不以仁,是犹执热而不以濯也。《诗》云:'谁能执热,逝不以濯?'"

下面我们进入第六章和第七章。这两章我们也是结合起来讲。这两章的主要意思和前面的内容有内在的联系。第六章是讲为政者要处理好一个具体的关系。大家知道,政治生活里面有各种各样的权力关系。用我们现在的情况来说,比如中央和地方的关系,就是一种权限的关系、权力的关系。第六章主要是讲如何处理这种关系。第七章则是强调如何分配才是公正的,和前面讲的问题有联系。

这里牵扯到"巨室"的概念,这个"巨室"主要是指卿大夫之家。诸侯下面一层就是卿大夫,卿大夫有固定的采邑,他们的权限很大,拥有的财富有时候比君主的还要多。如果这样的话,诸侯和卿大夫之间的权力就会变得不平衡,容易产生政治危机。第六章便是讨论这个问题。此外,第七章引用了两段《诗经》的话。有一些文字,可能解释不太一样,比如说"侯服"的"侯"是什么意思。我们认为,这个字还是有实意的,就是乃、于是的意思。另外就是"殷士肤敏","肤"不能解释成皮肤,这里是指壮美。"裸"是一种礼仪,这种礼仪要用到郁鬯。郁就是郁金香,这是一种香草;鬯是用黑黍酿成的一种香酒。"裸"就是把郁鬯浇洒在地上,与神进行交流,这是祭祀的一种方式。另外一个比较疑难的,也就是"仁不可为众也"这句话。一种解释是,你不能让众人都成为仁者。杨伯峻先生则解释为,仁不可用数量来计算,仁不在多少。梁涛老师也是这个意思。这两种解释可能都有道理。按前一种来解释,意思是不能让天下的人都变成仁人,但是君主的仁是非常重要的,君主的仁可以影响到所有的人。所以君主必须仁,君主的仁无敌于天下。如果沿着这种思路来看这段话,是不是也可以说得通?

我们看这两章的内容。第一个是处理君主和大家族的关系。这个"巨室",不只是地位很高、很有财富,同时也是贤明的卿大夫,很有影响力。在这种情况下,君主不能得罪他们。后面说"巨室之所慕,一国慕之;一国之所慕,天下慕之",这个"慕"就是敬慕、爱戴。巨室爱戴君主的话,那么整个国家的人都会去爱戴这个君主。那么一国之所慕,也是天下之所慕。这仍然是一层一层的推论,就好像前面所说的"天下之本在国,国之本在家,家之本在身"。这种影响可以不断地往外扩展,就好像水的波纹那样,四处扩展,最后整个天下都可以安宁、和平,构成一个良好的秩序。所以一定要处理好这个关系,如果处理不好,问题很严重,这一点我们后面再来引申。

第七章具体讲什么叫天下有道,什么叫天下无道。大家知道,孔子和孟子都会区分两种社会,天下有道就是好的社会,天下无道便是坏的社会。天下有道是一种理想的状态,儒家是要追求一个有道的社会,避免无道的社会。在这里,孟子明确地讲到了什么叫天下无道,什么叫天下有道。他说,天下有道的时候就是"小德役大德,小贤役大贤"。"役"就是指役使,这句话的意思是,当你的能力、你的品德不如别人的时候,就要服从更有道德、更有能力的人。我们在前面讲过,儒家强调有德者、有能者应在上位,这才是有道的社会。这里实际上就是讲国家的人才制度的问题。贤才在国家治理中非常重要,现在仍是这样。我们现在说国际竞争、地方的竞争等,都是靠人才政策、人才战略。那天下无道呢?就是"小役大,弱役强"。这是什么秩序呢?就是势力大的人压迫弱小者,或者是剥夺弱小者的利益,这就相当于霸道了。社会的法律和道德其实都是要避免这种情况。虽然我们的能力不一样,我们的社会地位不一样,但是我们在社会生活里拥有共同的人格,具有共同的追求,要共同实现我们的幸福。

孟子认为这两种情况都是由"天"决定的,并且在这里提出一个普遍的论断,"顺天者存,逆天者亡"。这个话我们现在也讲。这里的"天"不一定要理解成神的概念,它是指一种法则、一种必然性。当然,自然界的法则和人类社会的法则不一样,是"小役大,弱役强"的,这也就是我们常说的弱肉强食的世界。但人间的秩序就是要避免这种情况,我们社会有弱势者,那么应该给他们保障,这是人道的表现。但是强权主义者认为弱势者就应该被征服、被消灭。这是近代以来社会达尔文主义产生之后的思想,这种思想变成一种种族主义,对不同的民族、不同的种族区分优劣,主张强大的种族可以去征服、消灭弱势的种族。虽然美国人民是自由的、平等的,但种族主义的思想在那里始终存在,比如大家都知道白人对黑人的歧视。这不是人道的原则。人道的原则是,我们人不管强弱,都应该受到尊重,社会对弱者要提供保护。所以现在各个国家都发展福利制度,让失业的人或者能力较弱的人能够得到基本的生活保障。这符合天道的必然性,可以说是另一种天道的必然性。

但是对于弱肉强食、强者压迫弱者的情况,孟子认为那也是"天"。这里面涉及一个关于齐景公的历史故事。齐景公要把自己的女儿嫁到吴国去,但他是被迫的,所以送女儿出嫁的时候痛哭流涕。这个故事在《左传》里有记载。齐景公为什么要这样做呢?齐国也是大国,所以他的臣下就说,君主,如果你不想这么做,那咱们就不把你的女儿嫁到吴国。齐景公怎么说?齐景公说:"既不能令,又不受命,是绝物也。"意思是,我们齐国现在虽然是一个大国,但是我对其他诸侯国不能发号施令,那别的国家要命令我,我也只好接受了。既不能命令别人,又不接受别人的命令,那会造成祸害,绝路一条。大家知道,那个时候吴国崛起了。吴国崛起的一个重要人物就是伍子胥,他从楚国跑到吴国,帮助阖闾把吴国变成一个强大的国家。吴国强大以后,首先去征服楚国。楚国很强大,可是被征服了。然后,吴国把越国也征服了。在《孟子》中,没有讲很多的细节。根据前面的故事我们推想,可能是阖闾看上了齐景公的女儿,要结盟,要娶齐景公的女儿。而齐景公如果不同意的话,可能就会有麻烦了,两个国家之间就会起冲突。大家知道,中国历史上有和亲的政策。这个政策某种意义上讲,是一种不平等,尤其是一种耻辱。堂堂华夏大国,汉代有和亲,唐代也有和亲,通过公主和亲,换来四周民族对中原地区的不骚扰。说起来好像表现出一种文明,建立婚姻关系,和平共处,可实际上这是片面的,它里边体现的是一种不平等。比如说这里的故事,在强大的吴国面前,齐景公就是被迫的,他很无奈。这就是"小役大,弱役强"。就现在来说,我们都知道美国很强大,我们从心里想改变某些东西,可一时没有办法,很多地方我们还是忍受,即便心里面很愤怒。这也是"小役大,弱役强",这是国际秩序的一个常态。

　　孟子反对这样的情况,反对这个法则,反对弱肉强食。那怎么办呢?孟子从这个故事里引申出什么呢?就是说,我们要接受一种东西,那么要接受什么呢?要学习文王之道。这样就从尧舜转到文王了。文王也是圣王,如果以文王为师,大国五年可能就非常强盛了,小国七年也可以变得很富裕,或者非常好了。在这里孟子仍是强调效法先王,主张学习古代的典范。接下来引出了《诗经》的一个故事。"商之孙子",是指商代遗民。大家知道周代商之后,将殷人迁到了宋国,也就是商丘一带。"商之孙子,其丽不亿","丽"的意思是数目,

"亿"在当时是指十万,跟现在不一样。这句话的意思是,商代的遗民有很多。"上帝既命",这"上帝"是说当时的宗教神。周取代了商,这时商怎么办呢?受不受命?商是受命的。第一,商力量不够;第二,文王带来的是文明政治,赢得了人心。文王不是压制商人,而是用好的治理赢得人心。所以说商代遗民都"侯于周服",也就是"侯服于周",服从周人的统治。"天命靡常",天命是不确定的。一般我们说天命就是一种必然性,我们都必须接受。这里突然来个"天命靡常",什么意思呢?我们看周人,原先在陕西那边,也就是今天咸阳一带,后来他们推翻了纣王的统治,他们需要一个正当性的理由。中国历史上民众起义,推翻腐败的王朝,都说替天行道。但是纣王说,我是天子,我的君位是天赐予我的,天命是不会改变的。纣王是这样给自己做的辩护。但是周人要改变他这个逻辑,他们说"天命靡常",天把权力授予你,不是一劳永逸的,是会改变的。天是否护佑你,得看你做得好不好,能不能代表天意。如果你代表百姓的利益,把天下治理得很好,赢得了百姓的拥护、爱戴,天才会护佑你;如果你很邪恶,施行暴政,老百姓不接受你,那么天也不会接受你,就会收回任命,剥夺你的权力。这就是说,天意在民心,强调民心、民意,这一点在《尚书》里我们也可以看到。在儒家传统里,天意都是从老百姓来的,天并没有自己独立的意志,老百姓的意愿就是天的意愿。所以天授予天子权力的时候,实际上体现的是老百姓的意志。所以,关键就看你能不能赢得老百姓的拥戴,这是根本的。老百姓如果不拥护你,那么这个时候天就改变它的任命了,这就叫"天命靡常"。现在,商纣王失去了天命,就是因为他很邪恶,天要改变它的授权,重新授予周人。这样,周人的政权便是合法的,是"天下有道"的,是值得效法的仁政,所以孟子说仁者无敌于天下。但是,如果你不能代表天,不行仁政,那就会失去天命,所以他又引用了《诗经》的一句话。如果拿到一个热的东西,我们可能会说,马上把它抛掉,然后去洗一洗,降温。我们都想追求好的东西,避免不好的。好的是什么呢?好的就是"师文王",不能学习纣。这种思想总体上仍然强调天下有两种道——仁与不仁,仍然是一种对比关系。然后引出了"顺天者存,逆天者亡"这一个普遍的思想。

在这里我们要强调的首先是,政治生活中要处理好各种各样的权限关系,中央和地方,各种权力利益之间的关系。处理得不好,就会造成矛盾,引发冲突。古代社会里这类冲突其实很多,有些冲突后来就成了大家族篡权。这是一个方面。我们知道历史上君主失权,可能是外戚干政,可能是宦官擅权,还有一个很主要的因素就是没有处理好中央和地方的关系。比如说,在唐代藩镇的势力就很强,后来安禄山起义,对唐王朝造成了很大的损害,自此以后,唐朝开始衰落了。这就是地方势力太大,危及了中央政权,会造成很大的内乱。这个情况不是突然就发生的,它是长期积累出来的。所以后来宋代就吸取这方面的教训,采取中央集权,没有出现很强大的地方势力。当然,中央集权也有不好的地方,不能把地方的权力都剥夺了,地方没有自主性,也不能很好地发展,所以说这种关系要平衡,要作出很好的安排。这一点在政治生活当中是一个非常重要的智慧。

　　第二个是政治权力的合法性问题，也就是政权的合法性从哪里来。孟子的立场是，第一是天，第二是民心。在今天我们仍在强调民心的重要性。好的治理会有好的结果，坏的治理则一定会有恶果。恶果是消不掉的，而且它是积重难返的，到最后想改变都没有时间了。我们看晚清改革，就是这样。大家知道戊戌变法，那时候光绪皇帝想改革，可是慈禧太后反对，不愿改革，就把这次变法给扼杀了，光绪皇帝也被囚禁起来了。可是那时候革命的势力已经起来了，后来又出现了义和团的事件。那时候清代的危机已不是变法的危机了，或者说变法的危机其实并不强。当革命的势力和社会的反抗起义越发突出之后，再加上帝国主义势力对中国政治的干预，清朝终于想改革了，要搞君主立宪。但那个时候已经晚了，没有机会了。以孙中山为代表的革命势力已经兴起，这些革命者根本就不相信清政府。其实，孙中山等一批革命家开始也是拥护变法的，并不是要推翻清朝。但是那个时候清政府不愿改革，等到了后来想改革的时候，已经没有机会了。这也是一个非常重要的启示，这个教训一定要吸取。

　　7·8　孟子曰："不仁者可与言哉？安其危而利其菑，乐其所以亡者。不仁而可与言，则何亡国败家之有？有孺子歌曰：'沧浪之水清兮，可以濯我缨；沧浪之水浊兮，可以濯我足。'孔子曰：'小子听之！清斯濯缨，浊斯濯足矣。自取之也。'夫人必自侮，然后人侮之；家必自毁，而后人毁之；国必自伐，而后人伐之。《太甲》曰:'天作孽,犹可违;自作孽,不可活。'此之谓也。"

7·10 孟子曰:"自暴者,不可与有言也;自弃者,不可与有为也。言非礼义,谓之自暴也;吾身不能居仁由义,谓之自弃也。仁,人之安宅也;义,人之正路也。旷安宅而弗居,舍正路而不由,哀哉!"

我们将第八章和第十章结合起来讲。这两章有一些共同的内容,仍然是强调"自求多福"的观念,强调我们人都有自由意志,可以自己选择。我们先看文字。第一个是草字头的菑(zī),它的本义是锄地、开荒,但在这里是假借,假借为灾,灾害的灾。另外是一首歌谣,就是孺子歌。沧浪之水在什么地方呢?多数意见都认为是长江的支流汉水。那首孺子歌应该是当时流传的一首歌谣。另外孟子还引了孔子的话,这句话也不见于《论语》等典籍,是通过《孟子》保存了下来。此外,这里也引用了《尚书·太甲》的一段话,里边牵扯到伊尹和太甲。太甲是商代的一个帝王,他执政之后,不务政事。伊尹是一位忠臣,也是一位明臣,他采取了一个大胆的政治行动,把太甲给流放了。这件事可以说是一种僭越,是臣子很忌讳的事情。可能是那个时候太甲的权力还没那么大,伊尹的影响力非常强,所以伊尹做了这件事情。关于如何看待这件事情,后来有两种立场。一种是强调名分的立场,认为伊尹这样做肯定是僭越了。怎么臣把君给流放了?是不是不正当?另一种便是后来儒家的评价。儒家认为伊尹做得对。为什么呢?第一,当时确实没有办法。太甲不好好治理国家,流放他是无奈之举。第二,伊尹没有野心,这一点很重要。伊尹不是把太甲流放后自己篡权,他没有野心,他的目的是让太甲到商汤的墓地那一带,好好反省自己的过错。后来太甲意识到自己的错误,伊尹便将政权交还于他,让他重新执政。如果是野心家,肯定要篡权了,这动机不好,行为也很可怕。但伊尹完全是出于公心,这个方法看起来不是那么好,但又是无奈的选择。

这里仍然是强调个人的作用、个人的主体性,同时也是强调一个国家君主的重要性。大家想一想,一家之主如果当不好,那这家庭还能好吗?儒家始终这样想,一个乡、一个县、一个国家,一层一层,都是这样。所以在孟子看来,领导是非常重要的。因为领导统摄全局,领导做好了,自己好,大家也好;领导做不好,自己不好,大家都不好。孟子的思考始终是要避免出现不好的领导,让大家都变得不好,他是要解决这个问题,所以他说,"不仁者可与言哉?"有一种人,不仁。前面也讲了,道有两个,一个是仁,一个是不仁。什么叫不仁呢?在这里孟子讲了一个普遍的论断,他说,"安其危而利其菑,乐其所以亡者"。意思是,对别人的危险,对别人的不幸,他幸灾乐祸,无动于衷。同时他还落井下石,当别人有灾难的时候,他从中牟利。我们常说的发国难财,便是这样的情形。国家有难了,出现战争了,有些人不去考虑国家的利益,而是只顾自己的私利,去发战争财。这就是"利其菑"的一种表现。那么"乐其所以亡者"是什么意思呢?"所以亡"是说灭亡的原因,行为不正当。对此应该是痛心的,他却看得很高兴,而且乐意那样做。所以不仁者不可与之言,不可以和他交流,不可以和他一起谋道。那么这样的不仁者,如果让他去治国,国家会衰败,不是很正常、很自然的吗?

接下来,孟子引用了一首孺子歌,也就是当时的童谣:"沧浪之水清兮,可以濯我缨;沧浪之水浊兮,可以濯我足。""缨"就是帽子上的丝带,用以系帽子。清水可以洗我的帽缨,浊水可以洗我的双脚。孔子从这首童谣引申出什么道理呢?他说,你们要记住,清的水可以濯缨,浊的水可以濯足,"自取之也"。水的清浊是自然的,人们可以用清水洗帽缨,可以用浊水洗双脚,这都是由自己决定的。那么,孟子接着孔子的话,又引申出什么道理呢?孟子说:"人必自侮,然后人侮之;家必自毁,而后人毁之;国必自伐,而后人伐之。"这个道理一层扣一层。孟子先从一般的道理来说明,然后引用孺子歌,又引用孔子的话,反反复复说明这个道理。别人侮辱我,别人轻视我,为什么呢?为什么我没有得到别人的尊重呢?孟子认为,先别找外部的原因,先在自己身上找原因。是不是因为自己不尊重自己呢?自侮,然后别人才侮之。同理,家自毁,别人才会来毁;国自伐,而后别人才会来伐。这不是说落井下石的问题。它是一个自然趋势,你自己不争气,自己不上进,那别人也没有办法,这种情况下你只有被抛弃。为什么会发生这种不幸的事情?在群体里面,有些人觉得孤独,觉得被抛弃,为什么?那原因不能说大家都是不友好的。在孟子看来,首先是你自己不尊重自己,自己抛弃了自己,别人才会不尊重你,才会抛弃你。然后,孟子引用了《尚书·太甲》的一段话:

"天作孽,犹可违;自作孽,不可活。"天给人类灾害,有时候我们还可以避免,但是如果你自己做了一些不好的事情,严重的话,是不可活的。也就是说,罪大不可解,或者说恶大不可解。我们有个成语叫恶贯满盈,别说满盈了,当罪恶很高的时候便不可解了,也就是孟子讲的不可活了。这后果就很严重了。那人们可能会说,这是别人的责任;孟子却说,不要找别人的责任,要找自己的责任。

这段话的义理,和第十章所讲的"自暴者""自弃者",可以联系在一起。"自暴"的"暴"就是指伤害。"自暴""自弃"是说自己伤害自己,自己抛弃自己。自己都不珍惜自己,不爱惜自己,那别人怎么跟你合作呢?自己都抛弃自己了,别人怎么跟你一起做有价值的事情呢?在这里孟子是说,别人的帮助虽然很重要,但你自己首先必须自爱、自强,这个才是核心。然后,孟子说:"言非礼义,谓之自暴也;吾身不能居仁由义,谓之自弃也。"自暴自弃可以是多种意义上的,当然有时候是以点带面,在一个点上自暴自弃,它会波及其他地方。在这里孟子具体解释了什么是自暴自弃。"言非礼义",是指经常说一些不合乎礼义的话。不合乎礼义的话,也是伤人的话。人是语言动物,人与人之间是通过语言来交流。语言是人类文明当中最重要的一个东西。言不合乎礼义,那这个就是"自暴"。这种言损害了别人,其实首先损害的是自己。那么"自弃"又是什么呢?就是不按照仁义去做,没有做到"居仁由义"。大家看,这里又把仁义放在一起了。讲完这个道理之后,孟子立了一个论点:"仁,人之安宅也;义,人之正路也。"

人应该做的选择是什么呢？选择正道,选择与人为善,按照仁义去做。如果不是这样,那便是"旷安宅""舍正路"。"旷"就是废弃。有安宅而不住,有正路而不行,这是非常悲哀的。这种思想,我们在前面已经讲过了,也就是"自求多福"的观念、"反求诸己"的思想。孟子在这里再次强调人的主体性、人的能动性,强调我们人必须自强。

在此我们引申出一个问题。我们在生活当中会有各种各样的不幸,个人的也好,群体的也好,有小的,也有大的,有轻的,也有重的。人与人之间总会起矛盾,发生冲突,让我们的生活出现一些非正常性的发展,不好的发展。对于这些情况,孟子强调要从自己身上找原因。我们说人类受到的灾祸可以分为两种。一种是自然给的。自然一方面给我们提供了各种各样的生活资源,但是自然有时候也会给人类带来一些灾害。自古以来就是这样,农业社会特别怕旱灾、涝灾,当然更严重的还有地震等。另一种则不是自然给的,是人类自己造成的。人类都希望自己好好的,怎么会给自己制造灾难呢？我们可以说,是我们的理性不够,我们的智慧不够,我们的知识不够,这是一个原因。这个方面我们可以尽力弥补,也就是说,我们做任何一件事情,都要深思熟虑,努力做到考虑周全。此外还有一种情况是,我们知道这样做是有害的,但还是那样做。比如说犯罪,为了获得特殊的利益,采取了不正当的手段。偷盗、抢劫、杀人,明知道这些都是错的,那为什么还这么做呢？主要是因为人有时候只顾着短期的利益、眼前的利益,而不去考虑更长远的东西。为了避免这种对自己的加害,我们要将短期利益和长期利益结合起来,不能为了一时的利益,明知道是不正当的,仍然去获得它。通过不正当的手段获取利益,好像可以天不知地不知,其实最后的恶果只能是自己加害自己,到时候便不能怨天,也不能尤人,也就是孟子所讲的自侮、自毁,这个后果就得自己来承担。如果说是我们的能力不济,或者是我们的理性不够,那还显得情有可原,但如果是犯罪之类,明知道是错的,还去做,那就不可原谅了。

另外,国与国之间的冲突和战争,也是人类自己加害自己的表现。孟子生活的时代是大国兼并时期,战争的规模远远超过春秋时期,杀人无数,血流成河。这也是人类加害自己的表现。可是为什么还要这样做呢?有人会说,为了国家利益,为了获得更多的土地,为了拥有更多的人口,为了获取更多的资源。是不是这样?各个国家之间,为了占得空间和利益,追求各国利益的最大化,所以就出现了矛盾和冲突。可是如果各个国家的政治家都考虑自己国家的长远利益,考虑人类的整体利益,他们就会尽量避免战争。战争从来都是破坏性的,你说你赢了,那也是要付出巨大的代价的。战争对谁而言都是灾难,没有真正的赢者。所以老子说,"胜而不美",你胜利了,也不要去欢呼,没有什么可欢呼的,因为杀了那么多人。所以道家是反战的,孟子也是反战的,他们都是高度的和平主义者。这是儒家一个非常重要的思想。但在现实当中,光去反战还不够,还必须有力量。在这点上,孟子思想可能并没有发展出强国、大国的概念,他主要是强调道德。在孟子看来,大家都相安无事,天下有道,那就是和平的状态。

接下来我们继续讨论,为什么我们明知道某件事情不好,还要去做?可以说他是为了短期利益而牺牲了长远利益,或者为了局部利益而舍弃了整体利益。现在还可以继续讨论,这里有两种分析的角度。一种是从自然方面解释,认为人天生有犯罪基因。基因学针对为什么有些人会犯罪,从基因上去找原因,似乎是说这是基因决定的,人不须承担责任了。有没有这种原因呢?也许有吧。有些犯罪类型的心理意识,不排除有先天性的因素。但是,有这方面的因素,是不是一定会表现出来呢?不一定,表现与否那是后天的事情。就好像我们人类的基因中都有些遗传的病因,但是否会表现出来要看后天具体的情况。后天的因素是我们可以改变的,可以避免的,因此仍然要承担责任。另一种解释是意志薄弱,认为有些人意志太薄弱,所以他们明知是错的,还是会那样做。可是为什么意志薄弱呢?这很难解释。那么,儒家有没有关于意志薄弱的思想呢?儒家没有。孟子批评自侮、自毁,强调自求多福、反求诸己,认为人是可以自立、自强的。那么,这意志薄弱的问题在儒家那里也不能得到解释。不管怎么说,我们在这里把这个问题提出来,大家去思考。这就是我们讲的第八章和第十章。

7·9 孟子曰:"桀纣之失天下也,失其民也;失其民者,失其心也。得天下有道:得其民,斯得天下矣。得其民有道:得其心,斯得民矣。得其心有道:所欲与之聚之,所恶勿施尔也。民之归仁也,犹水之就下、兽之走圹也。故为渊驱鱼者,獭也;

为丛驱爵者，鹯也；为汤武驱民者，桀与纣也。今天下之君有好仁者，则诸侯皆为之驱矣。虽欲无王，不可得已。今之欲王者，犹七年之病求三年之艾也。苟为不畜，终身不得。苟不志于仁，终身忧辱，以陷于死亡。《诗》云：'其何能淑，载胥及溺。'此之谓也。"

接下来我们来讲第九章。第九章是关于什么问题的呢？就是民心、民意和天下的关系。这一点我们在前面已经讲到，在这一章我们会接着讲。

这一章涉及的历史人物，我们都很熟悉，比如说桀、纣、汤、武。文字上的问题，我们看"圹"字。有的解释认为此字通"旷野"的"旷"，好像有点问题。大家可以查一查日字旁的"旷"字，那个字没有原野的意思。"旷"有其他的意思，比如说广阔，虽然广阔和原野有一定联系，但是广阔不等于原野。我的看法是土字旁的"圹"字不要通日字旁的"旷"字，"圹"这个字本身就有原野的意思。另外一个就是"与之聚之"的"与"字。如果将"与"理解成给与、施与，那么这句话是说老百姓所希望的，施与他们，帮助他们聚集起来。这样义理上好像也说得通。但这个"与"还有另一个意思，就是为、替。按这种意思，这句话是说老百姓所希望的，为他们聚集起来。这样解释也许更好。另外还有，"爵"是个通假字，通"雀"；后面的"鹯"是一种吃鸟的鸟。孟子在最后还引用了《诗经》的话。大家知道，《孟子》中很多段落都会引用《诗经》的话来论证自己的道理。这里最后那句诗，"载胥及溺"，"载"的意思是则，也就是那么,表示转折;"胥"是都的意思。这就是这一章文字上的问题。

这一章的内容和前面是紧密联系在一起的。首先孟子提出了一个问题,桀、纣为什么失天下?孟子的回答是"失其民也"。那为什么失其民呢?是因为"失其心也"。一层一层地紧扣。然后,孟子就提出了一个普遍的论断:"得天下有道。"这个道是什么呢?就是得其民。得其民也有道,这个道又是什么呢?就是得其心。那得其心的方法呢?就是"所欲与之聚之,所恶勿施尔也"。一层扣一层,非常严密。从这里能看出来,孟子的论说是很严谨的,他的思路非常清晰。所以孟子是一个论辩家,他的文章逻辑性很强。他有很多论证的方法,包括引经据典、讲述历史人物、阐述道理,这些方法相互补充,构成一个严密的论证体系。

这里得出了一个普遍结论,就是得天下要得其民,得其民要得其心。关于得民心的方法,孟子说得很具体,就是治理社会的人要在最大限度上满足社会的需求,符合社会大众的利益。那为什么有时候会治理不好呢?为什么不能得民心呢?孟子讲了一个故事:深渊里面的鱼因为吃鱼的水獭来了,都聚到了一起;丛林里面的鸟因为吃鸟的鹯鹰来了,也都聚在了一起。通过这个类比,孟子得出结论:为什么汤、武治理之下聚集了那么多的老百姓呢?是桀、纣这些暴君造成的。所以孟子说,统治者好好做,老百姓便会非常认同,非常拥戴。民众的要求其实并不高,但要是你做不好,老百姓便不能忍受,久而久之,他们会反抗的。

孟子实际上是强调一种革命的思想，一种反抗性的思想。这一点在儒家里面是最突出的。中国古代的革命思想，一个就是汤武革命，顺乎天意、民心，这是汤、武的革命思想；另一个就是孟子，他发展了汤、武的革命思想。孔子的革命思想其实并不突出。大家知道，中国历史上民众起义为什么那么多，就是因为他们不能忍受那种生活了。老子说，"贵以贱为本，高以下为基"。为什么有的人能够享受高的地位呢？是因为社会上有更多的人作为基础。那么，将这个道理运用到君民关系上，君主高高在上，权力最大，靠的是什么？靠的是民众的拥护。如果老百姓都不支持你，你怎么可能高高在上呢？可是有的统治者认识不到这一点，只是强调这是天给我的。其实不是这样，关键看老百姓是否拥护你。这一章的内容其实就是强调这个问题。我们说得民心者得天下，这是大家非常熟悉的话。民心也就是民意，民意也就是民众的愿望和需求——希望过一种好的生活。而社会的治理者有责任、有义务给民众带来这种生活。如果统治者没有好好做，长期无道，那怎么可能把社会治理好呢？孟子说，"七年之病求三年之艾"，平时不积蓄，那是不可能治好的。后边引用了《诗经》的话："其何能淑，载胥及溺。""淑"的意思是善。这句诗是说，这种人怎么能把社会治理好？只能一起溺水罢了。

这一章强调的主要是民心、民意的概念，在儒家思想里这是非常重要的概念。过去我们只强调民本的概念，在孟子思想里我们要强调的是民心、民意的概念，后者比民本其实更为根本。我们说百姓是根本的，那为什么百姓是根本的？进一步追问的话,其实就是民心和民意的问题。我们知道,水可以载舟,也可以覆舟,这就是统治者和民众的关系。我们刚才也讲到,得民心最终体现在能给百姓带来好的生活,这是百姓的意愿,也是天意。《尚书》里边讲:"天视自我民视,天听自我民听。"百姓看到的就是天看到的,百姓听到的就是天听到的。天没有自己的意志,老百姓的意志其实就是天的意志。所以说,君主政权的合法性从天那里来,实际上就是从民众那里来的,因为天意就是民意。因此,天意、民意、君意,三者要统一起来。

儒家的思想是要建立一种好的个人生活,一种好的公共生活。一方面这是理想主义的,但同时也非常朴实,非常实际。所以儒家向往"大同",认为只要我们努力就可以实现,它不是一个空洞的乌托邦。世界上东西方传统中有各种各样的乌托邦设想,乌托邦设想是什么呢?追求一种人类做不到的事情。当然,儒家圣人的标准很高,很理想,孟子讲这个问题的时候,便说只要我们努力去做,就是最值得肯定的。这种思想很朴实。我们有时候也讲天堂,但有人说根本没有天堂,只有地狱,因为人邪恶起来,会制造人间地狱,人类加害自己的灾祸很多。但是人类又有一种期望,越是邪恶、无道的时候,人越是期望摆脱这种灾难。基督教讲天堂,佛教讲来世,现实生活中实现不了的,就寄托于天堂,寄托于来世。儒家没有天堂的观念,也没有来世的观念,儒家主张在现实当中我们可以过好的生活。

有个老师给他的学生讲天堂地狱。这位老师先讲地狱是如何可怕,讲完之后问学生,有没有人愿意下地狱?愿意的请举手。当然没有人举手了。接下来这位老师又讲天堂是如何美好,讲完之后也问学生,愿不愿意来世上天堂?愿意的请举手。大家都举手了,但有一个同学没有。这位老师觉得很奇怪,天堂那么好,为什么不愿意上天堂呢?于是就问那个学生,天堂那么好,你为什么不愿意上天堂呢?那位学生说,老师,妈妈告诉我,放学之后哪里也不要去,直接回家。儒家哲学就是回家的哲学。家就是人类最好的发明。

我们大家都希望过一种好的生活,不管是个人层面的,还是社会层面的。在这个话题之下,我们解读了《孟子·离娄上》的一些具体章节。那么,从具体的讨论来看,孟子的思想整体上是从我们个人的修身养性、精神生活出发,然后向外关心社会、关心政治生活,并且这两者之间有着统一和谐的关系。

7·11 孟子曰:"道在迩而求诸远,事在易而求诸难。人人亲其亲、长其长,而天下平。"

7·12 孟子曰:"居下位而不获于上,民不可得而治也。获于上有道,不信于友,弗获于上矣。信于友有道,事亲弗悦,弗信于友矣。悦亲有道,反身不诚,不悦于亲矣。诚身有道,不明乎善,不诚其身矣。是故诚者,天之道也;思诚者,人之道也。至诚而不动者,未之有也;不诚,未有能动者也。"

第十一章和第十二章可以合在一起讲。这两章在文字上没有什么偏僻难懂的地方，所以释文上没什么要多讲的。这里主要讨论一个道理，就是说做事情的时候如何选择是最好的。第十二章提出了"诚"的概念，这个概念在儒家思想中是非常重要的。而在我们现代社会中，诚信的价值仍然是我们要思考的问题。第十一章提出了一个普遍的问题，其实"道"离我们很近，就在我们身边，但是我们有时候会舍近求远，离开近的，然后去求诸远。做事也一样，有容易的地方，但我们有时候也是舍其易，求其难。在孟子看来，这不是一种合理的选择，就是说你不应该舍近求远，不应该舍易求难，应该是从近处做起，从易处做起。近的地方、易的地方是什么呢？后面孟子作出具体说明："人人亲其亲、长其长，而天下平。"这个意思和孟子所说的"天下之本在国，国之本在家，家之本在身"是联系在一起的，他特别强调家庭伦理、家庭生活是我们伦理生活的基础。我们知道，儒家关注伦理，尤其是君臣、父子、夫妇、兄弟、朋友这"五伦"的关系。在这些关系当中，家庭生活、亲情关系是非常重要的。"亲其亲"讲的是父子关系，"长其长"讲的是兄弟关系。当然，我们现在来理解"长其长"，可能就是泛指尊敬长辈，不限于家中的兄长，但是在当时指的就是兄弟关系。在孟子看来，如果家庭伦理做好了，亲人关系维持好了，照着这个方向不断发展，那么天下也可以治理得很好。这是第十一章的基本义理。

第十二章讲到了上下关系。我们不只是在行政里面有上下关系，在社会生活的很多方面，例如长辈和晚辈之间，在企业公司里面，都有上下级关系。那么这种关系如何处理呢？

孟子提出，你如果在下位的话，那就要想怎么能够获得上级的信任，如果不能做到这一点，那就没办法把这个社会治理好。那么，如何获得上级的信任呢？孟子说"获于上有道"，这个"道"是什么呢？不是说你直接跟上级沟通，去建立一种信任关系，而是要推到朋友关系。孟子说"不信于友，弗获于上矣"，如果有好的朋友关系，就意味着人与人之间有好的关系。朋友之道在儒家思想里是广义的，撇开君臣关系、家庭关系之后，朋友之道就是指与熟人之间的关系。如果说与熟人之间都是很好的朋友关系，那么就一定会获得上级领导的信任。在这里，孟子不直接讲上下级之间怎么建立信任的关系，而是强调在整个社会里你和其他人的关系怎么样，特别是你和朋友的关系怎么样。这个关系处理好了，会影响到其他的社会关系。孟子进一步问，朋友之间怎么建立良好的信任关系呢？我们知道，《论语》中记载了孔子讲如何交朋友。孔子说"益者三友"，就是良好的朋友有三种。当然还有"损者三友"，就是不好的朋友也有三种。这些都涉及如何交朋友的问题。我们有各种各样的朋友，交朋友的方式也多种多样。君子之交淡如水是一种，大家吃吃喝喝又是一种，还有其他的不同的方式。但孟子在这里并没有直接讲怎么交朋友，仍是采取了推导的方式。他说"事亲弗悦，弗信于友矣"，意思是朋友之间关系处理得好不好，首先要看和父母的关系处理得好不好。一个人孝敬父母，和父母的关系很融洽，那么他也就可以和别人建立良好的朋友关系，并且从朋友关系推展到君臣关系、上下关系，这就是建立良好关系的基本方法。这种方法不是去直接建立，而是立足于一个基础，一步一步地建立良好的关系。孟子认为这是一种容易的方法，我们从身边的关系做起，以家庭伦理关系为基础，不断地扩展到其他的社会关系。

那么，接下来的问题是，如何事亲有道呢？也就是说，我们的社会关系建立在家庭关系的基础上，那么怎么样处理好这个家庭关系呢？这时候，孟子的思路便回到了"反身而诚"的问题，又回到了个人的问题上。在这里他提出了"反身"和"诚"的概念。如何让父母愉悦呢？关键就在于我们自己怎么做，怎么尽孝，能不能做到"反身"，能否做到"诚"。如果"反身不诚"，那就没法让父母欢心。接下来，孟子便顺着这个思路，讲到了个人如何修身的问题。他说"诚身有道，不明乎善，不诚其身"，意思是一定要懂得什么是善的，什么是好的。"不明乎善"，好坏不分，是非不辨，那怎么能"诚身"？因此，我们一定要弄清楚是非善恶，明辨各种道理，这是"诚身"的基础。

紧接着，孟子便提出了一个很高的哲理问题，什么叫"诚"？他首先说，"诚"是天之道，亦即"诚"不只是人世间的一个道理，同时它还有着更高的根据，也就是天的法则、天的道理，"天之道也"。"思诚者，人之道也"，我们追求"诚"，这是人应该做的"人之道"。从范围上讲，天有天道，人有人道，儒家认为这两个道是统一的。那么具体来说，"诚"有什么意义和价值呢？孟子说至诚者能够感化他人，对此他是从反面立论。他说他没有看过，一个至诚的人，不能感化别人；反过来说,如果不诚,又怎么能感化他人呢?这是一正一反的道理。

现在我们可以看到,孟子在这里的讨论分了几个层次,最后落到了一个极其重要的概念,也就是"诚"的问题。前面我们讨论儒家伦理价值时讲过,孟子强调仁、义,也强调敬、孝等。在第十二章,孟子则提出了"诚"的概念,这个概念在儒家思想当中也是非常重要的。我们知道,仁义礼智信五常当中有"信",没有"诚"。但儒家思想整体上都很重视"诚",特别是在《中庸》里面,充分阐发了"诚"的意义。现在我们是把"诚"和"信"合在一起,强调"诚信"。孟子在这个地方强调"诚",那么这个"诚"具体是什么样的道德伦理呢?首先,关于信用,大家都很熟悉了,我们的社会发展、经济发展、人与人之间关系的发展,都要讲究信用。人生活在各种社会关系当中,处理各种各样的事情,都离不开合作。那么合作的基础是什么?人与人之间建立良好关系的基础是什么?其中非常重要的就是"信"与"诚"。相对来说,"诚"更加强调人与人之间发自内心的相互信任,也就是相互之间的真诚。

在当今社会里,我们仍然要强调诚信的重要性。现在中国的经济发展,在诚信方面出现了一些问题,或者说存在一些危机。这也就是我们现在要复兴或者说激活儒家传统的一个原因。"诚"的价值可以说是超越时间的,对于当代仍然是非常重要的。不同时代中都要讲"诚",现在中国的问题可能是在于诚信欠缺,相互之间不信任,失去了真诚性。这是一个不幸的事实,更为严重的是,甚至走向了完全反面的非道德、非伦理的价值取向，比如欺骗、诈骗。对于这一类行为，我们觉得很痛心。现如今的诈骗手段也很高明，有时候防不胜防，它的危害性甚至比偷盗还要大。这样的行为，我们肯定是不能容忍的。有人用消极的办法，告诉我们怎么去防备。可是我们想一想，要骗人的人他在研究如何行骗，会有很多专业的骗术，我们怎么可能做到时时刻刻警惕上当受骗呢？一般来讲，大家可能都没有那么高的警惕性。即便我们有所警惕，但对方处处设陷阱，我们防不胜防。当然，这里面可能还有一个特别的心理因素，那就是骗术总是会表面上给大家好处，用引诱的方法，让别人上当受骗。这就是为什么骗子能大行其道，一方面他们的骗术的确高明，另一方面他们抓住了大家的心理。骗子们往往是花言巧语，但我们又总会想，这是个意外的好处，何乐而不为呢？这可以说是我们社会大众的普遍心理，而骗子恰恰是抓住了这样的心理，这是很不幸的。

　　围绕这样的问题，我们说，中国的道德伦理须重新建设。要重新建设，就需要伦理资源。而儒家所讲的"诚"和"信"就是我们重要的伦理资源，我们要传承、弘扬这种精神。发生了前面所说的不幸的事情，我们要努力去改变、去纠正。有时候遇上骗子，确实让人憎恨。我们上了一次当，就会说一看见人好像都成骗子了。这也是容易传染的，这种事情很容易产生不良的效应。我们经常听到一些夸大其词的故事、传闻，从中反映的问题是，中国现在一方面经济在发展，文明也在发展，另一方面在发展过程中也带来了很多问题，或者说产生了很多的负面影响。有人说这是我们须付出的代价，那我们现在就要尽量减少这种代价,让我们发展得更好,生活的质量更高。

因此,儒家的诚信价值在这方面是可以大有作为的。市场经济本来就是一种信用经济、诚信经济,如果失去了这个基础,单靠合同、契约那些外在的形式的东西,不是发自内心地遵守契约,那么相互之间其实很难建立一种真正的诚信关系,这对社会经济的发展是很不利的。在这一点上来讲,诚信的观念对于今天的经济建设是非常重要的,我们应该去传承、发扬。这就是第十二章。

7·13 孟子曰:"伯夷辟纣,居北海之滨,闻文王作兴,曰:'盍归乎来!吾闻西伯善养老者。'太公辟纣,居东海之滨,闻文王作兴,曰:'盍归乎来!吾闻西伯善养老者。'二老者,天下之大老也,而归之,是天下之父归之也。天下之父归之,其子焉往?诸侯有行文王之政者,七年之内,必为政于天下矣。"

第十三章是讲关于政治感化的问题,也就是"近者悦、远者来"的政治理想。就是说,施行仁政的话,近的人会非常愉悦,而远处的人也会受到感化,归附到这里。这一章提到了伯夷、纣王、文王和姜太公等几个历史人物。齐国便是姜太公受分封而建的诸侯国。姜太公又叫吕尚,"姜"是他的姓,而"吕"则是他的氏。他的先祖辅助君王有功,被分封到吕地,后来这一族人便以"吕"为氏。还有纣王和文王这两个人物,我们比较熟悉了。伯夷是一个小诸侯国孤竹国国君的儿子，他有个弟弟叫叔齐。这里边还有个故事，他们的父亲把君位传给了叔齐。在那个时候，还没有严格施行嫡长子继承制，这个制度是到了周代以后才比较典型，中国后来的王位继承原则上都是实行嫡长子继承制。在这个故事里面，父亲要把权力交给叔齐，伯夷很尊重父亲的意愿，但作为哥哥，伯夷又担心自己影响弟弟继位，于是就跑开了。弟弟叔齐也非常高尚，看到哥哥走了，也不去继承君位，跟着一起离开了。他们后来去了哪里呢？有种说法，他们后来去了北海，也就是现在的昌黎县，面临渤海的一个地方。

我们再来看这一章文字上的问题。伯夷说的"盍"是何不的意思，意思是，我们何不去归往西伯呢？因为西伯善于养老，好像我们现在退休制度的一种养老。"太公辟纣，居东海之滨"，东海之滨大概是现在的山东，日照那一带便属于东海之滨，太公居住在那个地方。伯夷和太公"闻文王作兴，曰"，这个地方文字上有点问题，就是"作"和"兴"要不要断开。赵岐将"作"和"兴"连在一起来读，但朱熹认为这两字要断开。我的意见是赵岐的注解可能更好，就是读为"作兴"。"作"是起的意思，"兴"也是起的意思，这两字是互补的。作兴，就是兴起，意思是文王要兴起了。如果把这两字断开，后边便是"兴曰"。"兴曰"是什么意思呢？起来感叹，还是其他什么？这样不是很合乎语法关系，理解起来不方便。有些注释认为，"兴曰"意思是便说。但"兴"字怎么解释为"便"呢？所以我还是倾向于赵岐的注，就是"作"和"兴"要连在一起读。这句话的意思是,他们听到文王兴起了,便说我们何不到西伯那里去呢?伯夷和太公都这样说。因为那里政治清明、社会安宁,对老人很尊敬。

接下来,孟子说,"二老者,天下之大老也",意思是伯夷和太公都是德高望重的老人,是"天下之大老"。他们如果归顺了文王,就会影响越来越多的老人,天下的老人都会归往。既然天下的老人都归往了,孟子就推论说,父亲都归往了,那儿子有什么理由不归往?这里是说"大老"会影响到其他的老人,而老人作为父亲又会影响到子女,所以归顺文王的人越来越多,后来文王就赢得了天下。这就是归往政治,和前面讲的内容其实是紧密联系的。前面我们讲得人心的问题,这里是具体的事例,讲到伯夷、姜太公这些德高望重的人,向往清明的政治,归往了文王,那就会影响到天下的人心。这是加速商朝灭亡的原因之一。

如果把这个问题联系到中国现代革命,那么最后国民党在大陆倒台,共产党在大陆胜利,是为什么呢?这是一个重大课题,大家也研究得非常多,原因很复杂,其中一个重要的原因就是国民党失去了中国民众的心。共产党能够胜利,是因为具有最强的动员性。所谓动员性,不是说拥有很大数量的军队,而是说在正规军之外,拥有不计其数的支援者。这些支援者用各种各样的方式支持共产党,相比而言,国民党的基础就非常薄弱了。然后是知识分子,特别是西南联大的知识分子,都是追求民主、平等的。他们都站出来批评国民党,因为国民党那个时候一党专政很严重。所以说,当时国民党的统治已失去了社会民众的心,失去了知识分子的心。而赢天下,正如儒家所讲的,只有得人心者才能得天下,失人心者只能是失天下,这就是国民党失败的一个重要原因。我们延伸到现在,正如前面所讲到的,社会治理的目的、国家发展的目标,是为了赢得民心。孟子在这一章当中,是通过具体的历史人物来说明这个道理。

7·14 孟子曰:"求也为季氏宰,无能改于其德,而赋粟倍他日。孔子曰:'求非我徒也,小子鸣鼓而攻之可也。'由此观之,君不行仁政而富之,皆弃于孔子者也。况于为之强战?争地以战,杀人盈野;争城以战,杀人盈城,此所谓率土地而食人肉,罪不容于死。故善战者服上刑,连诸侯者次之,辟草莱、任土地者次之。"

第十四章讲到孔子的学生冉求帮季氏去征税这件事情。孟子先讲这个故事,然后引出孔子的话。孟子在这里所引的孔子的话,在《论语》里也有。之前我们讲到《孟子》里面引孔子的话,有些是《论语》里面没有的,或者说别处也没有;有些是《论语》里面也有的,内容上差不多。孟子在这里讲到,冉求帮季氏征税,也就是征收粮食,对这个事情孔子是很反对的,孟子也反对。为什么会反对呢?大家知道,季氏就是鲁国三桓之一的季孙氏,按《论语》记载,"季氏富于周公"。周公被分封在鲁地,但他没来,后来是他的儿子伯禽来了,因此鲁国的第一代君主实际上是伯禽。孔子说,这个季氏比周公的家族还富,可冉求还帮他征税。不仅不清廉,反而加重季氏对百姓的剥削,也就是孟子所说的"赋粟倍他日"。"赋"的概念比较复杂,在这里是指征收,"赋粟"是说征收粮食。征收的粮食比起以往的还要加倍,那当然是很重的税赋了。于是孔子就说,冉求不是我的学生,我的学生不应该这样做。孔子不仅批评他,还动员他的学生群起而攻之,都去批评冉求。

这个事情在《左传》里面有更详细的记载。孔子在鲁国是很有影响的,季氏要加税,可能是有所顾忌,就派冉求先去征求孔子的意见。冉求见到老师以后,就说了这件事,问老师什么意见。孔子当然不赞成,于是就不作回答。冉求不甘心,逼着老师说。孔子最后就说,不仅不减轻赋税,还要加重,这是不合乎礼的,不合乎百姓意愿的,这个事情你不要做,不要助纣为虐。孔子还说,如果你听了,你这次来有意义;如果说你本来就不打算听,那你来我这里干啥,你根本就不用来征求我的意见啊。其实孔子也知道他们不一定会听自己的意见。在这件事情上孔子坚持了正义的立场、公平的立场,他不畏权势,他希望自己的弟子也那样做。这就是正义心、公平心。

接下来,孟子从这个故事里引申出关于仁政的道理,提出仁和富的关系问题。我们知道义和利的问题,而相关的一个问题就是仁和富的关系。儒家学说最终都会触及义利关系、仁富关系,在《论语》里面有,在《孟子》里面也有。《孟子》开篇就讲,梁惠王见到孟子,问:你能给我带来什么利益呢?孟子回答：你不要一开口就讲利，仁义才是首要的。一般来讲，我们说义利要统一，不合乎义的利，是不能要的；把富和仁放在一起来看，就是不合乎仁道、不合乎仁爱之心的富也是不能追求的。从原则上来讲，儒家绝不是在任何时候、任何地点都反对追求利益、追求财富。在农业社会，人们富裕的程度也是各有不同，不过和现在有点不一样，现在的差距非常大了。现在的资本积累，在古代社会是不可想象的；古代虽然也有大家族，但从整体上来讲，在农业社会中财富还是有限的。对于财富、利益，儒家是说这些东西一定要合乎仁的价值、合乎义的价值，并非在任何情况下都反对人们追求财富、利益。

多年以前我翻译过一本书，这本书的作者就是日本近代的大企业家涩泽荣一。这个人被称为日本的近代化之父，或者说现代化之父。在日本的现代化过程中有两个人做出了很大的贡献，一个是启蒙的思想家，叫福泽谕吉。日元最大面额的纸币一万元上印的头像就是福泽谕吉。他是一个知识分子、一个学者。他创办了现在日本的东京六大学之一——庆应义塾大学。他本来有机会做首相，但他始终坚持要办教育，要培养人才，发展日本的文化。所以说，他在日本影响非常大，地位非常高。他去世的时候，虽然不是国家领导人，但是给他以国葬。另一个人就是我们刚才讲到的涩泽荣一，他是从政的，官位升到了相当于财政部副部长的职位，但后来他从官场上退了下来，去创办实业，创办了五六家企业。他所创办的实业，在当时世界上可能是排前几名的。后来他到各地做演讲，还写了几本书，其中一本就是《论语与算盘》，我在十几年前给它做了翻译。中国自古以来就有"为富不仁"这种观念,涩泽荣一是要改变这种思想,认为富是可以仁的,仁是可以富的,不能说为富就一定不仁,为仁就一定不富。他认为追求长远利益,要成为一个真正的企业家,就需要一个道德标准。大家看,算盘是用来算账的,而《论语》是记录孔子的学说思想,是讲道德修养、道德教化的。一般人可能会觉得奇怪,这两者之间会有什么关系呢?在日本传统里面,也流行"为富不仁"这种观念,特别是在日本的近代早期,经济领域也有点像我们现在,存在一些不道德的、不讲信用的行为,欺诈的现象也很多。涩泽荣一就说,我要改变这个局面,我要以身作则,做一个真正的富而仁、仁而富、义利统一的企业家。后来他很成功,成了一位伟大的企业家,所以日本人尊他为近代化(现代化)之父。他说,他床头放的书就是《论语》,他要通过自己的实践来证明义和利、仁和富可以统一起来;只有那些急功近利、目光短浅的人,才会只看到一时的利、一时的富,但是这不是长久的财富,不是一个企业家应该追求的。近代以来批评儒家的一种论调认为,儒家轻视利益,一味强调义、强调仁,不关注物质价值。在涩泽荣一看来,这种看法很不对。儒家并不轻视利,并不反对人们去发财,只是说你如何发财、如何获得利益,这就有个道德的标准。我想这个道理在现今来讲仍然不会过时。如果我们去经商,和别人进行合作,一定要努力做到共享互赢,不能片面地追求利益,不能只追求眼前的利益。长期的合作建立在相互的利益都能得到保障这个基础之上,不管是小的利益,还是大的利益。这就是关于仁和富的关系问题。

这一章后面的部分,孟子讲到了一个重要的问题。当时各个诸侯国之间的兼并战争很激烈、很残酷,孟子说,"争地以战,杀人盈野;争城以战,杀人盈城"。这样的诸侯、这样的大臣,都是在掠夺土地、争夺城市,以致尸骨遍地,实在是罪大恶极、罪不容诛。大家可以看到,孟子虽然批评墨子,但在反对战争这一点上是和墨子一样的,也是一个反战者,一个和平主义者。在《孟子》中的很多地方,我们可以读到孟子反对为了利益去发动战争、杀害百姓。孟子说,对于那些好打仗的人,应该给予重刑,进行严厉惩罚。其次就是那些对诸侯进行合纵、连横的人,也要给予重罚。这里的"草莱"是指荒地,"辟草莱"是说开垦荒地。"任土地"是说让土地充分发挥它的作用。开辟荒芜的土地,就是要扩大耕地,扩大粮食生产,为战争提供后勤保障。孟子认为,对这些做法都要进行惩罚。因为他们这样做不是为了百姓的生活,而是为了发动战争,服务于战争。这些话都体现了孟子反战的思想,他反对为了某个国家的私利去发动战争,这是孟子思想中一个非常重要的方面。

7·15 孟子曰:"存乎人者,莫良于眸子。眸子不能掩其恶。胸中正,则眸子了焉;胸中不正,则眸子眊焉。听其言也,观其眸子,人焉廋哉?"

我们下面讨论第十五章。这一章主要是讲如何认识人,一方面是认识我们自己,另一方面是认识别人。认识自己,即有自知之明;认识别人,了解别人的为人,这是相互之间建立关系的基础。那怎么去认识别人呢,孟子在这里提出了一个具体的方法。"存"就是观察,"眸子"是眼睛、瞳仁。孟子说,你要观察一个人的话,你就去看他的眼睛。我们知道,人类认识世界有两个重要的渠道,一个是通过耳朵去听,一个是通过眼睛去看。孟子在这里强调的是观察,他认为一个人眼睛亮或者不亮,实际上和内心怎么想是联系在一起的。"了"就是明亮,"眊"就是昏暗的意思。他说,心里堂堂正正的人,眼睛会非常明亮;如果心术不正,眼睛就是昏暗的。这有没有心理学的根据呢?可以研究。最后他说,听对方讲了什么话,同时察看他的眼睛亮不亮,我们就可以判断这个人究竟怎么样了,他想藏也藏不起来。这个"廋"字就是隐藏的意思。这是孟子在识别人上的一种经验、体会。但是另一方面,可能认识一个人也不是这么简单的。

老子也提出过识人的方法。老子说"知人者智,自知者明",能够认识自己的是"明",能够了解别人的是"智"。老子说,认识别人是不容易的,你要知道别人真正的兴趣爱好是什么。实际上在交往过程中,如果说你从自己出发,以自己为中心,用自己的爱好来代替别人的爱好,那就等于说你是不识人的。还有,认识自己其实比认识别人更难。孔子也提出过识人的方法,在《论语·为政》篇。他说"视其所以",看一看他都做了什么事;"观其所由",观察一下他遵循什么,看这个人有没有原则;然后"察其所安",看他追求什么,安于什么。这样的话,对于这个人,我们就能了解他了。这时候不论他说什么,都掩盖不了他的真实情况。"人焉廋哉",想隐藏都隐藏不了。

认识一个人可能不是那么简单,但这些都是非常重要的。儒家讲人与人之间关系的时候,就特别强调要认识自己,要认识别人。这涉及一个非常重要的伦理,就是"己所不欲,勿施于人"。可能我们假定了人和人的爱好都是一样的,就是说自己不喜欢的,别人也不喜欢。这个情况是一个方面,有些基本的东西,比如好善恶恶,确实是我们共同拥有的。但是人也有差异性,现在我们称之为"他者",就是不要老是讲"我",要看"他",要看别人究竟怎么想,不能轻易地用自己代替别人。也就是说,不能把自己认为好的轻易地加给别人,要看一看别人是不是真正接受,否则也是不尊重人的一种表现。这个问题我们就说到这里。

我们继续讨论孟子所说的识人方法。一方面要听这个人说了些什么,一方面还要看他的眼睛。有一种说法,"言者心之符",你说的话就代表了你内心怎么想;"色者心之华",你面部表现出来的容色就是你内心所想的一种纹饰、一种表现;"气者心之浮",你的气质如何,也是你内在的东西透露出来的。这是看到了内在与外在的统一性,和孟子所讲的是一个道理。但这只是其中的一种现象,有时候人就不是表里如一的。要是有人生起气来也假装高兴,或者高兴的时候也不表现出来,又或者遇见一些言行不一的人,说出来是一套,做的是另外一套,那这时候怎么判断?人的心理是非常复杂的,有时候我们很难判断。比如说谎,一般的道德判断都会说不允许说谎,宗教里面也会把不说谎作为戒律之一。可是我们知道,社会生活非常复杂,有时候也不能绝对断定说谎就是不合理。所以孟子就讲"经"和"权",我们后面会讲到这个问题。就是说,在一些特殊情况下,说谎可能是被允许的,甚至是应该这么做的。比如很典型的,去医院看病,如果这个人病重的话,医生如何面对他?要说事实的话,告诉他这是不治之症,那这个人会怎么想?即便事实是这样,也要考虑病人的感受,一定采取慎重的语言、安慰的语言,温和地去表达,要把握好言语的分寸。如果是子女的话,我们也习惯于不轻易把不好的消息告诉父母,怕老人家容易往坏处想。那要是从不说谎上讲,就是什么都要原原本本地讲出来,这样有时候反而会造成更多的伤害。这就是特殊情况,有些复杂,须视情况而定。所以识人也一样,也非常复杂。因此我们说,孟子所提出的方法,一般来说确实能够判断一个人,但是还有一些比较特殊的情况。就这一点上来说,孔子的方法也许全面一些,不仅要看这个人做了什么,还要看他做事的原则和目的。

7·16 孟子曰:"恭者不侮人,俭者不夺人。侮夺人之君,惟恐不顺焉,恶得为恭俭?恭俭岂可以声音笑貌为哉?"

第十六章是讲恭敬和俭约的问题。字词上没什么问题,我们来具体分析一下含义。侮辱人和夺取别人东西,是非常不好的行为。孟子就说处世恭敬的人一定不会侮辱别人,自己节俭的人也一定不会掠夺别人。恭敬,儒家也很强调这个概念。这个"俭",不少人直接解释为节俭,意思是我自己节俭,不需要那么多东西,所以我就不会再去抢别人的了。"俭"有节省、俭约的意思,也有约束、不放纵的意思。能够约束自己的行动,不放纵,自然不会觊觎别人的东西。然后孟子说有的君主,自己总是侮辱别人、掠夺别人,但是又唯恐别人不顺从他,这怎么可能呢?接下来孟子反问说,恭敬和俭约难道是可以靠好听的声音和笑脸来伪装的吗?这句话可以跟我们上一章所讲的内容联系起来看。就是说,一个恭敬的人必须是发自内心的,然后从行动上表现出来。你仅仅在外表上表现出恭敬和俭约的声音笑貌,这实际上是表里不一,这不是真的恭俭。这和孟子前面讲的话便有不一致的地方,人行动的复杂性显示出来了。

当然,这一章是说我们要约束自己的行动,不应该去侮辱别人,也不应该去抢夺别人。侮辱别人,抢夺别人,不仅是一个伦理道德问题,也是一个法律问题了。在这个地方孟子怎么会把这些情况联系在一起呢?对别人不恭敬,可以是表情上轻视一点,或者表现得不那么尊重,或者是有点歧视,甚至是鄙视,但也不至于去侮辱别人。还有俭约的问题,自己在交往过程中会克制自己,很谦让,但它怎么和不夺取放在一起?恭俭和侮辱人、抢夺人之间有很多的中间环节,突然跳到那个行为上去,义理上离得有点远了。不过后面这句话,认为恭俭不可能从表面上用音容笑貌装出来,这个没问题。

7·17 淳于髡曰:"男女授受不亲,礼与?"

孟子曰:"礼也。"

曰:"嫂溺,则援之以手乎?"

曰:"嫂溺不援,是豺狼也。男女授受不亲,礼也;嫂溺,援之以手者,权也。"

曰:"今天下溺矣,夫子之不援,何也?"

曰:"天下溺,援之以道;嫂溺,援之以手——子欲手援天下乎?"

第十七章是讲经与权的问题。这里面有个背景,古代中国社会里讲男女有别,其中有一个礼制是"男女授受不亲",就是说男女之间不可以亲手递接东西。淳于髡的问题就是针对这个礼制提出的。淳于髡这个人物,姓氏是淳于,名是髡,齐国人,曾经历了齐威王、齐宣王两代。这个人虽然没留下什么哲学思想和著作,但他确实很有智慧。齐威王刚当上君主的时候,吃喝玩乐,彻夜不眠,根本不理朝政。作为一个君主,这是严重失职。君主失职,国家就要受害。但是可能他当时脾气很暴躁,群臣都不敢去进谏。怎么办呢?淳于髡想到,齐威王有个爱好,他喜欢听隐语,也就是寓言,于是他就讲了个故事。他说齐国有一只鸟,停驻在王庭上面,三年不飞又不鸣,问齐威王这是什么鸟呢?齐威王听明白了,就给自己找个台阶下,说这只鸟它是在做准备,你看它不飞就罢了,一飞就能直冲霄汉;不鸣就罢了,一鸣就能让举国的人都震惊。然后他还真就说到做到,开始改变自己,勤奋为政,把齐国治理得非常好。他还扩建了稷下学宫,把当时各个地方的人才都吸引过来,学宫里人才云集。据说,荀子曾经在这里"三为祭酒",祭酒也就相当于我们现在说的校长,学者的领袖。当然,稷下学宫的繁荣也有淳于髡等人的功劳。他是一个很有能力的人,和孟子有过交往。

在一次交谈中,淳于髡问孟子,男女授受不亲是不是一种礼仪呢?孟子说是礼仪。淳于髡接着问,如果你的嫂嫂溺水了,你就在旁边,那么你要不要伸出手去救她呢?大家看,他实际上是一步一步地把孟子引向一个难题。按照礼的要求,男女之间不能接触,你就不能去拉她,没法去救。这个问题很刁钻,但孟子是个善辩的人,我们看孟子怎么回答。孟子就说,如果看见嫂嫂溺水了不去救,那就是豺狼,和禽兽没什么区别了;男女授受不亲固然是礼制,是"经",但嫂溺,援之以手是"权",是变通。这个地方就涉及"经"和"权"的问题,我们稍后讲。然后,淳于髡继续问孟子,那整个天下都溺水了,您怎么不去救呢?和前面的内容联系起来,似乎淳于髡希望孟子去参政。您这么有名望,天下无道,那您怎么能袖手旁观,自立于社会之外,不去拯救天下呢?我们知道,孔子有一段时间没去从政,他的学生就问他,您爱天下人,可您为什么不去治理天下,不去实践您的爱心呢?淳于髡问孟子也有这个意思,您既然讲仁义、讲仁政,那是不是应该去从政?孟子没有回答要不要从政的问题,而是说,天下人都溺水了,那要用道义去救,嫂子溺水了,便用手去救,难道要用手去救天下吗?这两个例子放在一起,好像前后逻辑不太一致,孟子大概是要说明淳于髡的两个问题不是一类的。简单解释起来,大概就是这样。

这里还有一个"经"和"权"的问题。这两个概念我们现在还在用,现在说的"经"一般是指经典,伟大的著作我们称之为经典。这里的"经"则是说常道、原则,就是我们日常要遵循的、要坚持的基本的准则。那"权"是什么呢?"权"本来是指用来称东西的秤,在这个地方则是说权变、变通,权衡之后作出变通。这两个概念合在一起是说,我们做事要遵循一些基本的原则,但在某些特殊情况下这些原则可能不适用,我们要懂得变通。关于这个问题,有人将它解释成原则性和灵活性的关系,也是可以的。现在我们国家制定文件、制定政策,很多时候都是先讲大原则,之后会写出在什么情况下我们该怎么做,强调灵活性;或者是在表格里列了一些基本的东西,另加一个栏目作为补充。要是从社会治理来讲,法律就是经,伦理道德就是经,宗教信仰就是经;但社会生活非常复杂,有时候我们不能完全照用这些"经"。在常态下,原则是通行的;但在个别情况下,我们可以采取灵活方法,或者说一时的救急之策,这就是变通。可是,麻烦的地方在哪里呢?这个灵活性如果到处使用的话,那原则性也就失去了,这是很可怕的。这也是中国目前社会发展当中所遇到的问题,我们讲法制建设,可我们有时候老想着变通。原则性不能通过变通而被消解掉,制度为我们带来长远的利益,如果都去追求灵活性,那实际上我们就失去了长远的利益。这个灵活度确实很难把控,所以现在伦理学里面有个绝对命令,就是说无论何时何地都不能变通,要遵守原则。德国就是一个典型的不变通的国家,原则性很强。有些人就说,德国人太木了。比如有些地方长期没有车辆往来,在这里遇见红灯,我们可能会说,没关系,过就过吧,这就是变通;可是德国人就是要等几分钟,等换了绿灯他才过去。我们可能会说这是不是太教条了,不过"经"确实应该是核心的部分。

7·18 公孙丑曰:"君子之不教子,何也?"

孟子曰:"势不行也。教者必以正;以正不行,继之以怒;继之以怒,则反夷矣。'夫子教我以正,夫子未出于正也。'则是父子相夷也。父子相夷,则恶矣。古者易子而教之,父子之间不责善。责善则离,离则不祥莫大焉。"

第十八章是讨论家庭教育的问题。文字上主要是一个"势"字,情势的意思。关键是这里面的道理,就是父母能不能直接教育自己的子女。这一章其实可以和《离娄下》的第三十章结合起来看。

这里提出问题的是公孙丑,孟子的一个学生,他不明白为什么父亲不能直接教育自己的儿子。孟子的回答一开始有点抽象,说父亲教育儿子,情势上行不通。为什么行不通呢?孟子就继续解释。这个道理分两层讲,第一层是从父亲的角度来说,教育是为了让后代行为端正,成为一个有品德、有修养的人。孩子在成长过程中难免有一些不好的行为习惯,要用正确的原则和道理去教育孩子,通过教育让他改正过来。可要是改不过来,没能达到教育的目的,那很自然地父亲就会生气,就会发怒,结果就伤害了父子的感情。这个"夷"就是伤害的意思。第二层就是从儿子这方面来说。父亲一旦生气发怒了,儿子就会产生抵触情绪,甚至对父亲采取一种质疑的口气,说你拿正道正理来教育我,可你自己的作为都不符合正道,你凭什么来教育我呢？这在古代社会就是不孝了。做儿女的怎么能这样指责父母呢？更极端一点来说,就是天下无不是的父母。这里边有片面化的问题,可古时候要维持父亲的权威,便会作出这样的强调。君臣之间也一样,君主错了,做臣子的也不能直接去批评他,得采取婉转的、温和的方法去劝谏。你不顾情面,严厉批评,这是不好接受的,这就是为什么有些忠臣的结局会不好。刚才我们讲的淳于髡,他去劝谏齐威王,他就不说,你看你整天吃喝玩乐,不理朝政,你配当君主吗？如果这样说,可能他连命都没了。所以淳于髡就讲了一个隐语,让齐威王自己去想这个道理。最后皆大欢喜,淳于髡达到自己的目的,齐威王也没有失情面,可能还很欣赏这个臣子。父子之间也是这样,如果矛盾激化了,父亲对儿子很失望,很生气,那儿子也不客气,指责父亲做得也不好,结果父子之间的感情就破坏了。父子要是不和,那这个家庭能和睦吗？所以孟子就说:"古者易子而教之,父子之间不责善。"就是不再要求你好我好这样的问题了。否则的话,"责善则离,离则不祥莫大焉"。这个"离"是说隔阂,"责善则离",严重的话就要断绝父子关系了,这个结果是让人非常痛心的。

我们现在看,这是一个教育学的问题,并且刚才也强调,具体来讲是家庭教育的问题。教育是非常难的,它塑造的是人的品性、理智、情感等,情况很复杂。但是父母不都是研究教育学的,他们只是凭自己的经验去教。一般来讲,我们有一个普遍的价值观,一个普遍的是非善恶的观念,父母都清楚,也应该教给小孩子,这个理念没有问题。关键是怎么让孩子接受善的价值观念,用什么方法去教。比如父母应该言传身教,引导孩子向善。偶尔孩子犯错误了,你要耐心跟他讲道理,告诉他怎么改正,鼓励他去改正。这说起来容易,做起来就难了。如果是用专制的、强迫的方式告诉他一个道理,勒令他必须这么做,他做错了你就责备他,完全否定他,甚至打他,这样做的效果肯定不好,但我们有可能一不小心就这样做了。人都是有情绪的,父母也是人啊。儿童的成长过程实际上就是一个自我认知的过程,也是一个自我肯定的过程。总否定他,那教他再好的东西,他也会有抵触情绪,会叛逆,最后肯定导致亲子矛盾激化。现代教育最麻烦的问题是,所有人的眼光好像都集中到技能教育和应试教育上,什么道德教育、素质发展,都给忽视了,孩子有什么特别的天赋也不管,全都一刀切,只要考得好就行。实际上,就如同孟子所讲的,"物之不齐,物之情也",人都具有差异性,可能有的人考不了高分,但他其他的能力很强。可是父母不知道,也不去开发他的天赋,就逼着他考高分,这就把孩子的天赋给耽误了,把他的才能给浪费了。一个人成绩好,上了好大学以后,就一定发展得很好吗?北大每年进去很多状元,过去我们叫神童,考试都非常厉害。做社会研究的人对这些人进行统计,成为领袖人才的其实是有限的。那些考试并不拔尖的人,也可能在各行各业成了领军人才。所以衡量一个人,不能用单一的标准,考试只是其中的一个标准。但有很多家长因为孩子考不好,着急生气,打孩子。这不行,孩子有可能因此更不想学习了,家长和孩子之间的矛盾就更大了。

　　孟子说,"父子之间不责善",要把自己的孩子交给别人去教育。这样的话,我们的孩子都进行了交换,那我们都是教育别人的孩子。现在这个是不是普遍的道理呢?我认为可能不是普遍的。进行交换了,孩子就一定能受到良好的教育吗?不一定的。关键还是教育方法的问题,这个问题不解决,谁教都可能会出现矛盾。如果别人也没把孩子教育好,那和别人的关系又怎么处理?不是说有好的动机、好的愿望,就一定会产生好的结果。有句老话说,不打不成器,孩子犯错了,不知道怎么教育他,但为了他以后能成长,没办法,就打。这是不对的,所有的孩子都不愿意接受这个,可能有的孩子还会告诉你打人是违法的,你不能打他。所以我们就要反思,是不是我们教育者出了问题,是不是父母、老师、社会的教育方向、教育方式出了问题?大家总抱怨孩子不争气,可是孩子们生下来的时候都是一样的,什么都不知道,没有谁天生就不好,就看怎么去教育他。总的来说,教育真的是非常难的一个课题,不能那么简单地对待它。要教育孩子,一定要好好探索教育的方法。社会上有很多成功的案例,我们要去总结经验,总结恰当的方法。

　　孟子可能也曾苦恼过这个问题,或者是当时有人问他这个问题,他就说为了避免这种苦恼,我们就让别人去教吧。那别人就一定能教好吗？如果其他人也没把孩子教育好,你和他们的关系怎么处理？这仍然是个问题。所以说,这个方法在特殊情况下我们可以试一试,但它不是常态,不是普遍的教育方法,所以教育学里可能也不会专门研究"易子而教"。在孟子所处的时代,这种教育方法可能存在,但应该不是普遍的。这就是这一章所讨论的教育问题,具体来说是家庭教育的问题。

7·19 孟子曰:"事,孰为大？事亲为大；守,孰为大？守身为大。不失其身而能事其亲者,吾闻之矣；失其身而能事其亲者,吾未之闻也。孰不为事？事亲,事之本也；孰不为守？守身,守之本也。曾子养曾皙,必有酒肉；将彻,必请所与；问有余,必曰'有'。曾皙死,曾元养曾子,必有酒肉；将彻,不请所与；问有余,曰'亡矣'。将以复进也。此所谓养口体者也。若曾子,则可谓养志也。事亲若曾子者,可也。"

第十九章主要是讲事亲尽孝的问题。文字上没有特别复杂的地方。这里涉及的人物曾子和他的父亲曾皙,还有曾子的儿子曾元。这里有"事"和"守"两个概念。按杨伯峻的注释,"事"是指侍奉,"守"是指守护。我认为,"事"和"守"都是一般性的概念。这里的"事"应该是广义的,是说做事情。"事,孰为大？"意思是,我们所做的事情里面,什么事情是最重要的？按照孟子的意思就是,在所有的事情中,侍奉父母尽孝是最重要的。接下来我们看"守"的问题。如果将"守"理解成操守,那么众多操守里面什么为大呢?孟子说"守身为大",也就是说,如何爱护自己、自我尊重才是最重要的。

接下来则是具体讲述如何事亲尽孝的问题。按上文的意思,事亲是事之本,守身是守之本。众多事情里面事亲是最重要的,而众多操守里边爱护自己是最重要的。下面孟子就举例子来说明这个道理,主要是曾子和他的儿子曾元如何尽孝的事例。我们知道,《论语》《礼记》等典籍里面记载了曾子的一些故事,在《孟子》里面也有这方面的记载。曾子和他的父亲曾皙都是孔子的学生,他们共同学习。曾子是一个以孝闻名的人,是古代二十四孝之一。二十四孝的故事我们可能都知道,有些也很极端,不合人性。母亲想吃鱼,但冰还没有化开,怎么办?儿子就躺在冰上把冰化开,然后去捞鱼,这都是很极端的孝的表现。这种行为虽然很可贵,但有些不合理了,某种意义上也不合乎人性了。不过,在曾子这里我们看不到这种不合人性的东西。那曾子是如何尽孝的呢?故事里说到,每次吃饭时曾子都是准备好酒肉。曾子的家庭不是很富裕,在当时的生活条件下,保证每顿饭都有酒有肉是很不容易的。吃完饭了,要撤的时候,曾子会问他父亲,这个东西咱们吃不完,是不是送给别人呢。他父亲吃完以后,就问还剩多少。其实这个道理有点奇怪,吃饭的时候应该知道还剩多少,为什么曾皙还要问呢?曾子回答还有剩余。可是到了曾元和曾子这里,情况就有些不一样了。曾元赡养曾子,从酒肉上来讲也是尽孝的,但后面两个环节表现不一样。他将撤的时候不问送给谁,曾子问还有没有剩余,他就说没了,但是下一次吃饭的时候,就把旧东西又摆上去了,让曾子吃剩饭。

按照这个记载,显然曾元的孝心不够。孟子说,曾子尽孝是"养志",曾元尽孝是"养体"。曾元让父亲不挨饿就行了,但是父亲高不高兴,不是那么关心。所以孟子在这里就提出了一个"养志"和"养体"的问题。关于这点,其实孔子也讲过很多。尽孝不仅仅是赡养父母,更重要的是,还要做到以敬行孝。养和敬此二者在儒家看来是差别很大的,赡养是一个基本的标准,而更高的标准则在于孝敬父母,从内心里爱父母,不只是让父母有顿饭吃就可以。

就我们当下来看,自改革开放以来,我们有些人实际上连赡养父母都做不到,似乎是兄弟姐妹越多,越没有人去赡养。这是一个非常不幸的事实。问题的原因也不是我们这些人都没有孝心,里边涉及人性的问题,还有社会的问题。社会保障也许可以解决经济上的赡养问题,在经济上没有压力的时候,子女对父母的孝,应该首要表现为情感上的关心和交流。可是父母与子女居住的距离比较远,情感上的交流也渐渐缺失了。赡养的问题现在通过国家的社会保障,有了基本的解决,包括农村基本上也能得到保障。第一是有医疗保险,自改革开放以来,逐步将农村纳入医疗保险覆盖范围。以前在农村看病难,首先是医疗条件差,然后是没有经济条件,所以很多病都给耽误了。现在经济发展好了,国家能够将农村的医疗承担起来。第二是养老制度,就是通过社会的共同分担,使每个人都能够老有所养,使子女的经济压力变得小一些。否则的话,如果父母病重,即便子女孝顺,有时候经济上也承担不起,弄得倾家荡产。所以,现实当中有些不孝顺的情况发生,还不能单纯用孝不孝顺的概念来认识,制度建设和道德建设应该是同步开展,不能作单一方面的要求。

7·20 孟子曰:"人不足与適也,政不足间也;惟大人为能格君心之非。君仁,莫不仁;君义,莫不义;君正,莫不正。一正君而国定矣。"

这一章主要是讲如何对待不好的君主,如何对待不好的行政,对于那些不好的君主和行政要不要去批评。这里字词上没什么问题,主要是如何理解第一句话。"適"字在这里假借为"谪",意思是谴责。"间",意思是非议。"格"是正的意思。《大学》里有"格物致知""诚意正心"的说法,宋明理学也经常讨论这样的问题。这里的第一句话有歧义。一种说法是,当政的小人不值得去谴责,他们的政治也不值得去非议。有歧义的地方就在于,这个人指的是谁?是这个当政的君主呢,还是一般的人?梁涛教授的解释是,理解这句话要结合后面的"惟大人为能格君心之非"。如果说只有大人才能去纠正君主的错误,那前面可能是说一般人做不到,只有大人才能"格君心之非",他才有能力去批评君主。

接下来的话主要是说政治的核心还是在于君主。君主做好了,大家都跟着好;君主做不好,伤害一国人。这仍然是一种榜样政治、典范政治。儒家讲"政者,正也",首先要正己,己正而后天下正。也就是说,君主做好了,上行下效,大家都跟着做好。反过来说,君主做得不好,下面的人也会仿效,所以说不能总是指责下面的人。这里有一种连续的互动关系,在这种关系中,君主的行为有很大的影响,这也就是强调典范政治的意义。

> 7·21 孟子曰:"有不虞之誉,有求全之毁。"
> 7·22 孟子曰:"人之易其言也,无责耳矣。"
> 7·23 孟子曰:"人之患在好为人师。"

这三章比较短,并且义理上也相关,可以合到一起来讲。第二十一章是说人有意外的赞誉或过于苛责的诋毁;第二十二章是讲人的言论和行为之间的关系;第二十三章是讲人有一个缺点,好为人师。

第二十一章说到,人有可能意外地受到一种赞誉,获得一种荣誉。反过来,有时候我们也会遇到求全责备的诽谤、诋毁。那么,这两种情况合不合理呢?严格来说,可能都是不合理的。因为按儒家的理想来看,名和实是统一的,一般是有名有实,你做得好了,就应该得到肯定和表彰,也就是好的结果和好的行为联系在一起。如果有不虞之誉,就是原因和结果之间不对称,可能是在奖罚不分明的时候出现的。应该受到惩罚的没有受到惩罚,应该得到奖赏的没有得到奖赏,这些都是不合理的。社会的合理安排就是好的行为与好的结果相对应,不对应的时候就会出现不公正。我们再想一想,意想不到的赞誉在什么情况下会发生?可能是不期望受到奖励,也可能是之前没有被别人认识到,突然之间别人都认识到了,便受到了奖励。比如说一些贡献很大的科学家,从客观上讲可能都有机会得诺贝尔奖,但是他们的科学研究都不是为了这个奖,而是出于自己的热情、自己的追求,出于自己探索奥秘的愿望。但是客观上他们做好了,是应该得到奖励的。所以他们获得诺贝尔奖了,便觉得很意外,但是仔细想想,可能也并不意外。

另一种情况则是求全责备,做人也好,做事也好,都追求完美。可这是一种愿望,实际上在现实生活中没有完全符合理想的东西。有人说如果达到了一种理想,便意味着结束了,就是死亡的开始。我们说东西要干净,但有的人有洁癖。有的人则为了避免生病,没病的时候也打青霉素,当病来的时候青霉素便不起作用了。这些行为都是不合理的。理想主义者都追求理想的结果,但实际上结果都是相对的,最多是比较好,不可能是绝对的完美。如果一味追求理想的结果,就会求全责备。可是你如果从一个相对的意义上来看,就不会那么求全责备了,会留有空间。这一点在技术领域里体现得非常清楚,所有的技术指标都不是百分之百,都有一个左右、正负,在这个正负区间之内,便是合理的。从这种意义上讲,我们做人做事不要过于追求完美,不要老是想着追求最理想的,要给自己、给他人都留有余地,留有空间。

第二十二章讲"人之易其言也,无责耳矣",这句话可能会有不同的理解。一种解释是,一个人什么话都说,对这种人也就没什么好讲的,不用去责备他。另一种解释是,一个人什么话都说,是没有责任心的表现。我觉得后面的解释可能更好。杨伯峻先生的解释是前者,他说一个人什么话都说出来,这个人就不足责备了,好像不可救药了。我们的理解是,一个人如果什么话都能轻易说出口,就是没有责任心的表现。在这里我们可以借用老子的一句话,"轻诺必寡信"。一个轻易许诺的人,一定是不怎么讲信用的人。一个人总会轻易答应别人,似乎什么都可以做,口头给你很多恩惠,但口惠而实不至,最后没有结果。我们的能力有限,不是什么事都能做的。再说,就算个人的能力很大,能做很多事,变成慈善家、义工了,也并不是所有的事情都可以去做。比尔·盖茨非常富有,他成立了基金会,他做的主要事情其实也只是一两种,比如帮助第三世界发展医疗,改善一些地方的医疗条件。我们不是无所不能,在很多时候我们只能做一部分的事情。在交往过程中,我们会遇到一些轻诺口惠的人。一开始我们可能识别不了,但是时间久了就知道了。孟子说,我们要避免这种事情,君子应该谨言慎行,做不到的事情绝不轻易说。过去有关于三种境界的说法:有的人是先说后做,有的人是说了不做,有的人是做了再说。先说后做,是言行一致的表现;做了再说,是低调;甚至还有做了不说的,那是更低调。如果是说了不做,那就是口惠而实不至,或者说"轻诺必寡信"。这是为人处事的一个道理。

接下来是第二十三章:"人之患在好为人师。"在孟子看来,好为人师是一个缺点。我们知道,孔子学而不厌,诲人不倦,他作为老师,就是教育学生的,不教的话不是失职了吗?

但是孟子在这里讲的不是这种情况,而是说不懂装懂,好为人师。那么如果一个人博学,好为人师行不行呢?从道理上讲,自己知道得多,和别人分享,是挺好的。但是如果别人没有请教你,你也不要好为人师,总是想着教育人家,这里还涉及相互尊重的问题。

7.24 乐正子从于子敖之齐。

乐正子见孟子。孟子曰:"子亦来见我乎?"

曰:"先生何为出此言也?"

曰:"子来几日矣?"

曰:"昔者。"

曰:"昔者,则我出此言也,不亦宜乎?"

曰:"舍馆未定。"

曰:"子闻之也,舍馆定,然后求见长者乎?"

曰:"克有罪。"

7.25 孟子谓乐正子曰:"子之从于子敖来,徒餔啜也。我不意子学古之道而以餔啜也。"

第二十四章和第二十五章涉及师生关系的问题,具体来讲就是孟子和他的学生的关系。乐正子是孟子的学生,在其他地方孟子对乐正子还是肯定的,但在这个地方孟子两次批评了他。这里说到乐正子"从于子敖之齐",子敖是齐国权臣王驩的字。乐正子跟着王驩,到齐国来了。到了齐国之后,乐正子就去拜见孟子。可能去得晚了,孟子就问他,你也来看我吗？乐正子听到孟子这么说，可能有点意外，就说，先生何出此言？孟子就说，你来晚了，本来你刚到的时候就应该来看，你却到了现在才来。孟子的意思是，你没有尽到师生之礼。现在来讲，可能大家都忙，来不及第一时间去拜见老师。而孟子的意思则是，不是你忙，而是你老跟着那王驩，怠慢了老师。

第二十五章就讲到，乐正子跟随王驩，老跟着他跑。孟子就说，你总是跟着他，只是为了吃喝。"餔啜"，意思就是吃喝。孟子还说，我没有想到，你学道的目的竟是为了混饭吃。王驩在当时有点权势，乐正子就到处追随他。孟子的批评便是针对这种情况。所以，晚一天到，早一天到，其实不是问题的关键，关键在于你总跟着王驩跑。

大家都知道，师生关系不好处。在大学当中，本科生阶段和老师的接触相对少一些，学生和老师接触多的实际上是到了研究生之后，这时候大部分是一对一。学生可能会有各种各样的性情、各种各样的背景、各种各样的爱好，总之就是各有特点。那这时怎么进行教育，怎么培养成才？我们有时候也会觉得做得不够。但是，从我这里来讲，就是尽量努力做。在研究生阶段，对学生的培养都是从专业人才的角度进行教育。如果是从事政治，其实有没有博士学位关系不大，更不用说博士后了。但有些人的人生规划并不清楚，已经四五十岁了，还要来学习某个领域的专业知识，这可能就有点晚了。当然，这种求学的精神是很好的，但是任何领域都有它自己的特点。比如说技艺的训练都要从小培养，二十五岁了，还想去学打乒乓球，想当世界冠军，那肯定是不现实的。这种人动机很好,但是不现实,因为从时间上来说,太晚了。所以说,教育的问题很复杂,师生的关系也不是那么容易处理。

当然,前面说的主要是技能方面、知识方面的培养,而更加复杂的是情感的交流和人格的发展,后者非常重要。由于各种各样的原因,我们觉得这些方面可能还有所欠缺,但有时候还不敢轻易去批评学生,还得考虑一个怎么引导的问题,这就是一个逐步的潜移默化的过程了。在这点上,孟子很直率。他对学生说,你怎么昨天不来看我,今天才来看我?这就是很直率的做法。然后孟子还批评说,我们学习本是要求道的,你现在却老是跟着王驩跑,你的目的是什么,难道只是为了吃喝吗?孟子的批评很直接。他是要乐正子明白,我们学习应该有一个远大的志向。

7·26 孟子曰:"不孝有三,无后为大。舜不告而娶,为无后也,君子以为犹告也。"

第二十六章讲孝的问题。这一章可以和《离娄下》第三十章结合一起理解。这一章讲到"不孝有三",《离娄下》第三十章讲到"不孝者五",重点都是在于什么是孝,什么是不孝。这一章提出了不孝有三种表现。在三不孝当中,最大的一种就是没有后代。那么另两种是什么呢?根据赵岐的注解,阿谀屈从,陷亲于不义,一不孝也;家贫亲老,不去当官,二不孝也;然后就是不娶无子,绝先祖祀,三不孝也。这里讲得有点奇怪,家贫亲老,可以把地种好,多收获粮食,也可以赡养父母啊！第三个是说不娶无子，绝先祖祀，没有留下后代。那个时候男子无妻，是娶不到妻子呢，还是希望独身呢？现在想独身的人有很多，或者结婚了不要孩子。若按古代的观念，这都是不孝的表现。说到无子，这个问题很复杂，原因有很多方面的。过去可能归罪于女方的多，现在来看，还不是一方的问题。但古代往往是考虑得比较简单，没有留下后代，就是不孝的表现。

《离娄下》第三十章讲到了不孝有五，哪五种表现呢？第一种是"惰其四支，不顾父母之养"，意思是懒惰，不去辛勤劳动，不去赡养父母。第二种是"博弈好饮酒，不顾父母之养"，意思是老是下棋，老是喝酒，只顾着自己享乐，不照顾父母。然后第三种是"好货财，私妻子，不顾父母之养"，自己贪财，片面地听妻子的话，不顾父母之养。第四种便是"从耳目之欲，以为父母戮"，意思是做事放纵，最后给父母带来耻辱。最后一种表现是"好勇斗很，以危父母"，意思是好勇斗狠会产生恶果，会直接伤害父母。

按照孔子的说法，好勇斗狠有可能会丧失自己的生命，这也是不孝的表现。在儒家"孝"的观念里，一方面是赡养、情感交流和敬的问题；与此同时还有一个方面，就是做子女的还要把自己的生活安排好，自己爱护自己，不让父母担心。父母那么艰辛地把我们养大，我们如果不珍惜自己的生命，那也是不孝的表现。总之，一般我们讲孝，多数是强调子女怎么对待父母；其实孝还有一个很重要的方面，就是做子女的能够成才，自己做得很好，让父母放心，让父母高兴，给父母带来荣誉,而不是带来羞辱,这都是孝的表现。

在现代社会里面,赡养父母基本上已不成问题了,父母可能都有经济能力,或者社会保障可以解决养老的问题。因此,最重要的其实是情感上的关心和交流,可是这一方面我们做得不够好。大家总觉得自己很忙,好像没有谁不忙的,大家都要追求发展自己的事业。以我们学界来说,大家也是忙得很。不过,其间有些可能是虚假的忙,没有意义的忙。似乎是大家都绑在一起了,好像他忙而你不忙就不行。可是,我认为这是繁忙得无所事事。什么意思呢?就是好像很忙,实际上忙的东西最后没什么意义,把时间都浪费在上面,那些真正应该做的事情却没有做好。

7·27 孟子曰:"仁之实,事亲是也;义之实,从兄是也;智之实,知斯二者弗去是也;礼之实,节文斯二者是也;乐之实,乐斯二者,乐则生矣;生则恶可已也,恶可已,则不知足之蹈之手之舞之。"

7·28 孟子曰:"天下大悦而将归己,视天下悦而归己,犹草芥也,惟舜为然。不得乎亲,不可以为人;不顺乎亲,不可以为子。舜尽事亲之道而瞽瞍厎豫,瞽瞍厎豫而天下化,瞽瞍厎豫而天下之为父子者定,此之谓大孝。"

我们来看《离娄上》的最后两章。第二十七章是讲仁、义、智、礼、乐的问题。儒家讲"五常",仁、义、礼、智、信;孟子讲"四端",仁、义、礼、智。但这个地方是讲仁、义、礼、智、乐,这也可以说是"五常"。在这里又可以看出，儒家伦理始终是把亲情伦理、家庭伦理放在首位。"仁"最主要的表现是孝和事亲，"义"最重要的表现是处理好兄弟关系。那么"智"是什么呢？孟子说，"智"是说你知道"仁"和"义"这两个根本道理，知道怎么事亲、怎么从兄，把这两样做好了，便是"智"的表现。至于"礼"，也是用来调节这两种关系的。最后是"乐"，意味着始终把这两件事看成一种快乐，或者说乐在其中，绝不是应付了事。总的来看，仁、义、礼、智、乐这五个方面，其实以仁、义为核心，始终是围绕家庭伦理展开。

在生活当中，家非常重要，可是有些人可能不太珍惜家。前面我们说到，儒家哲学就是回家的哲学。我们不愿意下地狱，但我们也不是老想着上天堂，跑得很远，离开了家。在我们的生活中，家是最基本的社会单位，也是人类现在理性选择当中最好的一个。近代以来有的人说家庭不好，家庭是一种控制、一种约束。确实，以往家庭关系当中有一些义务是片面的，须作出改变。但我们可以看到，现在经过改变之后，新型家庭仍然是人类生活的基本单位。我们不要流浪，我们不要逃避，家是最好的事物。所以儒家哲学始终强调家庭的重要性。

最后一章讲到了"天下大悦而将归己"，在这里孟子仍是拿舜来说明问题。孟子说，天下都来归附的时候，自己不会沾沾自喜，不会看成自己的功劳，这样的情况，也只有舜才做得到。后面讲到"不得乎亲，不可以为人"，又是在强调家庭伦理。在这点上舜非常不容易。舜的父亲瞽瞍和舜的同父异母的弟弟象,对舜不好,老想着害舜。舜上房子,他们便在房子上点了一把火;舜到地下挖井,他们就把这个井给填起来。但是舜是位大孝子,无论父亲怎么做,舜都不会责怪他。可是父亲为什么很不高兴呢?还要和象一起谋害舜呢?我想可能是继母的问题。瞽瞍的后妻生了象,瞽瞍是不是听从了后妻?材料没有讲,只是说瞽瞍偏爱象,不喜欢舜。可是舜始终是大孝。父亲对我不好,我对父亲仍然孝顺;弟弟对我不好,我对弟弟仍然很好。这种情况好像特别难,可是舜做到了。所以孟子一直在肯定舜是大孝。

后面"厎豫"的"厎"字,不是读作 dǐ,而是读作 zhǐ,意思是达到。这里是说,舜尽孝,父亲得以快乐。这样就树立了一个榜样,天下的人都受到感化。天下人都知道舜的父亲虐待舜,舜的弟弟要杀害舜,可是舜始终善待自己的父亲,善待自己的弟弟,因而天下闻名。这也是他能当上帝王的原因之一。因为舜大孝,所以尧很信任舜,将位子禅让给舜。禅让是事先不选定接班人,从天下人当中选出合适的接班人。选的程序比较复杂,首先要看谁声望高,选出以后还要进行考察,给你试用期,先让你干几年看看怎么样,最后还要考核。舜就是在这种制度下被选为帝王的,其中一个很主要的因素便是他的大孝。

通过解读《孟子·离娄上》,我们看到孟子在很多问题上的思考,包括如何过上好的个人生活、家庭生活和社会政治生活,如何做一个好人,做一个有人格的人,做一个有能力的人,如何处理人与人之间的关系,如何交朋友,等等。这一篇的内容很丰富,对我们的启发也很多。从中我们可以思考如何获得一种好的生活方式。同时也可以看到,孟子的思想始终是要促进社会秩序的改善,促进社会关系的改善,这些思想是紧密联系在一起的。建立一种好的社会秩序,和建立一种幸福的公共生活始终是联系在一起的。